Gerd Lüdemann
Paulus, der Heidenapostel
Band I

GERD LÜDEMANN

Paulus,
der Heidenapostel

BAND I

Studien zur Chronologie

GÖTTINGEN · VANDENHOECK & RUPRECHT · 1980

Forschungen zur Religion und Literatur
des Alten und Neuen Testaments
Herausgegeben von
Ernst Käsemann und Ernst Würthwein
123. Heft der ganzen Reihe

CIP-Kurztitelaufnahme der Deutschen Bibliothek

Lüdemann, Gerd:
— Paulus, der Heidenapostel / Gerd Lüdemann.
Göttingen : Vandenhoeck und Ruprecht.
Bd. 1. Studien zur Chronologie. — 1980.
(Forschungen zur Religion und Literatur des Alten und
Neuen Testaments ; H. 123)
ISBN 3-525-53284-9

Gedruckt mit Unterstützung der Deutschen Forschungsgemeinschaft
auf Empfehlung der Theologischen Fakultät der Georg-August-Universität Göttingen.

VORWORT

Die vorliegende Arbeit ist das Forschungsprodukt meiner zweijährigen Assistentenzeit bei Prof. G. Strecker. Sie wurde noch während dieser Zeit im SS 1977 von der Theologischen Fakultät der Georg-August-Universität Göttingen unter dem Dekanat von Prof. H.-W. Schütte als Habilitationsschrift für das Fach Neues Testament angenommen und später für den Druck teilweise überarbeitet. Die Gutachten wurden erstattet von den Herren Professoren Strecker, Conzelmann und Luz. Herrn Strecker danke ich für allseitige Förderung auch bei diesem Werk und für freundliches Geleit durch das Habilitationsverfahren. Herrn Conzelmann bin ich für permanente Impulse seit einem Proseminar in meinem ersten sprachfreien Semester (1967/68) verpflichtet und Herrn Luz für hilfreiche Kritik, die in die jetzige Fassung eingegangen ist.

In meinen Dank möchte ich einschließen Prof. W. D. Davies, Duke, dessen Assistent ich 1974/75 war, als ich mit meiner Familie ein uns unvergeßliches Jahr in Durham, N. C., USA, verbringen durfte. Ferner geht mein Dank an Prof. H. D. Betz, Chicago, der mir Druckfahnen seines großen Galaterbrief-Kommentares (Galatians: A Commentary on Paul's Letter to the Churches in Galatia, Hermeneia, Philadelphia 1979) rechtzeitig zugänglich machte und den seine Arbeiten betreffenden Teil des vorliegenden Werkes las. Ich verweise auf diesen Kommentar deshalb, weil in ihm die in Kap. 2.1.2 meines Buches zugrunde gelegten Thesen näher begründet worden sind. Ebenfalls habe ich Prof. R. Jewett, Sioux City, dafür zu danken, daß er meine Arbeit in seinem neuen Buch „A Chronology of Paul's Life", Philadelphia 1979, kritisch gewürdigt und mir die Manuskriptfassung seines Werkes rechtzeitig zugänglich gemacht hat. Daher war ich in der Lage, in der vorliegenden Fassung Jewetts materialreiche Monographie auszuwerten. Sie wird auch in künftigen Diskussionen zu berücksichtigen sein[1]. Schließlich gilt mein Dank Prof. J. C. Hurd, Toronto, für einige wertvolle Hinweise.

Die Thesen der vorliegenden Arbeit rütteln an nicht wenigen seit langer Zeit für richtig befundenen Ansichten. Ich bin mir dabei bewußt,

---

[1] Vgl. noch meine ausführliche Besprechung der Arbeit Jewetts in: JBL 99. 1980; eine deutsche Übersetzung des Buches ist vorgesehen (München: Kaiser).

daß die bisher für zutreffend erachteten Thesen auf sorgsamer Analyse von mehr als einer hervorragenden Gelehrtengeneration beruhen. Trotzdem meine ich, daß — bei aller Kontinuität zur bisherigen kritischen Forschung — ein Versuch wie dieser überfällig war, denselben methodischen Grundsatz auf die Chronologie des Paulus anzuwenden, der bei der Rekonstruktion der Theologie des Apostels längst anerkannt ist: nämlich ausschließlich die Primärquellen zugrunde zu legen. Den äußeren Anstoß für ein solches Unternehmen gaben mir die Arbeiten von Prof. John Knox, ehemals Union, New York, auf dessen Werk ich während meines USA-Aufenthaltes aufmerksam wurde, als ich die riesigen, wunderbaren Bestände der Bibliothek der Duke Divinity School durchkämmte, wo sich übrigens u.a. auch die Bibliothek Karl Holls befindet.

Diese Vorbemerkungen zur Methode machen auch die Beschränkungen der vorliegenden Arbeit deutlich. Sie befindet sich vorwiegend nur in einem kritischen Dialog mit demjenigen Zweig neutestamentlicher Wissenschaft, der für den genannten methodischen Grundsatz ein Gespür hat, und läßt weitgehend diejenigen Ansätze unberücksichtigt, die den Verfasser des lukanischen Doppelwerkes für einen Paulusbegleiter halten und schon aus diesem Grunde die oben genannte Forderung ablehnen müssen. Daß ich die Meinungen von Gelehrten wie Sir W. Ramsay u.a. nicht weiter diskutiere, liegt nicht an mangelnder Kenntnis, sondern liegt in dieser Vorentscheidung begründet. Ähnliche Beschränkungen hat wohl jede wissenschaftliche Arbeit in Kauf zu nehmen — und derjenige, der sie liest.

Dem Fachmann braucht nicht eigens erläutert zu werden, daß die vorliegende Chronologie im Falle ihrer Richtigkeit einige Bedeutung für die Geschichte des Urchristentums, die Einleitungswissenschaft oder auch die Disziplin „Theologie des Neuen Testaments" hätte. Sie ist aber vor allem von Wichtigkeit für die Paulusinterpretation und leitet ein auf drei Bände geplantes Werk über Paulus ein. Band 2, der in Bälde folgen soll, wird vom Stichwort ‚Antipaulinismus' ausgehend eine Geschichte und Theologie der Paulusgegner in den ersten beiden Jahrhunderten enthalten, um Paulus und sein Werk in die rechte historische und theologische Perspektive zu rücken. Band 3, auf den hin die beiden ersten Bände eigentlich zugeschnitten sind, wird versuchen, die Entwicklung des theologischen Denkens Pauli von seiner Bekehrung an zu rekonstruieren. Dabei ist von der Voraussetzung auszugehen, daß wir wie jeden geschichtlichen Gegenstand so auch die Theologie des Paulus nur dann wirklich verstehen, wenn wir in ihr Werden hineinsehen können. Die Möglichkeiten hierzu wa-

6

ren bisher denkbar ungünstig, da nur aus der Spätzeit des Apostels Quellen zur Verfügung zu stehen schienen. Entstammt dagegen der 1Thess der Frühzeit seiner missionarischen Wirksamkeit, so erhalten wir auf dieser Grundlage direkten Zugang zu den Anschauungen des frühen Paulus, wie ansatzweise in Kap. 5 dieser Arbeit bereits deutlich wird. Das ganze Werk trägt den Titel: Paulus, der Heidenapostel. Das Bewußtsein, als der Apostel der Heiden berufen zu sein, ist m.E. bei Paulus sehr früh ausgebildet. Es ist sozusagen an der hier vorgelegten Chronologie direkt ablesbar. An dem paulinischen Heidenapostolat entzündet sich die in Band 2 näher darzustellende judenchristliche Gegnerschaft. Er ist als Konstante in Band 3 angemessen zu berücksichtigen, weil die theologischen Anschauungen des Paulus von ihm umklammert werden.

Zum Schluß möchte ich den Herausgebern der FRLANT, den Herren Professoren E. Käsemann und E. Würthwein, für die Aufnahme dieser Arbeit danken. Der DFG sei für einen namhaften Druckkostenzuschuß gedankt. Herr Vikar Jürgen Wehnert, Göttingen, hat sich in selbstloser Weise um die technische und inhaltliche Verbesserung des Manuskriptes verdient gemacht, sich mit mir das Korrekturlesen geteilt und das Stellenregister sowie die Literaturverzeichnisse angefertigt. Dafür sei ihm auch an dieser Stelle gedankt. Was ich meiner Frau Elke und unseren drei Töchtern schulde, ist nicht in Worten auszudrücken.

McMaster University   Gerd Lüdemann
Hamilton, Ont., Kanada
24. September 1978
Göttingen, den 4. Juli 1979

Abkürzungen

Die Abkürzungen folgen dem Verzeichnis in RGG^3 VI, S. XVIII–XXXIII, darüber Hinausgehendes entspricht dem Abkürzungsverzeichnis zur TRE (ed. S. Schwertner), Berlin–New York 1976; antike Autoren werden nach ThWNT I, S. 1*–24* zitiert. Ferner bedeuten:

A	Anmerkung
FS	Festschrift
HNTC	Harper's New Testament Commentaries, New York
Luk	Lukasevangelium

INHALT

Vorwort 5

Abkürzungen 8

1.   Eine kritische Bilanz der Chronologie des Paulus . .   15
1.1   Einführung 15
1.2   Der Konsens der deutschen Forschung in der Beurteilung
     der paulinischen Chronologie 17
1.3   Sammlung von kritischen Einzeleinwänden 22
1.3.1   Paulus, ein Delegat Antiochiens und Juniorpartner des
     Barnabas vor dem Apostelkonvent? 23
1.3.2   Zum Datum der Austreibung der Juden aus Rom 24
1.3.3   Die Unbestimmtheit der chronologischen Angaben der
     Apg in der Verknüpfung von Episoden 24
1.3.4   Widersprüche zwischen den chronologischen Angaben des
     Lukas und den Daten der Weltgeschichte 26
1.3.5   Die redaktionelle Bedingtheit der chronologischen
     Angaben des Lukas 32
1.3.5.1   Herodes und die Passionsgeschichte 32
1.3.5.2   Die Reise(n) Jesu und des Paulus als lukanische Dar-
     stellungsmittel auf dem Hintergrund der Ausbreitung
     des Evangeliums von Jerusalem bis Rom 34
1.3.5.3   Zur Eigenart der lukanischen Komposition von Lokal-
     traditionen 40
1.3.5.4   Die chronologischen und welthistorischen Daten als
     apologetische Stilmittel 41
1.3.5.5   Die chronologischen Daten als Ausdruck der Weltläufig-
     keit des Christentums 42
1.3.6   Paulus als Historiker? 43
1.4   Die Aufgabe und ihre Methode 45
1.4.1   Die absolute Priorität der paulinischen Selbstzeugnisse
     für eine Chronologie des Paulus 45
1.4.2   Die Apostelgeschichte und ihre Traditionen 49
1.4.2.1   Die Einpassung der chronologischen Paulustraditionen der
     Apg in den allein aufgrund der Briefe gewonnenen chro-
     nologischen Rahmen und die Methode ihrer Eruierung . 49
1.4.2.2   Zur Frage eines Itinerars der Paulusreisen 52

2.   Rekonstruktion einer Chronologie des Paulus
     allein aufgrund der Briefzeugnisse 58

2.1   Exegese von Gal 1,6—2,14 als tragendem Pfeiler für
     eine Pauluschronologie 58
2.1.1   Die gegnerische Position 58

2.1.2	Formgeschichtlicher Teil	60
2.1.2.1	Zur formgeschichtlichen Analyse der Paulusbriefe	60
2.1.2.2	Gal als „apologetic letter"	63
2.1.2.3	Formgeschichtliche Analyse von Gal 1,6—2,14: Exordium und Narratio	65
2.1.2.3.1	Gal 1,6—9: 1. Teil des Exordiums: Principuum	65
2.1.2.3.2	Gal 1,10: 2. Teil des Exordiums: Insinuatio	68
2.1.2.3.2.1	Einzelexegese von Gal 1,10	68
2.1.2.3.2.2	Klärung der formgeschichtlichen Frage von Gal 1,10	72
2.1.2.3.3	Formgeschichte von Gal 1,11f: Überleitung zwischen Exordium und Narratio	73
2.1.2.3.4	Formgeschichtliche Untersuchung von Gal 1,13—2,14: Narratio	74
2.1.2.3.4.1	Zur Frage der Einhaltung der chronologischen Reihenfolge in der Narratio: Gal 2,11—14	77
2.1.3	Klärung der für eine kritische Pauluschronologie in Gal 1f enthaltenen wichtigen Einzelfragen	79
2.1.3.1	Gal 1,21: „Danach ging ich in die Gegenden von Syrien und Cilicien"	79
2.1.3.2	Zum Bezugspunkt der Jahresangaben Gal 1,18; 2,1	83
2.1.3.3.	Inhalt und Anlaß des Apostelkonventes	86
2.1.3.3.1	Redaktion und Tradition in Gal 2,7f	86
2.1.3.3.2	Gal 2,7f als Bestandteil einer paulinischen Personaltradition vor dem Konvent	91
2.1.3.3.3	Der Anlaß und das Ergebnis des Apostelkonventes erklärt auf der Grundlage der auf den Konvent zurückgehenden Tradition Gal 2,9	94
2.1.3.3.4	Der Zwischenfall in Antiochien: Gal 2,11ff	101
2.1.3.3.5	Die Kollekte für die Armen	105
2.2	Die Kollekte als äußeres Kriterium zur Gewinnung eines chronologischen Rahmens	110
2.2.1	Der Beginn der Kollekte in Korinth: 1Kor 16,1ff	110
2.2.1.1	Zur Vorgeschichte von 1Kor 16,1ff	110
2.2.1.2	Die Kollektenaktion in 1Kor 16,1ff und ihre Vorgeschichte im Verhältnis zum Kollektenwerk in Galatien	114
2.2.2	Die Fortführung der Kollekte in Korinth: 2Kor 8f	119
2.3	Topographische und chronologische Angaben in den Kollektenpassagen der Paulusbriefe	122
2.3.1	1Kor 16,1ff	122
2.3.2	Topographische und chronologische Daten für Gal?	123
2.3.3	Die in 2Kor 8f vorausgesetzten topographischen und chronologischen Daten	127
2.3.3.1	Der Reiseweg des Paulus von Ephesus nach Korinth	127
2.3.3.2	Die Organisation der Kollekte in Mazedonien	131
2.3.3.3	Die Bedeutung der Wendung ‚seit dem vorigen Jahr' (ἀπὸ πέρυσι, 2Kor 8,10)	133
2.4	Vorläufiges Ergebnis	135
2.5	Zur Frage eines Gründungsaufenthaltes Pauli in Griechenland in der Nähe des 1Kor 16,1ff vorausgesetzten Ephesusaufenthaltes	136

2.5.1	Die in Frage kommenden Quellen. Zur Methode	136
2.5.2	Die fehlende Bezeugung des Gründungsbesuches in der Nähe des Ephesusaufenthaltes in den paulinischen Briefen	138
2.6	Der Zeitpunkt und die Umstände der Mission Pauli in Europa	139
2.7	Der Reiseweg Pauli vor seinem in 1Kor 16,1ff vorausge-setzten Ephesusaufenthalt	148
2.8	Zusammenfassung	149
2.9	Offene und halboffene Fragen	150

3.	**Die Einpassung der Traditionen der Apg in den allein aufgrund der pln. Briefe gewonnenen Rahmen**	152
3.1	Zur Umgrenzung der Aufgabe	152
3.2	Die Überleitung von der zweiten zur dritten Missionsreise in der Apg als Übergang vom Gründungsbesuch zum Kollektenbesuch in der Chronologie des Paulus: Apg 18, 18—23	155
3.2.1	Zur Interpretation von Apg 18,18—23 in der bisherigen Forschung. Das Problem	155
3.2.2	Scheidung von Redaktion und Tradition in Apg 18,18—23	159
3.2.3	Traditionsgeschichtliche Erwägungen zum Stationen-verzeichnis Apg 18,18ff	162
3.2.3.1	Die Jerusalemreise Apg 18,22 als Dublette von Apg 21,15?	163
3.2.3.2	Der ursprüngliche Ort des Jerusalembesuches Apg 18,22 .	165
3.2.3.2.1	Apg 11,27ff; 15,1ff; 18,22 als Verdreifachung des zweiten Jerusalembesuches Pauli	165
3.2.3.2.2	Die Verifizierung von Apg 18,22 als der zweiten Jerusalem-reise des Paulus durch die allein aus den Briefen gewonne-ne Chronologie	169
3.2.4	Zusammenfassende Erwägungen	173
3.3	Zur Frage der in Apg 18,1—17 enthaltenen Einzel-traditionen	174
3.3.1	Gliederung und Gedankengang	174
3.3.2	Traditionsgeschichtliche Fragen zu Apg 18,1—17	176
3.3.3	Vergleich der aus Apg 18,1ff eruierten Traditionen mit der allein aufgrund der Briefe gewonnenen Chronologie	181
3.3.3.1	Zu den die absolute Chronologie betreffenden Daten in Apg 18	181
3.3.3.1.1	Der Galliostein	181
3.3.3.1.2	Das Judenédikt des Claudius	183
3.3.3.1.3	Pauli Aufenthalte in Korinth in den Jahren 41/42 und 51/52 als Bestandteil einer Pauluschronologie?	195
3.3.3.2	Die in Apg 18,1ff enthaltenen Einzeltraditionen und ihre Einpassung in die obige Chronologie	198
3.3.3.2.1	Priscilla und Aquila	199
3.3.3.2.2	Krispus	201
3.3.3.2.3	Das Kommen des Silas und des Timotheus aus Maze-donien	201

3.4	Die expliziten Zeitangaben der Apg über den Aufenthalt des Paulus in Thessalonich, Korinth und Ephesus	203
3.4.1	Thessalonich	203
3.4.2	Korinth	204
3.4.3	Ephesus	205

4.	Zusammenfassung von 1—3	207

5.	Die eschatologischen Aussagen in 1Thess 4,13ff und 1Kor 15,51f als Bestätigung der frühen mazedonischen Wirksamkeit Pauli	213

5.1	Fragestellung und Methode	213
5.2	Auslegung von 1Thess 4,13—18	220
5.2.1	Die Situation der Gemeinde: der Anlaß der Trauer	220
5.2.1.1	Die Gnosis in Thessalonich	221
5.2.1.2	Der relative Vorzug der Lebenden vor den Toten	226
5.2.1.3	Das Unvermögen der Thessalonicher als Grund der Trauer	228
5.2.1.4	Die fehlende Belehrung über die künftige Auferstehung der Christen beim Gründungsbesuch als Grund der Trauer	229
5.2.2	Analyse von 1Thess 4,13ff	231
5.2.2.1	Kontext	231
5.2.2.2.	Gliederung	232
5.2.2.3	Einzelexegese	232
5.2.2.3.1	V. 13f	232
5.2.2.3.2	Analyse von V. 15—17: der λόγος κυρίου und seine Interpretation durch Paulus	242
5.2.2.3.2.1	Scheidung von Redaktion und Tradition	243
5.2.2.3.2.1.1	Innere Spannungen im Text	243
5.2.2.3.2.1.2	Wortstatistik	243
5.2.2.3.2.2	Form- und traditionsgeschichtliche Analyse von V. 16f ..	247
5.2.2.3.2.3	Folgerungen aus der formgeschichtlichen Analyse für die Bedeutung des λόγος κυρίου in 1Thess 4,15	254
5.2.2.3.2.4	Der Sinn von 1Thess 4,16f auf der Stufe der paulinischen Redaktion	256
Exkurs:	Verwandlung in 1Thess 4,16f?	260
5.2.2.3.2.5	Der paulinische Sinn von V. 15	261
5.2.3	Zusammenfassung der Ergebnisse der Auslegung von 1Thess 4,13ff	263
5.2.4	Ertrag für die chronologische Fragestellung	263
5.3	Auslegung von 1Kor 15,51f	264
5.3.1	Zum Vorgehen	264
5.3.2	Das Größenverhältnis der Lebenden und Toten in 1Kor 15,51f im Vergleich zu 1Thess 4,13ff	265
5.3.2.1	1Kor 15,51f als Fortführung von 1Thess 4,13ff	265
5.3.2.2	Das Überleben als Ausnahme	266

5.3.3	Die Auferstehungsvorstellung in 1Kor 15,51f im Vergleich zu 1Thess 4,13ff	268
5.3.3.1	Die Verwandlungsanschauung in 1Kor 15,51f	268
5.3.3.2	Vergleich der Auferstehungsvorstellungen in 1Kor 15,51f und 1Thess 4,13ff	269
5.3.4	Zum Anlaß und zur Begründung der paulinischen Auferstehungsaussagen in 1Kor 15,51f	270
5.3.5	Der Ertrag für die Chronologie	271
6.	Chronologische Übersicht	272
7.	Literaturverzeichnis	274
7.1	Quellen	274
7.2	Sekundärliteratur	275
8.	Autorenverzeichnis	291
9.	Stellenregister	296

1. EINE KRITISCHE BILANZ DER CHRONOLOGIE DES PAULUS

1.1 Einführung

Die neutestamentliche Wissenschaft geht im deutschen Raum trotz tiefgreifender Unterschiede in manchen Bereichen von einigen Grundvoraussetzungen aus wie etwa der (modifizierten) Zweiquellentheorie in der Synoptikerexegese oder einer ziemlich feststehenden (auf Differenzen von zwei oder drei Jahren kommt es hier nicht an) Chronologie des Paulus und des Urchristentums bis 70 n.Chr.[1]. Da Dogmen in der historischen Forschung wissenschaftlicher Neugierde und methodischem Zweifel suspekt erscheinen, sei hier im folgenden eine kritische Bilanz der Forschungserträge zur Chronologie des Paulus im deutschen Raum vorgelegt und anschließend ein neuer Vorschlag entwickelt, der sich als Vorarbeit für eine neue Paulusinterpretation versteht.

Beides, Kritik und positive Konstruktion, ist wesentlich angeregt durch die Arbeiten der Amerikaner J. Knox[2] und D. W. Riddle[3],

---

[1] Vgl. M. Hengel, Christologie und neutestamentliche Chronologie, in: H. Baltensweiler—B. Reicke (edd.), Neues Testament und Geschichte (FS O. Cullmann), Zürich—Tübingen 1972, S. 43—67, S. 44 A 5: „Bei den sonstigen Divergenzen in der deutschen Forschung ist der in der paulinischen — und d.h. zugleich neutestamentlichen — Chronologie bis 70 n.Chr. bestehende relative Konsensus erstaunlich".

[2] Chapters in a Life of Paul, New York 1950 = Apex Books, Nashville 1950 = London 1954; ders., „Fourteen Years Later": A Note on the Pauline Chronology, in: JR 16. 1936, S. 341—349; ders., The Pauline Chronology, in: JBL 58. 1939, S. 15—29.

[3] Paul. Man of Conflict, Nashville 1940 (das Buch war im deutschen Leihverkehr nicht erhältlich!). Riddle schreibt im Vorwort seines Buches, daß Knox' JR-Aufsatz aus dem Jahre 1936 ihm den ersten Anstoß gegeben habe (Conflict, S. 9). Es besteht daher gar kein Grund, daß W. G. Kümmel (Einleitung in das Neue Testament, Heidelberg [18]1976, S. 217f) Riddle *vor* Knox nennt — wohl unter der stillschweigenden Voraussetzung, daß Knox von seinem Lehrer Riddle zu seinem Ansatz angeregt worden sei, bevor dieser die Monographie habe schreiben können.

Eine sympathische Einführung in die Methodik von Knox und Riddle gibt J. C. Hurd, Pauline Chronology and Pauline Theology, in: W. R. Farmer — C. F. D.

deren Arbeiten zur Chronologie des Paulus im deutschen Raum fast
völlig unbekannt[4] sind oder verzerrt wiedergegeben werden[5].

Moule — R. R. Niebuhr (edd.), Christian History and Interpretation (FS J.
Knox), Cambridge 1967, S. 225—248; vgl. ders., The Sequence of Paul's Letters,
in: CJT 14.1968, S. 189—200, und Art. Chronology, Pauline, in: IDB Suppl.
Vol., Nashville 1976, S. 166f. Methodologisch bedeutsam ist ferner C. Buck,
The Collection for the Saints, in: HThR 43. 1950, S. 1—29. Bucks Arbeit hat
in der Forschung fast keine Beachtung gefunden, wohl vor allem deshalb, weil
er die unhaltbare These aufgestellt hatte, daß „the collection took place before
the Jerusalem council and not after it" (S. 27). Vgl noch J. C. Hurd, The Origin
of 1 Corinthians, London = New York 1965, S. 3—42, und vor allem H. L.
Ramsey, The Place of Galatians in the Career of Paul, Ph. D. Columbia 1960,
Ann Arbor 1961 (diese Arbeit wurde von J. Knox betreut). Der Verf. stellt
auf S. 126—136 seiner Diss. gut den Ansatz von Knox dar. Sein Werk verdient
in künftigen Diskussionen über die Chronologie des Paulus unbedingt Gehör,
obwohl weder seine Hauptthese der Abfassung des Gal in der Gefangenschaft
in Cäsarea (S. 305ff) noch seine Spätansetzung der Bekehrung des Paulus (37
n.Chr., S. 151ff) wahrscheinlich ist. Der Titel der Arbeit sagt übrigens zu wenig über den Inhalt aus. Ramsey bietet in Wirklichkeit eine Gesamt-Chronolo-
gie des Paulus.
[4] Aber auch in Nordamerika wird Knox' Ansatz ohne gründliche Kenntnis oft
abgetan; vgl. nur E. E. Ellis, Paul and His Recent Interpreters, Grand Rapids
[2]1967, der auf S. 17 seines ansonsten informativen Büchleins Knox' These zumindest sehr ungenau referiert und dessen Gleichsetzung von Apg 18,22 mit
dem Konventsbesuch (vgl. Knox, Chapters, S. 68f) einfach unterschlägt. D. R.
A. Hare gab die Behandlung, die Knox' Chronologie erfahren hat, zutreffend
wieder: „While few subsequent Pauline biographies show the same primary re-
gard for the Pauline data, (...) the main arguments of John Knox stand un-
refuted. These arguments have often been ignored, but they have not been
answered!" (The Theme of Jewish Persecution of Christians in the Gospel
According to St. Matthew, MSSNTS 6, Cambridge 1967, S. 62 A 2). Knox'
Chronologie wird nicht einmal erwähnt in: W. F. Orr — J. A. Walther, I Corinthians, AncB 32, New York 1976 (S. 1—131: Introduction with A Study
of the Life of Paul).
[5] Meist wird Knox' Chronologie, wenn sie überhaupt erwähnt wird, mit dem
Hinweis abgetan, daß Knox' Identifizierung der in 2Kor 12 geschilderten Entrückung mit der Bekehrung unzutreffend sei, so z.B. B. Rigaux, Paulus und
seine Briefe, BiH 2, München 1964, S. 122; sogar E. Haenchen, Die Apostelgeschichte, MeyerK 3. Abt. 16. Aufl., Göttingen [7]1977, S. 80 (vgl. S. 522f A 6).
A. Suhl (Paulus und seine Briefe, StUNT 11, Gütersloh 1975) hat demgegenüber
m.R. bemerkt, daß Knox diese These in seiner Paulus-Monographie aus dem Jahre 1950 nicht mehr vertritt, tut Knox aber Unrecht, wenn er behauptet, daß
Knox' Entwurf in den beiden oben genannten Aufsätzen auf der Gleichsetzung
der Entrückung 2Kor 12 mit der Bekehrung beruhe (S. 89). Dagegen Knox,
Chapters, S. 78 A 3: my "scheme has never depended upon the interpretation
of this passage" (2Kor 12).
Im folgenden ist vorausgesetzt, daß die Entrückung nichts mit der Bekehrung
Pauli zu tun hat. Gegen ihre Identifikation spricht im übrigen dieselbe Beobachtung, die Knox veranlaßt hatte, sie gleichzusetzen: die Jahresangabe „vor

Meiner Meinung nach kann aufgrund der fruchtbaren Resultate der redaktionsgeschichtlichen Erforschung des lukanischen Doppelwerkes die Chronologie der beiden Amerikaner weitergeführt und entscheidend verbessert werden.

Zunächst jedoch ein Abriß der üblichen Rekonstruktion der Chronologie des Paulus im deutschen Raum.

1.2 Der Konsens der deutschen Forschung in der Beurteilung der paulinischen Chronologie

Bei der Bestimmung der Chronologie des Paulus geht man von folgenden Überlegungen aus: Das einzige[6] Datum ergibt sich aus der Erwähnung des Statthalters Gallio (Apg 18,12), dessen prokonsularische Amtszeit aufgrund einer in Delphi gefundenen Inschrift sich etwa auf das Jahr 51/52 n.Chr. berechnen läßt[7]. Unter der Voraussetzung, daß der Bericht der Apostelgeschichte über den Aufenthalt Pauli in Korinth z.Zt. des Gallio, d.h. der Bericht über den Prozeß

---

14 Jahren". Denn a) muß Knox die 14 Jahre in Gal 2,1 von der Bekehrung an rechnen, was unwahrscheinlich ist (s.u. S. 83f), b) wäre vorauszusetzen, daß 2Kor 12 in dem Jahr geschrieben wurde, in dem der Apostelkonvent stattfand, eine Annahme, die deswegen auszuschließen ist, da 1Kor 16,1ff vor 2Kor 12 geschrieben ist und einen Zeitraum von mindestens einem Jahr für die Organisation der Kollekte voraussetzt (s.u. S. 110ff). P. Hartmann (Das Verhältnis des Galaterbriefs zum zweiten Korintherbrief, in: ZWTh 42.1899, S. 187—194), der vor Knox sich bemüht hatte, die 14 Jahre von Gal 2,1 und 2Kor 12 für die Chronologie auszuwerten, versetzt denn auch konsequenterweise 1Kor *vor* den Konvent.
In jüngster Zeit vertreten wieder C. Buck — G. Taylor, Saint Paul. A Study of the Development of his Thought, New York 1969, die These, daß die Entrückung in 2Kor 12 auf die Bekehrung zurückzuführen sei (S. 104.222).
6 Ein weiteres Datum aus dem Bereich der absoluten Chronologie steht nach der Mehrheit der Forschung nicht zur Verfügung, da sich der Prokuratorenwechsel Felix/Festus (Apg 24, 27) nicht genau datieren läßt (vgl. H. Conzelmann, Die Apostelgeschichte, HNT 7, Tübingen ²1972, z.St. [Lit.]). Wir sehen zunächst überhaupt von einer Erörterung jener Passage ab, da sie einen Zeitraum betrifft, der nicht durch die Briefe berührt wird.
7 Von dem Brief des Claudius, aus dem die Zeit der Statthalterschaft des Gallio in Achaja bestimmt werden kann, sind seit A. Plassarts Arbeiten (s.u. S. 182 A 56) neun Fragmente bekannt (nicht mehr nur vier [sieben], wie zur Zeit Deißmanns, s.u. S. 181f). Kümmel, Einleitung, spricht auf S. 218 A 2 von „neuere(n) Funde(n)" statt von Plassarts Entdeckung, daß *vorhandene* Inschriftenfragmente zu der bekannten Gallio-Inschrift gehören.

vor Gallio, historisch zutrifft, wird von diesem Fixpunkt der absoluten Chronologie nach *vorn* (= nach 51/52 n.Chr.) und nach *hinten* (= vor 51/52 n.Chr.) weitergerechnet. Bevor diese Berechnung vorgeführt werden wird, sei noch eine Nachricht aus Apg 18 erwähnt, die das absolute Datum der Pauluschronologie nach allgemeiner Auffassung weiter stützt. Apg 18,2 berichtet, Paulus habe in Korinth angetroffen „einen Juden namens Aquila, der aus Pontus stammt und vor kurzem aus Italien gekommen war, zusammen mit seiner Frau Priscilla, denn Claudius hatte angeordnet, daß alle Juden Rom zu verlassen hätten." Sueton berichtet in seinem Werk „Leben der Cäsaren" eine derartige Maßnahme des Kaisers Claudius: Iudaeos impulsore Chresto assidue tumultuantes Roma expulit (Claudius 25), datiert diese Austreibung aber nicht. Nach Orosius, historiae adversum paganos VII 6,15[8], hat sie im 9. Jahr des Claudius (49 n.Chr.) stattgefunden.

Es ist offensichtlich, daß diese Datierung gut zu dem oben genannten Fixpunkt der Chronologie des Paulus paßt. Aquila und Priscilla sind zusammen mit anderen Juden(christen) im Jahre 49 n.Chr. aus Rom ausgetrieben worden, gingen nach Korinth und trafen hier Paulus, für den die Apg einen Aufenthalt um das Jahr 51/52 n.Chr. bezeugt und der sich vermutlich schon vorher in der Hafenstadt aufgehalten hat.

Nach *vorn* ergebe sich ein Aufenthalt Pauli in Ephesus (*nach* seinem Apg 18 beschriebenen Besuch in Korinth), was eine Stütze in der Abfassung des 1Kor in Ephesus (1Kor 16,8) und ferner darin hat, daß die Apg im Anschluß an Pauli Abfahrt von Korinth einen Aufenthalt in Ephesus berichtet. Freilich sei es nicht der, von dem Apg 18,19f spricht. Paulus habe sich vielmehr nach dem Gründungsaufenthalt in Korinth über Ephesus nach Palästina begeben (Abschluß der zweiten Missionsreise) und sei auf der dritten Missionsreise wieder nach Ephesus gekommen. Dieser zweite Aufenthalt in Ephesus (Apg 19f) sei identisch mit dem in 1Kor 16,8 vorausgesetzten. Anschließend habe Paulus nochmals einige Zeit in Korinth verbracht, denn auf keinen anderen Ort könne die Notiz in Apg 20,2f bezogen werden. Ferner sei diese Reise aus der korinthischen Korrespondenz zu folgern (2Kor 12,14; 13,1), zumal auch dann Röm wohl in Korinth abgefaßt worden sei. Hernach habe Paulus eine Reise nach Jerusalem zur Überbringung der Kollekte angetreten (Röm 15,25), die an der eben genannten Stelle im Gegensatz zu dem Zeitpunkt der

---

[8] Nach B. Altaner — A. Stuiber, Patrologie, Freiburg—Basel—Wien [8]1978, S. 232, entstand das Werk im Jahre 417/418 auf Veranlassung Augustins.

Abfassung von 1Kor 16,8 abgeschlossen war. Die Nachricht der Apg von der Jerusalemreise im Anschluß an den Korinthaufenthalt (Apg 20,2f) füge sich wieder gut in diese aus den Paulusbriefen erschlossene relative Chronologie ein. In Jerusalem sei Paulus gefangengenommen (Apg 21) und anschließend nach Rom überführt worden (Apg 27f). Ständen für diese beiden Nachrichten auch nicht unbestrittene Eigenaussagen Pauli aus seinen Briefen zur Verfügung (immerhin könnte Phil aus der Gefangenschaft in Rom geschrieben sein), so werde doch zumindest der Märtyrertod Pauli in Rom durch 1Clem 5,4—7 am Ende des 1. Jh.s sicher bezeugt[9]. Da für diese Periode des Lebens Pauli (Gefangenschaft und Transport nach Rom) Daten aus der absoluten Chronologie fehlen (der Prokuratorenwechsel Felix/Festus, Apg 24,27, läßt sich nicht sicher datieren, s.o. A 6) und auch keine Zahlenangaben aus der relativen Chronologie wie Gal 1f vorliegen, ist für den letzten Lebensabschnitt Pauli die Divergenz der Meinungen am größten. Sie scheint freilich angesichts des allgemein anerkannten Fixpunktes der äußeren Chronologie des Paulus, der Gallio-Notiz, nur relativ.

Nach *hinten* geben die Kombination von Apg 15—17 mit 1Thess 3 und Gal 1f die relativen chronologischen Daten her und lassen sich mittels des Gallio-Fixpunktes in die absolute Chronologie einpassen. Paulus berichtet 1Thess 2,2 von seinem Aufenthalt in Philippi, 3,1 von dem in Athen. Dazwischen wird er in Thessalonich gewesen sein, wie der Rückblick 1Thess 1,2ff zeigt, und schreibt den 1Thess aus Korinth. Dieselben von Paulus vorausgesetzten Reisestationen: Philippi, Thessalonich, Athen, Korinth setzt aber auch der Bericht Apg 16—18 voraus, so daß der allgemeine Konsens nicht wundernimmt, daß die paulinische Mission in Mazedonien und Achaja während der zweiten Missionsreise erfolgt sei. Jene zweite Missionsreise fand auch laut Aussage der Apg *nach* dem Apostelkonvent statt, und es ist i.allg. darin Übereinstimmung erreicht, daß Apg 15 und der von Paulus berichtete 2. Jerusalembesuch dasselbe Ereignis meinen, das um so mehr, als sowohl Paulus als auch die Apg unmittelbar *nach* dem Konvent von einem Streit zwischen Paulus und Barnabas berichten (Apg 15,36—39 — [Gal 2,13 mehr indirekt]), der zu ihrer Trennung geführt haben wird. Die Rechnung nach hinten führt also, wenn auch ohne Jahresangaben bzw. Zahlen, auf die Reihenfolge der Ereignisse: Apostelkonvent, Trennung von Barnabas in

---

[9] Die römische Gefangenschaft des Paulus wird früher noch durch Hebr belegt; vgl. W. Wrede, Das literarische Rätsel des Hebräerbriefs, FRLANT 8, Göttingen 1906, S. 62f.

Antiochien, Reise nach Philippi, Thessalonich, Athen, Korinth, und hieran wären dann die mittels der Rechnung nach *vorn* ermittelten Stationen anzuhängen: Ephesus, Reise nach Palästina als Übergang von der zweiten zur dritten Missionsreise, Ephesus, Korinth, Jerusalem, Rom. – Die Zeit vor dem Apostelkonvent kann man nach allg. Auffassung aufgrund der von Paulus gemachten Angaben in Gal 1f berechnen. Da Paulus Jahre zählt, ist hier eine genauere Berechnung möglich als für die Zeit zwischen Apostelkonvent, Aufenthalt in Korinth und 3. Jerusalemreise. Nach der Aussage des Paulus sind nämlich 14 oder – so die Mehrzahl – 17 Jahre zwischen Bekehrung und zweitem Jerusalembesuch (zum Apostelkonvent) vergangen. Drei Jahre, nachdem es Gott gefallen hatte, ihm seinen Sohn zu offenbaren, zog er nach Jerusalem, um Kephas kennenzulernen (ἱστορῆσαι), und blieb 2 Wochen (Gal 1,18). 14 Jahre danach – bzw. 11 Jahre, wenn man die 14 Jahre von der Bekehrung an rechnet – zog er mit Barnabas nach Jerusalem (Gal 2,1).

Den Ort der Wirksamkeit Pauli zwischen 1. und 2. Jerusalemreise meint man Gal 1,21 entnehmen zu dürfen, wo es im unmittelbaren Anschluß an den ersten Jerusalemaufenthalt heißt: „danach ging ich in die Gegenden von Syrien und Cilicien." 14 bzw. 11 Jahre soll Paulus in diesen Gebieten gearbeitet haben, und zwar im Auftrag der Gemeinde von Antiochien. Diese These sei auch deswegen wahrscheinlich, weil Paulus in Apg 13f zusammen mit Barnabas im Auftrag der antiochenischen Gemeinde Mission treibt und als ihr Delegat mit Barnabas zum Konvent nach Jerusalem zieht, eine Nachricht, die sich mit der Feststellung Pauli Gal 2,1 trifft, er sei mit Barnabas nach Jerusalem gezogen.

Veranschlagt man für die Zeit vom Prozeß vor Gallio bis zum Apostelkonvent 3 Jahre, so ergibt sich als absolutes Datum für den 2. Jerusalembesuch Pauli das Jahr 48/49 n.Chr., als Datum der Bekehrung das Jahr 31 (bzw. 34)[10].

---

[10] Pauli Aufenthalt in Arabia hat nach der obigen Berechnung kurz nach 31 (34) begonnen. Wenn Paulus auf die hernach verbrachte Zeit in 2Kor 11,32f anspielt, so ist Paulus spätestens im Jahre 41 zum Kephasbesuch in Jerusalem gewesen, da Aretas bis 40 herrschte und ‚nach drei Jahren' (Gal 1,18) (= 2 Jahre, s. S. 83 A 51) von Pauli Rückkehr nach Damaskus an zu rechnen ist (s. S. 85). Zum Verhältnis von Apg 9,23ff zu 2Kor 11,32f vgl. C. Burchard, Der dreizehnte Zeuge, FRLANT 103, Göttingen 1970, S. 150ff (Lit.). R. Jewett, A Chronology of Paul's Life, Philadelphia 1979, S. 30–33, meint zeigen zu können, daß „Paul's escape occured sometime within the two year span until the death of Aretas in A. D. 39. This is a datum whose historical solidity is capable of anchoring a chronology" (a.a.O., S. 33). Weder hat Jewett die Annahme widerlegt, daß Aretas' Leute (nur) die Stadttore von Damaskus bewachten, noch

20

Mag man auch aus theologischen Gründen davor warnen, die Bedeutung der „richtigen" Chronologie des Paulus zu überschätzen, so ist gegenüber einer solchen Warnung an der im deutschen Raum allgemein für richtig befundenen Chronologie sogleich zu zeigen, daß sie für die theologische Interpretation der Paulusbriefe eine wichtige Vorentscheidung bereits getroffen hat und daher auch für den Theologen von allergrößtem Interesse ist. Denn nach der allgemein üblichen Chronologie Pauli stammen sämtliche echten Paulusbriefe (von Phil sehe ich einmal ab) aus der Zeit der zweiten bzw. dritten Missionsreise, d.h. sie sind in ziemlich dichtem Abstand entstanden. D.h. ferner, daß der Zeitraum zwischen Bekehrung und dem ersten Brief (etwa 19 Jahre) etwa viermal so groß ist wie zwischen dem ersten und letzten Brief. Wir hätten dann Briefe eines Mannes vor uns, der bereits eine lange missionarische Laufbahn hinter sich gebracht hat. Diese Folgerungen aus der Chronologie des Paulus für die Entstehung der Briefe würden für ihre Interpretation bedeuten, daß a) schwerlich Raum bliebe für die neuerdings wieder aufgestellten Thesen[11] einer theologischen Entwicklung des Paulus, b) die erhaltenen

bewiesen, daß Aretas Gewalt über die Stadt Damaskus (und dazu noch während der zwei Jahre vor seinem Tod) hatte. „Aus 2Kor 11,32f. ergibt sich lediglich, daß Paulus vor dem Tode des Aretas aus Damaskus geflohen sein muß" (Suhl, Paulus, S. 315). Mehr Information aus 2Kor 11,32f schöpfen zu wollen, ist weniger!

[11] Vgl. zuletzt J. Becker, Auferstehung der Toten im Urchristentum, SBS 82, Stuttgart 1976, passim. Im deutschen Raum vergißt man übrigens zu leicht, daß das Thema der Entwicklung bei Paulus in der angelsächsischen und amerikanischen (auch französischen) Forschung seit langem eine große Bedeutung hat (zu J. Baumgarten, Paulus und die Apokalyptik, WMANT 44, Neukirchen–Vluyn 1975, der diese Frage auf zwei Seiten abhandelt und ausschließlich deutsche Literatur bespricht, S. 236–238). Vgl. nur C. H. Dodd, The Mind of Paul: Change and Development, in: BJRL 18. 1934, S. 69–110 = in: ders., New Testament Studies, Manchester ³1967, S. 83–128 (zur Kritik: J. Lowe, An Examination of Attempts to Detect Developments in St. Paul's Theology, in: JThS 42. 1941, S. 129–142), und zuletzt die oben A 5 genannte Arbeit von C. Buck – G. Taylor, Saint Paul (zur Kritik: V. P. Furnish, Development in Paul's Thought, in: JAAR 38. 1970, S. 289–303; J. W. Drane, Theological Diversity in the Letters of St. Paul, in: TynB 27. 1976, S. 3–26); vgl. noch W. D. Davies, The Gospel and the Land, Berkeley–Los Angeles–London 1974, S. 208ff, und den Überblick bei Hurd, Origin, S. 8ff. In die obige Kritik ist aus dem soeben genannten Grund leider auch der in seiner Fragestellung verdienstvolle Versuch von H. Hübner, Das Gesetz bei Paulus. Ein Beitrag zum Werden der paulinischen Theologie, FRLANT 119, Göttingen 1978, einzubeziehen. Ich finde es ferner erstaunlich, daß Hübner (auf S. 132 A 41) Suhl, Paulus, vorwerfen kann, die Paulus-Forschungen des 19. Jahrhunderts und insbesondere die von C. Clemen (und F. Sieffert) nicht berücksichtigt zu haben, und selbst (trotz S. 131 A 19) keinerlei Kenntnis von Clemens

Briefe in noch größerem Maße als bisher einander interpretieren bzw. selbst der Historiker bei der Interpretation der erhaltenen Briefe den theologischen Grundsatz scriptura ipsius interpres [12] anwenden dürfte. Dies zur theologischen Brisanz einer Chronologie des Paulus!

1.3 Sammlung von kritischen Einzeleinwänden

Die soeben abrißhaft dargestellte Chronologie des Paulus zeichnet sich dadurch aus, daß sie Angaben der Apg in dem Falle verwertet, daß sie mit den Eigenaussagen Pauli übereinstimmen, andere Nachrichten jedoch, die den Paulusbriefen widersprechen, ausscheidet. Letzter Vertreter dieser Arbeitsweise ist P. Vielhauer: „Totale Skepsis ist der Apg nicht entgegenzubringen; bei kritischer Benutzung des Buches und besonnener Kombination seiner Angaben mit denen der Briefe läßt sich ein ungefähres Bild vom chronologischen Rahmen des Wirkens des Paulus gewinnen." [13] Berühmtestes Beispiel für das Ergebnis dieses kritischen Ansatzes ist die Verwerfung der Historizität von Apg 9,26ff, einer Stelle, nach der Paulus bald nach seiner Bekehrung — unter Überspringen des Aufenthaltes in Arabia — nach Jerusalem geht. Dagegen hält man m.R. die Eigenaussage Pauli Gal 1, wo der Apostel betont, nach dem Widerfahrnis vor Damaskus *nicht* nach Jerusalem gezogen zu sein. — Wichtigstes Exempel für die Kombination der Angaben Pauli und der Apg ist die chronologische Bestimmung seines Aufenthaltes in Korinth aufgrund der Gallio-Notiz der Apg (s.o.). Im folgenden seien — unverbunden — kritische Einzelargumente gegenüber der unter 1.2 dargestellten Chronologie des Paulus gesammelt.

---

zweibändiger Paulusmonographie zu besitzen scheint, in der Clemen die meisten seiner früheren Ansichten, die Hübner referiert, widerrufen hat; vgl. C. Clemen, Paulus. Sein Leben und Wirken I.II, Gießen 1904; s. bes. Band I, S. VII. — Zur Frage einer Entwicklung des theologischen Denkens des Paulus vgl. noch den wichtigen Bericht von W. G. Kümmel, Das Problem der Entwicklung in der Theologie des Paulus, in: NTS 18. 1971/72, S. 457—458.

[12] Vgl. M. Luther, WA 7,97,23: (sc. Scriptura sacra) sui ipsius interpres; vgl. dazu K. Holl, Gesammelte Aufsätze zur Kirchengeschichte I: Luther, Tübingen [7]1948, S. 558ff.

[13] P. Vielhauer, Geschichte der urchristlichen Literatur, Berlin—New York 1975, S. 71f.

1.3.1 Paulus, ein Delegat Antiochiens und Juniorpartner des Barnabas vor dem Apostelkonvent?

Diese mit größter Selbstverständlichkeit vorgetragene These hat empfindliche Schwächen, wenn man sie den paulinischen Eigenaussagen gegenüberstellt: a) Paulus betont Gal 2,1f, daß er gemäß einer *Offenbarung* mit Barnabas nach Jerusalem (zum Konvent) ging. Diesen Satz mit einer Unterordnung unter Barnabas in Verbindung zu bringen, ist gewagt. (Andererseits ist zuzugestehen, daß Paulus apologetisch formuliert, was zu der Herausstellung seiner Unabhängigkeit und der Betonung seines Ichs geführt haben mag.) b) Paulus verbindet den Jerusalembesuch offenbar mit der Absicht, den Jerusalemern das Evangelium vorzulegen, das *er* unter den Heiden verkündigt (2,2): diese Aussage läßt doch darauf schließen, daß Paulus eine *selbständige* Mission betreibt. c) Paulus nahm den Heidenchristen Titus mit, von dem in der Apg bekanntlich an keiner Stelle die Rede ist. Aus dieser Handlung des Paulus spricht ein erhebliches Selbstbewußtsein[14].

Jene das Faktum der Zugehörigkeit von Heiden zum eschatologischen Gottesvolk betonende symbolische Handlung und der Befund,

---

[14] Ich halte es für unwahrscheinlich, daß eine Gestalt wie Paulus, aus dessen Briefen uns ein derartiges Selbstbewußtsein entgegenkommt, rund 20 Jahre keine selbständige Missionsarbeit betrieben haben soll. Ich glaube, daß in der pln. Missionsstrategie kaum eine Entwicklung stattfand, sondern daß sich Paulus schon sehr früh als der Apostel der Heiden (Röm 11,13) wußte. Der Preis, der für einen in den ersten 20 Jahren domestizierten Paulus zu zahlen ist, dürfte zu hoch sein, es sei denn, man bescheidet sich mit der Auskunft, „daß Paulus (und die Hellenisten) sich so lange auf diesen engen Raum (sc. von Syrien und Cilicien) beschränkten, weil die Parusie damals noch in unmittelbarster Nähe erwartet wurde, so daß keine Frist für eine weltweite Mission blieb" (M. Hengel, Die Ursprünge der christlichen Mission, in: NTS 18. 1971/72, S. 15—38, S. 21 A 25). Ein Mann, der die Welt bis nach Spanien ‚durchqueren' will (zu diesem Ausdruck vgl. A. v. Harnack, Die Mission und Ausbreitung des Christentums in den ersten drei Jahrhunderten I, Leipzig ⁴1924, S. 80), bleibt nicht so lange Zeit in einem kleinen Missionsgebiet, um so weniger, als die unmittelbare Parusieerwartung doch gerade in einem Brief, 1Thess, zu finden ist, der außerhalb des „engen" Raumes von Syrien und Cilicien geschrieben wurde. — Jedenfalls ist es falsch zu sagen: Paulus wurde in „den Jahren nach dem ‚Konzil' (...) nach seinem eigenen Verständnis zum Heidenmissionar schlechthin (1. Kor 15,10; Röm 11,13)" berufen (M. Hengel, Zur urchristlichen Geschichtsschreibung, Stuttgart 1979, S. 100). Nach seinem eigenen Verständnis wurde er Heidenapostel bei der Bekehrung. — Pauli Missionsverständnis behandelt zuletzt W. Wiefel, Die missionarische Eigenart des Paulus und das Problem des frühchristlichen Synkretismus, in: Kairos 17. 1975, S. 218—231. Zu diesen Problemen vgl. ausführlich Band III.

daß wir Titus nur aus der Mission des Paulus in Europa kennen[15], läßt es gleichfalls als plausibel erscheinen, daß Paulus bereits vor dem Apostelkonvent eine von Antiochien unabhängige Missionsarbeit betrieb[16].

1.3.2 Zum Datum der Austreibung der Juden aus Rom

Das Datum 49 n.Chr. beruht auf der Nachricht des Augustinschülers Orosius, der es auf Josephus zurückführt (Iosephus refert). Nun finden wir in Josephus' Werken, die uns vollständig überliefert sind[17], keine solche Datierung, obwohl Josephus ausführlich über die Regierungszeit des Claudius an mehreren Stellen berichtet. Auch wenn mit Harnack[18] angenommen werden muß, daß Orosius die Datierung zusammen mit der Herkunftsbezeichnung „Josephus" aus der Tradition geschöpft hat (Harnack vermutet als Urheber Julius Africanus), so ist sie gleichwohl zu spät, als daß sie unbesehen übernommen werden dürfte, um so mehr, da Sueton die Austreibung nicht datiert und ferner Dio Cassius LX 6,6 für den Beginn der Regierungszeit des Claudius (41 n.Chr.) eine kaiserliche Maßnahme im Zusammenhang von Judenunruhen in Rom erwähnt, die deswegen mit der von Sueton erwähnten identisch sein wird, weil Dio Cassius auf die von dem letzteren aufbewahrte Tradition (indirekt) Bezug zu nehmen scheint. Ist es dann methodisch erlaubt, die Datierung des Orosius der des Cassius vorzuziehen?

1.3.3 Die Unbestimmtheit der chronologischen Angaben der Apg in der Verknüpfung von Episoden

Die in der Apg berichteten Episoden sind durch vage Zeitangaben miteinander verbunden: vgl. 12,1 κατ' ἐκεῖνον δὲ τὸν καιρόν; 19,23: ἐγένετο δὲ κατὰ τὸν καιρὸν ἐκεῖνον; 6,1: ἐν δὲ ταῖς ἡμέραις ταύταις

---

[15] Riddle, Paul, S. 97: „Barnabas accompanied him. Titus was included also — which proves without possible doubt that Paul went from the West, and that his work there was already far advanced. For it was in his western work that he brought this able assistant into the movement". Vgl. S. 199 A 103.

[16] Zur These, daß Gal 2,11ff beweise, daß Paulus nach dem Konvent noch immer in der antiochenischen Mission tätig war, vgl. u. S. 101ff.

[17] Vgl. B. Schaller, Art. Iosephos, in: Der kleine Pauli II, Stuttgart 1967, Sp. 1440—1444, Sp. 1441.

[18] A. Harnack, Chronologische Berechnung des „Tags von Damaskus", SAB phil.-hist. Klasse 1912, S. 673—682, S. 674f.

(vgl. ähnlich: 11,27). Vergleicht man dazu den von der Apg behandelten Zeitraum mit den Zeitangaben Pauli, so ist festzustellen, daß das in Apg 9,5—26 Berichtete (Bekehrung Pauli bis zum ersten Jerusalembesuch) mindestens einen Zeitraum von 2—3 Jahren abdeckt, Apg 11,26—15,1ff (Paulus in Syrien bis zum 2. Jerusalembesuch) mindestens 13—14 Jahre, während für die restlichen 14 Kapitel der Apg allenfalls ein Zeitraum von 6 Jahren anzusetzen ist[19].

„For the historian the importance of this observation is clear: we are dealing with selected episodes, not with a continuous history"[20]. Hält man diesen sozusagen schwerpunktartigen Berichtstil mit der oben beobachteten Unbestimmtheit der chronologischen Angaben zusammen, so folgt daraus das Gebot der methodischen Skepsis gegenüber den chronologischen Angaben des ganzen Buches. Es mag ja sein, daß Lukas für die Chronologie Pauli wesentliche Ereignisse ausgelassen und durch die vagen Angaben eine falsche Verknüpfung zwischen Episoden vorgenommen hat[21].

Auch über den Ausdruck ἡμέραι ἱκαναί (Apg 9,23.43; 18,18; 27,7) lassen sich aus der Apg keine Angaben über Zeitläufe und für Lukas kein Wissen über dieselben erschließen. K. Haacker[22] ist dezidiert anderer Meinung: Apg 9,23 berichtet davon, daß, nachdem etliche Tage verstrichen waren (ὡς δὲ ἐπληροῦντο ἡμέραι ἱκαναί), die Juden in Damaskus Paulus ermorden wollten. Paulus wird darauf in einem Korb durch die Stadtmauer hinabgelassen und geht nach Jerusalem, wo er versucht, sich den Jüngern anzuschließen. Haacker kombiniert die Angabe ‚etliche Tage‘ mit Pauli Eigenbericht, daß er nach 3 Jahren zum ersten Mal nach Jerusalem gegangen sei. Dabei setzt er im Gefolge von Schlier Pauli

---

[19] Vgl. die Aufstellungen bei A. Harnack, Die Zeitangaben in der Apostelgeschichte des Lukas, SAB phil.-hist. Klasse 1907, S. 376-399 (zur Kritik vgl. u. S. 203ff und S. 204 A 109).
[20] K. Lake, The Chronology of Acts, in: F. J. F. Jackson — K. Lake (edd.), The Beginnings of Christianity I.5, London 1933, S. 445—474, S. 474.
[21] Hurd, Origin, S. 23, bemerkt zutreffend: „The intervals of time specified in Acts do not add up to fourteen years throughout the entire book." Ich kann mir die Bemerkung nicht versagen, daß Hurds Buch im deutschen Sprachraum — auch in seither erschienenen Kommentaren — längst nicht genügend berücksichtigt worden ist. Dieses Urteil gilt unabhängig davon, ob man geneigt ist, Hurds Rekonstruktionen der Korrespondenz zwischen Paulus und den Korinthern zuzustimmen, denn sein Werk ist ein unentbehrliches Hilfsmittel für die Exegese des 1Kor. Vgl. aber immerhin W. G. Kümmel, in: ThLZ 91. 1966, Sp. 505—508. Mit dem für Hurds Thesen laut Kümmel „hinderliche(n) Aufsatz" (a.a.O., Sp. 508) von T. H. Campbell, Paul's „Missionary Journeys" as Reflected in His Letters, in: JBL 74. 1955, S. 80—87, hat sich Hurd, Chronology, S. 228ff, auseinandergesetzt.
[22] Die Gallio-Episode und die paulinische Chronologie, in: BZ NF 16. 1972, S. 252—255. Auch Suhl, Paulus, S. 121, sieht m.R. ἡμέραι ἱκαναί als „typisch lukanische Zeitangabe" ohne chronologischen Wert an.

Aufenthalt in Arabia auf ein Jahr an und kommt so zum Schluß: Paulus war etwa eineinhalb Jahre in Damaskus! *Dagegen:* Haacker setzt voraus, was erst zu beweisen wäre, Lukas' Wissen über die Dauer von Pauli Aufenthalt in Damaskus. Wenn Lukas über die Einzelheiten desselben (nach paulinischem Selbstzeugnis [2Kor 11,32f] stellen ihm nicht die Juden, sondern der Statthalter des Königs Aretas nach!) und den zuvor stattgefundenen Aufenthalt in der Arabia nicht oder nur schlecht informiert ist, so steht es aller Wahrscheinlichkeit nach auch um sein chronologisches Wissen nicht zum besten. Endlich: ἡμέραι ἱκαναί ist eine geläufige lukanische Zeitangabe und bezeichnet keineswegs durchweg den Zeitraum von etwa 18 Monaten. Haackers Gleichsetzung der Zeitangabe von 18 Monaten (18,11) mit ἡμέραι ἱκαναί in 18,18, wie sie in dem Satz zum Ausdruck kommt: „Wenn aber ἡμέραι ἱκαναί in Act 9,23 für anderthalb Jahre stehen kann, so erlaubt die Angabe von Act 18,18 keine Rückschlüsse darüber, wann innerhalb der achtzehn Monate seines Wirkens in Korinth Paulus vor Gallios Richterstuhl stand" (S. 254), scheitert bereits daran, daß der Satz: Παῦλος ἔτι προσμείνας ἡμέρας ἱκανάς die ‚etlichen Tage' von den 18 Monaten absetzt und sie dazugezählt wissen will (= nachdem Paulus 18 Monate in Korinth war, blieb er noch etliche Tage und fuhr dann weg).

Will Haacker ferner den Aufenthalt Petri in Joppe (9,43) und die Verzögerung während der Seefahrt (27,7) auf 18 Monate veranschlagen?

Andererseits finden sich in der Apg an wenigen Stellen im Paulusteil explizite chronologische Angaben der Dauer (s.o. A 19). Sie können erst beurteilt werden, nachdem die Rekonstruktion einer Chronologie Pauli allein aufgrund der Briefe erfolgt ist. Doch geben sie schon jetzt zusammen mit den oben angeführten unbestimmten Zeitangaben ein Zeugnis ab für das historische Interesse des Lukas.

Daß dieses Interesse auch ein welthistorisches ist, zeigt sich vor allem in den im folgenden zu analysierenden Anspielungen im lukanischen Werk auf weltgeschichtliche Ereignisse. Wie steht es mit ihrer Zuverlässigkeit?

1.3.4 Widersprüche zwischen den chronologischen Angaben des Lukas und den Daten der Weltgeschichte

Bekanntlich ist das allein wesentliche Datum der absoluten Chronologie von der Forschung aus der Gallio-Notiz in Apg 18 gewonnen worden. Mögen die bisherigen Einwände gegen die herkömmliche Chronologie des Paulus unter Umständen auch durch Modifikationen derselben aufzufangen sein (d.h. man kann sie äußern und trotzdem im großen und ganzen an ihr festhalten), so ist im folgenden — unter grundsätzlicher Kritik am Recht, sich von Lukas ein absolutes Datum der Weltgeschichte (ohne Absicherung durch Paulus) vorgeben zu lassen — ein Frontalangriff gegen die herkömmliche Chronologie zu führen. Indem im folgenden gezeigt wird, daß Lukas oft unzutreffende[23] chronologisch-weltgeschichtliche Angaben macht, wird das methodische Recht bestritten, auf der Gallio-Notiz die Chronologie Pauli aufzubauen[24]. Wir gehen die in Frage kommenden Belege der Reihe nach durch:

Luk 2,1ff: Lukas datiert die Geburt Jesu in die Zeit Herodes' des Großen und z.Zt. des Zensus durch Quirinius. Nun fand a) ein Zensus des Quirinius erst ein Jahrzehnt nach Herodes' Tod statt, b) hat Lukas vom Zensus eine unzutreffende Vorstellung. Dieser bezog sich nur auf das Gebiet Judäa und Syrien (vgl. zu a) und b) Josephus, Ant XVII 355 und XVIII 1ff). Die Versuche Zahns und anderer, von dem durch Josephus bekannten Zensus einen anderen vorher von Quirinius durchgeführten zu unterscheiden und diesen mit Luk 2,1ff zu verbinden, sind apologetisch[25].

Luk 3,1: In der älteren Forschung wurde z.T. angenommen (so Holtzmann, Hilgenfeld), daß Lukas mit der Angabe über Lysanias als Tetrarch von Abilene einen groben historischen Schnitzer begangen habe, da dieser bereits von 40—36 v.Chr. regiert und von Antonius hingerichtet worden sei. Dieser Verdacht ist — obwohl m.E. noch nicht völlig ausgeräumt — dadurch in Zweifel gezogen, daß es offenbar noch einen jüngeren Lysanias gegeben hat (gestorben zwischen 28—37 n.Chr.)[26].

[23] Ein modernes Mißverständnis wäre es, deswegen Lukas als einen Fälscher zu bezeichnen.

[24] Zur Frage der Zugehörigkeit etwa der Gallio-Notiz zu einem Itinerar und ob damit ein zuverlässiges Datum gegeben sei, vgl. unten S. 41f und S. 52ff.

[25] Die Diskussion um den Zensus ist bis etwa 1971 aufgearbeitet in der englischen Neuausgabe von E. Schürer, The History of the Jewish People in the Age of Jesus Christ (revised and edd. G. Vermes — F. Millar) I, Edinburgh 1973, S. 399ff. Vgl. auch M. Stern, in: S. Safrai — M. Stern (edd.), The Jewish People in the First Century I, CRI 1.1, Assen = Philadelphia 1974, S. 372—374. Übersichtliche Materialdarbietung bei E. Klostermann, Das Lukasevangelium, HNT 5, Tübingen [3]1975, z.St.; vgl. auch J. Finegan, Handbook of Biblical Chronology, Princeton 1964, S. 236. Zu H. Braunerts Aufsatz (Der römische Provinzialzensus und der Schätzungsbericht des Lukas-Evangeliums, in: Hist 6. 1957, S. 192—214) vgl. E. Haenchen, Apg, S. 247. H. Schürmanns doppelter Potentialis („So ließen sich eventuell die Angaben des Josephus und Lukas harmonisieren", Das Lukasevangelium I, HThK 3.1, Freiburg—Basel—Wien 1969, S. 101) drückt die Aporie der konservativen Auffassung aus, wenn Sch. versucht, den aus Josephus bekannten Zensus als Steuerveranlagung (ἀποτίμησις) und den von Lukas berichteten als Besitzerfassung (ἀπογραφή) einzustufen. So auch A. Strobel, Ursprung und Geschichte des frühchristlichen Osterkalenders, TU 121, Berlin 1977, S. 82-84 (Lit.).

[26] Vgl. Schürer, History, S. 567ff, und außerdem E. Meyer, Ursprung und Anfänge des Christentums I, Stuttgart—Berlin [4/5]1924, S. 47—49. — Ob Johannes

Luk 3,2: Hannas und Kaiphas, s.u. zu Apg 4,6.

Luk 3,19f: Lukas formuliert im Anschluß an Mk 6,17, spezifiziert aber (gegenüber Mk), indem er ‚Herodes, der Tetrarch' liest, und korrigiert seine Vorlage dadurch, daß er ‚Philippus' ausläßt. Dieses Beispiel zeigt, daß Lukas nicht ohne Kritik und Nachforschungen gearbeitet hat, denn Philippus heiratete Salome, die Tochter der Herodias (Josephus, Ant XVIII 137). Diese war also Schwiegermutter, nicht Frau des Philippus, wie Mk 6,17f aussagt.

Ferner generalisiert Lukas, wenn er die Zurechtweisungen des Täufers sich auch noch auf „all das Böse" beziehen läßt, das Herodes, der Tetrarch, getan hat. Zeigen sich hieran bereits Züge der lukanischen Redaktion, die später im Zusammenhang ihrer Verbindung mit chronologischen Aussagen thematisch zu erörtern sind, so werden diese unübersehbar, wenn Lukas von der bei Mk aufbewahrten Tradition über das Ende des Täufers keinen Gebrauch macht, sondern es nur einer kurzen Notiz würdigt (im Anschluß an Mk 6,16). „Der Ausgang des Johannes hat keine zeichenhafte Bedeutung"[27].

Bei Josephus erfahren wir eine ganz andere, mit der lukanischen/markinischen schwerlich harmonisierbare[28] Begründung für die Festnahme des Johannes durch Herodes Tetrarches. Nicht die moralische Verurteilung durch den Täufer ist der Grund, ihn verhaften zu lassen, sondern die Furcht vor politischem Aufruhr als Folge der Predigt Johannes' des Täufers (Ant XVIII 118: „Er hielt es deshalb für geratener, ihn vor Ausbruch einer solchen Gefahr unschädlich zu

---

der Täufer im 15. Jahr des Tiberius (= 28 n.Chr.) aufgetreten ist, kann durch andere Quellen nicht überprüft werden. Bedenken gegenüber der Glaubwürdigkeit dieser Nachricht ergeben sich aus a) redaktionsgeschichtlichen und vor allem b) traditionsgeschichtlichen Überlegungen. Zu a): Hinter dem Synchronismus von Luk 3,1 steht „das Bemühen, die universale Bedeutung des Christusgeschehens (...) ins Licht zu setzen" (Schürmann, Lukasevangelium, S. 151). Zu b): Über „das Jahr, in dem Johannes verhaftet oder hingerichtet wurde, konnte eine Überlieferung allenfalls existieren, nicht über sein durch kein bestimmtes Ereignis veranlaßtes Auftreten als Prophet" (E. Schwartz, Charakterköpfe aus der antiken Literatur, Zweite Reihe, Leipzig—Berlin [3]1919, S. 100).
[27] H. Conzelmann, Die Mitte der Zeit, BHTh 17, Tübingen [5]1964, S. 20.
[28] Gegen Schürer, History, S. 346. Natürlich muß der Josephusbericht auch redaktionsgeschichtlich erklärt werden, zumal der Inhalt der Predigt des Täufers nach Josephus „seems to be adapted to Graeco-Roman taste" (Schürer, History, S. 346). Als fester historischer Kern des Josephus-Berichtes bleibt die Maßnahme des Herodes übrig, die aus Angst vor politischen Implikationen den Täufer ins Gefängnis setzte. Die Warnung vor dem Mißbrauch der Ehe paßt eher in die moralische Perspektive christlicher Tradition. — Zum Martyrium des Täufers vgl. noch J. Gnilka, Das Martyrium Johannes' des Täufers (Mk 6,17—29), in: P. Hoffmann — N. Brox — W. Pesch (edd.), Orientierung an Jesus (FS J. Schmid), Freiburg—Basel—Wien 1973, S. 78—92 (Lit.).

machen, als später bei einer Wendung der Dinge seine Unschlüssigkeit bereuen zu müssen.").

Fazit zu Luk 3,19f: Lukas korrigiert seine Vorlage im Detail korrekt, arbeitet die ihm überkommene Tradition aber nicht kritisch auf etwa unter Hinzuziehung anderer Quellen.

Luk 13,1: Die Ermordung der Galiläer durch Pilatus hat bei Josephus keine Parallele. Es genügt nicht, aus der Neigung der Galiäer zu Aufständen (vgl. Apg 5,37) und der Grausamkeit des Pilatus auf eine historische Wahrscheinlichkeit des bei Lukas Berichteten zu schließen. Wichtiger ist die Beobachtung, daß Josephus, Ant XVIII 85ff, ein Blutbad auf Veranlassung des Pilatus an Samaritanern auf dem Garizim berichtet, das freilich erst nach Ostern 35 anzusetzen ist. Meint Lukas, wie mir wahrscheinlich ist, jenes Blutbad, so ist ihm eine Verwechslung unterlaufen[29].

Apg 4,6: „Der Hohepriester Hannas und Kaiphas". Es empfiehlt sich, auch Luk 3,2 dahingehend zu interpretieren, daß allein Hannas Hoherpriester genannt wird, da „an beiden Stellen die gleiche Hand tituliert" (Schürmann z.St.). Lukas hält irrtümlich Hannas (6—15 n.Chr.) statt Kaiphas (Hoherpriester von 17/19—37 n.Chr.) für den regierenden Hohenpriester und erweist sich wiederum als unzureichend informiert. Das Gegenargument von Jeremias, Schürmann u.a., daß es für einen ehemaligen Hohenpriester Brauch war, auch nach der Absetzung diesen Titel zu führen[30], kann *nicht* erklären, warum Lukas Kaiphas den Titel vorenthält, obgleich er ihm zu jener Zeit zusteht[31].

Apg 5,36ff: Theudas und Judas. (Der lukanische) Gamaliel ordnet an unserer Stelle die beiden Revolutionäre chronologisch schwerlich richtig einander zu. Nach Josephus, Ant XX 97ff, trat Theudas unter dem Prokurator Fadus (etwa 44 n.Chr.) auf, laut Apg 5,36 vor

---

[29] Zum Problem vgl. Schürer, History, S. 385ff; unkritisch: J. Blinzler, Die Niedermetzelung von Galiläern durch Pilatus, in: NovTest 2. 1958, S. 24—49; dagegen m.R. P. Winter, On the Trial of Jesus (edd. T. A. Burkill — G. Vermes), SJ 1, Berlin ²1974, S. 74ff A 8—10 (Lit.).

[30] J. Jeremias, Jerusalem zur Zeit Jesu, Göttingen ³1963, S. 178f.

[31] Soll die Aussage Schürmanns, Kaiphas amtiere „eigentlich gesetzwidrig" (Lukasevangelium, S. 151) eine Antwort auf diese Frage sein? Hat Lukas das gewußt? Gegen die Glaubwürdigkeit der bei Lukas vorhandenen Kombination spricht auch noch eine traditionsgeschichtliche Überlegung: Der älteste Evangelist (Mk) kennt den z.Zt. Jesu amtierenden Hohenpriester überhaupt nicht. Später wird er mit Hannas identifiziert (Vorlage des Joh.evangeliums, s. 18,12.19), hernach — zutreffend — mit Kaiphas (Joh 11,49; 18,13f; Mt 26,3); Lukas kombiniert beide Namen.

der Rede des Gamaliel und überhaupt vor der Zeit des Zensus (6 n.Chr.). (Judas der Galiläer sei in der Zeit des Zensus *nach* Theudas aufgetreten.) Man hat den Irrtum des Lukas dadurch abwenden wollen, daß man die Existenz eines anderen Theudas behauptete, von dem Josephus nichts gewußt habe (beachte die Parallele zu Luk 2,1ff!). Doch ist a) der Name Theudas äußerst selten, b) hat die Bezugnahme in Apg 5 auf Theudas nur Sinn, wenn er wie Judas eine bedeutende Bewegung ausgelöst hat, c) ist es in diesem Fall unwahrscheinlich, daß Josephus ihn übergangen hätte[32]. Andererseits ist festzuhalten, daß Lukas zeitlich richtig die Revolte des Judas dem Zensus zuordnet (vgl. Josephus, Ant XVIII 3ff), obgleich er davon eine unzutreffende Vorstellung hat und ihn falsch datiert (s.o.).

Apg 11,28: Die weltweite Hungersnot unter Claudius steht in Widerspruch zu den uns verfügbaren Daten der Profangeschichte und zum unmittelbaren Kontext in Apg 11. Da die antiochenische Gemeinde den Brüdern in Judäa Hilfe zukommen läßt, war sie offenbar von der Hungersnot nicht betroffen. Lokale Hungersnöte sind für die damalige Zeit belegt[33], die Vorstellung einer weltweiten ist

---

[32] Die Möglichkeit, daß der Irrtum bei Josephus liegen könne, wie es F. Dexinger glaubt (Ein „Messianisches Szenarium" als Gemeingut des Judentums in nachherodianischer Zeit?, in: Kairos 17. 1975, S. 249—278, S. 261 A 61), ist unwahrscheinlich. Eher wäre vorzuschlagen, daß Lukas Josephus gelesen hat. In einem auf Ant XX 97 folgenden Paragraphen, § 102, wird der Name des Judas genannt. Die irrtümliche Reihenfolge in Apg 5 wäre dann auf flüchtige Lektüre des Josephustextes zurückzuführen. Doch werden nur die Söhne des *Judas* genannt, und überhaupt gehen des Josephus Bericht über Theudas und von der Kreuzigung der Söhne des Judas nicht glatt ineinander über, so daß mit M. Dibelius (Die Reden der Apostelgeschichte und die antike Geschichtsschreibung, in: ders., Aufsätze zur Apostelgeschichte [ed. H. Greeven], FRLANT 60, Göttingen 1951, S. 120—162, S. 159f) dieser Vorschlag abzulehnen ist. — Auch die Begründung von F. F. Bruce (The Acts of the Apostles, London ²1952 = Grand Rapids ⁷1973) für die Historizität eines zweiten Theudas schlägt nicht durch. Bruce beruft sich auf Origenes, Cels I 57, wo es heißt: Θευδᾶς πρὸ τῆς γενέσεως Ἰησοῦ γέγονέ τις παρὰ Ἰουδαίοις, und unterscheidet diesen Theudas von dem bei Josephus erwähnten (Acts, S. 147). Zu Unrecht! Denn Origenes benutzt an der fraglichen Stelle die Apg, was aus der Nennung des Magiers Simon in I 57 hervorgeht (vgl. Apg 8) und auch aus der Bezugnahme auf Judas (Apg 5). Die Reihenfolge Theudas-Judas ist die der Apg! Das Auftreten des Theudas in vorchristlicher Zeit ist von Origenes daraus erschlossen, daß Judas (nach Apg 5,37) in den Tagen des Zensus auftrat, also z.Zt. der Geburt Jesu, jedoch *nach* den Tagen des Theudas. Theudas müsse daher in vorchristlicher Zeit aufgetreten sein! Vgl. zum Problem noch Schürer, History, S. 456f (Lit.).
[33] Vgl. Conzelmann, Apg, zu Apg 11,28; Suhl, Paulus, S. 62.

Fiktion des Lukas: „den Widerspruch, daß von einer solchen auch Antiochien betroffen worden wäre, hat Lk nicht bemerkt."[34] Ob Lukas nun die Vorstellung einer *weltweiten* Hungersnot der Agabustradition verdankt[35] oder, was mir wahrscheinlicher ist, er die Agabustradition, die die Ansage einer lokalen Hungersnot enthielt, durch die Hinzufügung von ὅλην τὴν οἰκουμένην universalisiert hat[36], es steht in beiden Fällen fest, daß er in Apg 11,28 eine unzutreffende historische Angabe macht.

Im ersten Fall hätten wir einen weiteren Fall seiner unkritischen Übernahme von weltgeschichtlichen Nachrichten vor uns, im zweiten Fall würde es sich um eine unzutreffende Universalisierung einer lokalen Tradition handeln, die etwa eine Parallele in seiner Ausweitung des auf Samaria und Galiläa begrenzten Zensus auf das ganze römische Reich (vgl. Luk 2,1: πᾶσαν τὴν οἰκουμένην) hätte.

Apg 18,2: Die Aussage von der Austreibung *aller*[37] Juden aus Rom steht im Widerspruch zur Profangeschichte, da sie, wie Dio Cassius richtig anmerkt (s.o.), wegen der großen Zahl der Juden in Rom unmöglich gewesen wäre. Die Nachricht Apg 18,2 dürfte ähnlich wie die Berichte über den Zensus und die Hungersnot unter Claudius auf eine typisch lukanische Verallgemeinerung zurückgehen.

Diese Beispiele mögen genügen, um den Paulusforscher davor zu warnen, bei der Konstruktion einer kritischen Chronologie des Paulus dem lukanischen Doppelwerk eine chronologisch-weltgeschichtliche Angabe[38] zu entnehmen, die nicht durch die Paulusbriefe gedeckt

---

[34] Conzelmann, Apg, S. 76.

[35] G. Strecker, Die sogenannte zweite Jerusalemreise des Paulus (Act 11,27—30), in: ZNW 53.1962, S. 67—77, S. 73 A 40.

[36] Darauf weist der vokabelstatistische Befund; οἰκουμένη ist Lieblingswort des Lukas: Luk 2,1; 4,5; 21,26; Apg 17,6.31; 19,27; 24,5 (sonst im NT nur noch Mt 24,14; Röm 10,18). Auch die Konstruktion mit ὅλος ὁ ist lukanisch: Luk 4,14; 7,17; 8,39.43 (vl) u.ö., 15mal in Apg.
Freilich ist zu berücksichtigen, daß die Ansage einer universalen Hungersnot gut apokalyptischer urchristlicher Prophetie entsprechen würde (zu E. Plümacher, Lukas als hellenistischer Schriftsteller, StUNT 9, Göttingen 1972, S. 24).

[37] R. O. Hoerber, The Decree of Claudius in Acts 18 : 2, in: CTM 31. 1960, S. 690—694, kommt aufgrund einer Untersuchung von πᾶς im lukanischen Doppelwerk zum Schluß, daß es dort auch „hyperbolic" gebraucht werde (anders z.B. Apg 13,44). Doch fällt gerade auch in diesem Fall kein gutes Licht auf den profanhistorischen Wert der Angaben des Lukas.

[38] Erhebliche Vorbehalte gegenüber Lukas als zuverlässigem Historiker ergeben sich übrigens auch aus seiner Unkenntnis der Geographie Palästinas, dem einen Hauptschauplatz seiner Kirchengeschichte (vgl. Conzelmann, Mitte, S. 60ff).

ist. Bevor wir zur Konstruktion einer eigenen Chronologie des Paulus fortschreiten, müssen noch weitere Gegenargumente gegenüber der anfangs dargestellten gesammelt werden.

1.3.5 Die redaktionelle Bedingtheit der chronologischen Angaben des Lukas

Wir waren im vorigen Arbeitsgang, in dem es um die Überprüfung der welthistorischen Daten im lukanischen Doppelwerk an den verfügbaren profanhistorischen Quellen (vorwiegend Josephus) ging, bereits verschiedentlich der redaktionellen Hand des Lukas begegnet (s. zu Luk 3,19; Apg 11,28). Wir thematisieren im folgenden diese Frage und stellen das Material aus dem lukanischen Doppelwerk zusammen, das erkennen läßt, wie Angaben über Ort, Zeit, Personen sich der Redaktion des Lukas verdanken.

1.3.5.1 Herodes und die Passionsgeschichte

Luk 13,31ff: Hier erscheint ein Lukas eigentümliches biographisches Apophthegma, „das vielleicht irgendwie mit der ebenfalls dunklen Erzählung Mc 6,14—16 Parr zusammenhängt, das man aber eher in der Zeit *vor* einer ausgesprochenen Wanderung nach Jerusalem erwarten würde" (Klostermann z.St.). Die Nachricht von der Absicht des Herodes, Jesus zu töten, ist aus außerchristlichen Quellen nicht zu kontrollieren. Doch liegt der Verdacht redaktioneller Gestaltung nahe, wenn erkannt ist, daß die Gestalt des Herodes dem Lukas der Ausarbeitung einer These dient. Das kann ersehen werden aus:

Luk 23,6ff: Jesus vor Herodes I. Die Komposition dieser Szene dürfte, wie Dibelius gezeigt hat [39], auf Ps 2,1f zurückgehen, aus dem christliche Gemeindetheologie oder Lukas selbst die Freundschaft zwischen Herodes und Pilatus herauslas (vgl. bes. Apg 4,27, wo der Schriftbeweis für das gemeinsame Vorgehen beider *gegen* den Gesalbten aus Ps 2 herausgelesen wird). Die Gestalt des Herodes bei Lukas darf nach dem Gesagten gar nicht auf ihre Bedeutung für die historia Jesu befragt werden, sondern es ist nach ihrer redaktionellen Einord-

---

[39] M. Dibelius, Die Formgeschichte des Evangeliums (ed. G. Bornkamm), Tübingen [6]1971, S. 200 (Lit.). Damit werden die von Jewett, Chronology, S. 28, angestellten Überlegungen zum chronologischen Wert von Luk 23,12 hinfällig. Einseitig historisierend verfährt ebenfalls H. W. Hoehner, Why did Pilate hand Jesus over to Antipas?, in: E. Bammel (ed.), The Trial of Jesus (FS C. F. D. Moule), SBT 2. Ser. 13, London [2]1971, S. 84—90.

nung durch Lukas zu forschen. Dann fällt auch auf Luk 13,31ff
Licht. Jesu Ausspruch V. 33b: „Es geht nicht an, daß ein Prophet
außerhalb Jerusalems umkommt", besagt nach lukanischem Verständnis im Zusammenhang der Tötungsabsicht des Herodes, daß
erst nach Ablauf der satansfreien Zeit, die von Luk 4,13 bis 22,3
reicht[40], der Widersacher, als dessen Werkzeug (neben anderen wie
z.B. Judas) auch Herodes gezeichnet wird, sich Jesu bemächtigen
kann. Daneben scheint die Person des Herodes (in ihrem Verhältnis zum Heilsgeschehen bzw. zu der in Jesus sich manifestierenden
Heilszeit folienhaft) in einer Art Klimax dargestellt zu sein: Herodes
greift (so Luk 3,19f) nach dem Vorboten und Zeugen des Christus,
in Luk 13,31ff nach diesem selbst, bis sich in Luk 23,6—12 die
Weissagung von Ps 2,1f erfüllt. Aus dem Gesagten ergibt sich, daß
die

lukanische Passionsgeschichte keinen Anspruch auf historische Wiedergabe stellen kann. Nachdem Conzelmann in fairer Auseinandersetzung mit Streeter die Überflüssigkeit einer Protolukastheorie erwiesen hat und überhaupt die Annahme einer lukanischen Sonderquelle[41] zur Passionsgeschichte unnötig ist, sind die Änderungen,
Umstellungen und Ergänzungen der markinischen Passionsgeschichte
überwiegend auf lukanische Redaktionsarbeit zurückzuführen[42]. Dabei ist die Passion Jesu im Luk als Martyrium, Jesus als Märtyrer
stilisiert[43].

Es ist klar, daß dieser auf einer Uminterpretation von Mk beruhende Befund allein auf literarisch-redaktionsgeschichtlichem Wege zu
erklären ist und jedenfalls den „objektiven" Historiker — nicht den
Theologen — Lukas diskreditiert.

---

[40] Vgl. dazu bereits R. Bultmann, Die Geschichte der synoptischen Tradition,
FRLANT 29, Göttingen [8]1970, S. 388. Ferner: Conzelmann, Mitte, S. 146. An-
ders S. Brown, Apostasy and Perseverance in the Theology of Luke, AnBibl 36,
Rom 1969, S. 6ff.

[41] F. Rehkopf, Die lukanische Sonderquelle, WUNT 5, Tübingen 1959; zur Kritik vgl. H. Conzelmann, in: Gn 32. 1960, S. 470f.

[42] Für die Gethsemaneperikope (Luk 22,40—46) zeigt das E. Linnemann, Studien
zur Passionsgeschichte, FRLANT 102, Göttingen 1970, S. 11—40. Zu Luk 23,6ff
vgl. das im Text Ausgeführte. Zuletzt hat sich umfassend V. Taylor in einem
posthum veröffentlichten Werk zugunsten einer lukanischen Sonderquelle in
der Passionsgeschichte ausgesprochen: The Passion Narrative of St Luke (ed.
O. E. Evans), MSSNTS 19, Cambridge 1972 (dazu kritisch: G. Strecker, in:
ThLZ 101. 1976, Sp. 33—35).

[43] Einzelnachweise bei Dibelius, Formgeschichte, S. 202ff; H.-W. Surkau, Martyrien in jüdischer und frühchristlicher Zeit, FRLANT 54, Göttingen 1938, S.
90—100.

1.3.5.2 Die Reise(n) Jesu und des Paulus als lukanische Darstellungsmittel auf dem Hintergrund der Ausbreitung des Evangeliums von Jerusalem bis Rom

Wir dürfen davon ausgehen, daß der Reisebericht im Lukasevangelium (9,51–19,27) auf lukanische Redaktionsarbeit zurückgeht [43a]. Dieser von den meisten Forschern geteilte Ausgangspunkt gibt uns zu der Frage Anlaß, ob nicht auch die Darstellung der Wirksamkeit des Paulus in der Form der Reise aus lukanischer Redaktionsarbeit verständlich gemacht werden kann [44].

Wir gehen so vor, daß wir zunächst die Reisen Pauli in der Apg mit den Nachrichten der Briefe vergleichen, um nach dem Aufweis der Schwierigkeit, sie zu harmonisieren, die oben gestellte Frage zu beantworten.

Man unterscheidet in der Forschung [45] folgende Reisen:

1. Missionsreise (Apg 13–14) mit Barnabas über Zypern und das pisidische Antiochien wieder zurück zum Ausgangspunkt, i.e. Antiochien am Orontes,

die *2. Missionsreise* (Apg 15,40–18,22), von Paulus als Hauptakteur unternommen mit den Hauptstationen: Philippi, Thessalonich, Athen,

---

[43a] Vgl. G. Sellin, Komposition, Quellen und Funktion des lukanischen Reiseberichtes (Lk. IX 51–XIX 28); in: NovTest 20. 1978, S. 100–135.

[44] J. Knox konnte bissig formulieren: „If you had stopped Paul on the streets of Ephesus and said to him, ‚Paul, which of your missionary journeys are you on now?' he would have looked at you blankly without the remotest idea of what was in your mind" (Chapters, S. 41f).
Ganz anders offenbar wieder N. A. Dahl, Paul: A Sketch, in: ders., Studies in Paul, Minneapolis 1977, S. 1–21, S. 5. Knox' Kritik an der Methode, Pauli Mission durch das Schema der 3 Missionsreisen einzuteilen, bedeutet keinesfalls, dem Apostel Planlosigkeit zuzuschreiben. Im Gegenteil: Pauli „over-all conception of his apostolic mission would not have been of a series of missionary journeys between Jerusalem and various points in Asia Minor and Greece, but rather of one great journey beginning and ending at Jerusalem, but encompassing the whole Mediterranean world in its scope" (J. Knox, Romans 15, 14–33 and Paul's Conception of His Apostolic Mission, in: JBL 83. 1964, S. 1–11, S. 11).

[45] Ob die herkömmliche Unterscheidung der zweiten von der dritten Missionsreise dem lukanischen Sinn gerecht wird, ist zweifelhaft, denn sonst hätte Lukas sie stärker voneinander abgehoben (m.R. Suhl, Paulus, S. 80f). Doch ändert diese Beobachtung nichts an dem oben zur Reise als Darstellungsmittel des Lukas Gesagten, erscheint doch nach der Modellreise Apg 13f mit dem Anfangs- und Endpunkt Antiochien „die ganze Tätigkeit des Apostels nach dem Konzil als eine einzige große Reise, die erst mit der Verhaftung in Jerusalem ihr Ende erreicht Ag 21,17ff" (Suhl, Paulus, S. 81). Oder sollte man nicht besser sagen: „die erst mit der Ankunft in Rom ihr Ende erreicht"?

Korinth, Ephesus, Palästina (Ausgangspunkt ist wiederum Antiochien, der Endpunkt ist dunkel, da 18,22 ein Jerusalembesuch durchschimmert; zum Problem, das allein literarisch zu lösen ist, s.u. S. 155),

die *3. Missionsreise* über Galatien, Phrygien, Ephesus, Mazedonien, Milet, Jerusalem (Apg 18,23—21,16),

die *Romreise* (Apg 27,1—28,16).

Der Bericht Apg 11,27ff über die Unterstützung der Jerusalemer durch die antiochenische Gemeinde, die von Barnabas und Saulus nach Jerusalem überbracht wird, gehört formal auch hierher, wird doch auch in ihm von einer *Reise* berichtet. Nun ist mit überzeugenden Argumenten die Historizität dieser Reise bestritten worden. Sie ist „als lukanische Kombination aus dem Zusammenschluß verschiedener Traditionselemente zu verstehen"[46] und gibt zu dem Reisebericht im Luk ein weiteres Zeugnis ab für die lukanische Art, Geschichte darzustellen.

Derselbe methodische Schritt, der Anlaß zu einer Rückfrage nach der Historizität der in Apg 11,27ff berichteten 2. Jerusalemreise des Paulus gab, der Vergleich der Nachrichten der Apg mit den Paulusbriefen, ist nun auch auf die in der Apg vorzufindenden vier Paulusreisen anzuwenden:

1. Missionsreise: Die Stationen dieser Reise sowie Barnabas als Teilnehmer an einer solchen werden durch die Briefe nicht erwähnt, was freilich Zufall sein kann. Andererseits sollte ein solcher Befund den Forscher davor warnen, die Angaben des Lukas unbesehen zu übernehmen, zumal sie redaktionell verständlich gemacht werden können (dazu s. gleich). Die Informationen des Lukas über die Vorgeschichte dieser Missionsreise (Apg 9,30: Paulus in Tarsus/Cilicien; 11,26: Paulus im syrischen Antiochien) widersprechen der Eigenaussage des Apostels in Gal 1,21 nicht, da Syria und Cilicia campestris zu Lebzeiten des Paulus *eine* römische Provinz bildeten[47].

2. Missionsreise: Die Entsprechung zwischen den aus 1Thess erschließbaren und in Apg 16ff enthaltenen Reisestationen war — auch in der Reihenfolge — erstaunlich. Briefzeugnis und Apg ergaben die Abfolge: Philippi, Thessalonich, Athen, Korinth. Der weitere Einzelvergleich zwischen 1Thess und Apg 17f ergibt folgende Differenzen: Apg 17,14 berichtet davon, daß Silas und Timotheus in Beröa zurückbleiben. Die Gemeindemitglieder, die Paulus bis Athen begleiten, erhal-

---

[46] Strecker, Jerusalemreise, S. 75.
[47] Vgl. D. Magie, Roman Rule in Asia Minor to the End of the Third Century after Christ II: Notes, Princeton 1950, S. 1419f A 68. 1439f A 27; Hengel, Ursprünge, S. 18 mit A 15; vgl. auch die Landkarte in W. M. Ramsay, Pauline and Other Studies, London 1906, nach S. 48.

ten den Auftrag für Silas und Timotheus, daß diese möglichst schnell zu Paulus kommen (V. 15). Apg 18,5 berichtet die Erfüllung dieses Auftrages: Silas und Timotheus kommen aus Mazedonien in Korinth an. *Dagegen* spricht Paulus in 1Thess 3 a) nur von Timotheus, nicht von Silas, b) sendet Paulus (V. 2) Timotheus von Athen nach Thessalonich (läßt ihn also nicht in Beröa zurück). Erst der Wiedersehensort, Korinth, ist in Apg und 1Thess identisch.

3. Missionsreise: Auch die Stationen dieser Reise dürften — sogar in der angegebenen Reihenfolge (Ephesus, Philippi, Thessalonich, Korinth sind zu erschließen) — ähnlich wie im Falle der 2. Missionsreise in Einklang mit dem historischen Paulus stehen. Eine andere Frage ist, ob ihre zeitliche Ansetzung zutrifft. Es erscheint *ausgeschlossen*, daß Paulus zwischen dem Konventsbesuch und der Reise nach Jerusalem zwecks Überbringung der Kollekte einen Jerusalembesuch eingeschoben hat[48]. Daher ist diese Reise in der jetzigen Form und am jetzigen Ort innerhalb der Apg unglaubwürdig.

Romreise: Sie kann an den Paulusbriefen nicht überprüft werden. M.R. wird allgemein angenommen, daß Paulus in Rom gestorben ist, und zwar wohl als Märtyrer (1Clem 5,5f). Also wird er eine Fahrt nach Rom unternommen haben bzw. dorthin gebracht worden sein (als Gefangener). Von dieser historischen Feststellung ist aber die Frage zu unterscheiden, ob Lukas die Fahrt nach Rom als *Reise* stilisiert hat. Das ist wohl auch deshalb anzunehmen, weil er die Kap. 27 berichtete Seefahrt und das Unglück nach antiken Parallelen gestaltet hat[49].

---

[48] Vgl. C. Weizsäcker, Das apostolische Zeitalter der christlichen Kirche, Tübingen—Leipzig [3]1902, S. 351; W. D. Davies, Gospel, S. 277; Conzelmann, Apg, S. 117. Daß Paulus nach der Bekehrung nur dreimal in Jerusalem war, ist m.E. sicher. Ein weiterer Besuch zwischen Konventsbesuch und dem, um Kephas kennenzulernen, wird gegen Apg durch Gal ausgeschlossen. Aus inneren und geographischen (Entfernung!) Gründen ist ein Besuch zwischen dem Konvent und dem Besuch zwecks Überbringung der Kollekte sehr zweifelhaft. Die Tradition, die in Apg 21,18ff durchschimmert, weiß von einem Zwischenbesuch in Jerusalem nichts (V. 18f bezieht sich auf 15,4.12 zurück, vgl. Conzelmann, Apg, S. 117.131). Man kann es für einen glücklichen Zufall halten, daß aufgrund der Paulusbriefe eine solche Sicherheit des Urteils möglich ist und uns damit ein untrüglicher Eckpfeiler für die Pauluschronologie gegeben ist. Demgegenüber rechnet J. J. Gunther, Paul: Messenger and Exile, Valley Forge 1972, wieder mit fünf Jerusalembesuchen des Paulus, was auf eine unvertretbare Gleichsetzung von Primär- und Sekundärquelle hinausläuft.

[49] Vgl. M. Dibelius, Die Apostelgeschichte im Rahmen der urchristlichen Literaturgeschichte, in: ders., Aufsätze, S. 163—174, S. 173; Conzelmann, Apg, S. 156f (Lit.); V. K. Robbins, The We-Passages in Acts and Ancient Sea Voyages, in: BR 20. 1975, S. 5—18. — Scharfen Widerspruch gegen Conzelmanns

Fassen wir den Vergleich der von Lukas berichteten Missionsreisen und der Romfahrt des Paulus mit den aus den Briefen (und anderen zuverlässigen Traditionen) erkennbaren Ortsveränderungen des Apostels zusammen, so fällt auf, daß, abgesehen von der Reise durch Südgalatien und Cypern, die meisten Reisestationen und ihre Reihenfolge durch die Eigenzeugnisse gedeckt werden. Die hier zur Diskussion stehenden Fahrten des Paulus haben also darin einen *anderen* Charakter als die in Apg 11,27ff berichtete sog. 2. Jerusalemreise des Paulus, daß die in ihnen verarbeitete Tradition auf mehr als auf Einzelelemente zurückgehen dürfte. Andererseits war aufgrund der Paulusbriefe zu bezweifeln, daß die 3. Missionsreise in der Apg den zutreffenden chronologischen Ort gefunden habe. Überhaupt war zu beobachten, daß Lukas zumindest Teile der Romfahrt als Reise stilisiert hat. Damit dürfte die Berechtigung unserer Frage erwiesen sein, ob nicht Lukas — unbeschadet des Wertes der von ihm verarbeiteten Traditionen — überhaupt die Reisen des Paulus auch als Stilmittel verwendet haben könnte.

Wir kommen damit zum *positiven* Aufweis der Reisen als lukanisches Darstellungsmittel[50]: Lukas stellt sich die Kontinuität der Heilsgeschichte nach Art eines festen δρόμος oder ὁδός vor; vgl. die (lukanische) Paulusrede im pisidischen Antiochien: „Als aber Johannes der Vollendung seines Laufes (δρόμος) nahe war ..." (13,25). Die Verkündigung des Johannes erfolgte vor Jesu Hineinkommen in die Welt (εἴσοδός 13,24). Die Apg faßt das Christsein überhaupt auf als ὁδός (9,2; 19,9.23; 22,4; 24,14.22), und die Wirksamkeit des Paulus wird abschließend zusammengefaßt in seiner Abschiedsrede zu Milet (Apg 20,18ff), wo er die Beendigung seiner Tätigkeit als Vollendung seines Laufes (δρόμος) bezeichnet (20,24)[51].

Der übergreifende theologische Grund für die Auffassung und Darstellung der Tätigkeit Pauli (der Apostel, Jesu und Johannes' des

---

Auslegung von Apg 27 äußert R. P. C. Hanson, The Journeys of Paul and the Journeys of Nikias, in: F. L. Cross (ed.), StEv 4, TU 102, Berlin 1968, S.315—318.
[50] Für das Folgende vgl. W. C. Robinson, Der theologische Interpretationszusammenhang des lukanischen Reiseberichts (1960), in: G. Braumann (ed.), Das Lukas-Evangelium, WdF 280, Darmstadt 1974, S. 115—134 (vgl. auch ders., Der Weg des Herrn, ThF 36, Hamburg 1964, S. 39ff); F. V. Filson, The Journey Motif in Luke-Acts, in: W. W. Gasque — R. P. Martin (edd.), Apostolic History and the Gospel (FS F. F. Bruce), Exeter 1970 = Grand Rapids 1970, S. 68—77; vgl. auch F. Hauck — S. Schulz, Art. πορεύομαι κτλ, in: ThWNT VI, S. 566—579, S. 574,32ff.
[51] Vgl. Robinson, Interpretationszusammenhang, S. 121.

Täufers) als eines Laufes liegt im heilsgeschichtlichen Konzept des Lukas begründet. Es beschreibt den Weg des Evangeliums von Jerusalem (Luk 24,47) bis hin nach Rom (vgl. Apg 1,8 mit dem Ende der Apg). Auf dem die ganze Welt (= das röm. Imperium, vgl. Luk 2,1!) umgreifenden Missionswerk und der Person des Paulus liegt das Hauptgewicht der Darstellung. Alles andere, der Anfang in Galiläa, die Krisis in Jerusalem mit dem Tod und der Auferstehung Jesu, die Kirche in Jerusalem und die (im Sinne des Lukas) tastenden Missionsversuche der Hellenisten lenken auf dieses eine Ziel hin. In der Mitte der Apg ist als „Drehscheibe" (Conzelmann) der Apostelkonvent plaziert, der „die Urzeit der Kirche von der Gegenwart ab(sondert)"[52] und die innere Voraussetzung für die nach der Trennung von Barnabas (Apg 15,39f)[53] begonnene selbständige Mission des Paulus schafft. Durch die Übernahme des Aposteldekrets durch die Heidenchristen[54] ist die Zeit des Paulus als Zeit der Kirche

---

[52] H. Conzelmann, Der geschichtliche Ort der lukanischen Schriften im Urchristentum, in: G. Braumann (ed.), Das Lukas-Evangelium, WdF 280, Darmstadt 1974, S. 236—260, S. 253 (die englische Fassung des Aufsatzes erschien in: L. E. Keck — J. L. Martyn [edd.], Studies in Luke-Acts [FS P. Schubert], Nashville—New York 1966, S. 298—316); vgl. auch Haenchen, Apg, S. 444.

[53] Genau genommen begründet nicht der Apostelkonvent, sondern die Trennung von Barnabas die selbständige Mission des Paulus (Hinweis Prof. Luz). Doch wäre nach lukanischer Sicht ohne Apostelkonvent auch trotz Trennung von Barnabas die paulinische Weltmission ein Ding der Unmöglichkeit, weil dann die lukanische Kirche ohne (heilsgeschichtlich verstandene) Vergangenheit wäre. Insofern begründet innerlich der Konvent doch die paulinische Weltmission und mit ihr die Freiheit der Heidenchristenheit vom Gesetz (gegen Jervell, s. nächste Anmerkung).

[54] Diese Feststellung ist heilsgeschichtlich zu verstehen, nicht historisch, als ob die Heidenchristen der lukanischen Kirche nun Minimalforderungen des Gesetzes hielten (zu J. Jervell, The Law in Luke-Acts, in: HThR 64. 1971, S. 21—36, S. 33 = in: ders., Luke and the people of God, Minneapolis 1972, S. 133—151), denn z.Zt. des Lukas war das Problem der gemischten Gemeinden gar nicht mehr aktuell, und der lukanische Jakobus faßt das Dekret auch nicht als Gesetz auf (Apg 15,19f!; vgl. Haenchen, Apg, S. 443). Jervells programmatische These, daß Lukas in einem judenchristlichen Milieu schreibe, kann ich (leider) nicht für richtig halten; vgl. auch Burchard, Zeuge, S. 167 A 23, den temperamentvollen Protest H. Conzelmanns, Literaturbericht zu den Synoptischen Evangelien (Fortsetzung), in: ThR NF 43. 1978, S. 3—51, S. 44f, ferner: W. Eltester, Israel im lukanischen Werk und die Nazarethperikope, in: E. Gräßer — A. Strobel — R. C. Tannehill — ders., Jesus in Nazareth, BZNW 40, Berlin 1972, S. 76—147, bes. S. 122ff; S. G. Wilson, The Gentiles and the Gentile Mission in Luke-Acts, MSSNTS 23, Cambridge 1973, S. 219—238. Vgl. aber andererseits auch den wichtigen Beitrag von N. A. Dahl, The Purpose of Luke-Acts, in: ders., Jesus in the Memory of the Early Church, Minneapolis 1976, S. 87—98, bes. S. 94ff.

mit der heiligen Vergangenheit verzahnt und aus ihr legitimiert. Die erste Missionsreise hat Vorbereitungs- und Verknüpfungscharakter. Mit ihr zeigt Lukas zum einen „die Problematik auf, um die es bei dem anschließenden Apostelkonzil Ag 15 geht, indem Tatsache und Erfolg der Evangeliums-Verkündigung an die Heiden in Antiochien Ag 11,20f. gleichsam auf die Landkarte projiziert und durch diese ‚geographische Überhöhung‘ nachdrücklich unterstrichen werden"[55]. Zum andern wird auf ihr — von Lukas bewußt stilisiert — Paulus gegenüber Barnabas als der große Heidenmissionar eingeführt (vgl. Apg 13,13.16.43.45.50; 14,20 und den berühmten Übergang vom Saulus zum Paulus 13,9), der dann im zweiten Teil der Apg die alleinige Hauptfigur sein wird[56]. Die Schilderung des Gangs der paulinischen Mission bis hin nach Rom[57] hat also theologische Gründe und ihre Plazierung *hinter* den Apostelkonvent dient dazu, die heilsgeschichtliche Kontinuität der lukanischen Kirche mit der Urkirche zu demonstrieren: diese Plazierung hat primär *nicht* chronologische Gründe: „Lukas kennt nicht die Scheidung von chronologischer und heilsmäßiger Bedeutsamkeit. Vielmehr ist ihm die historische Abfolge als solche *grundsätzlich* wesentlich. Nur ist er nicht moderner, ‚profaner‘ Historiker; er ist Gläubiger. D.h. wenn sich ihm die heilsgeschichtliche Bedeutung eines Vorgangs erschlossen hat, *kann er daraus die ‚richtige‘ Chronologie* erschließen, kann er z.B. an Markus Kritik üben. (...) Und *die Richtigkeit der Chronologie ist gar nicht ‚historisch‘ nachzuprüfen*"[58].

Sind nach dem Ergebnis dieses Unterabschnittes die Reisen Pauli im Zusammenhang der heilsgeschichtlichen Theologie des Lukas zu verstehen, so ist im Anschluß an das soeben zum Verhältnis Heilsgeschichte — Chronologie Gesagte weiter zu betonen, daß sich auch daraus ein grundsätzlicher Einwand gegen die Verwendung *profangeschichtlicher* Daten aus dem lukanischen Doppelwerk für eine kritische Pauluschronologie ergibt. Und das von Lukas im Prolog ge-

---

[55] Suhl, Paulus, S. 80.
[56] Daß bewußte Verknüpfung der 1. Missionsreise mit dem zweiten Teil der Apg vorliegt, zeigt auch der Streit um Johannes Markus (13,13;15,37ff). „Lukas berichtet (sc. in Apg 13,13) den Zwischenfall nur, weil er später Barnabas und Paulus trennen wird" (Haenchen, Apg, S. 399).
[57] Den Vorrang der Topographie vor der Chronologie im lukan. Doppelwerk betont und zeigt gut R. W. Funk, The Enigma of the Famine Visit, in: JBL 75. 1956, S. 130—136.
[58] Conzelmann, Mitte, S. 27 (Hervorhebungen von mir). Diese primär für Luk ausgeführten Erkenntnisse dürften (auch im Sinne von Conzelmann) für die Apg gleichfalls gültig sein.

nannte Programm, das in der Forderung mündet: ἀκριβῶς καθεξῆς σοι γράψαι „does not necessarily mean chronological order"[59] und ist als lukanischer Leitsatz auch auf die Komposition der Apg zu beziehen[60]. Es weist auf den geographischen Weg hin, den die in Luk und Apg geschilderten Begebenheiten nehmen. „In Nazareth beginnt Jesu Weg (...). Von der heiligen Stadt (sc. Jerusalem) nimmt die Weltmission ihren Anfang, um schließlich in Rom, der Hauptstadt der Welt, an ihr Ziel zu gelangen"[61].

1.3.5.3 Zur Eigenart der lukanischen Komposition von Lokaltraditionen

In der Apg liegt ein eigenartiger, selten beobachteter[62] und m.W. nie ausgewerteter Befund in der lukanischen Gruppierung der Lokaltraditionen vor. Obgleich Paulus mehrere Orte zwei- oder dreimal besucht, werden Einzelnachrichten jeweils nur an einer Stelle zusammenfassend gebracht. So für Korinth 18,1ff, obwohl er sich auf seiner 3. Missionsreise 3 Monate dort (20,2f) aufhält, Thessalonich 17,1ff, für das gleichfalls ein späterer Aufenthalt bezeugt wird (20,2), für Philippi 16,11ff, wo Paulus sich später noch zweimal aufgehalten hat (20,2.3—6).

Die Lystra-Episoden gehören gleichfalls hierher, da nur Apg 14,8—20 Traditionen enthält, wohingegen Apg 14,21 summarisch über eine Durchreise Pauli berichtet und Apg 16,1—3 redaktionell ist (s.u. S. 170f). Auch Ephesus macht keine Ausnahme: Apg 19 finden sich mehrere Traditionen über Pauli Wirksamkeit in dieser Stadt, während 18,19ff lediglich als lukanische, im Anschluß an Tradition komponierte Vorschaltung zum in Kap. 19f geschilderten Ephesusaufenthalt zu bezeichnen ist (s.S. 159ff). Da es unwahrscheinlich ist, daß Lukas für die 2. Missionsreise für gewisse Stationen viel, für andere wenig bzw. gar kein Material zur Verfügung hatte, dagegen auf der 3. Missionsreise der Befund genau umgekehrt ist, kann vermutet werden, daß andere als chronologische Gründe für diese Zusammenstel-

---

[59] Funk, Enigma, S. 133.
[60] Zu καθεξῆς vgl. zuletzt F. Mußner, Καθεξῆς im Lukasprolog, in: E. E. Ellis — E. Gräßer (edd.), Jesus und Paulus (FS W. G. Kümmel), Göttingen 1975, S. 253—255 (Lit.), und G. Schneider, Zur Bedeutung von καθεξῆς im lukanischen Doppelwerk, in: ZNW 68. 1977, S. 128—131.
[61] E. Lohse, Lukas als Theologe der Heilsgeschichte, in: EvTh 14. 1954, S. 256—275 = in: ders., Die Einheit des Neuen Testaments, Göttingen 1973, S. 145—164, S. 149f = in: G. Braumann (ed.), Das Lukas-Evangelium, WdF 280, Darmstadt 1974, S. 64—90.
[62] Vgl. Buck-Taylor, Paul, S. 193; Hurd, Origin, S. 29.

lung des Einzelmaterials maßgebend waren[63] und die chronologische Fixierung der in den zusammengefaßten Lokaltraditionen enthaltenen Einzelnachrichten erst noch — falls möglich — von den Paulusbriefen her zu leisten ist. Hieraus ergibt sich als Fingerzeig für unsere unten zu erstellende neue Chronologie: Selbst wenn wir im Prozeß Pauli vor Gallio historische Traditionen reflektiert sehen, so wüßten wir noch längst nicht, bei welchem Besuch der korinthischen Gemeinde durch Paulus es zu diesem Prozeß gekommen ist.

1.3.5.4 Die chronologischen und welthistorischen Daten als apologetische Stilmittel[64]

Wir stellen zunächst die auffälligsten Stellen zusammen, die den Eindruck vermitteln, das lukanische Doppelwerk sei auch mit einem Seitenblick auf den römischen Staat verfaßt und wolle den Eindruck der politischen Ungefährlichkeit des Christentums vermitteln.

Die *Passionsgeschichte* (vgl. bereits Luk 13,31ff) erweist das Sterben Jesu als das eines Märtyrers und wehrt damit jedweden politischen Sinn desselben im Sinne eines jüdischen (politischen) Messianismus ab[65]. Der Römer Pilatus kann nichts Verurteilungswürdiges an Jesus finden (vgl. auch Apg 3,13) und wird bekanntlich von jeder Schuld an Jesu Tod freigesprochen.

Der erste Bekehrte ist ein römischer Hauptmann (Apg 10). Das Verhalten der römischen Behörden gegenüber den von den Juden denunzierten Christen ist vorbildlich (vgl. bereits das zu Pilatus Gesagte, ferner: Gallio, Felix, Festus!). Die Hauptfigur der Apg, Paulus, besitzt selbst das römische Bürgerrecht.

Von diesen eindeutig als apologetisch zu klassifizierenden Einzelzügen des lukanischen Doppelwerkes fällt Licht auf andere bisher seltener als ‚apologetisch‘ gekennzeichnete Züge:

---

[63] Vgl. aber bereits die Beobachtungen von G. Schille, Die Fragwürdigkeit eines Itinerars der Paulusreisen, in: ThLZ 84. 1959, Sp. 165—174, Sp. 170ff.
[64] Vgl. Conzelmann, Mitte, S. 128ff, zu apologetischen Zügen bei Lukas. Mit J. Knox, Marcion and the New Testament, Chicago 1942, S. 132 A 26, ist daran zu erinnern, daß die apologetischen Züge im lukanischen Doppelwerk bereits F. C. Baur als solche diagnostiziert hatte. „The apologetic character of Luke-Acts, especially the Acts section, was first conspicuously emphasized by F. C. Baur, from whom we undoubtedly have more to learn than, in our reaction from his more extreme positions, we have been willing to recognize" (ebd.).
[65] Conzelmann, Mitte, S. 130: Der Begriff der Davidherrschaft ist durch den einfachen Königstitel, dessen unpolitischer Sinn feststeht, ersetzt (Luk 19,38). Vorsichtiger E. Brandenburger, Frieden im Neuen Testament, Gütersloh 1973, S. 35 A 38.

Die *Standespredigt* des Täufers, ein lukanisches Kompendium, nimmt zuletzt auch zum Soldatenstand Stellung. Loyalität zum Staat ist miteinbegriffen, wenn den Soldaten, die sich gar nicht um die Taufe des Täufers bemühen, der moralische Rat gegeben wird: „Begeht gegen niemand Gewalttat noch Erpressung und begnügt euch mit eurem Solde!" (Luk 3,14).

Der *Zensus* (Luk 2) erhält eine überraschende Beleuchtung, wenn er, nachdem seine historische Verifizierung fehlgeschlagen ist (s.o. S. 27), als apologetisches Stilelement des Lukas angesehen wird: Bereits die Eltern Jesu demonstrieren Treue zum römischen Staat, indem sie sich der beschwerlichen Wanderung (Maria ist überdies schwanger!) von Nazareth nach Bethlehem unterziehen (anders Matthäus!)[66].

1.3.5.5. Die chronologischen Daten als Ausdruck der Weltläufigkeit des Christentums

In enger Verbindung mit dem apologetischen Aspekt des luk. Doppelwerkes ist in ihm das Bemühen festzustellen, das Christentum als weltläufig bzw. als allen Ansprüchen der hellenistischen Bildung entsprechend darzustellen[67]. Die Christen der Apg setzen durch ihren „urchristlichen Kommunismus" nicht nur griechische Idealvorstellungen in die Tat um (vgl. Apg 2,44f; 4,32 mit Jambl, Vit Pyth 30, 168: κοινὰ γὰρ πᾶσι πάντα)[68], sondern erweisen sich auch durch die clausula Petri, Apg 5,29 (vgl. bereits 4,19), als Nachfahren des Sokrates, der seinen Richtern ähnlich gesagt hatte: πείσομαι δὲ μᾶλλον τῷ θεῷ ἢ ὑμῖν (Plato, Ap 29D). Der Apostel Paulus hat eine hellenistische Bildung empfangen, wie das hellenistische Dreierschema Apg 22,3 belegen will[69] und seine kunstvolle Rede auf dem Areopag demonstriert (Apg 17).

---

[66] Vgl. H. R. Moehring, The Census in Luke as an Apologetic Device, in: D. E. Aune (ed.), Studies in New Testament and Early Christian Literature (FS A. P. Wikgren), NT.S 33, Leiden 1972, S. 144—160.

[67] Vgl. Plümacher, Lukas, passim.

[68] Weitere Parallelen hellenistischer Provenienz bei Plümacher, Lukas, S. 17

[69] Daß die Trias γεγεννημένος — ἀνατεθραμμένος — πεπαιδευμένος einem gegebenen (hell.) biographischen Schema entspricht, hat W. C. van Unnik lichtvoll herausgearbeitet: Tarsus or Jerusalem, London 1962 (= ders., Sparsa Collecta I, NT.S 29, Leiden 1973, S. 259—320). Jedoch hieraus die Erziehung Pauli in Jerusalem zu folgern (so v. Unnik) oder gar die Ausbildung unter Gamaliel I. in der heiligen Stadt (so J. Jeremias, Der Schlüssel zur Theologie des Apostels Paulus, Calwer Hefte 115, Stuttgart 1971, S. 9f.14 — unter emphatischer Betonung des Nachweises durch v. Unnik), überspringt vorschnell die oben aufgewiesene *redaktionelle* Tendenz in der Formel. Zu Apg 22,3 vgl. auch Burchard, Zeuge, S. 31ff (Lit.).

Was den *sozialen* Aspekt angeht, so haben in der Apg vorwiegend höhergestellte Personen ein Interesse am Christentum, seien es nun der äthiopische Schatzmeister (8,26ff), der Prokonsul Sergius Paulus (13,6ff), Dionysius aus Athen (17,34) u.a. Paulus hat ferner durchweg hochstehende Zuhörer: vgl. nur 25,23ff, wo der König Agrippa, seine Schwester Bernike, deren Hofstaat, der Statthalter Festus, Tribunen und die Notablen der Stadt Caesarea von Lukas als Publikum des Paulus bemüht werden. Dem hierin zu Tage tretenden Öffentlichkeitsanspruch tritt zur Seite eine *welthistorische* Auffassung des Christentums:

Christliche Geschichte ist integrierter Bestandteil der Weltgeschichte (Luk 2,1ff; 3,1ff, auch: Apg 11,28). Selbst Gegner müssen die weltweite Verbreitung des Christentums zugestehen (Apg 17,6; 24, 5). Apg 26,26 illustriert schön den die obigen Aspekte einenden universalen Anspruch des Christentums: „Es ist nicht im Winkel geschehen" (Paulus zu Festus).

Gewiß folgt aus dem unter 1.3.4 und dem soeben Dargelegten noch nicht eo ipso die Unhistorizität aller chronologischen/welthistorischen Angaben des lukanischen Doppelwerkes. Wohl aber verbieten die redaktionellen Tendenzen es einer kritischen Pauluschronologie, die diesen Namen verdient, auch nur eine dieser Angaben ohne Stütze in der Primärquelle der Paulusbriefe zu verwenden.

1.3.6 Paulus als Historiker?

War die bisherige deutsche Forschung auch bestrebt, die Angaben der Apg zu Paulus an den Aussagen des Paulus der echten Briefe zu überprüfen und gegebenenfalls zu korrigieren, so ist diese Methode im Vorhergehenden dahingehend kritisiert worden, daß ihre Kritik nicht radikal[70] genug war. Im folgenden sei die These begründet, daß auch ihre Benutzung der Paulusbriefe zu unkritisch war, wie sich aus einer genaueren Betrachtung der entscheidenden Passage Gal 1 ergeben wird:

a) Paulus redet hier nicht als neutraler Historiker[71], sondern antwortet im Galaterbrief auf Anschuldigungen und verteidigt sich. Vor ei-

---

[70] Am Rande sei notiert, daß der Altphilologe E. Schwartz der Meinung war, die Apg löse nicht nur nicht die durch die Briefe aufgegebenen Rätsel der Reiserouten Pauli, sondern mache sie sehr oft noch dunkler (Charakterköpfe, S. 118f).

[71] Vgl. W. Wrede, Paulus, RV I.5–6, Halle 1904 = in: K.-H. Rengstorf (ed.), Das Paulusbild in der neueren deutschen Forschung. WdF 24, Darmstadt ²1969,

ner glatten in der neueren Forschung durchweg geübten Übertragung der im Rückblick Pauli gegebenen Daten auf das historische Reißbrett ist eine Gattungsbestimmung des Gal und vor allem des fraglichen Abschnitts zu unternehmen.

b) Alle Welt behauptet, aus Gal 1,15ff gehe hervor, Paulus habe 14 (11) Jahre in Syrien und Cilicien gearbeitet. Paulus sagt aber lediglich: „(nach meinem ersten Jerusalembesuch) ging (aor.!) ich in die Gebiete von Syrien und Cilicien" und überspringt nach dem Bericht über die Kunde seiner Evangeliumsverkündigung (Gal 1,23) offenbar die Zeit zwischen seinem Aufenthalt in Syrien und Cilicien und seinem zweiten Jerusalembesuch. Aus der Aussage, wohin Paulus nach dem Kephasbesuch ging, darf keine darüber gemacht werden, wo sich Paulus in den 14 Jahren aufhielt.

c) Von welchem Datum und Ort her sollen die Zeitangaben Pauli gerechnet werden? Wir hatten schon oben (S. 20) auf den Dissens in der Forschung darüber hingewiesen, ob die „14 Jahre" aus Gal 2,1 von der Bekehrung oder vom ersten Jerusalembesuch an zu rechnen seien. Sieht man genau hin, so dürfte beides nicht zutreffen. Mit dem Wort „epeita" (Gal 1,18.21; 2,1) schließt Paulus jeweils an das Vorhergehende das Folgende unmittelbar an, so daß es sich empfiehlt, die 14 Jahre vom Abschluß seiner Reise nach Syrien und Cilicien zu rechnen. Ähnliches wird für die Frage gelten, auf welches Datum Paulus die „3 Jahre" (Gal 1,18) bezieht. Hier ist sich die Forschung ohne Ausnahme einig, daß der Apostel die Bekehrung im Blick habe. Wahrscheinlicher ist jedenfalls, daß Paulus die 3 Jahre von seiner Rückkehr nach Damaskus an rechnet (zur näheren Begründung dieser Thesen s.u.S. 83ff).

d) Mit großer Selbstverständlichkeit wird der Zwischenfall in Antiochien, von dem Paulus Gal 2,11ff berichtet, zeitlich dem Konvent nachgeordnet. Dagegen: Paulus fährt nicht mit ἔπειτα fort, das bisher die chronologische Reihenfolge der Ereignisse einleitete, son-

---

S. 1—97, S. 37: Auch „der Bericht des Augenzeugen Paulus läßt Wünsche übrig: er enthält Dunkelheiten, ist überdies in einer leidenschaftlichen Stunde geschrieben und verfolgt die bestimmte Tendenz, seine Unabhängigkeit (...) darzutun." Freilich ist darüber nicht zu vergessen, daß Paulus in *einem* Punkt, um glaubwürdig zu sein, eine absolut zutreffende Information geben mußte, nämlich in der Angabe über die Anzahl seiner Jerusalembesuche (vgl. Gal 1,20). Es ist daher überspitzt, wenn J. T. Sanders postuliert, wegen des Charakters des Rückblicks Gal 1f „suspicion should have arisen regarding the historicity of the chronology" (Paul's „Autobiographical" Statements in Galatians 1—2, in: JBL 85. 1966, S. 335—343, S. 337). Vgl. m.R. G. Eichholz, Die Theologie des Paulus im Umriß, Neukirchen—Vluyn 1972, S. 17f; Ramsey, Place, S. 169f.

dern mit ὅτε, und die Rede zu Petrus in Antiochien geht unmittelbar in das Briefcorpus über, eine Beobachtung, die zeigt, daß Paulus
ein Interesse hatte, sie an dieser Stelle zu plazieren: Sie hat als Abschluß des historischen Berichtes hier einen sachlichen Sinn und provoziert die Frage, ob der Ort von Gal 2,11ff womöglich auf eine
sachliche, nicht chronologische Anordnung zurückgeht. Es wird zu
fragen sein, ob die Gattung, der Gal 1f angehört, eine solche Umstellung der chronologischen Reihenfolge zugunsten einer bestimmten Aussage kannte.

1.4 Die Aufgabe und ihre Methode

Nachdem die herkömmliche Art der Ermittlung einer kritischen
Chronologie Pauli einer entscheidenden Kritik unterzogen ist, gilt
es im folgenden, die Arbeitsgänge und sachlichen Prioritäten zusammenzustellen, die einer neuen Chronologie zugrundeliegen und sie
leiten müssen.

1.4.1 Die absolute Priorität der paulinischen Selbstzeugnisse
für eine Chronologie des Paulus

Seit P. Vielhauer mit seinem Aufsatz „Zum ‚Paulinismus‘ der Apostelgeschichte"[72] erwiesen hat, daß der Inhalt der Paulusreden der
Apg auf lukanische Theologie zurückgeht, ist im Fortgang der Forschung i.allg. darauf verzichtet worden, für die Darstellung der Theologie des Paulus auch nur eine Paulusrede aus der Apg zu verwenden. Vielhauers für manche damaligen Ohren revolutionär klingen-
de These[73] war von einem Vergleich der Paulusbriefe und der Reden

---

[72] EvTh 10. 1950/51, S. 1—15 = in: ders., Aufsätze zum Neuen Testament,
ThB 31, Münschen 1965, S. 9—27.
[73] Die Erkenntnis Vielhauers, daß das Paulusbild der Apg lukanische Konturen
hat, war an sich nicht neu: vgl. nur H. J. Cadbury, The Making of Luke-Acts,
New York 1927, Nachdruck zuletzt London 1968; Riddle, Paul, S. 185ff; Knox,
Chapters, passim; B. S. Easton, The Purpose of Acts, London 1936 = in: ders.,
Early Christianity (ed. F. C. Grant), London 1955, S. 31—118, S. 57ff; es fällt
überhaupt auf, wie sehr der (im Rückblick betrachtet) bahnbrechende Aufsatz
Vielhauers den Analysen Overbecks verpflichtet ist; vgl. dazu J.-C. Emmelius,
Tendenzkritik und Formengeschichte. Der Beitrag Franz Overbecks zur Ausle-
gung der Apostelgeschichte im 19. Jahrhundert, FKDG 27, Göttingen 1975,
S. 16.

Pauli in der Apg her begründet, und an seinen Aufsatz schloß sich bekanntlich die so fruchtbare redaktionsgeschichtliche Phase in der Analyse der Evangelien an, die zunächst am lukanischen Doppelwerk erprobt wurde. Die Destruktion eines angeblichen Paulinismus des Lukas durch Vielhauer führte wenig später bei Conzelmann zur Konstruktion dessen, was Lukas aussagen wollte. Erst jetzt nahm man Lukas als Theologen ernst bzw. entdeckte ihn überhaupt als Theologen, mit welcher sachlichen Wertung das auch immer verbunden war[74]. Es lag für uns nahe, den Vielhauerschen Ausgangspunkt für die Destruktion des „Paulinismus" des Lukas, den Vergleich der Briefe mit der Apg, auch für die Frage der Chronologie Pauli anzuwenden[75] und nach der Feststellung der Unvereinbarkeit der Angaben des Paulus mit dem chronologischen Rahmen der Apg (Destruktion) zur Konstruktion fortzuschreiten, d.h. den redaktionellen Sinn herauszuarbeiten, den Lukas mit chronologischen Angaben verbindet. War aber für die historische Zuverlässigkeit des chronologischen Rahmens des Lukas ein ähnlich negatives Urteil zu fällen wie über seine Darstellung der paulinischen Theologie, so müssen nicht nur bei der Darstellung der Theologie des Paulus die Briefe Primärquellen sein, sondern auch bei der Rekonstruktion einer Chro-

---

[74] So kann O. Cullmann den Ergebnissen Conzelmanns beipflichten und sie für seine eigene heilsgeschichtliche Theologie verwerten, während Vielhauer, Conzelmann, Käsemann, um nur einige zu nennen, von der dialektischen Theologie herkommend am „Frühkatholizismus" des Lukas Kritik üben. Dazu U. Wilckens, Lukas und Paulus unter dem Aspekt dialektisch-theologisch beeinflußter Exegese, in: ders., Rechtfertigung als Freiheit, Neukirchen–Vluyn 1974, S. 171–202.

[75] Darüber hinaus verglichen wir die chronologischen Angaben des lukanischen Doppelwerkes mit verfügbaren profanhistorischen Daten und gelangten wegen des häufigen Widerspruchs zu einer methodischen Skepsis gegenüber den Daten des Lukas. Mit dem obigen Satz im Text kam es mir vor allem darauf an, meinen eigenen Ansatz bei der Rekonstruktion der Chronologie des Paulus als *Weiterführung* dessen von Vielhauer deutlich zu machen, denn was für die Theologie des Paulus recht ist, ist für die Chronologie des Paulus billig. Vielhauer hat sich bei seiner hier passim kritisierten Methode der Kombination der chronologischen Daten der Apg mit denen der Paulusbriefe m.E. gegenüber seinem ursprünglichen Ansatz einer Inkonsequenz schuldig gemacht (zur Itinerarthese s.u. S. 52ff). Thematisierungen von Widersprüchen zwischen Briefen und Apg wie der sog. 2. Jerusalemreise des Paulus (Apg 11,27ff) oder Pauli Aufenthalt in Arabia oder seiner Predigt in Jerusalem (Apg 9,28f) u.a. konnten unterbleiben, da Vielhauer und die meisten kritischen Forscher in diesen Fällen auf Harmonisierungen verzichten. Die obigen Fälle seien am Rande aber ins Gedächtnis gerufen, um dem im Text Gesagten Nachdruck zu verleihen. Vgl. auch die nächste Anmerkung.

46

nologie des Paulus[76]. Die Parallele in der Methodik kann noch ein Stück weiter geführt werden: Sind bei der Zeichnung der Theologie des Paulus die Situationsgebundenheit seiner Briefe und die in ihnen verwendeten Gattungen[77] zu berücksichtigen, so gilt dasselbe für die Chronologie. Vor der Übertragung der biographischen Aussagen des Paulus in eine historische Tabelle ist die Frage nach der Gattung zu stellen und damit zusammenhängend die vorausgesetzte Situation zu erörtern, die zu solchen Angaben geführt hat. Ist doch Paulus, wie bereits unter 1.3.6 gezeigt wurde, weit davon entfernt, einen lückenlosen, eindeutigen Bericht zu geben. Ein *erster Abschnitt* wird daher eine Exegese von Gal 1f zum Inhalt haben unter besonderer Berücksichtigung der Form der paulinischen Aussage mit dem Ziel, die Zeit zwischen Bekehrung und Apostelkonvent im Zusammenhang der relativen Chronologie zu ordnen. In enger Verbindung hiermit werden die Vereinbarungen des Konvents — soweit sie Paulus im Galaterbrief erwähnt — zu analysieren sein, weil sie möglicherweise auch für die Chronologie wichtige Einzelinformationen für die Zeit vor und nach dem Konvent enthalten.

Sodann sind unter Verwendung der topographischen und (wiederum relativen) chronologischen Angaben sämtlicher echten Briefe die Daten des Lebens Pauli zu rekonstruieren, verbunden mit der Frage nach dem Ort und der Zeit eben dieser Briefe (ein gewaltsamer Ausbruch aus diesem Zirkel etwa unter Verwendung der Apg wäre weniger!). Als entscheidende Hilfe zur Ermittlung der Reihenfolge der Briefe verwenden wir *bewußt* nicht *innere* Kriterien wie etwa Entwicklungen im paulinischen Denken, sondern es ist ein *äußerer* An-

---

[76] Der Ansatz von G. Ogg (The Chronology of the Life of Paul, London 1968, Titel der amerikanischen Ausgabe: The Odyssey of Paul, Old Tappan 1968) fällt hinter den unter 1.2 geschilderten zurück und findet hier darum keine ausführliche Berücksichtigung. Verf. spielt z.B. den Unterschied zwischen Apg 9 und Gal 1 wie folgt herunter: „it seems best to conclude that the writer of Acts had not heard of the Arabian visit" (S. 15). Auch Oggs Besprechung der Arbeiten von J. Knox unter dem Titel „A New Chronology of Saint Paul's Life", in: ET 64. 1953, S. 120—123, behandelt faktisch Paulusbriefe und Apg als gleichrangige Quellen und bedeutet damit einen Rückschritt.

[77] Diese Forderung ist in der Paulusexegese noch nicht genügend zur Kenntnis genommen worden, leuchtet aber angesichts der Fruchtbarkeit der Anwendung dieser Methode in der Synoptikerforschung ein, um so mehr, als H. D. Betz in seinem Buch „Der Apostel Paulus und die sokratische Tradition" (BHTh 45, Tübingen 1972) jetzt den Ertrag einer solchen Fragestellung vor Augen führt. Zu den in den Briefen vorliegenden Gattungen hat sich M. Dibelius in einem weniger bekannten Aufsatz geäußert: Zur Formgeschichte des Neuen Testaments (außerhalb der Evangelien), in: ThR NF 3. 1931, S. 207—242.

haltspunkt ausfindig zu machen, der den Schluß auf eine bestimmte Reihenfolge der Briefe und ihr zeitliches Verhältnis zueinander erlaubt. Wir gewinnen ihn aus der zweifelsfreien Abmachung auf dem Konvent in Jerusalem, die Paulus (und Barnabas) eine Kollekte für die Gemeinde in Jerusalem auferlegt. Die von Paulus nach dem Konvent organisierte Kollektenaktion spiegelt sich bekanntlich in den meisten seiner Briefe wider, so daß sich ihre zeitliche Abfolge[78] aus dem Verhältnis zur Organisation der Kollekte ablesen läßt[79]. Wenn z.B. Paulus in Röm 15,25 von der unmittelbar bevorstehenden Fahrt nach Jerusalem zwecks Überbringung der Kollekte spricht, so befindet er sich offenbar an einem späteren Zeitpunkt als dem von 1Kor 16,1ff, wo er die Art und Weise der Aufbringung der Sammlung in Korinth erörtert. Hieraus ist zu folgern, daß Röm *nach* 1Kor abgefaßt wurde. Die Voraussetzung für ein solches Vorgehen ist freilich, daß die in den Briefen erwähnte Kollekte dieselbe ist, auf die in Jerusalem vereinbarte Sammlung zurückgeht und Paulus (Gal 2,10b: ἐσπού-δασα αὐτὸ τοῦτο ποιῆσαι) also nicht auf eine bereits abgelieferte Kollekte zurückblickt. Diese Prämisse soll vorher im Abschnitt über Gal 1f als richtig erwiesen werden. Schließlich ist an dieser Stelle eine letzte Aufgabe der Analyse von Gal 1f zu nennen, die in enger Verbindung mit dem nächsten Arbeitsschritt steht: Bekanntlich wird in 1Thess[80] und Phil die Kollekte nicht erwähnt. Läßt sich

---

[78] U. Borse nennt diese Methode in seinem verdienstvollen Buch „Der Standort des Galaterbriefes", BBB 41, Köln—Bonn 1972, „Bemessungsmethode" (S. 27) und unterscheidet hiervon noch als methodisch gleichrangig — weil nämlich *äußere* Anhaltspunkte benutzend — die Einpassungsmethode, die, wie aus ihrer Bezeichnung schon hervorgeht, Briefe in verschiedene Situationen einpaßt und etwa aus fehlenden Besuchsabsichten im Galaterbrief und dem festen Reiseplan, nach Jerusalem zu fahren, im Römerbrief, eine in der Nähe des Röm liegende Abfassungszeit des Gal erschließt, mithin Gal in die Situation des Röm einpaßt (so Borse, Standort, S. 27, im Anschluß an C. E. Faw, The Anomaly of Galatians, in: BR 4. 1960, S. 25—38). Doch ist (gegen Borse) die Einpassungsmethode der Bemessungsmethode wohl unterlegen: a) (auf das obige Beispiel bezogen) Pauli Reisepläne können sich geändert haben (vgl. 2Kor 1 als Analogie), b) eine Situation ist meist mehrdeutig, ihre Beschreibung meist ein Schluß ersten Grades und, wo sie so klar scheint wie bei einem Reiseplan, kann sie sich durch besondere Umstände plötzlich ändern. Dagegen ist die Erwähnung der Kollekte in den meisten Briefen eine erstaunliche Konstante und ihre Verknüpfung mit dem Apostelkonvent kein Schluß ersten Grades.
[79] Ähnlich J. Knox in seinen Arbeiten zur Chronologie (indirekt auch Buck, Collection). Ähnlich: P. S. Minear, The Jerusalem Fund and Pauline Chronology, in: AThR 25. 1943, S. 389—396.
[80] Gegen Schmithals (Bespr. von D. Georgi, Die Geschichte der Kollekte, in: ThLZ 92. 1967, Sp. 668—672) meine ich, daß Georgi zu Recht nicht 1Thess 2,3—12 als Kollektentext herangezogen hat, da der genannte Text nicht auf

48

hieraus folgern, daß die beiden Briefe nicht zur Zeit der Sammlung abgefaßt wurden? Die Analyse von Gal 1f wird zeigen, ob die Möglichkeit offengehalten werden muß, daß Paulus vor der Zeit des Konvents in einer Gegend gewesen ist, wo er die fraglichen Briefe hätte schreiben können. Im Falle einer positiven Antwort auf die Möglichkeit, daß er etwa in Mazedonien vor dem Konvent gewesen, ist zu fragen, ob — abgesehen von Gal 1f — andere Selbstzeugnisse des Apostels eine frühe Mission in Europa andeuten.

Schwebt uns als Gesamtziel dieses Abschnitts die Konstruktion einer allein aus den Paulusbriefen gewonnenen (relativen) Chronologie vor, so haben wir uns aus methodischen Gründen erst hernach der Apg zuzuwenden.

1.4.2 Die Apostelgeschichte und ihre Traditionen

1.4.2.1 Die Einpassung der chronologischen Paulustraditionen der Apg in den allein aufgrund der Briefe gewonnenen chronologischen Rahmen und die Methode ihrer Eruierung

Die begründete These, daß Lukas nicht ein Begleiter des Paulus gewesen sein kann[81], löste in der wissenschaftlichen Welt die Reflexion darüber aus, welcher historische Wert für das Leben Pauli der Apg überhaupt zukommen könne. Die soeben aufgeführten Prinzipien (1.4.1) schärfen das Problem noch, wenn sie als äußeres Kriterium für die Feststellung der Abfolge der Briefe die Kollekte benutzen, deren Bedeutsamkeit für den letzten Jerusalembesuch Pauli der unbefangene Leser der Apg nicht einmal ahnen könnte. Ist diese Beobachtung ein Grund mehr dafür, in Lukas nicht einen Paulusbegleiter zu sehen und seinen historischen Angaben zu mißtrauen, so läßt sich andererseits gleichzeitig am Thema „Kollekte" ein starkes Argument für den Wert der durch Lukas verarbeiteten *Traditionen* gewinnen. Denn in der Rede vor Felix (Apg 24,10ff) erwähnt Paulus beiläufig den Grund seines Kommens nach Jerusalem: „Nach vielen Jahren bin ich hergekommen, um für mein Volk Liebesgaben zu bringen und zu opfern" (ἐλεημοσύνας ποιήσων εἰς τὸ ἔθνος μου ... καὶ προσφοράς: 24,17), d.h. „um den Vorwurf der στάσις zu entkräften und die Solidarität des Paulus mit seinem Volke darzu-

---

Vorwürfe antwortet und, selbst wenn das der Fall sein sollte, nichts von der Kollekte weiß. 1Thess 2,3ff gehört wohl zur „Standardapologetik" des Apostels (so O. Kuss, Paulus, Regensburg 1971, S. 88 A 5).

[81] Zur Begründung vgl. Kümmel, Einleitung, S. 146ff (Lit.).

tun"[82]. Zwar versteht keiner diesen Satz in seinem historischen Ausmaße, der nicht die Paulusbriefe kennt (eine weitere Mahnung vor kritikloser Übernahme historischer Angaben des Lukas), andererseits ist nicht zu verkennen, daß die von Lukas verarbeitete Tradition eine zutreffende Information über den Zweck des letzten Jerusalembesuches Pauli enthielt (eine Lanze *für* den Wert der in der Apg enthaltenen Traditionen!).

Auch diese Einzelbeobachtung zeigt an, daß die Apg bei der Konstruktion einer kritischen Chronologie Pauli nicht unberücksichtigt gelassen werden darf. Vielmehr muß auf der Basis der ausschließlich aufgrund der Paulusbriefe gewonnenen Chronologie in einem gesonderten Abschnitt der Traditionswert der Apg (= der Wert der in ihr enthaltenen Traditionen) für das Leben Pauli bestimmt und der erschlossenen Paulusvita neu zugeordnet werden.

Folgende Fragen sind bei diesem Arbeitsgang zu unterscheiden: Welche Traditionen oder Kompositionen gehen anerkanntermaßen auf Lukas zurück? Wo formuliert Lukas im Anschluß an Tradition und wie interpretiert er sie? Ist Tradition und Redaktion (und wie?) in der Apg säuberlich zu trennen?

Nun waren oben (35ff) beim vorläufigen Vergleich der Apg mit Paulus bereits einige Resultate erzielt worden, so z.B., daß die in der 2. und 3. Missionsreise erscheinenden Reisestationen eine nahe Parallele in den aus den Briefen erkennbaren Routen haben und jedenfalls anders als die sogenannte 2. Jerusalemreise des Paulus (Apg 11,27ff) auf zusammenhängende Traditionen zurückgehen mögen. Es gilt, dieses Traditionsmaterial genau mit den aus den Eigenzeugnissen zu rekonstruierenden chronologischen Daten zu vergleichen, wobei eine oben bereits gemachte Beobachtung am lukanischen Doppelwerk volle Berücksichtigung finden muß und uns nicht den Blick verstellen darf: Die zeitliche Anordnung der Traditionen über Pauli Reisen in der Apg ist *dogmatischer* Natur und nicht mit kritischer Chronologie zu verwechseln. (Wie oben gesehen wurde, *mußte* das paulinische Missionswerk nach dem Apostelkonvent liegen und *durfte* gar nicht vor ihm stattfinden.) Ferner ist auf eine methodische Schwierigkeit bei der Scheidung von Tradition und Redaktion hinzuweisen: Man hat m.R. bemerkt, daß Lukas in der Apg noch freier komponiere als im Evangelium[83]. Besteht dieses Urteil zu Recht, so ist die Folgerung hieraus für die Eruierung von Quellen in der Apg ernüchternd.

---

[82] Conzelmann, Apg, z.St.
[83] M. Dibelius, Der erste christliche Historiker (1948), in: ders., Aufsätze, S. 108—119, S. 109.

Man stelle sich einmal vor, das Markusevangelium sei uns nicht überliefert. In diesem Falle wäre es ganz und gar unmöglich, aus Luk Mk zu rekonstruieren. Komponiert Lukas in der Apg noch freier, so liegt die Schwierigkeit — wenn nicht Unmöglichkeit — der Eruierung der Quellen der Apg auf der Hand. Freilich: *daß* Lukas Quellen benützt hat, steht fest. So läßt sich etwa an der Simon-Perikope Apg 8 studieren, wie ursprünglich eine Hellenisten-Tradition die Missionierung Samarias durch Philippus berichtete[84], die aber von Lukas dahingehend korrigiert wurde, daß die Sanktionierung dieser Mission durch Jerusalem erfolgte, denn erst nach dem Kommen Petri und des Johannes aus Jerusalem wird der heilige Geist verliehen und damit dem lukanischen Programm Genüge getan, daß auch die Mission Samarias durch die Jerusalemer Apostel erfolgt (Apg 1,8).

Die Art, wie Lukas hier eine Hellenisten-Quelle verarbeitet, hat eine Parallele in seiner Benutzung der (wohl derselben Quelle wie Apg 8,5ff entstammenden) zweiten Philippusgeschichte Apg 8,26ff. Jene Geschichte von der Bekehrung des Äthiopiers, die „offenbar in Hellenistenkreisen als erste Bekehrung eines Heiden erzählt"[85] wurde, dient bei Lukas als Präludium zu der mit ihr konkurrierenden Geschichte von der Bekehrung des Kornelius. Diese Beispiele belegen neben vielen anderen (z.B. 5,1ff, 6,8ff, 7,54ff; vgl. Conzelmann z.St.), daß mit schriftlichen Vorlagen bei der Abfassung der Apg gerechnet werden muß. Eine andere (m.E. zu verneinende) Frage ist, ob ihre Rekonstruktion möglich ist. Daß eine überzeugende Wiederherstellung bisher ausblieb bzw. die alten Vorschläge einer Jerusalemer und antiochenischen Quelle im ersten Teil der Apg sich nicht durchsetzen konnten, ist in der Schwierigkeit der Sache begründet[86]

---

[84] Zur Analyse von Apg 8,5ff vgl. G. Lüdemann, Untersuchungen zur simonianischen Gnosis, GTA 1, Göttingen 1975, S. 39ff.

[85] Conzelmann, Apg, S. 63; Zustimmung bei P. Vielhauer, Bespr. von H. Conzelmann, Die Apostelgeschichte, in: GGA 221. 1969, S. 1—19, S. 18.

[86] Wenn C. Burchard anmerkt, daß die Acta-Forschung die Frage nach den vorlukan. Traditionen vernachlässigt habe (Zeuge, S. 17), so scheint er die in der Sache liegenden Schwierigkeiten zu unterschätzen. Sein eigener Versuch der Eruierung von zusammenhängenden Traditionen in der Apg und etwa die These, daß Saulus in die Stephanustradition mit hineingehöre und Apg 7,58 (Saulus als Kleiderwächter) nicht etwa von Lukas als Verknüpfung zum Folgenden eingefügt wurde („Es läßt sich [...] vertreten, daß Paulus schon vor Lukas als Kleiderwächter [...] genannt war", S. 30), ist trotz der Zustimmung durch M. Hengel (Zwischen Jesus und Paulus, in: ZThK 72. 1975, S. 151—206, S. 172 A 80) nicht überzeugend. Burchards Frage, wie denn bei der Annahme der Einfügung von Apg 7,58 durch Lukas der Kontrast zur späteren Geschichte vom wutschnaubenden Paulus zu erklären sei (Zeuge, S. 28), ist zunächst mit

und darf übrigens *nicht* zu dem Urteil führen, daß die Erfassung des Textsinnes auf der Stufe der Redaktion eine exakte Bestimmung der Vorlage voraussetzt[87]: „Der antike Schriftsteller legte seine Ehre darein, die ihm vorliegenden Quellen so umzugießen, daß seine Vorlage kaum mehr erkennbar blieb, die Handschrift seines eigenen individuellen Stils dagegen um so deutlicher hervortrat"[88].

Sind diese Beobachtungen ein deutliches ‚caveat' gegenüber allzu eilfertigen Quellenkonstruktionen in der Apg, so ist abschließend noch auf die oft vertretene These einzugehen, wir hätten es im 2. Teil der Apg mit dem Bericht eines Augenzeugen zu tun (Problem des Wir-Berichtes und des Itinerars). Die Wichtigkeit dieser Frage liegt auf der Hand, da wir bei der Richtigkeit jener These den Bericht eines Paulusbegleiters zur Verfügung hätten[89].

1.4.2.2 Zur Frage eines Itinerars der Paulusreisen

Die erste Frage ergibt sich im Anschluß an die „Wir-Stücke" der Apg: 16,10—17 (Reise von Troas nach Philippi), 20,5—15 (von Philippi nach Milet), 21,1—18 (von Milet nach Jerusalem), 27,1—28,16 (von Cäsarea nach Rom — [hinzu kommt das sekundäre „Wir" im westlichen Text von 11,28]). Spricht hier ein Paulusbegleiter, und lassen sich diese Stücke in der 1. Pers. pl. einer Quelle zuweisen? Doch reicht das „Wir" allein als Kriterium der Quellenscheidung nicht aus, denn a) erscheint es unvermittelt, b) steht es nicht in Spannung zum Kontext und gleicht überhaupt der Umgebung[90] und c) kann es auf

---

der Gegenfrage zu begegnen, wie denn ein so nebensächlicher Zug wie der aufbewahrt wurde, daß die Kleider zu Füßen eines Jünglings namens Saulus niedergelegt wurden. Burchard scheint sich diese Frage gestellt zu haben, wenn er S. 30 A 23 die harmlose Zeichnung Pauli im Stephanusmartyrium damit erklärt, daß die Hellenisten ihren eigenen Mann schonen wollten. Doch ist das bereits eine Hypothese zweiten Grades. Burchards obige Frage ist damit zu beantworten, daß eine dramatische Steigerung vorliegt, wenn Saulus 7,58 Kleiderwächter ist, 8,1 bereits Gefallen an der Tötung des Stephanus findet und 8,3 schließlich selbst die Initiative zur Verfolgung ergreift!

E. Gräßer, Acta-Forschung seit 1960, in: ThR NF 41. 1976, S. 141—194. 259—290; 42. 1977, S. 1—68, S. 23 hält es gleichfalls für „sicher", daß Lukas Stephanusmartyrium und Paulus verknüpft hat.

[87] So Burchard, Zeuge: „Was er gewollt und geschafft hat, kann erst klar, jedenfalls aber erst gesichert sein, wenn klar ist, aus welchen Stoffen er sein Buch gearbeitet hat und was an den leitenden Gedanken ihm bereits vorlag" (S. 17).

[88] Hengel, Jesus, S. 156.

[89] Referat über Dibelius' Itinerarthese bei Schille, Fragwürdigkeit, Sp. 165—169.

[90] Vgl. den überzeugenden Nachweis durch A. Harnack, Lukas der Arzt, Beiträge zur Einleitung in das NT 1, Leipzig 1906, S. 28ff; vgl. ders., Neue Un-

den Verf. der Apg zurückgehen, der eine zeitweilige Anwesenheit fingiert[91]. M. Dibelius hat diese Schwierigkeiten klar erkannt und darauf verzichtet, das „vielberedete" Wir als Urgestein des Reiseberichtes vorauszusetzen[92], läßt sich aber gleichwohl von der Forschungsrichtung, die das „Wir" als Kriterium der Quellenscheidung vertrat, die Frage nach einem der Apg vorliegenden schriftlichen Reisebericht *vorgeben.*

Dieser Punkt wird in der Forschung viel zu wenig beachtet. Ferner muß daran erinnert werden, daß nach Dibelius Lukas der Arzt (Kol 4,14; Phlm 24) Verf. der Apg und — Paulusbegleiter ist. M.E. ist es vor allem unter dieser Voraussetzung sinnvoll, — nach Verzicht der Rekonstruktion des Reiseberichts aufgrund der „Wir-Stücke" — das Augenmerk trotzdem noch auf ein durchgehendes Itinerar zu richten. Denn besonders, wenn der Verf. der Apg auf den im Itinerar verzeichneten Stationen mit Paulus auf der Reise gewesen ist, ist es sinnvoll und denkbar, daß er es sich in diesem Umfang beschaffen und es benutzen konnte.

Sieht man dagegen mit Vielhauer den Verf. der Apg nicht als Paulusbegleiter an, kommen die Fragen hinzu, wie ein so relativ umfassendes Itinerar überhaupt überliefert wurde und woher es sich Lukas[93] überhaupt hat beschaffen können.

Um der fairen Auseinandersetzung willen sei betont, daß Dibelius bei der Rekonstruktion des Itinerars die Verfasserfrage der Apg ganz aus dem Spiele lassen wollte[94]. Trotzdem ist die positive Beantwortung zugunsten des Paulusbegleiters Lukas eine wesentliche Seitenstütze der Itinerarthese, und zwar in stärkerem Maße als ihr letzter Verfechter, P. Vielhauer[95], m.E. realisiert!

---

tersuchungen zur Apostelgeschichte und zur Abfassungszeit der synoptischen Evangelien, Beiträge zur Einleitung in das NT 4, Leipzig 1911, S. 1—21. Daraus ergibt sich für *Harnack*, daß die ganze Apg (nicht nur die Wir-Stücke) von großem historischen Wert sei.
[91] Vgl. M. Dibelius, Die Apostelgeschichte als Geschichtsquelle, in: ders., Aufsätze, S. 91—95, S. 93: „das vielberedete ‚wir', in dem man früher unter dem Einfluß modern-historistischer Gedanken das ursprünglichste Element des ganzen Reiseberichts sah, ist doch vielleicht erst bei der Verarbeitung von Lukas eingefügt worden, um seinen eigenen Anteil an den Reisen des Paulus zu kennzeichnen".
[92] Vgl. M. Dibelius, Apostelgeschichte im Rahmen, S. 170ff: nach einem Vergleich von hellenistischen, jüdischen und christlichen Texten kommt Dibelius zum Schluß: „Ein ‚Ich' oder ‚Wir' (...) kann ebensogut *auf eine alte Quelle wie auf eine neue literarische Arbeit deuten*" (S. 172).
[93] Wir gebrauchen in unserer Arbeit „Lukas" als Namen des Verfassers des dritten Evangeliums und der Apg.
[94] M. Dibelius, Stilkritisches zur Apostelgeschichte, in: H. Schmidt (ed.), EΥΧΑΡΙΣΤΗΡΙΟΝ II (FS H. Gunkel), FRLANT 36.2, Göttingen 1923, S. 27—49 = in: ders., Aufsätze, S. 9—28, S. 13 A 1.
[95] Vielhauer, Besprechung Conzelmann (s.o. A 85); ders., Geschichte, S. 388—393.

Bei der Rekonstruktion des von ihm Itinerar genannten Reiseberichtes stützt sich Dibelius auf folgende Beobachtungen zu den Paulusreisen der Apg[96]:

1. Die Stationen werden in steter Gleichmäßigkeit aufgeführt. „Wenn der Verf. ohne eine solche Quelle gearbeitet und etwa nur lokale Traditionen der Gemeinden benutzt hätte, so würde er gewisse Stationen wahrscheinlich reichlicher bedenken, andere aber auslassen" (S. 13).

2. Belanglose Nachrichten werden aufgenommen wie die Apg 21,16 vom alten Jünger Mnason oder der „für die Biographie des Paulus völlig unwichtige Satz 20,13.14 ,Wir aber gingen voraus auf das Schiff und fuhren nach Assos, in der Absicht, dort den Paulus mitzunehmen. Denn so hatte er es angeordnet, da er selbst zu Fuß gehen wollte. Als er aber in Assos mit uns zusammentraf, nahmen wir ihn an Bord und fuhren nach Mitylene weiter'" (S. 167).

3. Dubletten sind gelegentlich entstanden, wenn das Itinerar durch eine isolierte Überlieferung gesprengt wurde. „Die Lystra-Erzählung wird 14,8—18 gebracht, obwohl vorher bereits — nach dem Itinerar — der Aufenthalt der Missionare in Lystra und auch in Derbe, der folgenden Station, berichtet ist (14,6.7)" (S. 13). Ähnliche Sprengungen des Itinerars konstatiert Dibelius in 13,14 durch die eingeschobene Rede V. 15—42: das Itinerar werde V. 43 wieder aufgenommen. Auch „die Umgebung der Areopag-Rede läßt darauf schließen, daß durch ihre Einfügung Zusammengehöriges getrennt worden ist" (S. 13).

Bei unserer Stellungnahme zu der These Dibelius' ist a) zu fragen, ob sie den Textphänomenen der Apg gerecht wird, und b) ob die Nachrichten des rekonstruierten Itinerars, das nach Dibelius Apg 13,4—14,28; 15,35—21,16 zugrunde liegt, sich mit den Reisedaten der Paulusbriefe decken. Die zuletzt genannte Bedingung muß deshalb erfüllt sein, da das Itinerar von einem Paulusbegleiter stammen soll. Wir beginnen mit b): 1. Der oben (S. 35f) festgestellte Widerspruch zwischen 1Thess und Apg 17f geht zu Lasten des Itinerars. 2. Das bewegte Hin und Her der Reisen zwischen Ephesus und Korinth, wie es aus der korinthischen Korrespondenz zu rekonstruieren ist (S. 127ff), findet im Itinerar gar keinen Niederschlag, 3. Die 1. Missionsreise läßt sich in den Paulusbriefen nicht wiederfinden.

Zu a): Die von Dibelius behauptete und als Grund zur Quellenscheidung betrachtete Spannung zwischen Apg 14,6f und 14,8 ist kon-

---

[96] Seitenangaben im Text nach Dibelius, Stilkritisches; Apostelgeschichte im Rahmen.

struiert. V. 6f lassen sich als „redaktioneller Vorblick" (Conzelmann, Apg, z.St.) derart verstehen, daß V. 6f. das allgemeine Wirkungsfeld der Missionare beschreiben, V. 8ff dagegen Einzelheiten bringen. Wenn Vielhauer gegen Conzelmann einwendet, er überlasse es mit dieser Erklärung dem Leser, sich darunter etwas vorzustellen[97], so ist das kein sachliches Argument, und überdies hätte Vielhauer sich die Frage stellen müssen, warum nicht Lukas bereits hinter der Erwähnung Lystras die Geschichte angeschlossen hat, sondern „das Itinerar" bis καὶ Δέρβην καὶ τὴν περίχωρον weiter ausschrieb. Mit seiner These einer Itinerarnotiz an dieser Stelle nimmt Vielhauer eine Ungeschicklichkeit des Lukas in Kauf. Zutreffend ist freilich die Zurückführung der unter 2. angeführten Nachrichten auf Vorlagen. Eine andere Frage ist es jedoch, diese mit der These eines umfassenden Itinerars zu verbinden. Die Zugeständnisse, die Vielhauer aufgrund der Textphänomene der Apg Conzelmann macht, lassen die Frage aufkommen, ob nicht die Itinerarthese in der herkömmlichen Form ihre Brauchbarkeit verloren hat. Vielhauer:

> „Freilich wird man Dibelius' Hypothese dahin modifizieren müssen, daß es sich nicht um ein einziges Dokument, sondern um mehrere gehandelt bzw. daß es dem Acta-Verfasser nicht vollständig, sondern nur fragmentarisch vorgelegen hat. Auch das Urteil darüber, was dem Itinerar zuzuweisen ist, kann in Einzelheiten anders ausfallen; Dibelius hat seine Abgrenzungen gelegentlich selbst korrigiert. Man wird auch noch stärker als er mit schriftstellerischen Bearbeitungen durch den Verfasser rechnen müssen. Auf den Versuch, die Vorlage im Wortlaut zu rekonstruieren, wird man überhaupt zu verzichten haben, da der Verfasser sie seinem Werk zwar zugrunde gelegt, aber nur stellenweise wörtlich abgeschrieben hat; man muß sich damit begnügen, ihre Relikte zu finden"[98].

Denn es ist nicht einzusehen, warum die vorsichtige Annahme Conzelmanns, der Verf. der Apg habe Einzelquellen verwendet (incl. Stationenverzeichnisse), angesichts des Zugeständnisses von Vielhauer, es habe *mehrere* Itinerare[99] gegeben, von demselben kritisiert

---

[97] Besprechung Conzelmann, S. 10.
[98] Besprechung Conzelmann, S. 11.
[99] Vgl. jetzt die Zustimmung zur Itinerarthese durch Gräßer, Acta-Forschung, S. 188ff. Zum Buch von W. W. Gasque (A History of the Criticism of the Acts of the Apostles, BGBE 17, Tübingen 1975) hat C. H. Talbert in seiner Besprechung das Nötige gesagt: JBL 95. 1976, S. 494–496; vgl. ferner H. Conzelmann, in: Eras. 28. 1976, Sp. 65–68, und das zusammenfassende Votum Gräßers, a.a.O., S. 68: Gasques Buch bedeutet „insofern einen Rückschritt, als in apologetischer Zielsetzung alle bisherigen Forscher nur daran gemessen werden, ob sie die historische Zuverlässigkeit der Acta bejahen oder nicht. *Dieser* Methode (...) ist nun wirklich oversimplification (...) zu bescheinigen, weil sie der Fülle der literarischen und theologischen Probleme gar nicht ansichtig werden kann".

wird. Wenigstens erscheint mir die Differenz zwischen Vielhauer und Conzelmann in diesem Punkt nicht unüberbrückbar. Auf der anderen Seite bleiben Grunddifferenzen zwischen beiden Kontrahenten wohl bestehen: Vielhauer rechnet mit der Existenz von Itinerarfragmenten, die von *Paulusbegleitern* stammen. Bei Conzelmann hat man den Eindruck, daß nach seiner Meinung *der Verf. der Apg* sich viele Reisestationen des Paulus auf der Landkarte selbst erschlossen habe [100]. Ferner: Vielhauer rechnet offenbar weiter ernsthaft mit der Möglichkeit, die Itinerarfragmente allein aufgrund der Apg rekonstruieren zu können, und billigt ihnen einen hohen selbständigen Wert für die Chronologie des Paulus zu, denn sie „lassen die Reihenfolge bestimmter Reisen wiedergewinnen und ermöglichen so, die chronologische Folge und das ungefähre Datum der Paulusbriefe zu bestimmen" [101]. Diese Möglichkeit dürfte jedoch einmal durch das Zugeständnis enorm erschwert sein, daß es mehrere Itinerare gegeben hat. Zum anderen erscheint sie (ohne Absicherung durch die Briefe) ausgeschlossen, weil, wie Conzelmann richtig beobachtet hat, Lukas aus der heilsgeschichtlichen Bedeutung eines Vorgangs die ‚richtige' Chronologie erschließen, d.h. ein Itinerarfragment an einer chronologisch falschen Stelle verarbeiten konnte.

Was schließlich die Frage betrifft, ob und welche Einzelepisoden zum Itinerar gehören, so schließt die lukanische Art der Komposition von Lokaltraditionen (s.o. S. 40f) es geradezu aus, daß dieses Problem allein aufgrund der Apg gelöst werden kann.

Die Diskussion der Itinerarthese von Dibelius und ihrer Modifikation durch Vielhauer führt zu dem Ergebnis, daß es (gegen Dibelius und

---

Zur Frage der Geschichtlichkeit der in der Apg enthaltenen Traditionen gilt nach wie vor uneingeschränkt das Urteil von M. Dibelius: Die Frage kann „erst entschieden werden, nachdem die Stilkritik ihr Werk getan hat; wer jene Probleme vorzeitig lösen will, gefährdet noch mehr als die Reinheit der stilkritischen Methode, er trübt sich das Verständnis der Geschichten, die innerlich den Problemen der Geschichtswissenschaft so weltenfern sind. Und nur wenn man erst einmal absieht von dem, was wir als Fragen an diese Erzählungen heranbringen, lernt man lauschen auf das, was die Erzähler zu sagen haben" (Stilkritisches, S. 28).

[100] Conzelmann, Apg, S. 6: „So fragt man sich, ob nicht (...) der Verfasser die Routen aus einzelnen Angaben zu einem Ganzen gestaltete. Daß er dabei auch gleichgültige Zwischenstationen einfügte, kann rein literarisch erklärt werden." Wie Vielhauer, Besprechung, S. 11, zutreffend bemerkt, nimmt Conzelmann andererseits zu Apg 18,18ff (und auch sonst) an, daß Lukas Quellen über Reiserouten Pauli besaß, die über einzelne Angaben hinausgehen.

[101] Vielhauer, Besprechung Conzelmann, S. 12.

Vielhauer) aussichtslos ist, ohne vorherige Berücksichtigung der Eigenzeugnisse zu brauchbaren Resultaten zu gelangen. Dagegen muß gegenüber Conzelmann betont werden, daß die alte Itinerarthese darin ihren Wahrheitsgehalt hat, daß in der Apg Traditionen auch durchlaufender Art verarbeitet worden sind. Diese Vermutung wurde bereits oben S. 37 beim Vergleich der Reisestationen der Apg mit den pln. Briefen geäußert, und es wird sich zeigen, ob sie in Kap. 3 zur Gewißheit erhoben werden kann.

2. REKONSTRUKTION EINER CHRONOLOGIE
DES PAULUS ALLEIN AUFGRUND DER BRIEFZEUGNISSE

2.1 Exegese von Gal 1,6–2,14 als tragendem Pfeiler
für eine Pauluschronologie

Zu den gesicherten Ergebnissen der Paulusexegese der letzten Jahre gehört die Erkenntnis, daß der Apostel nicht erst nach seinem Tod, sondern bereits zu seinen Lebzeiten ein umstrittener Mann war. Mag die Frage nach seinen Gegnern und die Sicherheit in der Fixierung ihrer Theologie wohl vielfach überspitzt worden sein, so ist nicht daran zu rütteln, daß Paulus sich wenigstens in Gal und 2Kor in ständiger Auseinandersetzung mit Kontrahenten befindet. Bei der Frage nach der Position Pauli und der seiner Gegner bewegen wir uns in einem Zirkel: So führt z.B. die Aussage eines Briefabschnitts bzw. das, was wir für seine Aussage halten, zu einem bestimmten Bild der darin bekämpften Gegner, und dasselbe schärft wiederum die gegen sie gerichtete Aussage. Methodisch ist in der Exegese gleichwohl in der Regel von der Frage nach dem Sinn des Textes auszugehen, da die Fixierung der Position der Gegner eine Hypothese ersten Grades ist. Andererseits ist aber auch klar, daß eine Kenntnis der gegnerischen Lehre für die Ermittlung der Absicht Pauli von unschätzbarem Wert ist. Ich halte es daher methodisch für erlaubt, bei der Exegese derjenigen Briefe, in denen die gegnerischen Aussagen quasi im Tagebau zu schürfen sind (mithin keine Hypothesen darstellen), von der Position der Gegner auszugehen. Dieser Weg soll im folgenden eingeschlagen werden, wobei zunächst auf möglichst breiter Basis ihre Hauptcharakteristika gesammelt werden.

2.1.1 Die gegnerische Position

Bei der Bestimmung der gegnerischen Position im Gal besteht in der Forschung ein erstaunlich großer Konsensus:

a) Die Gegner predigen ein von dem paulinischen verschiedenes Evangelium (Gal 1,7). b) Die Gegner haben die Gesetzesbeobachtung eingeführt, die Gal 4,10 näher spezifiziert wird: Beobachten von Tagen,

Monaten, Jahren[1]. c) Die Gegner propagieren die Beschneidung der Galater (Gal 6,12). d) Die Gegner haben den Apostolat Pauli angegriffen (Gal 1,1.12).

Die oben genannten vier Punkte werden — wie gesagt — von der Mehrheit der Forscher als zutreffende Charakterisierung der Gegner in Galatien anerkannt. Freilich bleiben dann immer noch sich untereinander ausschließende Deutungen der Gegner möglich. Ich glaube aber, es dem Leser ersparen zu dürfen, die These von der heidenchristlichen Herkunft der galatischen Opponenten (Munck, M. Barth[2]) oder ihres gnostischen Ursprungs (Schmithals) hier zu diskutieren. Beide Vorschläge sind m.E. abwegig[3].

Vielmehr sind die Gegner[4] Pauli in Galatien als palästinische Judenchristen anzusehen, die an der gesetzesfreien paulinischen Evangeliumsverkündigung Anstoß nahmen. Für sie konnte wohl nur in Jerusalem oder von Jerusalem ausgehend das wahre Evangelium gelehrt werden, das die Beachtung von Gesetzesforderungen einschloß. Von die-

---

[1] Vgl. P. Vielhauer, Gesetzesdienst und Stoicheiadienst im Galaterbrief, in: J. Friedrich — W. Pöhlmann — P. Stuhlmacher (edd.), Rechtfertigung (FS E. Käsemann), Göttingen—Tübingen 1976, S. 543—555.

[2] The Kerygma of Galatians, in: Interp. 21, 1967, S. 131—146.

[3] Zu J. Munck, Paulus und die Heilsgeschichte, Kopenhagen 1954, vgl. die Besprechungen von R. Bultmann, Ein neues Paulus-Verständnis?, in: ThLZ 84. 1959, Sp. 481—486; W. D. Davies, A New View of Paul — J. Munck: ‚Paulus und die Heilsgeschichte', in: NTS 2. 1955/56, S. 60—72 = in: ders., Christian Origins and Judaism, Philadelphia 1962, S. 179—198; M. Smith, Pauline Problems, in: HThR 50. 1957, S. 107—131.
Zu Vorläufern der These Muncks, daß die galatischen Gegner judaisierende Heidenchristen waren, vgl. die Aufstellungen von J. G. Hawkins, The Opponents of Paul in Galatia, Ph. D. Yale 1971, S. 21f A 1. Hawkins bietet in Kap. 1 seiner Diss. überhaupt eine instruktive Forschungsgeschichte zur Frage nach den Gegnern des Paulus in Galatien (S. 5—85).
Zu W. Schmithals, Die Häretiker in Galatien, in: ZNW 47. 1956, S. 25—67 = in: ders., Paulus und die Gnostiker, ThF 35, Hamburg 1965, S. 9—46, vgl. die ausgewogene Kritik von R. McL. Wilson, Gnostics — in Galatia?, in: F. L. Cross (ed.), StEv 4, TU 102, Berlin 1968, S. 358—367 (Lit.).
Zur Rekonstruktion der Gegner in den Paulusbriefen vgl. ausführlich Band II.

[4] Falls H. D. Betz recht hat, ist 2Kor 6,14—7,1 ein Dokument, das auf Pauli galatische Gegner zurückgeht und an Judenchristen gerichtet war (vgl. ders., 2Cor 6:14—7:1: An Anti-Pauline Fragment?, in: JBL 92.1973, S. 88—108).
— Betz, Gal, Introduction § 2.C und passim, kommt in der Frage nach den Gegnern Pauli zu demselben Resultat wie die vorliegende Arbeit. Es ist sehr zu begrüßen, daß Betz' Kommentar endlich wieder die Frage nach dem Verhältnis der galatischen Opposition zum sogenannten häretischen Judenchristentum aufwirft (vgl. die wiederholten Zitate aus den Pseudoklementinen im Kommentar) und bewußt an die Forschungen der Tübinger Schule anknüpft.

sem war ihrer Meinung nach Paulus in unzulässiger Weise abgewichen, obgleich er doch von den Jerusalemern sein Evangelium erhalten hatte. Damit ist gesagt, daß die galatischen Gegner offenbar eine ganz bestimmte Version nicht nur des Apostelkonventes, sondern auch des Verhältnisses Pauli zu den Jerusalemer Aposteln vor dem Konvent verbreiteten. Das ist m.E. aus den wiederholten Negationen Pauli in Gal 1f zu erheben: 1,17: „ich ging (nach der Bekehrung) nicht nach Jerusalem"; 1,19f: „einen anderen von den Aposteln sah ich nicht. ... Siehe, was ich euch schreibe, ich lüge nicht"; 2,6fin.: „mir haben die Angesehenen nichts zusätzlich auferlegt".

Es scheint nun allerdings fraglich, ob die galatischen Gegner Paulus bei den galatischen Gemeinden einfach auf Verachtung Jerusalems oder der Tradition hätten verklagen können. Denn es ist zweifelhaft, ob ein Hinweis auf die abweichenden Anschauungen der Jerusalemer für die heidenchristlichen Gemeinden Galatiens Gewicht gehabt hätte[5]. Wohl aber konnte der Versuch der Einführung von Gesetzesvorschriften in Galatien Erfolg haben, wenn die Gegner die Abhängigkeit der paulinischen Verkündigung von Jerusalem[6] behaupteten. Gab ihnen doch ein solcher Aufweis auch in den Augen der heidenchristlichen Galater wohl das Recht, das paulinische Evangelium in einigen Punkten durch judaistische Normen zu ergänzen. D.h. sie polemisieren gegen das paulinische Evangelium (und die Apostelwürde Pauli) mit dem Hinweis auf seine Abhängigkeit von und seine untergeordnete Stellung gegenüber Jerusalem.

Die Verteidigung hiergegen ist uns im Galaterbrief erhalten[7].

2.1.2 Formgeschichtlicher Teil

2.1.2.1 Zur formgeschichtlichen Analyse der Paulusbriefe

Die formgeschichtliche Untersuchung der Briefliteratur des Neuen Testaments steht noch in den Anfängen. Zwar hat sich die Forschung

---

[5] Zutreffend Suhl, Paulus, S. 21.

[6] Gegen Suhl, Paulus, S. 21f, der das mit den mir unverständlichen Worten ausschließt: „Ein solcher Vorwurf wäre unverständlich bei Leuten, die selber in Verbindung mit Jerusalem standen". M.E. ist es eindeutig, „daß Paulus im Gesamtzusammenhang von Gal 1f. immer den Vorwurf einer Abhängigkeit von *Jerusalemer* Instanzen im Auge hat" (G. Klein, Die Verleugnung des Petrus, in: ZThK 58. 1961, S. 285—328 = in: ders., Rekonstruktion und Interpretation, BEvTh 50, München 1969, S. 49—90 mit Nachtrag S. 90—98, S. 83 A 205). Vgl. das Folgende.

[7] Zur näheren Begründung des hier thetisch Vorgetragenen vgl. das Folgende; zur Position der Gegner vgl. zusammenfassend F. Mußner, Der Galaterbrief, HThK 9, Freiburg—Basel—Wien 1974, S. 11—32.

insbesondere seit A. Seebergs grundlegendem Werk „Der Katechismus der Urchristenheit"[8] darüber verständigt, daß in den Briefen Formen wie Lieder, Tugend- und Lasterkataloge, Haustafeln, Glaubensformeln usw. vorliegen, die durch bestimmte methodische Schritte eruiert werden können[9]. Gleichwohl ist die Analyse der *Brief*form auf deutschem Boden kaum über A. Deißmann[10] hinausgekommen. Die Lage wird zum Teil dadurch zu erklären sein, daß einflußreiche Gelehrte wie P. Wendland[11], E. Norden[12] und F. Overbeck[13] es an der Wende dieses Jahrhunderts strikt abgelehnt hatten, Pauli Briefe zur eigentlichen Literatur[14] zu rechnen und in ihnen Elemente antiker Rheto-

---

[8] Leipzig 1903 (= ThB 26, München 1966, mit einer Einführung von F. Hahn). Zwar ist Seebergs These vom Vorliegen einer umfassenden Glaubensformel zwischen 30 und 35 n.Chr. längst der Abschied gegeben worden. Doch war seine These insofern ein produktiver Irrtum, als im Verfolg der Suche nach den Spuren dieser Formel im Neuen Testament der Blick auf die erwähnten Einzelformeln fiel. Zum Buch Seebergs vgl. noch K. Weiß, Urchristentum und Geschichte in der neutestamentlichen Theologie seit der Jahrhundertwende, BFChTh 40. 4, Gütersloh 1939, S. 19–29.

[9] Vgl. E. Stauffer, Die Theologie des Neuen Testaments, Stuttgart [3]1947, S. 322f (Beilage III: Zwölf Kriterien formelhaften Glaubensgutes im Neuen Testament).

[10] A. Deißmann, Bibelstudien, Marburg 1895; ders., Licht vom Osten, Tübingen [4]1923. Vgl. jetzt E. Güttgemanns, Offene Fragen zur Formgeschichte des Evangeliums, BEvTh 54, München [2]1971, S. 110ff; K. Berger, Apostelbrief und apostolische Rede / Zum Formular frühchristlicher Briefe, in: ZNW 65. 1974, S. 190–231. In USA sind nach der Pionierarbeit von P. Schubert, Form and Function of the Pauline Thanksgivings, BZNW 20, Berlin 1939 (vgl. noch den wichtigen Aufsatz desselben: Form and Function of the Pauline Letters, in: JR 19. 1939, S. 365–377), einige wichtige Arbeiten zu den paulinischen und antiken Briefen von R. W. Funk und seinen Schülern verfaßt worden; Forschungsbericht bei W. G. Doty, Letters in Primitive Christianity, Philadelphia 1973; vgl. den Überblick (Lit.!) bei H.-M. Schenke – K. M. Fischer, Einleitung in die Schriften des Neuen Testaments I: Die Briefe des Paulus und Schriften des Paulinismus, Berlin = Gütersloh 1978, S. 26–35.

[11] Die hellenistisch-römische Kultur in ihren Beziehungen zu Judentum und Christentum. Die urchristlichen Literaturformen, HNT I. 2–3, Tübingen [2/3]1912, S. 342ff.

[12] Die antike Kunstprosa vom VI. Jahrhundert v.Chr. bis in die Zeit der Renaissance II (1898), Darmstadt = Stuttgart [7]1974, S. 492–510 und Nachtrag S. 3f.

[13] Über die Anfänge der patristischen Literatur, in: HZ 48. 1882, S. 417–472 = Libelli 15, Darmstadt 1954 und 1965; zu Pauli Briefen S. 19f.

[14] Vergleiche noch E. Schwartz, Charakterköpfe, S. 121: „Weil die Briefe keine literarischen Streitschriften, sondern Kinder des Augenblicks sind (...) verraten sie das treibende Moment, den Pulsschlag ihrer Rede nicht mit gleichmäßiger Evidenz, jedoch lassen der Galater- und der zweite Korintherbrief mit erschütternder Deutlichkeit erkennen, daß die Verteidigung seines persönlichen, von allen Würdenträgern der Urgemeinde unabhängigen Missionsberufs (...)

rik[15] anzuerkennen. Welche Vorurteile auch immer bei der dieser Ablehnung zugrundeliegenden Entgegensetzung Paulus — Griechentum leitend waren[16], so ist — bei noch *völlig* offener Forschungslage — die Diskussion wieder in Gang gekommen, besonders durch Anstöße von der anderen Seite des Atlantiks her. An dieser Stelle kann nur auf das Desiderat einer formgeschichtlichen Erforschung der Paulus*briefe* hingewiesen werden, da allgemein einsichtig ist, wie die Erkenntnis der Form eines Briefes manches über seinen Anlaß aussagen kann[17] und damit gleichzeitig den Inhalt in die rechte Perspektive rückt. Sind Ansätze zur formgeschichtlichen Analyse des Galaterbriefes vorhanden?

Nun hatten wir oben festgestellt, daß die Arbeit an einer kritischen Chronologie Pauli als wichtigsten Text Gal 1f zur Verfügung hat, und ferner, daß dieser Briefteil weit davon entfernt ist, eine lückenlose Chronologie zu intendieren. Dieser Befund reizt dazu, die an den Paulusbriefen erst ansatzweise angewandte und ausgebildete formgeschichtliche Methode am Gal zu erproben — um so mehr, als der Gal neben dem bereits erwähnten biographischen Rückblick einen weiteren singulären Zug unter den Paulusbriefen aufweist: er enthält keine Danksagung! Wir gehen so vor, daß wir von dem neuen Auf-

---

Paulus zum Schöpfer einer neuen Literatur gemacht hat, wider seinen Willen: er dachte nicht an die Nachwelt, als er seine Episteln schrieb", und S. 122: „Nicht der Heidenapostel, sondern der Schriftsteller Paulus ist eine weltgeschichtliche Größe". Von diesem Urteil bis zur Erarbeitung der Form dieser „Schriftstellerei" ist es nur ein kleiner Schritt!

[15] Aufschlußreich sind die Bemerkungen von J. Weiß, Die Aufgaben der Neutestamentlichen Wissenschaft in der Gegenwart, Göttingen 1908, S. 16: „Schon das Wort ‚Rhetorik' erregt jedem rechtschaffenen Mann, der auf das Wort ‚pectus facit theologum' etwas hält, ein Grauen"; S. 19f: „Gegen die Mehrzahl der Erklärer muß man den Vorwurf erheben, daß sie sich freiwillig eines wesentlichen Teils des Verständnisses berauben, indem sie es für unter ihrer Würde halten, sich mit der rednerischen Form ihrer Texte zu beschäftigen".

[16] Es sei immerhin notiert, daß der oben angeführte Protest vorwiegend von Philologen kam (Overbeck ist ein Spezialfall), während Theologen wie G. Heinrici (vgl. seine Kommentare zu den Korintherbriefen) Paulus viel stärker von der griechischen Seite her betrachteten.
Die alte Fehde zwischen denen, die das Neue Testament (und Paulus) mehr von der griechischen Seite her sehen, und denen, für die eine jüdische Parallele von vornherein gewichtiger ist, wird unterschwellig heute immer noch ausgetragen, obwohl die Entgegensetzung Judentum — Hellenismus im Sinne einer Alternative revidiert werden muß.

[17] Im Grunde ist es nötig, für jeden Brief (und jedes Dokument) des Neuen Testaments ein seiner Eigenart entsprechendes Instrumentarium an Methoden zu entwickeln. Vgl. dazu E. v. Dobschütz, Vom Auslegen des Neuen Testaments, Göttingen 1927, S. 16.25.

satz von H. D. Betz[18] ausgehen. Das Hauptgewicht unseres formgeschichtlichen Versuchs liegt naturgemäß auf dem „biographischen
Teil" Gal 1f, doch können dessen Form und Sinn ohne eine grund-
rißartige Klärung der Form des ganzen Briefes nicht zutreffend ermittelt werden.

2.1.2.2 Gal als „apologetic letter"[19]

Betz' Klassifizierung des Gal als apologetic letter basiert auf einer
Einzelanalyse des ganzen Briefes, die zum Ergebnis hatte, der Aufbau des Gal entspreche genau dem der apologetischen Rede antiker
Rhetorik, deren Gliederung und Absicht in den Handbüchern antiker Rhetorik beschrieben sei[20]. Gal hat nach Betz abgesehen von
dem durch die Briefsituation veranlaßten Proömium folgenden Aufbau:

1,6—11	Exordium (Einleitung)
1,12—2,14	Narratio (Erzählung)
2,15—21	Propositio (Ankündigung des Beweiszieles)
3,1—4,31	Probatio (Beweis[führung])

---

[18] The Literary Composition and Function of Paul's Letter to the Galatians, in:
NTS 21. 1975, S. 353—379; vgl. noch ders., In Defense of the Spirit: Paul's
Letter to the Galatians as a Document of Early Christian Apologetics, in: E.
Schüssler Fiorenza (ed.), Aspects of Religious Propaganda in Judaism and Early
Christianity, University of Notre Dame Center for the Study of Judaism and
Christianity in Antiquity 2, Notre Dame—London 1976, S. 99—114, und ders.,
Gal, Introduction § 5.

[19] Nach Betz hat von allen Kommentatoren des Gal niemand außer vielleicht
J. B. Lightfoot den Gal nach den Kategorien antiker Rhetorik gegliedert. Vielleicht lassen sich aus älteren (vorkritischen) Kommentaren dafür noch weitere
Beispiele bringen, da die Rhetorik Quintilians im Schulunterricht benutzt wurde und seine termini technici in die Auslegung mit eingeflossen sein mögen. Bereits Luther schätzte Quintilian: vgl. U. Nembach, Predigt des Evangeliums, Neukirchen—Vluyn 1972, S. 130ff, und nachdem „Poggio 1415 in St. Gallen die
Institutio oratoria (...) wieder aufgefunden hatte, galt (...) (sc. Quintilian) als
der pädagogische Führer seiner Zeit" (Herm. Weimer — Heinz Weimer, Geschichte der Pädagogik, SG 145/145a, Berlin [17]1967, S. 39); vgl. jetzt hierzu Betz,
Gal, Introduction § 5 A 97.

[20] Wichtigste Handbücher der Rhetorik: Quintilian, Institutio Oratoria; Cicero,
De Inventione; Ps-Cicero, Rhetorica ad Herennium. Sie gehen auf ältere, meist
verlorene griechische Lehrbücher der Rhetorik zurück.
Unentbehrliches Hilfsmittel: H. Lausberg, Handbuch der literarischen Rhetorik
I.II, München [2]1973. Vgl. ferner J. Cousin, Études sur Quintilien I. Contribution
à la recherche des sources de l'institution oratoire, Paris 1935 (Nachdruck Amsterdam 1967); J. Martin, Antike Rhetorik. Technik und Methode, HAW II.3,
München 1974 (Lit.); G. Kennedy, The Art of Rhetoric in the Roman World
300 B.C. — A.D. 300, Princeton 1972 (Lit.).

5,1—6,10   Paraenesis (Ermahnung)
6,11—18   Peroratio (Schluß)

Nun trägt die zuletzt genannte Peroratio deutlich Züge eines Briefes
— Gal 6,11—18 ist von Paulus selbst *geschrieben* —, was daher den
direkten Vergleich dieses *Brief*teils mit dem Abschluß der Form der
Verteidigungs*rede*, der Peroratio, zu erschweren scheint. Doch gerade für Aufbau und Inhalt dieses Abschnittes kann Betz überraschende Parallelen aus der Peroratio antiker Rhetorik beibringen, so daß
seine auf den ersten Blick befremdliche Herleitung des Galater*briefes* aus einer *Rede*form antiker Rhetorik durch einen Vergleich von
Gal 6,11ff mit dem Muster einer Peroratio eher gestützt wird[21].
Bevor wir diese Probe machen, sei die Peroratio definiert:

"The general purpose of the *peroratio* is twofold: it serves as a last chance to
remind the judge or the audience of the case, and it tries to make a strong
emotional impression upon them. The three conventional parts of the *peroratio* carry out this task: the *enumeratio* or *recapitulatio* (ἀνακεφαλαίωσις)
sharpens and sums up the main points of the case, the *indignatio* arouses anger
and hostility against the opponent, and the *conquestio* stimulates pity" (Betz,
Composition, S. 357).

Zur Probe:

Gal 6,12—13: diese scharfe Polemik gegen die Gegner ist ein klarer
Ausdruck der *indignatio*.

Gal 6,14 stellt zusammenfassend die Position Pauli dar, wie er sie
im Brief vertreten hat (*recapitulatio*).

Gal 6,16: der Friedenswunsch in der Form des Konditionalsatzes
impliziert einen Fluch gegen solche, die dem paulinischen Kanon
nicht folgen wollen. Mit diesem konditionalen Segenswunsch ist das
positive Seitenstück zum konditionalen Fluch im Exordium geschaffen und der Anfang des Briefes mit dem Ende verbunden[21a].

Gal 6,17: der Hinweis auf die Wundmale Christi entspricht der *conquestio*: Unter den Beispielen, die nach der Aussage Quintilians am
wirkungsvollsten von Cicero zwecks Empfehlung vor dem Richter
gebraucht worden sind, finden sich z.B. die vielen Verfolgungen und

---

[21] Betz, Composition, hat wohl recht: „The form of the letter is (sc. only)
necessary, because the defendant himself is prevented from appearing in person
before the jury. Therefore, the letter must serve to represent its author. Serving
as a substitute, the letter carries the defence speech to the jury" (S. 377). Daß
Paulus es als einen Nachteil empfindet, nicht anwesend zu sein, zeigt Gal 4,18—
20.
[21a] Vgl. Betz, Gal, S. 50: „the entire ‚body' of the letter is bracketed in by
this conditional curse and blessing".

die Narben, die er in den Schlachten davongetragen hat (Quint. 6, 1,21).

Die Stichprobe[22] anhand der von Betz für Gal 6,11ff vorgenommenen Einordnung erweist somit, daß die (vorläufige) Annahme einer literarischen Form als Muster für Gal berechtigt ist. Wenn im folgenden bei der Analyse der für eine Chronologie des Paulus so wichtigen Kapitel Gal 1f Betz' Formanalyse[23] des Gal zugrundegelegt wird, so geschieht das nicht, ohne am Einzeltext die Berechtigung zu diesem Schritt (wie oben zu Gal 6,11—18) zu erweisen. D.h. aber auch: Falls die neuerlichen Proben positiv verlaufen, dürfen daraus, daß Paulus sich eines rhetorischen Musters bedient, wichtige Schlüsse für die Interpretation gezogen werden.

2.1.2.3 Formgeschichtliche Analyse von Gal 1,6—2,14: Exordium und Narratio

2.1.2.3.1 Gal 1,6—9: 1. Teil des Exordiums: Principuum

Der Galaterbrief enthält als einziger Paulusbrief keine Danksagung. Ist dieser auffällig negative Befund bisher m.R. durch die Situation in Galatien und die Nachrichten, die Paulus von dort zukamen, begründet worden, so ist zu fragen, ob er nicht einem positiven Sachverhalt entspricht, nämlich der Gestaltung des Gal nach dem Muster apologetischer Rede.

Paulus sieht das Verhältnis zu den Gemeinden gestört und hält es nicht einmal mehr für möglich, eine Danksagung zu schreiben, sondern setzt gleich nach dem Präskript, in dem bereits das Thema des Folgenden, die Christusunmittelbarkeit seines Apostolats, einen bewußten Niederschlag fand[24], zur Apologie an: Unter den Lehrern der

---

[22] Die Analysen von Betz können hier nicht in allen Einzelheiten überprüft werden. Die nachfolgenden Ausführungen sind auch daher in gewisser Weise experimentell.
[23] Im Bericht über die SNTS-Tagung in Sigtuna 1974, auf der Betz Auszüge seines Aufsatzes vortrug, schreibt K. Kertelge: „Trotz vielfacher Anerkennung (sc. von Betz' Vortrag) blieben Fragen: Wie ‚literarisch' war die Arbeitsweise des Paulus, oder ergeben sich nicht eher nur Elemente eines solchen Formulars, die sich aufgrund der sachlichen Intention von selbst einstellen?" (BZ NF 19. 1975, S. 156—158, S. 157). Der Gegensatz „literarisch" — „von selbst" ist literaturgeschichtlich verfehlt.
[24] Vgl. dazu Wendland, Kultur, S. 347: „Die Apostelwürde wird nicht nur betont, sondern gegen die Art, wie sie in galatischen Kreisen von menschlichem Ursprunge oder menschlicher Vermittelung hergeleitet wurde, wird energisch protestiert. Daß er auch im Sinne aller Christen seiner Umgebung schreibe,

Rhetorik besteht ein großer Konsens in der Bestimmung des Anfangs der apologetischen Rede, des Exordiums, das 2 Typen hat: *Insinuatio* und *Principuum*. Die Insinuatio ist zu gebrauchen, wenn die Hörer dem Redner feindlich gegenüberstehen: „insinuatio est oratio quadam dissimulatione et circumitione obscure subiens auditoris animum" (Cicero, de inventione 1,15,20; vgl. Lausberg §§ 280f). Man bedient sich des Principuums, wenn eine gute Möglichkeit besteht, sich die Hörerschaft geneigt zu machen: „principuum est oratio perspicue et protinus perficiens auditorem benivolum aut docilem aut attentum" (Cicero, de inventione 1,15,20). Um die Hörer geneigt zu machen, stünden 4 Regeln zu Gebote: man müsse reden „ab nostra, ab adversariorum, ab iudicum (= auditorum) persona, a causa (= re ipsa)" (Cicero, de inventione 1,16,22). Wir machen zunächst die Probe, ob in Gal 1,6ff ein Principuum vorliegt. Die zuletzt genannten Regeln sind in unserem Abschnitt wiederzufinden: Paulus redet V. 7 von denjenigen, die die Galater verwirren (= persona adversariorum). Aus dem Gesagten ist ersichtlich, daß auch die persona iudicum (= auditorum) (als Objekt der Verwirrung der Gegner) in unserem Text erscheint, ferner die persona oratoris (nostra persona) in V. 8 und die Sache, um die es geht (causa): das in Galatien bedrohte Evangelium. Ein Angriff auf das von Paulus den Galatern verkündigte Evangelium ist ein Angriff auf die Apostelwürde Pauli selbst — und umgekehrt [25]. Daher ist das Thema, die res ipsa, in unserem Text auch der Hauptpunkt von 1,11ff, wo es um die

---

wird hervorgehoben, um die Möglichkeit einer anderen Auffassung des Evangeliums von vornherein auszuschließen. Dann das kühle ταῖς ἐκκλησίαις τῆς Γαλατίας ohne einen sonst üblichen Zusatz, der das innere Verhältnis des Schreibers zu den Adressaten andeutete. Dann die besondere Erweiterung des Grußes durch die Aussage, daß Christus sich hingegeben hat, um uns aus dem gegenwärtigen bösen Weltlauf herauszureißen. Man fühlt heraus, in Galatien ist böse Zeit. Und nach dieser schwülen Stimmung des Präskriptes, in dem man schon den Donner rollen hört, der Blitzstrahl, das doppelte Anathem gegen jeden, der ein anderes Evangelium verkündet".

[25] P. v. d. Osten-Sacken konnte auch an 1Kor 15,1—11 für Paulus die unauflösbare Verknüpfung von Apostolat und Evangelium zeigen. Nach Osten-Sacken hat gerade die „Apologie" (!) 1Kor 15,1—11 die Funktion darzulegen, daß „der Apostolat (...) auf die Seite des Evangeliums (sc. gehört) und (...) die Ermächtigung zur gültigen Auslegung der überlieferten Botschaft beinhaltet" (Die Apologie des paulinischen Apostolats in 1Kor 15,1—11, in: ZNW 64. 1973, S. 245—262, S. 260). Vorher hatte sich bereits K. Kertelge ähnlich zu 1Kor 15,1ff geäußert: Das Apostelamt des Paulus, sein Ursprung und seine Bedeutung, in: BZ NF 14. 1970, S. 161—181, S. 169f; vgl. ders., Apokalypsis Jesou Christou (Gal 1,12), in: J. Gnilka (ed.), Neues Testament und Kirche (FS R. Schnackenburg), Freiburg—Basel—Wien 1974, S. 266—281, S. 267.

Christusunmittelbarkeit des paulinischen Apostolats und damit auch um das bei den Galatern durch die Gegner bedrohte eine Evangelium geht.

Indem Paulus über jeden einen *Fluch* ausspricht, der von „seinem" Evangelium abweicht, verschärft er das für das Exordium (und noch für die Peroratio) im Extremfall mögliche Stilmittel der Drohung.

Die Vorstellung, einen anderen verfluchen zu können[26] (vgl. 1Kor 5,3ff; 16,22), ist dem Apostel aus urchristlichem Milieu zugeflossen, wohl aus dem Bereich der „Sätze heiligen Rechtes"[27].

In Einklang mit einem Beispiel aus Quintilian (4,1,21), in dem der Redner eine Drohung gegenüber dem Richter äußert, spricht Paulus auch über jene Leser einen Konditionalbann aus, die von seinem Evangelium abweichen. Freilich tut er das zu dem Zweck, seine Gemeinde vor die *Entscheidung* zu stellen, denn er hat sie offenbar noch nicht aufgegeben. Diese Beobachtung gibt uns zusammen mit den oben genannten Gründen das Recht, Gal 1,6ff als Principuum zu bezeichnen.

Aus diesem positiven Aufweis von 1,6—9 als Principuum ergibt sich auch der negative Schluß, daß 1,6—9 nicht Insinuatio ist.

Nun ist mit dem zweiten ἀνάθεμα ἔστω ein kräftiger Schlußpunkt gesetzt, und die Frage ἄρτι γὰρ ἀνθρώπους πείθω setzt offenbar neu ein. Die Frage ist, wie weit — formgeschichtlich geurteilt — das Prin-

---

[26] Auf den Galaterbrief ist sozusagen ein Fluch „draufgeschrieben", welcher jeden Christen trifft, der von dem *einen* Evangelium des Paulus abweicht. Daher bezeichnet Betz Gal als *magischen Brief*, vgl. ders., Composition, S. 379; Defense, S. 112f.

[27] E. Käsemann, Sätze heiligen Rechtes im Neuen Testament, in: NTS 1. 1954/55, S. 248—260 = in: ders., Exegetische Versuche und Besinnungen II, Göttingen [3]1968, S. 69—82 (zu Gal 1,9 vgl. S. 72).
Zu der kritischen Anfrage von K. Berger (Zu den sogenannten Sätzen heiligen Rechtes, in: NTS 17. 1970/71, S. 10—40) an Käsemanns Position ist folgendes zu bemerken: Berger weist nach, daß die Form der von Käsemann ,Sätze heiligen Rechtes' genannten Sprüche in der weisheitlichen Literatur Parallelen hat, denn auch hier finden sich Sätze im Konditionalstil, die über die künftigen Folgen eines Tuns belehren (Berger, S. 19ff). Doch wird man mit diesem die Form der Sätze betr. Nachweis keinesfalls die These Käsemanns widerlegen können, daß die Verkündigung von Propheten der Sitz im Leben der Sätze heiligen Rechtes sei und in ihnen „eschatologisches Gottesrecht" (Käsemann, a.a.O., S. 80) gesprochen wurde. Berger hat es versäumt, die *Funktion* dieser Sätze im Leben der apokalyptisch geprägten frühchristlichen Gemeinden zu bestimmen, und zwar wohl vor allem deswegen, weil er nur am Rande auf die paulinischen Belegstellen eingeht, die für Käsemann das Schwergewicht der Untersuchung ausgemacht hatten.

cipuum reicht. Gehört V. 10 noch dazu? Ferner: Es springt in die Augen, daß Paulus spätestens ab V. 13 eine Art historischen Rückblick gibt. In welchem Verhältnis steht V. 10 zu diesem Teil? Deutet der Abschluß ἀνάθεμα ἔστω nicht auf eine enge Relation von V. 10 zu V. 13ff? Oder hat V. 10 einen eigenen Schwerpunkt und reflektiert gar weitere gegnerische Vorwürfe gegen Paulus? Zur Klärung dieser Fragen empfiehlt es sich, im Rahmen der formgeschichtlichen Analyse von Gal 1,10 zunächst eine Einzelexegese des Verses vorzunehmen.

2.1.2.3.2 Gal 1,10: 2. Teil des Exordiums: Insinuatio

2.1.2.3.2.1 Einzelexegese von Gal 1,10

Ausleger des Galaterbriefes haben sich immer wieder die Frage gestellt, ob V. 10 zum Vorhergehenden oder zum Folgenden zu ziehen sei. Ein Blick auf 1Kor 15,1 lehrt, daß dort eine mit Gal 1,11 Anfang fast identische Wendung — vgl. γνωρίζω δὲ ὑμῖν, ἀδελφοί, τὸ εὐαγγέλιον ὃ εὐηγγελισάμην ὑμῖν (1Kor 15,1) mit γνωρίζω γὰρ ὑμῖν, ἀδελφοί, τὸ εὐαγγέλιον τὸ εὐαγγελισθὲν ὑπ᾿ ἐμοῦ (Gal 1,11) — einen neuen Abschnitt einleitet[28]. Ein weiterer Grund, die neue Einheit erst mit Gal 1,11 beginnen zu lassen, ist die im folgenden zu begründende These, daß V. 10 allgemeine rhetorische Topoi aufnimmt, während erst V. 11 gegnerische Behauptungen reflektiert.

Wir gehen davon aus, daß ἀνθρώπους πείθειν vom gleich darauf folgenden ἀνθρώποις ἀρέσκειν her zu interpretieren ist und es hier keine bedingt positive Bedeutung (vgl. u. A 32) etwa im Sinne von 2Kor 5,11 haben kann. πείθειν ist an unserer Stelle mit ‚überreden‘ zu übersetzen[29]. Damit ist aber noch nicht gesichert, daß V. 10 nicht auf Gegner zurückgeht, denn ein Vorwurf gegen Paulus: „Er überredet Menschen und sucht ihnen zu gefallen", ist im Munde eines Opponenten gut denkbar, um so mehr, wenn die beiden Vorwürfe im Sinne eines ironischen „Sowohl-als-auch" verstanden werden[30]. Doch gerät man bei einer derartigen Interpretation in

---

[28] Zu beachten ist zu Gal 1,11 die von P⁴⁶, ℵ*, A, 𝔐 gebotene Lesart γνωρίζω δέ. Man kann darüber streiten, welcher Text die lectio difficilior hat.

[29] Bauer, WB⁵, z.St., trifft keine Entscheidung zwischen ‚überzeugen‘ und ‚überreden‘ als Übersetzung von πείθειν an unserer Stelle. Zum Vorschlag, πείθειν im positiven und ἀρέσκειν im negativen Sinne zu übersetzen, s.u. A 31.

[30] Der Ausdruck ‚ironisches Sowohl-als-auch‘ besagt, daß einerseits ‚überreden‘ und ‚gefallen‘ in Spannung zueinander stehen (und sie von derselben Seite eigentlich nicht als Vorwurf gegen Paulus hätten vorgebracht werden können),

Schwierigkeiten mit der Zuordnung von ἢ τὸν θεόν und muß etwa zur Auskunft Zuflucht nehmen, daß diese Wendung etwas „Zeugmatisches" (Oepke, Gal, und Mußner, Gal, z.St.) behält. „Die Worte (...) sind eine Zwischenbemerkung, über die hinweg sich der Satz in der zweiten Frage fortsetzt" (Oepke). Versteht man nämlich, wie es Syntax und Wortlaut gebieten, πείθειν τὸν θεόν als vollständige Frage neben ἀνθρώπους πείθειν, so ist a) πείθειν τὸν θεόν analog der ersten Frage auch im negativen Sinn zu übersetzen („überrede ich etwa Gott?"), und b) gibt der erste Halbvers unter der Voraussetzung gegnerischer Vorwürfe *keinen* Sinn. Denn niemand wird von Paulus behauptet haben, er überrede Menschen *und* Gott[31].

Ist damit wahrscheinlich gemacht, daß hinter Gal 1,10 keine gegnerischen Vorwürfe stehen, so ist dieses auf dem Wege der Bestreitung gewonnene Ergebnis im folgenden durch den positiven Nachweis abzusichern, daß V. 10 ungezwungen aus den Traditionen antiker Rhetorik verstanden werden kann.

Der Ausdruck ἀνθρώπους πείθειν enthält die Definition und das Ziel der Rhetorik. Vgl. Plato, Gorg 452 E:

Gorgias sagt: (Das größte Gut ist,) „wenn man durch Worte zu überreden (πείθειν) imstande ist, sowohl an der Gerichtsstätte die Richter, als in der Ratsversammlung die Ratmänner ... Denn hast du dies in deiner Gewalt, so wird der Arzt dein Knecht sein ... und von diesem Erwerbsmann wird sich zeigen, daß er andern erwirbt und nicht sich selbst, sondern dir, der du verstehst zu sprechen und die Menschen zu überreden." (Vgl. 458 E, 462 C, 453 A, 454 E; Prot 352 E; Theaet 201 A; vgl. weiter Lausberg § 257).

---

da beim Überreden der Redner die Hörer ändert, während beim Gefallen der Redner sich den Hörern anpaßt. Andererseits wird bei einer negativen Auffassung der Person Pauli seine Überredungskunst so aufgefaßt worden sein, daß sie selbstverständlich nur dort in Erscheinung trat, wo er mit ihr den Hörern gefallen konnte: Überreden und Gefallen werden so als Inbegriff der Gaunerei charakterisiert.

[31] Freilich wird auch versucht, πείθειν τὸν θεόν einen positiven Sinn abzugewinnen. Der Sinn von V. 10 lautet dann paraphrasiert folgendermaßen: Ich, Paulus, lehne es ab, Menschen zu überreden, sondern mache Gott geneigt. Dagegen: Noch niemand hat erklären können, worin denn ein Geneigtmachen Gottes im Sinne des Paulus hätte bestehen können. Ferner ist es mißlich, daß, ohne daß πείθειν zweimal erscheint, es einmal positiven und dann negativen Sinn hat.

Bultmanns umgekehrter Vorschlag ergibt folgende Paraphrase von V. 10: Ich, Paulus, will Menschen gewinnen und lehne es ab, Gott zu überreden und Menschen zu gefallen (Art. πείθω κτλ, in: ThWNT VI, S. 1—11). Er hat mit denselben Schwierigkeiten wie der vorher genannte Vorschlag zu kämpfen (dopp. Sinn von πείθειν). Hinzu kommt noch folgendes: die Voraussetzung Bultmanns, πείθειν τοὺς ἀνθρώπους bezeichne die legitime apostolische Predigt, ist unhaltbar. Sie kann sich nicht auf die umstrittene Stelle 2Kor 5,11 stützen (s. die folgende Anmerkung).

Demgemäß haben seit Plato philosophische Schriftsteller die Kunst der Überredung (ἡ πιϑαγορικὴ τέχνη) äußerst negativ gezeichnet (vgl. noch Plato, Soph 222 C) und sie mit Täuschung und Hexerei gleichgesetzt (vgl. auch Plato, Euthyd 289 D—290 A). Diese negative Wertung des „πείϑειν" von Menschen wird von Paulus [32] und durch die urchristliche Tradition geteilt [33].

Die andere Wendung, πείϑειν τὸν ϑεόν, ist eine polemische Umschreibung der Tätigkeit religiöser Scharlatane, wie es sich aus Plato, Resp 364 C, ergibt: Plato vergleicht hier die Sophisten mit Wahrsagern, die mit Hilfe von zauberischen Anlockungen und Bannflüchen die Götter überreden/beschwatzen, ihnen zu dienen (τοὺς ϑεοὺς ... πείϑοντες ... ὑπηρετεῖν) [34]. Oepke (z.St.) und in seiner Nachfolge Suhl beachten den Kontext zu wenig, wenn sie auch hier πείϑειν mit ‚sich geneigt machen' übersetzen [35].

Auch die dritte von Paulus zurückgewiesene Charakterisierung seines Tuns, ἀνϑρώποις ἀρέσκειν, hat in den Traditionen antiker Ethik und Rhetorik eine reiche (negative) Tradition [36]. Der, der den Menschen

---

[32] 2Kor 5,11 ist kein klarer Beleg für eine positive Verwendung von πείϑειν durch Paulus, da das Verb im Nachsatz ϑεῷ δὲ πεφανερώμεϑα sofort relativiert wird.

[33] Vgl. IgnRöm 3,3: οὐ πεισμονῆς τὸ ἔργον, ἀλλὰ μεγέϑους ἐστὶν ὁ Χριστιανισμός. S. auch den Rheginos-Brief, Nag Hammadi Codex I 46,4—7 (The Nag Hammadi Library in English, San Francisco 1977, S. 51).

[34] Vgl. ferner: δῶρα ϑεοὺς πείϑει (Plato, Resp 390 E). Dieses Sprichwort ist spätestens bei Plato negativ verstanden worden, wie der Kontext beweist: „Auch wohl bestechlich muß man die Männer nicht werden lassen noch auch geldgierig. Keineswegs. Also auch ihnen nicht singen: Götter gewinnet Geschenk, Geschenk auch mächtige Herrscher". Vgl. zum Sprichwort noch Euripides, Med 964: πείϑειν δῶρα καὶ ϑεοὺς; Pindar, Olymp 2,144; aus dem lat. Sprachraum: Ovid, Ars Amatoria 3,653: Munera, crede mihi, capiunt hominesque deosque. Vgl. A. Otto, Die Sprichwörter und sprichwörtlichen Redensarten bei den Römern, Leipzig 1890 (Nachdruck Hildesheim 1962), S. 233.
Auch bei Josephus, Ant 4,123, ist der Versuch des πείϑειν τὸν ϑεόν durch Balak und Bileam (Num 23,13), um Israel verfluchen zu lassen, negativ zu verstehen und das Verb mit ‚beschwatzen' zu übersetzen. Dagegen mag in Ant 8,255f ein neutraler Gebrauch von πείϑειν vorliegen.
Zum ganzen Komplex des Verhältnisses von Goeten und Philosophen vgl. W. Burkert, ΓΟΗΣ. Zum griechischen „Schamanismus", in: RheinMus NF 105. 1962, S. 36—55; Betz, Paulus, S. 33f (Lit.) und S. 132ff.

[35] Suhl, Paulus, S. 22.

[36] ἀνϑρώποις ἀρέσκειν ist nicht nur an dieser Stelle unstreitig negativ zu verstehen, sondern auch 1Thess 2,4. Das Verb ἀρέσκειν erscheint bei Paulus sowohl in positiver (1Kor 10,33; Röm 15,2) als auch negativer Bedeutung (1Kor 7,33f).

gefällt, ist eine bekannte Figur in der Ethik: Aristoteles, Eth Nic 2,7,13; 4,6,1; 9,10,6; Plut, Lib Educ 4 D, 6 B; Theophr. Char 5[37].

In der Rhetorik wird ἀρέσκειν in festem Zusammenhang mit πείθειν gebraucht. Menschen dadurch zu überreden, daß man ihnen gefällt, ist Ziel und Methode der Rhetorik. Gorgias 462 C: Sokrates wird gefragt: „Glaubst du nicht, daß die Redekunst etwas Schönes ist, wenn man imstande ist, den Menschen gefällig zu sein?" (χαρίζεσθαι οἷόν τε εἶναι ἀνθρώποις). Dagegen Sokrates: „Die Redekunst ist eine Übung zur Bewirkung einer gewissen Lust und eines Wohlgefallens" (ἐμπειρία [...] χάριτος καὶ ἡδονῆς ἀπεργασίας; 462 D)[38]. Die Redekunst ist ferner im politischen Demagogentum zu Hause (vgl. Plato, Ep 4,321 B; Diod S 13,53,3; 17,115).

Diese Übersicht hat gezeigt, daß alle drei von Paulus in Gal 1,10 abgewiesenen Tätigkeiten (ἀνθρώπους πείθειν, πείθειν τὸν θεόν, ἀνθρώποις ἀρέσκειν) wohlbekannte, vorwiegend negativ bewertete Topoi antiker Philosophie waren. Aufschlußreich war der Nachweis, daß bereits z.Zt. Platos ein fester Zusammenhang zwischen ἀνθρώπους πείθειν und ἀνθρώποις ἀρέσκειν bestand, ferner, daß *auch* der Topos vom πείθειν τοὺς θεούς sich als Negativbeschreibung der Tätigkeit von Wahrsagern und Goeten fand.

Wenn also Paulus in Gal 1,10a fragt: Überrede ich etwa Menschen oder Gott?, so weist er, wie oben gezeigt wurde, nicht, wie durchweg angenommen wird, Vorwürfe[39] der Gegner gegen sich zurück, sondern greift offensiv in ironischer Weise gängige Vorwürfe gegen Sophisten und Goeten auf und hält, indem er sie für seine Person zurückweist, seinen Gegnern einen Spiegel vor. V. 10b bietet noch eine Steigerung in der Abwehr: Eine in derselben Tradition wie ἀνθρώπους πείθειν und πείθειν τὸν θεόν wurzelnde Negativcharakterisierung eines Tuns, das ἀνθρώποις ἀρέσκειν, wird als unvereinbar mit der Stellung eines Knechtes Christi erklärt. Seine Zurückweisung folgt aus der positiven Zugehörigkeit zu Christus. Die Gegner — so lautet wohl auch im Sinne des Paulus die unausgesprochene

---

37 Vgl. dazu den Kommentar von P. Steinmetz, Theophrast: Charaktere II, Das Wort der Antike 7.2, München 1962, S. 73ff.
38 Zu ἀρέσκειν wurden die von J. J. Wettstein, Η ΚΑΙΝΗ ΔΙΑΘΗΚΗ: Novum Testamentum Graecum I.II, Amsterdam 1751/52 (Nachdruck Graz 1962), z.St. angeführten Belege dankbar verwertet und noch vermehrt.
39 Z.B. sollen nach Suhl, Paulus, S. 36, V. 13ff den hinter V. 10 stehenden Vorwurf entkräften, Paulus weiche, um Menschen zu gefallen, in unzulässiger Weise von dem Evangelium der Jerusalemer ab.

Schlußfolgerung –, die keine Knechte Christi sind, gefallen vielmehr den Menschen[40]!

2.1.2.3.2.2 Klärung der formgeschichtlichen Frage von Gal 1,10

Wir hatten oben die Frage offengelassen, wie V. 10 formgeschichtlich einzuordnen sei, können uns ihr aber jetzt nach der Einzelexegese zuwenden: Es dürfte klar geworden sein, daß unser Vers eine eigene formgeschichtliche Bestimmung verdient, da vor ihm eine Einheit

---

[40] Die Exegese Betz', Gal, S. 54ff, von Gal 1,10 stimmt mit der oben vorgelegten überein und begründet sie weiter. Die einzigen Unterschiede bestehen in dem Verständnis von ἔτι, das Betz zeitlich auffaßt (a.a.O., S. 56), und darin, daß Betz offenhält, ob Paulus als „man pleaser" angeklagt worden ist.
Anders als Betz meine ich, daß Paulus mit den rhetorischen Fragen in Gal 1,10 indirekt die Gegner angreift (vgl. Gal 5,11; 6,12). So ist das vielerörterte ἔτι in Gal 1,10 im Lichte der obigen Darlegungen nicht zeitlich, sondern so zu interpretieren, daß es das gegenwärtige „Den-Menschen-Gefallen" der Gegner hervorhebt. „Wenn ich *obendrein* den Menschen gefallen würde, wie es meine Gegner tun", ist zu paraphrasieren.
M.E. hat auch das ἔτι in Gal 5,11 keine zeitliche, sondern polemische Bedeutung, wie es auch am Kommentar zu 5,11 in 6,12 deutlich wird. Paulus will ausdrücken, daß seine Gegner – nicht er – die Beschneidung predigen und *deshalb* nicht verfolgt werden. Hat aber Gal 5,11 bereits die Gegner im Sinn, so kann man den Vers wie folgt umschreiben: Wenn ich wie meine Gegner die Beschneidung predige, was werde ich verfolgt? Sie sind es doch, die, indem sie euch zur Beschneidung veranlassen, der Verfolgung entgehen wollen und damit das Ärgernis des Kreuzes beseitigen (beachte die Par. zu 1,10: die Gegner sind dadurch, daß sie den Menschen gefallen, keine Knechte Christi mehr).
Daß im Sinne des Paulus eine *sachliche* Querverbindung zwischen dem ἀνθρώποις ἀρέσκειν (1,10) und περιτομὴν κηρύσσειν (5,11) besteht, zeigt der unmittelbare Kontext von 5,11, in dem in 5,8 die Tätigkeit der Gegner als πεισμονή hingestellt wird, und die obige Exegese von Gal 1,10, wo Paulus πείθειν und ἀρέσκειν als Negativbeschreibung der Tätigkeit der Gegner gebraucht.
Aus dem Gesagten geht hervor, daß m.E. jene Versuche abzulehnen sind, die in Gal 5,11 eine Tätigkeit Pauli als jüdischen Missionars angedeutet finden (so z.B. G. Bornkamm, Paulus, UB 119, Stuttgart–Berlin–Köln–Mainz [3]1977, S. 35; N. Perrin, The New Testament. An Introduction, New York–Chicago–San Francisco–Atlanta 1974, S. 90; vgl. dagegen Clemen, Paulus I, S. 356f).
Bornkamm glaubt offenbar, „daß seine (...) judaistischen Gegner in Galatien bei ihrem Eintreten für die Beschneidung die frühere Praxis des Apostels gegen ihn ausgespielt haben" (Paulus, S. 35). Das ist mir ganz unwahrscheinlich, da die Gemeinde, wie Gal 1,13f zeigt, über die vorchristliche Zeit des Paulus informiert und diese von der christlichen Zeit des Paulus durch einen tiefen Graben getrennt war. Wahrscheinlich liefen auch in den galatischen Gemeinden mündliche Traditionen um, die wie die Personaltradition aus dem syrisch-cilicischen Raume (Gal 1,23) vorchristliche und christliche Zeit des Apostels durch das „Einst-jetzt-Schema" trennten. Daher würde ein Verweis auf eine vorchristliche Tätigkeit Pauli für die Gemeinden keine Bedeutung gehabt haben!

durch emphatisches ἀνάθεμα ἔστω abgeschlossen, nach ihm jedoch durch γνωρίζω γὰρ ὑμῖν ein neuer Abschnitt eingeleitet wird. Deutlich ist auch, daß V. 10 nicht als zweites Principuum verstanden werden kann, da in ihm alles andere als klar von der Person der Hörer, Gegner, Pauli und der Sache, um die es geht, gesprochen wird und die Lage nicht mehr so erscheint, als könne Paulus die Hörer auf seine Seite ziehen. Vielmehr legt es sich mit Betz nahe, V. 10 als Insinuatio-Typ des Exordiums zu klassifizieren. Dieser Typ hatte folgende Eigenschaften und Aufgaben: „dissimulatione et circumitione obscure subiens auditoris animum" (Cicero, de inventione 1,15,20). Dieses Muster trifft auf V. 10 zu! Paulus geht *nicht* auf Behauptungen der Gegner ein, so daß der Leser, der mit denselben (Pauli Verhältnis zu Jerusalem betreffend) vertraut ist, zunächst einmal gar nicht den Sinn von V. 10 verstehen kann, dann aber durch das Vorgehen Pauli zu einem ähnlich negativen Urteil über die Gegner gedrängt wird.

Wir können also feststellen, daß Gal 1,6—9 dem Principuum-Typ, Gal 1,10 dem Insinuatio-Typ des Exordiums antiker Rhetorik entspricht. „This mixture of the *principuum* and the *insinuatio* may be peculiar, but it conforms precisely to the situation with which Paul sees himself confronted" (Betz, Composition, S. 360). Einerseits kann er darauf hoffen, die Zuhörer, die noch seine Gemeinde sind, auf seine Seite zu ziehen. Andererseits sind die Galater den Gegnern nahezu erlegen.

2.1.2.3.3 Formgeschichte von Gal 1,11f: Überleitung zwischen Exordium und Narratio

Mit γνωρίζω γὰρ ὑμῖν wird auf einen neuen Abschnitt (V. 13ff) hingeleitet, dessen Inhalt beschrieben werden kann mit: „Die Christusunmittelbarkeit des pln Evangeliums, wie sie sich auch zeigt am hist. Abriß der Beziehung Pauli zu den Jerusalemer Aposteln". Damit ist bereits gesagt, daß V. 11f auf das Folgende vorbereiten und gewissermaßen als Überschrift über V. 13ff stehen. Indem nämlich Paulus aussagt, er habe das Evangelium durch eine Offenbarung Jesu Christi empfangen, macht er nicht nur eine Aussage über das Wesen des Evangeliums, sondern bezieht sich implizit auf einen historischen Ort und ein historisches Datum, an dem die Christusoffenbarung geschah. Über dieses Datum werden im folgenden dann nähere Angaben gemacht (V. 15f). Sodann führt er hier unter Aufnahme von V. 11 οὐ παρὰ ἀνθρώπου aus, wieso er das Evangelium nicht *von Menschen* hat bekommen können: Er ist nach der Offenbarung nicht nach Jerusalem gegangen (V. 17), wo nach Meinung der galatischen Opponenten allein das wahre Evangelium gelehrt werden kann, und zwischen erstem und zweitem Jerusalembesuch sind mindestens 14 Jahre verflossen (2,1). Damit ist eine zweite Beobachtung gemacht, die den Vorbereitungs- bzw. Überleitungscharakter von V. 11f auf V. 13ff oder den Explikationscharakter der V. 13ff zur Überschrift V. 11f klarmacht. — Schließlich die dritte Verbindungslinie von V. 11f zum Folgenden: Die Aussage, das Evangelium Pauli sei nicht κατὰ ἄνϑρωπον (V. 11), wird in V. 13ff expliziert durch den Gegensatz zwischen der vorchristlichen und christlichen Zeit Pauli. Der Sprung vom blindwütigen die Kirche verfolgenden Paulus zum Evangeliumsverkündiger kann nicht das Ergebnis einer religiösen Entwicklung sein — sonst wäre das Evangelium in der Tat κατὰ ἄνϑρωπον —, sondern ist nur zurückzuführen auf eine Offenbarung Jesu Christi: das Evangelium ist eben οὐ κατὰ ἄνϑρωπον! (Die Gegenüberstellung ‚damals — heute‘ erscheint V. 23 ein zweites Mal.)

Steht aufgrund der soeben aufgewiesenen Verzahnungen fest, daß V. 11f einen Überleitungscharakter haben, so fällt ein Licht auf die formgeschichtliche Einordnung unserer Verse: Nach den Handbüchern der Rhetorik sollte ein glatter Übergang zwischen Exordium und Narratio geschaffen werden (vgl. Lausberg § 288 und z.B. Quintilian 4,1,79: ut non abrupte cadere in narrationem, ita non obscure transcendere est optimum). Da V. 11f nicht nur aus den oben gezeigten Gründen zu V. 13ff überleiten, sondern auch durch die Thematisierung des Charakters des paulinischen Evangeliums Verbindungslinien zu 1,6—9 (das *eine* Evangelium) aufweisen, können sie auch nach dem Muster apologetischer Rede der antiken Rhetorik als Überleitung zwischen Exordium und Narratio bezeichnet werden.

2.1.2.3.4 Formgeschichtliche Untersuchung von Gal 1,13—2,14: Narratio

Nach den Handbüchern antiker Rhetorik folgt auf das Exordium die Narratio (διήγησις). Bevor wir ihre Hauptregeln zusammenstellen, muß zunächst als Warnung vor vorschneller Festschreibung der Narratio auf ein starres Schema der Satz Quintilians genannt werden, daß grundsätzlich die Regeln der Verteidigung — innerhalb eines gewissen Rahmens — variabel sind: „Neque enim est una lex defensionis certumque praescriptum" (4,2,84). Nach dieser einleitenden Vorsichtsregel dürfen die Hauptzüge der Narratio aufgezählt werden: Der *Zweck* der Narratio liegt darin, die zwischen dem Redner und seinen Gegnern strittigen Fakten, sozusagen die Vorgeschichte des Falles, aufzurollen und zu klären. „Narratio est (...) oratio docens auditorem, quid in controversia sit" (Quint 4,2,31). Dieses Muster dürfte auch in Gal 1,13ff vorliegen: Da die Gegner Pauli die Abhängigkeit des paulinischen Evangeliums von Jerusalem behauptet und — eng damit zusammenhängend — sein Apostolat in Zweifel gezogen haben, setzt Paulus in 1,13ff zwecks Richtigstellung der Verleumdungen dazu an, einen Abriß seines Verhältnisses zu den Aposteln in Jerusalem zu geben. Er rollt damit die zwischen ihm und seinen Opponenten strittige Vorgeschichte des Falles auf, in dem es um das Recht des paulinischen Apostolats und — eng damit verknüpft — um das Recht der Verkündigung des Evangeliums ohne des Gesetzes Werke für die Heidenchristenheit geht.

Folgende *Kennzeichen* sollte die Narratio nach den Handbüchern antiker Rhetorik haben: Fast alle Rhetoriker stimmen darin überein, daß die Narratio drei Eigenschaften haben müsse: Kürze, Klarheit, Wahrscheinlichkeit („oportet igitur eam tres habere res: ut brevis, ut aperta, ut probabilis sit", Cicero, de inventione 1,20,28; vgl. Lausberg §§ 294—334). Die Kürze wird dadurch erreicht, daß alles den Streitfall nicht betreffende Material fortgelassen wird, die Klarheit und Wahrscheinlichkeit, daß ein nach Fakten, Personen, Zeiten, Orten und Gründen geordneter Bericht gegeben wird (vgl. Quint 4,2,36: „distincta rebus, personis, temporibus, locis, causis"). Die Narratio gibt gleichwohl nicht einen vollständigen, objektiven Bericht, sondern ist vom (engagierten) Standpunkt des Redners her konzipiert und will den Richter überzeugen. Das heißt nicht, daß die in ihr berichteten Fakten notwendigerweise falsch sind, wohl aber, daß Einzelheiten, die die Position des Redners schwächen könnten, übergangen werden dürfen (trotzdem muß die Narratio sich immer im Bereich des Wahrscheinlichen bewegen, s.o.). Zweckmäßigerweise knüpft die Narratio mit einer Wendung wie ‚du erinnerst dich' (meministi) oder ‚vielleicht ist es überflüssig, daran zu erinnern/dabei zu verweilen, daß' (fortasse supervacuum fuerit hic commorari) an ein Wissen des Hörers über die Vorgeschichte des Falles an (vgl. Quint 4,2,22). Sie führt allerdings nur bis zu dem Punkt, wo der aktuelle Streitfall beginnt (vgl. Fortunatianus 2,20 = Halm 113,12—14: „Quid in narratione novissimo loco observabimus? ut ibi narrationem finiamus ubi est initium quaestionis, et ut subtiliter ad eam descensum faciamus, ne quaestiones abrupte incohemus"), d.h. aber auch, daß der Übergang zwischen Ende der Narratio und Propositio fließend sein soll (vgl. Lausberg, S. 188).

Der letzte Punkt mag überleiten zur Frage, ob Gal 1,13–2,14 aufgrund der soeben aufgeführten wichtigsten Kennzeichen einer Narratio als eine solche zu bezeichnen sei. Folgende Punkte empfehlen eine positive Beantwortung:

1. Wir hatten bereits bemerkt, daß die Rede des Paulus zu Petrus in Antiochien in eine Rede des Apostels an die galatischen Gemeinden übergeht. Am Schluß der Narratio steht die für die gegenwärtige Situation in Galatien zu verhandelnde Streitfrage, ob die Heidenchristen das Gesetz auf sich nehmen sollen, ob die Gegner die Galater zwingen dürfen, jüdisch zu leben (πῶς τὰ ἔϑνη ἀναγκάζεις ἰουδαΐζειν·).

2. Gal 1,13, der Beginn des Berichtes Pauli, knüpft mit ἠκούσατε an ein Wissen der Galater um einen Einzelpunkt der Vorgeschichte des Falles an.

3. Paulus äußert sich über viele Einzelheiten seines eigenen Lebens und seiner Tätigkeit nicht. Dieser Befund findet am besten darin eine Erklärung, daß Paulus — gut im Stil der Narratio — den Bericht über alle Begebenheiten, die nicht unmittelbar zum Fall dazugehören, wegläßt[41].

4. Paulus gibt in Gal 1,13ff einen nach Fakten, Personen, Zeiten, Orten und Gründen geordneten Bericht:

Er berichtet über seinen zweimaligen Jerusalembesuch und was sich dabei zugetragen hat (*Fakten*: 1,18: er lernte Kephas kennen, er sah von den Aposteln keinen außer Jakobus; 2,1ff: keine Last wurde auferlegt), er zählt die jeweils handelnden *Personen* auf: Kephas (1,18; 2,8f.11.14), Jakobus (1,19; 2,9[12]), Barnabas (2,1.13), Titus (2,1.3), die falschen Brüder (2,4), Johannes (2,9), einige von Jakobus (2,12).

Paulus berichtet über die Schauplätze des Geschehens (*Orte*): Arabia (1,17), Damaskus (1,17), Jerusalem (1,18; 2,1ff), Syrien (1,21), Cilicien (1,21), Judäa (1,22), Antiochien (2,1ff).

Paulus gibt *Gründe* an: der erste Jerusalembesuch diente dazu, Kephas kennenzulernen (1,18), das zweite Mal zog er nach Jerusalem wegen einer Offenbarung (2,2).

Schließlich untergliedert Paulus seinen Bericht auch mit Hilfe von *zeitlichen* Angaben. Dreimal leitet ‚epeita' eine unmittelbar folgen-

---

[41] Der andere mögliche Schluß aus diesem Befund, daß Paulus Begebenheiten ausgelassen habe, weil sie seine Sache geschwächt hätten, ist wegen anderer unten anzustellender Erwägungen exegetisch nicht zu erheben. Er sei der Vollständigkeit halber trotzdem erwähnt.

de Begebenheit ein (1,18; 1,21; 2,1), davon zweimal mit Angabe von Jahren (1,18; 2,1). Die Aufenthaltsdauer beim ersten Besuch in Jerusalem wird mit zwei Wochen angegeben.

Bereits an der letzten Zeitangabe ist auch ein mit ihr sich verbindendes Interesse wahrzunehmen. Die Aussage ‚14 Tage' hat die Absicht, den ersten Jerusalemaufenthalt als von kurzer Dauer herauszustellen und Paulus weiter vor dem Vorwurf zu schützen, er sei von Jerusalem abhängig. Analoges ist für die beiden anderen expliziten Zeitangaben (drei und 14 Jahre) zu sagen. Sie haben den Zweck, den Apostel zeitlich und damit auch sachlich von den Jerusalemer Aposteln abzuheben, und unterstreichen somit noch einmal seine Unabhängigkeit.

Damit ist die Probe positiv verlaufen. Gal 1,13ff ist nach dem Muster eines Teils der apologetischen Rede antiker Rhetorik, der Narratio, gestaltet worden. Dieses Resultat, das erst einmal aus dem Text zu erheben war, darf uns im folgenden bei der weiteren Auslegung desselben Textes als eine der Grundlagen dienen (Zirkel).

Bevor wir mit der weiteren Analyse von Gal 1,13ff fortfahren, ist noch ein weiteres mit der formgeschichtlichen Einordnung unseres Textes eng verknüpftes Problem zu klären, nämlich die oben offen gelassene Frage, ob die Narratio antiker Rhetorik ausschließlich die Schilderung der Ereignisse in chronologischer Reihenfolge kannte und vorschrieb. Aus ihrer Beantwortung ergeben sich für die Rekonstruktion der Chronologie Pauli wichtige Aufschlüsse für die Datierung des in Gal 2,11ff berichteten Zwischenfalls.

2.1.2.3.4.1 Zur Frage der Einhaltung der chronologischen Reihenfolge in der Narratio: Gal 2,11—14

Wir müssen uns in Erinnerung rufen, daß nach den Handbüchern antiker Rhetorik für die Narratio einerseits Wahrscheinlichkeit zu verlangen war, andererseits aber und nicht zuletzt das Ziel dahingehend bestimmt wurde, den Richter zu überzeugen. Von dieser Voraussetzung her ist es zu verstehen, wenn in der Narratio der Geschehensablauf nicht nur im ordo naturalis (more Homerico), sondern auch im ordo artificiorum angeordnet werden konnte. D.h. wenn die utilitas es verlangte, durfte die chronologische Reihenfolge verlassen werden. Vgl. Quintilian 4,2,83: „namque ne eis quidem accedo, qui semper eo putant ordine, quo quid actum sit, esse narrandum, sed eo malo narrare, quo expedit". (Es gebe nämlich nicht nur *ein* Gesetz der Verteidigung und *eine* Vorschrift:) „pro re, pro tempore intuenda quae prosint, atque ut erit vulnus, ita vel curandum protinus" (4,2,84). Interessant ist, daß Quintilian offenbar nicht an eine durchgehende zeitliche Umordnung der Ereignisse denkt, sondern nur an die einer oder weniger Begebenheiten, wie es aus folgenden Bemerkungen im Anschluß an das vorletzte Zitat ersichtlich wird: „(sed eo malo narrare, quo expedit) quod fieri plurimis figuris licet. nam et aliquando nobis excidisse simulamus, cum quid utiliore loco reducimus, et interim nos reddituros reliquum ordinem testamur, quia sic futura sit causa lucior: interim re exposita subiungimus causas, quae antecesserunt". D.h. doch, nach Quintilian ist es möglich, eine Begebenheit aus der chronologischen Reihenfolge herauszunehmen (aliquando nobis [sc. aliquid] excidisse simulamus), um sie später, nachdem alles übrige im ordo naturalis erzählt worden ist (re exposita), als causa nachzutragen.

Freilich will Quintilian diese Regel nicht verallgemeinern. Vielmehr sei die Erzählung im ordo naturalis im allgemeinen der im ordo artificiorum vorzuziehen: „neque ideo tamen non saepius facere oportebit, ut rerum ordinem sequamur" (4,2,87), hatten wir doch auch schon oben gesehen, daß die Umstellung auf Einzelfälle innerhalb *einer* Narratio beschränkt blieb. Und offensichtlich waren andere Rhetoriker[42], wenn auch nicht alle[43], anderer Meinung, wenn sie generell dem ordo naturalis den Vorzug gaben (ne *eis* quidem accedo, qui *semper* eo putant ordine, quo quid actum sit, esse narrandum; Quint 4,2,83).

Zusammenfassend gesagt ist damit die formgeschichtliche Möglichkeit dafür erwiesen, daß Paulus mit der Schilderung des Zwischenfalls in Antiochien den vorher eingehaltenen chronologischen Faden der Narratio verlassen hat. Es wird zu fragen sein, ob inhaltliche Gründe dafür beizubringen sind, *daß* wirklich in Gal 2,11ff eine chronologische Umstellung (im Interesse der Streitsache) vorliegt, das Ereignis vor den Apostelkonvent zu versetzen ist und es möglicherweise den Anlaß des Konventes überhaupt abgegeben haben mag. Diese hier vorweggenommene, unten weiter zu erörternde Vermutung könnte wenigstens aus der Formgeschichte eine Stütze bekommen, wenn noch einmal ein oben zitierter Satz Quintilians in Er-

---

[42] Vgl. etwa Isokrates Fragment 6 (edd. Benseler-Blaß, S. 275). Rhetorica ad Herennium 1,9,15; Cicero, de orat 2,80,329.

[43] Betz, Composition, erweckt einen solchen Eindruck, wenn er schreibt: „Quintilian disagrees with the general rule that the order of events in the *narratio* should always follow the actual order of events" (S. 366f; vgl. ders., Gal, S. 61). Es heißt aber bei Quintilian: „ne eis quidem accedo ...", woraus nicht geschlossen werden darf, daß diejenigen Rhetoriker, von denen Quintilian sich absetzt, die „general rule" vertreten. Vgl. Cousin, Études, S. 229–244 (Théorie de la Narration). – Dionys von Halikarnassos, de Isaeo 15,615, spricht sich gleichfalls für die Verwendung des ordo artificiorum in der Narratio aus.

innerung gerufen wird: Er besagte, daß ein Glied (oder einige wenige) aus der im ordo naturalis erzählten Narratio herausgetrennt und — re exposita — als causa(e) nachgetragen werden dürfe(n). Ob sich für das Verhältnis Konvent—Zwischenfall in Antiochien eine ähnliche Verhältnisbestimmung erweisen läßt, werden die folgenden Arbeitsschritte zeigen. Sie würde jedenfalls durch die soeben angeführte Passage aus Quintilian eine gute Bestätigung finden.

Ist damit der formgeschichtliche Teil der Exegese von Gal 1,6—2,14 abgeschlossen, so wenden wir uns nun — unserer Themenstellung gemäß — der Klärung der in Gal 1f für eine kritische Pauluschronologie enthaltenen wichtigen Einzelfragen zu.

2.1.3 Klärung der für eine kritische Pauluschronologie in Gal 1f enthaltenen wichtigen Einzelfragen

Nachdem begründet wurde, daß der Galaterbrief und auch Gal 1,6—2,14 von den Traditionen antiker Rhetorik her verstanden werden dürfen, geht es im folgenden darum, die im formgeschichtlichen Abschnitt gewonnenen Erkenntnisse für unsere Arbeit an einer Chronologie Pauli fruchtbar zu machen. Dabei stehen folgende Problemkomplexe zur Bearbeitung an:

1. Macht Paulus mit der Gal 1,21 gegebenen Auskunft, er sei (nach dem 1. Jerusalembesuch) in die Gegenden von Syrien und Cilicien gegangen, eine Angabe darüber, wo er die Zeit zwischen erstem und zweitem Jerusalembesuch verbracht hat?

2. Auf welches Datum beziehen sich die Jahresangaben in Gal 1,18 und 2,1?

3. Was stand auf dem Konvent in Jerusalem zur Debatte? Aus der Beantwortung dieser Frage wird sich ergeben

4. eine Antwort auf die Frage nach dem Verhältnis des Konventes zum Zwischenfall in Antiochien und

5. auf die Frage des Inhalts der Kollekte, die das äußere Kriterium für unsere Rekonstruktion der Chronologie Pauli darstellt.

Wir gehen die angerissenen Problemkreise in der soeben angeführten Reihenfolge durch.

2.1.3.1 Gal 1,21: „Danach ging ich in die Gegenden von Syrien und Cilicien"

V. 21 beschreibt wiederum mit dem dürren ἦλθον (vgl. bereits V. 17: ἀνῆλθον, ἀπῆλθον; V. 18: ἀνῆλθον) eine Ortsveränderung Pauli.

Es wird keine nähere Einzelheit ausgemalt. Wie er dorthin kam, verschweigt er. Aus dem nachfolgenden V. 22 (die Gemeinden in Judäa hörten: der uns einst verfolgte, verkündigt nun den Glauben, den er einst zerstörte [44]) können wir (sozusagen gegen die Intention Pauli in diesem Abschnitt) erschließen, daß er in dem syrisch-cilicischen Raume Mission trieb. Gleichwohl hat Paulus V. 22 nicht aus biographischen Gründen geschrieben [45], enthält V. 22 doch wie bereits V. 16f das Einst-jetzt-Schema [46], um die besondere Qualität des paulinischen Evangeliums, das nicht nach Menschenart ist, zu erweisen (an der Person und an der Beauftragung des Apostels zeigt sich die besondere Art des Evangeliums). Ferner liefert der Satz: μόνον δὲ ἀκούοντες ἦσαν zusammen mit ἤμην δὲ ἀγνοούμενος τῷ προσώπῳ ... ein weiteres Argument für die Entfernung Pauli von Jerusalem. Wenn er den Gemeinden Judäas dem Angesichte nach unbekannt ist und sie (deshalb) nur über ihn etwas *hören* können, dann kann es mit der örtlichen (und damit auch sachlichen!) Nähe Pauli zu den Aposteln in Jerusalem *nie* weit hergewesen sein!

Zurück zu V. 21: Formgeschichtliche Gesetze schrieben dem Narratio-Teil der apologetischen Rede vor, nur alle mit dem jetzigen Fall in unmittelbarem Zusammenhang stehenden Personen, Örtlichkeiten und Begebenheiten zu nennen. Die Behauptung der Gegner lautete auf Abhängigkeit des paulinischen Evangeliums von Jerusalem. Auf dieses Streitthema beschränkt Paulus seine Berichte über von ihm unternommene Reisen: Abgesehen von Reisen *von* Jerusalem *weg* oder *nach* Jerusalem *hin* (die jeweils mit einer Jahresangabe verbunden werden) erwähnt Paulus keine [47] Ortsverände-

---

[44] Ich glaube gegen Burchard, Zeuge, S. 50 A 37, nicht, daß ἡμᾶς in Gal 1,23 auf judäische Christen zu beziehen ist und damit eine Verfolgungstätigkeit Pauli in Jerusalem belegt werden kann, wie Burchard will; mit K. Löning, Die Saulustradition in der Apostelgeschichte, NTA NF 9, Münster 1973, S. 52; vgl. auch G. Strecker, Befreiung und Rechtfertigung, in: J. Friedrich − W. Pöhlmann − P. Stuhlmacher (edd.), Rechtfertigung (FS E. Käsemann), Göttingen−Tübingen 1976, S. 479−508, S. 482f A 10.

[45] En passant ist anzumerken, daß Paulus offenbar nie von selbst auf seine eigene Person zu sprechen kommt, es sei denn, er ist durch gegnerische Anwürfe dazu gezwungen (vgl. besonders 2Kor 11f). − Eine bemerkenswerte Ausnahme macht freilich Phil 1! Eine andere Frage ist es, ob nicht recht bald Personaltraditionen in den paulinischen Gemeinden umliefen (vgl. unsere Nachweise derselben in Gal 1f, S. 91ff).

[46] Zu diesem Schema vgl. P. Tachau, „Einst" und „Jetzt" im Neuen Testament, FRLANT 105, Göttingen 1972.

[47] „Syrien und Cilicien" wird von Paulus an dieser Stelle als Einheit aufgefaßt, wie das gemeinsame Bezugswort zeigt; vgl. m.R. J. B. Lightfoot, Saint Paul's Epistle to the Galatians, London = New York [10]1890, S. 85: „The words τὰ

rungen [47a]. — Die Schilderung des Konfliktes in Antiochien ist ein Spezialfall (s.S. 101ff), aber auch hier sind Jerusalemer Größen präsent.

Ist zugestanden, daß alle Zeit-, Orts- und Personenangaben in Gal 1f in direkter Verbindung zu ‚Jerusalem' stehen, so ist einmal durchzuspielen, an welchem Ort der Narratio ein Bericht über eine vorausgesetzte Tätigkeit in Mazedonien vor dem Konvent einen Platz gehabt hätte: Die Nachricht von der Reaktion der judäischen Christen auf die Evangeliumsverkündigung Pauli hat allein nach V. 21 einen sinnvollen Ort, da die Kunde: „der uns einst verfolgte, verkündigt nun den Glauben . . .“, ein Zitat darstellt und Redende die Christen aus dem syrisch-cilicischen Raume sind, die einst von Paulus verfolgt wurden. Hätte somit der Bericht einer Reise nach Mazedonien nach V. 21 aus logischen Gründen keinen Platz, so erst recht nicht nach V. 24 (wo er chronologisch hinpaßte). Dies würde nämlich die Verselbständigung eines biographischen Details bedeuten, was gegen das formgeschichtliche Gesetz der brevitas verstieße und gegen die auch aus Gal 1,13ff zu erhebende Regel, alles auszulassen, was nicht direkt mit ‚Jerusalem' in Verbindung steht. Die zuweilen ausgesprochene Ansicht, Paulus hätte sich in seiner Argumentation Gal 1 nie die Erwähnung einer Mission in Mazedonien, falls er dort gewesen wäre, entgehen lassen, hätte doch auch sie seine Unabhängigkeit von ‚Jerusalem' besonders unterstrichen, berücksichtigt zu wenig die oben aufgewiesene Argumentationsstruktur Pauli und den formgeschichtlichen Aspekt. Ferner bedeutet eine noch größere räumliche Entfernung für sich noch längst keine Unabhängigkeit Pauli von Jerusalem, wohl aber wird diese in den Augen der Gegner und der Gemeinde wahrscheinlicher,

κλίματα seem to show that ‚Syria and Cilicia' are here mentioned under one general expression, and not as two distinct districts". Die Wiederholung des Artikels vor Κιλικίας (beachte aber auch die v.l.) braucht dem nicht zu widersprechen (vgl. auch G. B. Winer, A Treatise on the Grammar of New Testament Greek [translated from the German with large additions and full indices by W. F. Moulton], Edinburgh ⁹1882, S. 159—163, bes. S. 159f; F. Blaß — A. Debrunner, Grammatik des neutestamentlichen Griechisch, bearbeitet von F. Rehkopf, Göttingen ¹⁴1976, § 276.2, S. 226). Paulus „will hier garnicht seine Reiseroute angeben“ (F. Sieffert, Der Brief an die Galater, MeyerK 7. Abt. 9. Aufl., Göttingen ⁴1899, S. 72). Die obige sprachliche Beobachtung wird durch den historischen Befund bestätigt, daß zu Lebzeiten des Paulus Syrien und Cilicien (campestris) eine römische Provinz bildeten (s.o. S. 35 mit A 47). Vgl. dazu noch E. M. B. Green, Syria and Cilicia — A Note, in: ET 71. 1959/60, S. 52—53. Der westliche Teil Ciliciens wurde der Provinz Galatien zugerechnet; vgl. A. H. M. Jones, The Cities of the Eastern Roman Provinces, Oxford 1971, S. 213.439. Die obige Erklärung setzt voraus, daß Paulus sich in geographischen Fragen auch der römischen Provinznamen bediente. Das dürfte mit Blick auf 1Kor 16,19; 2Kor 1,8 u.ö. (anders Gal 1,2) nicht zu bestreiten sein. Die Frage bedarf gleichwohl weiterer Klärung. Weder will mir die Annahme von Ramsay, Studies, passim, einleuchten, Paulus gebrauche immer die Provinzbezeichnungen, noch die Suhls (Paulus, S. 28 A 3 u.ö.), der Apostel benutze ausschließlich die Landschaftsnamen.

[47a] Auch die Stationenfolge ‚Arabia-Damaskus' widerspricht dem Obigen nicht, da dem Satz: „ich kehrte wieder nach Damaskus zurück“ unausgesprochen die Negation zugrundeliegt: „ich ging auch diesmal nicht nach Jerusalem“.

wenn Paulus 14 Jahre nicht dort war. *Dieses* Argument hat Paulus sich nicht entgehen lassen!

Aber auch nicht formgeschichtlich orientierte Arbeiten sind zum Ergebnis gelangt, daß Pauli Ortsangaben „Syrien und Cilicien" nicht den gesamten Tätigkeitsbereich des Apostels zwischen erstem und zweitem Jerusalembesuch angeben (wollen). Davon „kann keine Rede sein, daß Gal. 1,21 sagt, er habe sich während der 14 Jahre *nur* in Syrien und Cilicien aufgehalten. Der Satz bezeichnet nur die Anfangsrichtung seines damaligen Wirkens"[48]. Geht es Paulus in erster Linie um den Nachweis, *nicht*[49] in Jerusalem gewesen zu sein, so nicht in gleicher Weise darum, die Orte seiner Wirksamkeit oder die Art seines Tuns zu umschreiben[50].

---

[48] J. Weiß, Das Urchristentum (ed. R. Knopf), Göttingen 1917, S. 149. Weiß schließt jedoch ebd. Hellas als Missionsfeld nach dem 1. Jerusalembesuch ohne Angabe von Gründen aus. Vgl. ferner Knox, Chapters, S. 59; Ramsey, Place, S. 171f; Betz, Gal, S. 84: „Paul does not reveal how long he stayed in Syria and Cilicia".

[49] Vgl. M. Dibelius – W. G. Kümmel, Paulus, SG 1160, Berlin ⁴1970, S. 54, zu Gal 1,21: „Bei dieser sehr allgemeinen Angabe liegt aller Nachdruck auf der Negation: er war nicht in Jerusalem". Im folgenden werden dann aufgrund der Angaben in Apg 13f die Reisewege Pauli zwischen 1. und 2. Jerusalemreise aufgefüllt.

[50] Die Lage ist schief gezeichnet, wenn Munck, Paulus, S. 93 und A 35 von einem Alibicharakter der paulinischen Aussagen spricht, geht es bei einem Alibi doch darum, den positiven Nachweis eines Aufenthaltes an bestimmten Orten zu erbringen, während Paulus betonen will: Ich bin nicht in Jerusalem gewesen; unrichtig auch D. R. Catchpole, Paul, James, and the Apostolic Decree, in: NTS 23. 1977, S. 428–444, der meint, Paulus wolle sagen, „where he was when he was not" in Jerusalem (S. 438). Vgl. J. Weiß, Urchristentum, der trefflich bemerkt, daß Gal 1,21 „nur den negativen Zweck hat, zu zeigen, daß er sich aus der Einfluß-Sphäre der Urapostel weit entfernt hat" (S. 148). Demgegenüber vertritt H. Kasting (Die Anfänge der urchristlichen Mission, BEvTh 55, München 1969) wie viele andere vor und nach ihm die These, aus Gal 1,21 gehe hervor, daß Paulus 13 Jahre in Syrien und Cilicien sich aufgehalten habe. Er schreibt: „Nach dem Selbstzeugnis von Gal 1 hat er (sc. Paulus) bis zum Apostelkonzil keine ausgedehnten Reisen unternommen" (S. 106). Abgesehen davon, daß Kasting mit dem lukanischen Schema der drei Missionsreisen operiert (S. 106f), ist einzuwenden, daß Kasting ein argumentum e silentio gebraucht. Paulus sagt nicht, wo er die 13 Jahre verbracht hat. Im übrigen kann man sogar anders herum argumentieren: Falls die galatischen Gemeinden vor dem Konvent und nach der Mission in Cilicien gegründet wurden, konnte es sich Paulus ersparen, weitere Stationen seiner Tätigkeit anzugeben, da diese in seinen Gemeinden bekannt waren; vgl. dazu auch Ramsey, Place, S. 174. Freilich ist dieser Schluß ebensowenig auf der alleinigen Basis von Gal 1,21 möglich wie der weit verbreitete Kastings, Paulus habe 13 Jahre in Syrien und Cilicien gearbeitet. Andererseits gibt es aber mehrere Gründe für die Existenz von galatischen Gemeinden vor dem Konvent.

So darf als Ergebnis dieses Abschnitts festgehalten werden, daß Gal 1,21 keine Handhabe dazu bietet, eine Aussage über Pauli Aufenthalt zwischen erster und zweiter Jerusalemreise zu machen. Fest steht lediglich, daß er nach einem zweiwöchigen Jerusalemaufenthalt in die Gegenden von Syrien und Cilicien ging und erst 14 Jahre danach zum zweiten Mal nach Jerusalem zog. Doch von welchem Zeitpunkt an sind die 14 Jahre zu rechnen? Diese Frage behandelt der nächste Abschnitt.

2.1.3.2 Zum Bezugspunkt der Jahresangaben Gal 1,18; 2,1

Die Forschung geht in der Bestimmung des Bezugspunktes der Jahresangabe Gal 1,18 von einem einstimmigen Konsens aus: Wenn Paulus dort sagt: ἔπειτα μετὰ τρία ἔτη ἀνῆλθον, so rechne er die drei Jahre von der V. 15 geschilderten Bekehrung an [51]. Bei der Beurteilung der Zeitangabe in Gal 2,1 bewegt man sich *ausschließlich* zwischen der Alternative, die 14 Jahre von der Bekehrung an zu rechnen oder vom ersten Jerusalembesuch. Der letzte mir bekannte Vertreter der ersteren Auffassung ist A. Suhl [52]. Er betont m.R., daß es „Paulus im Kontext um den Nachweis seiner Selbständigkeit gegenüber Jerusalem" (S. 47) geht. Diese „Zielrichtung der Argumentation (sc. legt) es nahe, daß Paulus Gal 2,1, wenn er zwei verschiedene Zeitangaben für die Datierung zur Auswahl (sic) hatte, die größere bevorzugen mußte; das war aber die, welche sich auf das Datum der Bekehrung, nicht aber auf den ersten Besuch in Jerusalem bezog" (ebd.). Ferner meint Suhl einen *sprachlichen* Hinweis für seine These, die 14 Jahre seien von der Bekehrung an zu rechnen, anführen zu dürfen: „Das dreimalige ἔπειτα 1,18.21; 2,1 gewinnt seine zeitliche Bestimmtheit erst durch die Angaben μετὰ τρία ἔτη, ἐπέμεινα πρὸς αὐτὸν ἡμέρας δεκαπέντε 1,18 sowie διὰ δεκατεσσάρων ἐτῶν 2,1. In 1,18 bezieht Paulus sich mit μετά auf die zuletzt genannte Zeitangabe V. 15. Heißt es nun demgegenüber 2,1 διά, so legt das nahe, daß damit der ganze seit der Berufung verstrichene Zeitraum gemeint ist, in dem sich an dem Verhältnis des Paulus zu Jerusalem nichts geändert hat" (ebd).

---

[51] Da nach antiker Zählweise das angebrochene Jahr mitgezählt wurde, dürfte man strenggenommen nur x + 1 + y Jahre zählen (bzw. auf die Angabe ‚nach 14 Jahren' angewendet: x + 12 + y Jahre). Diese Differenzierung bleibt im folgenden bei der oftmaligen Nennung von drei und 14 Jahren unberücksichtigt. Ihr wird in der Zusammenfassung natürlich Rechnung getragen. Wir berechnen dann zwei bzw. 13 Jahre. Vgl. u. S. 197 mit A 100.
[52] Suhl, Paulus. Nachweis der Seiten oben im Text.

Zum sprachlichen Hinweis: Suhls These gründet einmal darauf, daß Paulus in 2,1 ‚dia‘ statt ‚meta‘ gebraucht. Doch betont ‚dia‘ stärker als ‚meta‘ den Verlauf und die Dauer der Zeit, die Zeitspanne, während der Paulus nicht mehr in Jerusalem war[53]. Ein sachlicher Unterschied liegt nicht vor. Deshalb kann Suhl sich unmöglich zum Beweis seiner These auf den Wechsel der Präpositonen stützen! Zum anderen: Suhl behauptet, daß das dreimalige ‚epeita‘ seine zeitliche Bedeutung erst durch die Zeitangaben gewinne. Doch ist in 1,18 ‚epeita‘ nicht an die Zeitangabe „zwei Wochen" in demselben Vers gebunden. Paulus nennt die kurze Dauer seines Jerusalemaufenthaltes, um seine Unabhängigkeit von Jerusalem herauszustreichen. Die zeitliche Bestimmtheit von ‚epeita‘ braucht nicht erst durch Zeitangaben herausgestellt zu werden. ‚epeita‘ hat bereits als Adverb eine zeitliche Bestimmung, indem es an das Vorhergehende anschließend das Folgende einleitet (so auch in 1Kor 15,5ff u.ö. mit zeitlichem Sinn)[54].

Aus der Widerlegung der sprachlichen Gründe Suhls ergibt sich auch eine Zurückweisung seines ersten Arguments, daß Paulus, wenn er zwei Zahlenangaben zur Verfügung hatte, in diesem Kontext die größere bevorzugen würde. Diese Behauptung basiert auf einer unzutreffenden Unterscheidung von ‚dia‘ und ‚meta‘. Übrigens: wieso hatte Paulus zwei Zahlen zur „Auswahl"?

Ferner scheint Suhls Exegese von der auch von den meisten anderen Forschern geteilten Voraussetzung geleitet zu sein, daß „bei der hier beabsichtigten chronologischen Genauigkeit"[55] eine zeitliche Fixierung möglich ist. Hätte sich Paulus dann nicht klarer ausgedrückt? War überhaupt bei der Paulus leitenden Absicht, seine Unabhängigkeit von Jerusalem unter Beweis zu stellen, eine chronologische Genauigkeit bis ins letzte Detail notwendig? Vielmehr ist bei dieser Absicht die Zeitangabe ‚14 Jahre‘ neben der Aussage, (nach nur zweiwöchigem Aufenthalt) weg von Jerusalem nach Syrien und Cilicien gegangen zu sein, ein selbständiges, wiederum die Distanz zu Jerusalem betonendes Argument (s.o. S. 77) und ihr Bezug von dem der Partikel ‚epeita‘ abhängig (dazu s. gleich).

Die andere wohl überwiegende Gruppe von Forschern rechnet die ‚14 Jahre‘ vom ersten Jerusalembesuch an, sofern die Entscheidung

---

[53] Wurde ‚dia‘ durch die 14 (statt drei) Jahre veranlaßt?
[54] So auch Jewett, Chronology, S. 52f.
[55] H. Lietzmann, An die Galater, HNT 10, Tübingen 41971, z.St.

nicht offen gelassen wird. Lightfoot, Schlier, Bonnard[56] bemerken, daß in 2,1 der Ausdruck πάλιν ἀνέβη zeige, daß ‚14 Jahre' vom ersten Besuch an zu rechnen seien. Ist dieser Vorschlag grammatikalisch möglich, so fragt man demgegenüber, ob die Zahlenangabe in 2,1, weil sie wie die in 1,18 mit ἔπειτα verknüpft ist, nicht auch wie in 1,18 von dem Ereignis an zu rechnen ist, an das ἔπειτα anknüpft. Damit ist zu einem neuen Vorschlag der Berechnung und des Bezugs der Jahreszahlen in Gal 1f übergeleitet: Bewegte sich die Forschung bei der Beurteilung der ‚14 Jahre' in Gal 2,1 in der soeben dargestellten Alternative, sie entweder von der Bekehrung oder dem ersten Jerusalembesuch an zu berechnen, so gilt es, eine dritte Möglichkeit aufzuzeigen, die m.E. vor den beiden anderen den Vorzug verdient.

Es fällt auf, daß Paulus in Gal 1,18—2,1 dreimal die Partikel ‚epeita' verwendet. Sieht man einmal von 1Kor 12,28 ab, so gebraucht der Apostel sie sonst immer in zeitlichem Sinne (vgl. 1Kor 15,5.6.7.23. 46; 1Thess 4,17). Sie knüpft an das unmittelbar Vorhergehende an und leitet zum Folgenden über. Legt man diese Verwendungsart auch in Gal 1,18 zugrunde, so schließt ‚epeita' an die Rückkehr nach Damaskus an und die Zeitangabe „drei Jahre" ist von der Rückkehr nach Damaskus an zu rechnen[57]. Paulus macht über die Dauer seines Aufenthaltes in Arabia im Lichte dieses Vorschlags *keine* Angabe.

Daß unsere Interpretation auf der richtigen Spur ist, dafür ist die allseits anerkannte Interpretation von ‚epeita' in V. 21 ein Indiz. Denn niemand käme auf den Gedanken ‚epeita' auf die V. 15 erwähnte Bekehrung zu beziehen. Vielmehr schließt es eindeutig an den abgeschlossenen 1. Besuch in Jerusalem an.

Analoges gilt für die Interpretation von 2,1: ‚epeita' grenzt den erneuten Gang nach Jerusalem gegen das Vorhergehende ab, so daß es nahe liegt, mit J. Weiß die mit ‚epeita' verbundene Jahresangabe vom Vorhergehenden an zu zählen[58]. Nur ist das unmittelbar Vor-

---

[56] Lightfoot, Gal, z.St; H. Schlier, Der Brief an die Galater, MeyerK 7. Abt. 13. Aufl., Göttingen ⁴1965, z.St.; P. Bonnard, L'Épitre de Saint Paul aux Galates, in: CNT 9, Paris ²1972, S. 5—132, z.St.
[57] Vgl. Ramsey, Place, S. 165, der diesen Vorschlag dann aber ohne Gründe ablehnt; zur Möglichkeit der obigen These vgl. auch Orr — Walther, 1Cor, S. 7, und Betz, Gal, S. 76 A 191.
[58] Weiß, Urchristentum, S. 148 A 1: „durch das ‚danach' (ἔπειτα) ist Gal 2,1 so energisch gegen das unmittelbar Vorhergehende abgesetzt, so daß es näher liegt, die Jahre von dem zuletzt erwähnten Ereignis an zu zählen".

hergehende nicht, wie auch Weiß meint, der erste Jerusalembesuch, sondern die Reise in die Provinz Syrien und Cilicien[58a].

Aufgrund unserer Darlegungen ergibt sich folgendes Schaubild:

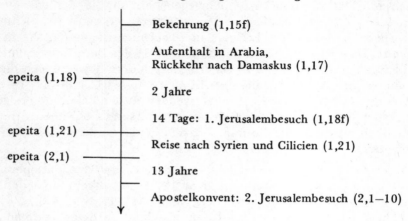

epeita (1,18)

Bekehrung (1,15f)

Aufenthalt in Arabia, Rückkehr nach Damaskus (1,17)

2 Jahre

14 Tage: 1. Jerusalembesuch (1,18f)

epeita (1,21)

Reise nach Syrien und Cilicien (1,21)

epeita (2,1)

13 Jahre

Apostelkonvent: 2. Jerusalembesuch (2,1—10)

2.1.3.3 Inhalt und Anlaß des Apostelkonventes

Bei der Frage nach Inhalt und Anlaß des Konventes ist es sinnvoll, von der Stelle in Pauli Eigenbericht auszugehen, an der er sich auf eine Abmachung mit den Jerusalemer Aposteln beruft. Gelingt es, hier alte Tradition herauszuschälen, so können wir sie als feste Ausgangsbasis für die Frage nach dem Anlaß des Konventes benutzen. Andererseits müssen wir im Falle eines Scheiterns dieses Ansatzes auch bereit sein, unsere Fragestellung vom Textbefund her korrigieren zu lassen.

2.1.3.3.1 Redaktion und Tradition in Gal 2,7f

Die Rekonstruktion der Abmachung auf dem Konvent oder eines Teiles derselben muß von der Beobachtung ausgehen, daß in Gal 2,7.8 Paulus abweichend von seiner sonstigen Regel, die sich auch im unmittelbaren Kontext von Gal 2,7f niedergeschlagen hat (V. 9.11, vorher 1,18), den Herrenjünger Simon nicht Kephas, sondern Petrus nennt.

Diese Ausnahme verlangt eine Erklärung. Wir benutzen sie als Ausgangspunkt für die Annahme, daß Paulus in unseren Versen das Je-

---

[58a] Auch Betz, Gal, S. 83, hält Gal 1,21 für den Bezugspunkt des ‚epeita‘ von Gal 2,1. Er fährt fort: „This connexion, to be sure, increases the difficulty of using the 14 years for an establishment of a Pauline chronology" (S. 83f).

rusalemer Abkommen wiedergibt. Der Text lautet: πεπίστευμαι τὸ εὐαγγέλιον τῆς ἀκροβυστίας καθὼς Πέτρος τῆς περιτομῆς, ὁ γὰρ ἐνεργήσας Πέτρῳ εἰς ἀποστολὴν τῆς περιτομῆς ἐνήργησεν καὶ ἐμοὶ εἰς τὰ ἔθνη. Da die 1. Pers. sing. in einer schriftlichen Abmachung undenkbar ist, würde — die Richtigkeit der obigen Annahme einmal vorausgesetzt — πεπίστευμαι durch Παῦλος πεπίστευται und ἐμοί durch Παύλῳ zu ersetzen sein.

Zur Einzelanalyse:

V. 7: πεπίστευμαι mit acc.: Dieser Ausdruck ist für Paulus bezeugt (vgl. 1Thess 2,4: πιστευθῆναι τὸ εὐαγγέλιον; 1Kor 9,17: οἰκονομίαν πεπίστευμαι; Röm 3,2: ἐπιστεύθησαν τὰ λόγια τοῦ θεοῦ). Er erscheint aber auch in der nachpaulinischen Tradition (1Tim 1,11; Tit 1,3) und sonst im urchristlichen (Ign Magn 6,1, Phld 9,1; Diognetbrief 7,1) und hell.-jüd. Schrifttum (Josephus, Bell I 667). Dieser Befund legt nicht zwingend paulinische Redaktorentätigkeit nahe[59], und der methodische Einwand gegen einen solchen vorschnellen Schluß hat recht, daß im Zusammenhang von Gal 2 „bei der Erörterung terminologischer Fragen von vornherein in Rechnung zu stellen (sc. ist), daß Paulus an der Fixierung des Verhandlungsergebnisses gewiß keinen geringeren Anteil hatte als am Verlauf der Verhandlungen selbst"[60]. Andererseits kann der Befund zu πεπίστευμαι nicht ohne weiteres den traditionellen Charakter von V. 7 begründen.

εὐαγγέλιον τῆς ἀκροβυστίας/τῆς περιτομῆς: Ein Blick in die Konkordanz zeigt, daß beide Begriffe in dieser Zusammensetzung keine Parallele im paulinischen Schrifttum haben. Deutet dieser Befund auf vorpaulinischen Ursprung hin[61], so ist man diesem Schluß mit folgenden Argumenten entgegengetreten: 1. „ἀκροβυστία — περιτομή gibt es mit wenigen Ausnahmen nur im paulinischen und durch Paulus bestimmten Schrifttum als geprägtes Gegensatzpaar"[62]. „Für das Abstraktum ἡ περιτομή = die Juden fehlen m.W. außerchristliche

---

[59] So U. Wilckens, Der Ursprung der Überlieferung der Erscheinungen des Auferstandenen, in: W. Joest — W. Pannenberg (edd.), Dogma und Denkstrukturen (FS E. Schlink), Göttingen 1963, S. 56—95, S. 72 A 41.

[60] G. Klein, Galater 2,6—9 und die Geschichte der Jerusalemer Urgemeinde, in: ZThK 57. 1960, S. 275—295 = in: ders., Rekonstruktion und Interpretation, BEvTh 50, München 1969, S. 99—128 (mit Nachtrag S. 118—128), S. 118f.

[61] E. Dinkler, Der Brief an die Galater. Zum Kommentar von H. Schlier, in: VuF [7.] 1953/55, S. 175—183 = in: ders., Signum Crucis, Tübingen 1967, S. 270—282, S. 282.

[62] Wilckens, Ursprung, S. 73 A 41.

Belege vollkommen. Für ἡ ἀκροβυστία = Heidentum sind sie ganz spärlich"[63].

2. Der Versuch, die beiden Wendungen ins Aram./Hebr. zurückzuübersetzen, führt dazu, einen absoluten Gebrauch von הבשורה für die Jerusalemer Gemeinde vorauszusetzen, der für sie nicht verifiziert werden kann[64].

Zur Kritik dieser Einwände: Ad 2: Dieses Argument schließt — methodisch fragwürdig — aus, daß Paulus (und Barnabas) irgendeinen Anteil an der Fixierung des Ergebnisses gehabt hätten, und blendet von der Möglichkeit eines Kompromisses, der sich in sprachlich monströsen Formulierungen niederschlagen kann, von vornherein ab.

Ad 1: Die Bezeichnung περιτομή = Jude findet sich im NT, wie Apg 10,45; 11,2 zeigen (vgl. Eph 2,11; Kol 3,11; 4,11; Tit 1,10), auch außerhalb des paulinischen Schrifttums. Das gleiche gilt für ἀκροβυστία = Heide: vgl. Apg 11,3. Deshalb ist ein Schluß aufgrund der Vokabelstatistik auf paulinischen Ursprung nicht zwingend. Der Bemerkung Wilckens', daß sich das Gegensatzpaar περιτομή — ἀκροβυστία mit wenigen Ausnahmen nur bei Paulus finde, ist entgegenzustellen, daß die Passagen, wo das Paar wie in Gal 2,7f auf den völkischen Gegensatz Jude — Heide geht, 1Kor 7,19; Gal 5,6; 6,15; Röm 3,30; 4,9 (Röm 2,25ff liegt übertragener Gebrauch vor!), sämtlich *Traditionen* reflektieren, die ihren ‚Sitz im Leben' in der Taufe haben:

Für Gal 6,15: οὔτε γὰρ περιτομή τί ἐστιν οὔτε ἀκροβυστία, ἀλλὰ καινὴ κτίσις, legt sich dieser Schluß aus dem Begriff ‚neue Schöpfung' nahe, der dem Begriffsgegensatz gegenübergestellt wird. Die bisherige Einteilung und Trennung der Menschen in Juden und Heiden hat angesichts des Christusgeschehens ihre Geltung verloren, vgl. 2Kor 5,17: wenn einer *in Christus* ist, ist er eine *neue* Schöpfung. Das ‚In-Christus-Sein' zieht die neue Schöpfung nach sich. Die neue Schöpfung ist also christologisch begründet, so daß wir Aussagen, die — ähnlich wie die obige aus Gal 6,15 — die Zugehörigkeit zu Personen- oder Völkergruppen vom Christusgeschehen her relativieren, als Parallelen unserer Stelle werten und sie für die nähere exegetische Beurteilung derselben (etwa hinsichtlich des Sitzes im Leben) heranziehen dürfen. Eine Parallele liegt vor in 1Kor 12,13: πάντες εἰς ἓν σῶμα ἐβαπτίσθημεν, εἴτε Ἰουδαῖοι εἴτε Ἕλληνες, εἴτε δοῦλοι εἴτε ἐλεύθεροι. Hier folgt die Relativierung der versch. Gruppen aus der in der Taufe begründeten Zugehörigkeit zu Christus. Eine weitere Parallele erscheint in Gal 3,26ff: [26]Πάντες γὰρ υἱοὶ θεοῦ ἐστε διὰ τῆς πίστεως ἐν Χριστῷ Ἰησοῦ. [27]ὅσοι γὰρ εἰς Χριστὸν ἐβαπτίσθητε, Χριστὸν ἐνεδύσασθε. [28]οὐκ ἔνι Ἰουδαῖος οὐδὲ Ἕλλην, οὐκ ἔνι δοῦλος οὐδὲ ἐλεύθερος, οὐκ ἔνι ἄρσεν καὶ

---

[63] P. Stuhlmacher, Das paulinische Evangelium I, FRLANT 95, Göttingen 1968, S. 95.
[64] Stuhlmacher, Evangelium, S. 96.

88

ϑῆλυ · πάντες γὰρ ὑμεῖς εἷς ἐστε ἐν Χριστῷ Ἰησοῦ. Hier kommt gegenüber der letzten Stelle noch das Paar ‚männlich-weiblich' hinzu, das Paulus wohl nicht zufällig im 1Kor ausgelassen hatte (wohl angesichts des enthusiastischen Mißverständnisses des Überspringens des Faktischen, was sich auch in Emanzipationsbestrebungen niederschlug und eine Aussage wie 1Kor 14,33ff[65] veranlaßte). Dürften diese beiden in der Aussagestruktur mit Gal 6,15 identischen Stellen dem Interpreten gestatten, auch für Gal 6,15 die Taufe als Sitz im Leben zu postulieren, so lehrt weiter eine Beobachtung zu Gal 3,26ff, daß derselbe Schluß auch für den zweiten fraglichen Text notwendig ist, Gal 5,6: ἐν γὰρ Χριστῷ Ἰησοῦ οὔτε περιτομή τι ἰσχύει οὔτε ἀκροβυστία, ἀλλὰ πίστις δι᾽ ἀγάπης ἐνεργουμένη. In Gal 3,26ff hatte Paulus die von ihm aufgenommene Tradition durch den Zusatz ‚dia pisteōs' erweitert[66] und damit seiner Rechtfertigungstheologie nutzbar gemacht. Die Pistis gehört demnach für Paulus mit der in der Taufe statthabenden Eingliederung ‚in Christus' unmittelbar zusammen. Daher kann in Gal 5,6 diese Pistis als Aufhebung des bisherigen Gegensatzes zwischen Juden und Heiden aufgefaßt werden. Geht diese Gegenüberstellung Pistis — Beschneidung/Unbeschnittenheit auch zweifelsohne auf Paulus zurück, so doch nicht die auch Gal 5,6 sichtbare, auf die Taufsituation zurückgehende Antithese περιτομή — ἀκροβυστία 1Kor 7,19: ἡ περιτομὴ οὐδέν ἐστιν, καὶ ἡ ἀκροβυστία οὐδέν ἐστιν, ἀλλὰ τήρησις ἐντολῶν θεοῦ. Hier wird dem (bisherigen) Gegensatz ‚Beschnittenheit — Unbeschnittenheit' die Beachtung der Gebote Gottes gegenübergestellt. Wir dürfen darauf verweisen, daß in der letzten erörterten Stelle die Pistis, die in der Agape wirksam wird, mit dem obigen Gegensatzpaar kontrastiert wurde. Von dieser Beobachtung ausgehend haben wir das Recht, im Duktus des paulinischen Denkens die Agape bzw. das Halten der Gebote Gottes eng mit der Pistis zu verknüpfen, und zwar als menschliche Tat in Reaktion auf die in der Taufe übereignete Gnade. Damit gehört nicht nur die Pistis, sondern auch das Halten der Gebote Gottes ganz auf die Seite des neuen Seins und relativiert grundsätzlich den Stand, in dem der Christ sich jeweils befindet (1Kor 7,20). Insofern reflektiert die in 1Kor 7,19 ähnlich wie in Gal 5,6 von Paulus zugespitzte Antithese Juden/Heiden — Halten der Gebote Gottes (Gal 5,6: Glaube, der in der Liebe wirksam wird) die Taufsituation und ist eine Abwandlung des dort ausgesprochenen (neuen) Gegensatzes Juden/Heiden — neue Schöpfung/in Christus.

Röm 4,9ff nimmt das bereits Röm 3,30 genannte Paar nur auf und hat keine selbständige Bedeutung. Zur Erörterung steht daher nur noch an Röm 3,30: εἷς ὁ θεὸς ὃς δικαιώσει περιτομὴν ἐκ πίστεως καὶ ἀκροβυστίαν διὰ τῆς πίστεως. „Der Stil von V 30 klingt feierlich und dem Bekenntnis gemäß" (Michel[67]). Das Relativum ὅς, der parallele Aufbau und sonstiger formelhafter Gebrauch der εἷς θεός-Prädikation durch Paulus (1Kor 8,6) führen zum Schluß, daß eine Formel vorliegt, die durch die Zusetzung von ‚ek pisteōs' und ‚dia pisteōs' sowie die Ersetzung des Präsens bzw. des Aorist durch das Futur (ob nun logisch oder nicht)

---

[65] Mit G. Strecker, Handlungsorientierter Glaube, Stuttgart—Berlin 1972, S. 21, ist 1Kor 14, 33b—35 (36) vielleicht doch ursprünglicher Bestandteil des 1Kor.

[66] Vgl. den Nachweis durch H. D. Betz, Geist, Freiheit und Gesetz, in: ZThK 71. 1974, S. 78—93, S. 83.

[67] O. Michel, Der Brief an die Römer, MeyerK 4. Abt. 13. Aufl., Göttingen ⁴1966, z.St.

durch Paulus korrigiert wurde. Die erschlossene Formel hatte die Aussage zum Inhalt, daß in der Taufe Gott Juden und Heiden rechtfertigt, und entspringt ebenso einer präsentischen Eschatologie wie die vorher analysierten Formeln.

Kann aufgrund des obigen Nachweises der festen traditionsgeschichtlichen Bindung des Gegensatzpaares ἀκροβυστία — περιτομή an präsentisch-enthusiastische Tauftraditionen[68] die Behauptung Wilckens' als nicht beweiskräftig angesehen werden, es gehe auf Paulus selbst zurück, so ist als weiteres Argument zugunsten des traditionellen Charakters der Ausdrücke εὐαγγέλιον τῆς περιτομῆς und εὐαγγέλιον τῆς ἀκροβυστίας anzuführen, daß die Aufteilung des Evangeliums in zwei Arten sonstigem paulinischem Sprachgebrauch stracks zuwiderläuft[69].

Steht somit ziemlich wahrscheinlich fest, daß V. 7 Bestandteil einer Tradition ist, so ist damit noch nicht bejaht, daß Paulus hier aus einem auf der Konferenz angefertigten Protokoll zitiert. Dagegen spricht in der Tat einiges: 1. die 1. Pers. sg., die so sicher nicht im Protokoll gestanden haben kann[70], 2. πιστευθῆναι mit acc. ist auch gut paulinisch, 3. die Reihenfolge Paulus — Petrus geht so sicher nicht auf einen Protokolltext zurück! Fazit zu V. 7: Er enthält Tradition, wenn auch nicht ein Jerusalemer Protokoll!

V. 8: ὁ γὰρ ἐνεργήσας Πέτρῳ εἰς ἀποστολὴν τῆς περιτομῆς ἐνήργησεν καὶ ἐμοὶ εἰς τὰ ἔθνη. — ἐνεργεῖν: Dieses Wort plus Derivate ist nach Wilckens[71] ein typischer paulinischer Wortstamm. Das ist überzogen, da sich ἐνεργεῖν z.B. auch Mk 6,14 und Barn 2,1 findet. Die Konstruktion plus dat. comm. liegt nur hier im NT vor.

Πέτρος: dazu s.o. S. 86.

ἀποστολή steht außerpaulinisch Apg 1,25 (neben διακονία), paulinisch 1Kor 9,2; Röm 1,5.

ἔθνη ist gut paulinisch (s. Konk.), aber auch im übrigen NT und Judentum terminus technicus für die Nicht-Juden.

---

[68] Zu den im Text analysierten Formeln vgl. noch M. Bouttier, Complexio Oppositorum, in: NTS 23. 1977, S. 1—19; D. Lührmann, Wo man nicht mehr Sklave oder Freier ist, in: WuD NF 13. 1975, S. 53—83, S. 60ff; R. Gayer, Die Stellung des Sklaven in den paulinischen Gemeinden und bei Paulus, EHS.T 78, Bern—Frankfurt 1976.
[69] Vgl. Stuhlmacher, Evangelium, S. 96: „Für Paulus gibt es (...) nur das eine, ihm von Gott eröffnete und auferlegte Evangelium" (bei St. gesperrt).
[70] Daher hat der Einwand Wilckens' ein gewisses Recht, daß „die Formulierung von Gal 2,7f. (...) ganz und gar durch die (nicht ablösbare) 1. Ps. sing. (des Paulus!) bestimmt" sei (Ursprung, S. 72 A 41).
[71] Wilckens, Ursprung, S. 72 A 41.

Fazit zu V. 8: Die Zurückführung des V. 8 auf das Stück eines Protokolls ist ebensowenig zwingend wie die Annahme durchgängiger paulinischer Redaktion.

Dieser Befund zwingt uns, die eingangs gemachte Voraussetzung, daß Paulus in Gal 2,7f eine auf dem Konvent getroffene Abmachung zitiere, aufzugeben und andere Lösungsmöglichkeiten zu suchen, die dem oben beschriebenen Textphänomen von Gal 2,7f gerecht werden.

Es fällt auf, daß Gal 2,7f bisher unter der Alternative diskutiert wurde, ob der Text auf ein Protokoll zurückgeht oder paulinische Paraphrase eines nicht mehr zu rekonstruierenden Beschlusses ist. D.h. aber auch: beide Parteien machen *eine* Voraussetzung, daß nämlich Gal 2,7f mit dem Konvent in direkter Beziehung stehe. Diese gemeinsame Voraussetzung wird m.E. an den Text herangetragen und ist Schuld an der in einer Sackgasse endenden alternativen Frage: Protokollnotiz oder paulinische Übermalung? M.E. ist die gemeinsame Voraussetzung falsch und hat bisher eine befriedigende Antwort verhindert. Wir versuchen im folgenden nachzuweisen, daß die in Gal 2,7f enthaltene Tradition in Wahrheit in die Zeit vor dem Apostelkonvent zurückgeht. (Mit diesem Nachweis ist zugleich begründet, daß V. 9 sich auf eine auf dem Konvent getroffene Absprache zurückbezieht).

2.1.3.3.2 Gal 2,7f als Bestandteil einer paulinischen Personaltradition[72] vor dem Konvent

Die exegetischen Möglichkeiten zur Einordnung von Gal 2,7f sind auch nach der Scheidung von Redaktion und Tradition noch nicht erschöpft. Denn ein schlechterdings entscheidendes Argument gegen die These, daß V. 7f auf eine Abmachung auf dem Jerusalemer Kon-

---

[72] Ein Nebenresultat der nachfolgenden Analyse ist, daß viel stärker als bisher auch schon in frühester Zeit mit Personaltradition(en) gerechnet werden muß, die an Führungsgestalten des Urchristentums haftete(n). Insofern kann ich den programmatischen Thesen von J. Jervell (Zur Frage der Traditionsgrundlage der Apostelgeschichte, in: StTh 16. 1962, S. 25—41; engl. Fassung: The Problem of Traditions in Acts, in: ders., Luke and the people of God, Minneapolis 1972, S. 19—39) voll zustimmen und möchte nachdrücklich auf sie hinweisen. Trotzdem ergibt sich aus dem obigen Befund noch nicht ohne weiteres die Möglichkeit, die Traditionen in der Apg exakt abzugrenzen, womit Jervell, Frage, S. 41, offenbar (gegen Dibelius) rechnet; vgl. zu dem obigen Aufsatz Jervells auch Burchard, Zeuge, S. 20. — Ich habe oben den Begriff ‚Personaltradition' deskriptiv gebraucht. Es wäre wünschenswert, ihn formgeschichtlich zu vertiefen — auch unter Hinziehung nichtchristlicher Personaltraditionen.

vent zurückgeht, ist leider noch nicht genügend berücksichtigt worden[73]. V. 9 spricht davon, daß die Säulen Jakobus, Kephas, Johannes Paulus und Barnabas die Rechte der Gemeinschaft reichten mit der Einigung, daß sie zu den Juden, Paulus und Barnabas aber zu den Heiden gingen. Die hier vorausgesetzte Situation ist offenbar eine andere als in V. 7f. Denn in V. 9 ist

1. von einer Gegenüberstellung Petrus – Paulus keine Rede mehr,
2. gebraucht Paulus wieder den Namen Kephas,
3. werden Paulus und Barnabas zusammen genannt,
4. steht Jakobus an erster Stelle[74].

Damit hat ein Vergleich von V. 7f und V. 9 zur Feststellung einer Spannung der Aussagen und zum Schluß geführt, daß V. 7f nicht auf Abmachungen auf dem Konvent in Jerusalem zurückgehen kann!

Da aber, wie oben gezeigt wurde, V. 7f Tradition — wenngleich mit paulinischen Sprachelementen durchsetzt — reflektiert, verfolgen wir

---

[73] Vgl. aber G. Strecker, Das Evangelium Jesu Christi, in: ders. (ed.), Jesus Christus in Historie und Theologie (FS H. Conzelmann), Tübingen 1975, S. 503–548, S. 526f (Lit.). Neuerdings hat H.-M. Schenke die Spannung zwischen V. 7f und V. 9 so zu beseitigen versucht, daß er V. 7–8 als Glosse ausscheidet (Das Weiterwirken des Paulus und die Pflege seines Erbes durch die Paulus-Schule, in: NTS 21. 1975, S. 505–518, S. 517; vgl. Schenke-Fischer, Einleitung, S. 79f; zur Kritik dieser bereits von E. Barnikol vertretenen These vgl. Strecker, Evangelium, S. 526f A 102).

[74] Ich glaube, daß Klein, Galater, darin grundsätzlich recht hat, daß aus dieser Reihenfolge und ihrer Spannung zu V. 7 ein Machtwechsel in der Urgemeinde zu erschließen sei bzw. „V. 7f. und V. 9 die Jerusalemer Autoritätsverhältnisse zu jeweils verschiedener Zeit widerspiegeln" (Klein, Verleugnung, S. 81). Nur ist m.E. der Machtwechsel bereits vor dem Konvent erfolgt und war auf dem Konvent bereits eine Tatsache (so auch O. Cullmann, Petrus. Jünger-Apostel-Märtyrer, Stuttgart–Zürich ²1960, S. 42f). Kleins Deutung auf einen Machtwechsel zwischen Konvent und Abfassungszeit des Gal hat auch mit der Schwierigkeit zu kämpfen, daß dieser sich innerhalb einer relativ kurzen Zeit ereignet haben muß (etwa 2 Jahre). Ferner ist Kleins Deutung von ἦσαν m.E. nicht zwingend: Nach Klein ist „δοκοῦντες (...) auf die Gegenwart zu beziehen (‚die heute in Geltung Stehenden'), und der in der Parenthese mit dem ἦσαν deutlich angelegte imperfektische Bezug zielt auf die Einflußverhältnisse zur Zeit des Konzils" (Galater, S. 112f). Dagegen: 1. ἦσαν geht auf eine „attractio temporis" zurück und kann präsentisch übersetzt werden (vgl. E. Schwyzer, Griechische Grammatik II. Syntax und syntaktische Stilistik [ed. A. Debrunner], HAW II.1.2, München ²1959, S. 279). Das Imperfekt ist durch den Bericht bedingt, der Vergangenes behandelt (vgl. Mußner, Gal, z.St.). 2. ποτε darf nicht mit „einst" übersetzt werden (vgl. Bl-Debr¹⁴, § 303.2, S. 251) und kann daher das im Sinne Kleins betont imperfektische Verständnis von ἦσαν, daß es nämlich auf die Machtverhältnisse während des Konventes ziele, nicht stützen. Zur Kritik an Kleins obiger These vgl. noch Schmithals, Paulus, S. 69 A 1; Kasting, Anfänge, S. 78 A 78.

anschließend die Frage, ob dieselbe chronologisch einzuordnen ist. Eine Hilfe zu ihrer Näherbestimmung gibt uns dabei der Anfang von V. 7: sie *sahen*, „daß ich mit dem Evangelium der Unbeschnittenheit, Petrus mit dem der Beschneidung betraut (worden) ist", zeigt dieser Vers doch, daß die für V. 7 erschlossene Tradition auf der Konferenz vorausgesetzt wird und also ihre Entstehung *vor* dem Konvent anzusetzen ist. Die in der Tradition enthaltene Nachricht über die Heidenmission Pauli (Evangelium der Unbeschnittenheit!) findet eine Parallele in Gal 2,2: Paulus geht nach Jerusalem, um das Evangelium vorzulegen, das er unter den Heiden verkündigt. Diese Heidenmission Pauli wird auf dem Konvent ($i\delta\acute{o}v\tau\epsilon\varsigma$) vorausgesetzt und anerkannt (V. 7), und Paulus nennt im gleichen Atemzuge Petrus als den, der die Pauli Heidenmission entsprechende Judenmission betreibt. Dieser Sachverhalt, daß Paulus bis in die Gegenwart des Konventes hinein (Perf. $\pi\epsilon\pi\acute{\iota}\sigma\tau\epsilon\nu\mu\alpha\iota$) das Evangelium unter den Heiden anvertraut ist, ist der Grund dafür, daß die drei Säulen Paulus (und Barnabas) die Rechte der Einigung geben.

Nun enthält V. 7f aber nicht nur eine Aussage über die Gegenwärtigkeit des Betrautseins Pauli mit der Heidenmission, sondern der Apostel fügt in V. 8 eine Parenthese im Aorist ein, die denselben Inhalt wie V. 7 hat. Aus der Zeitform des Aorist geht hervor, daß das Betrautsein Pauli und Petri mit der Heiden- bzw. Judenmission zu einem bestimmten, wohl länger zurückliegenden Zeitpunkt vor dem Apostelkonvent erfolgte. Ferner kann aus der Partikel $\gamma\acute{\alpha}\rho$ in dem Satz $\acute{o}$ $\gamma\grave{\alpha}\rho$ $\acute{\epsilon}\nu\epsilon\rho\gamma\acute{\eta}\sigma\alpha\varsigma$ ... erschlossen werden, daß Paulus wie schon in 1,13 eine Bekanntschaft der Galater mit einer seine Person betreffenden Tradition voraussetzen darf und sogar die Parenthese einfügt, um an dieses Wissen zu erinnern. Wir dürfen vorsichtig schließen, daß dieses Einzelelement einer paulinischen Personaltradition, die in den *griechischsprachigen* paulinischen Gemeinden (das allein erklärt die griechische Namensform $\Pi\acute{\epsilon}\tau\rho o\varsigma$) umlief, seine Wurzeln hat in dem ersten Besuch Pauli in Jerusalem, den Paulus unternommen hatte, um Kephas kennenzulernen. Schon damals mag eine Abmachung zwischen Petrus und Paulus getroffen worden sein, die in direkter Verbindung mit der in Gal 2,7 erhaltenen, in den paulinischen Gemeinden umlaufenden Personaltradition Pauli stand. Daß die in ihr Ausdruck findende Gleichstellung Petri und Pauli nicht historisch ist, sondern sich wohl den Paulusanhängern bzw. Paulus selbst verdankt, versteht sich von selbst.

Daß außer dem persönlichen Kontakt auch eine Regelung im obigen Sinne bei dem ersten Jerusalembesuch Pauli zur Sprache kommen konnte, sollte nicht bezweifelt werden. W. D. Davies bemerkte einmal witzig im Anschluß an ein

Wort von C. H. Dodd: „Certainly Paul und Peter did not spend their time ‚talking about the weather'"[75].

Aus den soeben angestellten Erwägungen ergibt sich auch ein deutliches Argument für ein ausgeprägtes apostolisches Sendungsbewußtsein Pauli vor dem Konvent, was der These von Paulus als dem Juniorpartner des Barnabas nicht günstig ist (Barnabas erscheint gar nicht in der alten Tradition Gal 2,7!). *Ferner:* Wenn Paulus parenthetisch an eine auch in der galatischen Gemeinde bekannte Personaltradition aus der Zeit *vor* dem Konvent anspielt, ergibt sich ein Indiz für die Gründung der galatischen Gemeinden vor dem Konvent. Denn es ist unwahrscheinlich, daß nach dem Konvent noch Traditionen aus der Zeit vor ihm verbreitet wurden, um so weniger, als die Tradition ‚Paulus — Petrus' durch Erweiterung des Personenkreises ‚Paulus/Barnabas — Jakobus/Petrus/Johannes' modifiziert wurde[76].

Ein weiteres Argument für die Gründung der Gemeinde vor dem Konvent ergibt sich aus Gal 2,5: Paulus habe den falschen Brüdern nicht nachgegeben, damit die Wahrheit des Evangeliums διαμείνῃ πρὸς ὑμᾶς. Man hat das ‚damit' (ἵνα) als einen idealen Zweck einleitend aufgefaßt (Lietzmann, Gal, z.St., Bonnard, Gal-Nachtrag, z.St.). Es ist aber einfacher, so zu deuten, daß die galatischen Gemeinden schon vor dem Konvent bestanden haben, auch wenn das aus dem ἵνα „nicht mit zwingender Notwendigkeit" hervorgeht[77]. Zu τὸ πρότερον Gal 4,13 vgl. S. 124ff.

Mit der Gegenüberstellung der Personaltradition und der Abmachung auf dem Konvent haben wir bereits die nun zu erörternde Frage nach dem Anlaß und dem Ergebnis des Konventes berührt. Sie ist zu behandeln auf der Grundlage der in Gal 2,9 erhaltenen Regelung des Konventes.

2.1.3.3.3 Der Anlaß und das Ergebnis des Apostelkonventes erklärt auf der Grundlage der auf den Konvent zurückgehenden Tradition Gal 2,9

Wir dürfen als sicher voraussetzen, daß Paulus vor dem Konvent Heidenmission getrieben hat, ohne die neuen Christen der Beschneidungs-

[75] The Setting of the Sermon on the Mount, Cambridge ²1966, S. 454.
[76] Die Ansicht, daß *Paulus* mit Gal 2,7b—8 versuche, das Einst der Abmachung des Konvents (V. 9) neu zu deuten (so E. Haenchen, Petrus-Probleme, in: NTS 7. 1960/61, S. 187—197 = in: ders., Gott und Mensch, Tübingen 1965, S. 55—67, S. 62), scheidet deswegen aus, weil Paulus sonst nie die Namensform Πέτρος gebraucht und es ferner ein seltsamer Anachronismus wäre, wenn Paulus diese Neudeutung als *Grund* der Einigung mit den Säulen anführte (vgl. V. 7: als sie sahen, daß ich mit dem Evangelium der Unbeschnittenheit betraut bin wie Petrus mit dem der Unbeschnittenheit [...], V. 9 [...] gaben sie mir [...] die Rechte der Einigung). Zu V. 7f vgl. oben S. 86ff.
[77] W. Bousset, Der Brief an die Galater, in: SNT 2.1, Göttingen 1907, S. 25—63, S. 37. Richtig Ramsey, Place, S. 173.

forderung zu unterwerfen. Das wird eindeutig durch die Mitnahme des Heidenchristen Titus nach Jerusalem belegt und die emphatische Aussage, dieser sei auf dem Konvent nicht zur Beschneidung gezwungen worden (was selbstverständlich voraussetzt, daß Paulus die Heidenchristen seiner Gemeinden nicht beschneiden ließ).

Der Konvent bestätigt das Recht der gesetzesfreien Heidenmission Pauli, wie es besonders in dem Satz zum Ausdruck kommt: ἐμοὶ γὰρ οἱ δοκοῦντες οὐδὲν προσανέθεντο (V. 6). Diese Freiheit der Heidenchristen vom Gesetz war auf dem Konvent nicht unumkämpft, berichtet Paulus doch, daß er den Falschbrüdern nicht nachgegeben habe, damit die Wahrheit des Evangeliums (= die Freiheit vom Gesetz) den zu dem damaligen Zeitpunkt bereits existierenden galatischen Gemeinden erhalten bliebe (V. 4f).

Am Rande sei erwähnt, daß manche Forscher[78] im Anschluß an die Lesart von D*, Ir[lat], Tert, Ambst, Pelag zu Gal 2,5, οἷς πρὸς ὥραν εἴξαμεν, meinen, Paulus habe Titus in Jerusalem beschneiden lassen. Die nachträgliche Erregung über dieses Zugeständnis habe sich auch im konfusen Satzbau niedergeschlagen. *Dagegen:* Dann hätte Paulus den Galatern in der Narratio ein herrliches Beispiel seiner Abhängigkeit von Jerusalem gegeben. Zum Problem vgl. B. W. Bacon, The Reading οἷς οὐδέ in Gal. 2,5, in: JBL 42. 1923, S. 69—80; C. K. Barrett, Titus, in: E. E. Ellis — M. Wilcox (edd.), Neotestamentica et Semitica (FS M. Black), Edinburgh 1969, S. 1—14.

Warum gebraucht Paulus das verbum compositum προσανατίθημι[79] und stellt ἐμοί so betont voran?

Setzt dieser Befund nicht eine Tradition über die Beschlüsse des Konvents voraus, die von einer zusätzlichen Auflage für das paulinische Evangelium wußte und die Paulus durch den obigen Satz bestreitet? So hat D. Georgi vorgeschlagen: „Man übersetzt (um dem πρός-gerecht zu werden) (...): ‚Mir haben die Angesehenen *nichts Zusätzliches* auferlegt‘, und versteht das als eine Anspielung auf das sogenannte Aposteldekret (Act. 15,24—29). Dann will Paulus hier sagen: eine besondere Auflage, die das einst in Jerusalem Verhandelte und Beschlossene ergänzt, existiert zwar, doch ist sie erst später und ohne meine Zustimmung entstanden"[80].

---

[78] So wieder Gunther, Paul, S. 51f.

[79] Zum Verb vgl. E. W. Burton, A Critical and Exegetical Commentary on the Epistle to the Galatians, ICC, Edinburgh 1921 (mehrere Nachdrucke), S. 89—91.

[80] D. Georgi, Die Geschichte der Kollekte des Paulus für Jerusalem, ThF 38, Hamburg 1965, S. 19f; so auch A. Strobel, Das Aposteldekret in Galatien, in: NTS 20. 1973/74, S. 177—190, S. 184f. Strobel meint, daß es wegen des Dekrets zu den galatischen Wirren gekommen sei (dagegen: es ging doch um die

Ich meine, daß Paulus in der Tat an dieser Stelle eine dem Apostel-dekret ähnliche Regelung im Sinne hat, glaube aber, daß sie mit dem Apostelkonvent in *direkter* Beziehung steht, und halte eine Begründung dieser These auf der alleinigen Basis der in Gal 2,9 enthaltenen Regelung: ἡμεῖς εἰς τὰ ἔϑνη – αὐτοὶ εἰς τὴν περιτομήν für möglich!

Mit der in Gal 2,9 aufbewahrten Absprache wird die Weltmission in zwei Bereiche aufgeteilt, in einen der Juden und in einen der Heiden. Es geht also nicht um eine Aufteilung der Missionsgebiete im geographischen Sinn, so daß die Jerusalemer in Palästina und Paulus und Barnabas in der übrigen Welt zu missionieren hätten[81], sondern um eine Aufteilung nach ethnographischen[82] Gesichtspunkten[83]. Gegen diese These kann nicht eingewandt werden, daß Paulus dann die Möglichkeit verloren hätte, Zugang zu den für das Christentum am besten vorbereiteten Heiden, den Gottesfürchtigen[84], zu bekommen, denn diese waren keine Volljuden und zählten nach paulinischem und jüdischem Verständnis zu den ἔϑνη[85]. Der Befund in den erhaltenen Paulusbriefen ist ernstzunehmen, daß der Apostel an keiner Stelle von Juden*mission* durch seine Person spricht[86].

H. Conzelmann – A. Lindemann haben m.R. beobachtet, daß das bisherige (d.h. vor dem Konvent) übliche komplikationslose Zusammenleben von Heiden- und Judenchristen in derselben Gemeinde durch den Konventsbeschluß, so wie er in Gal 2,9 wiedergegeben

---

Beschneidung!), und spekuliert, daß Paulus später seine anfängliche Ablehnung des Dekrets revidiert habe (a.a.O., S. 189).

[81] Richtig Stuhlmacher, Evangelium, S. 99, mit Beispielen für diese unzutreffende Interpretation.

[82] Mit W. Schmithals, Paulus und Jakobus, FRLANT 85, Göttingen 1963, S. 36; Cullmann, Petrus, S. 49ff; Betz, Gal, S. 100. Stuhlmacher, Evangelium, lehnt diese Interpretation ab und spricht lieber davon, daß „die missionierende Welt unter eschatologischen Gesichtspunkten in Sendungssph''ren" (S. 99) eingeteilt wurde. Läuft das nicht auf dasselbe hinaus?

[83] C. Andresen, Geschichte des Christentums I: Von den Anfängen bis zur Hochscholastik, ThW 6, Stuttgart–Berlin–Köln–Mainz 1975, S. 1, spricht schön von einer „missionarische(n) Flurbereinigung".

[84] Zu den Gottesfürchtigen vgl. Kasting, Anfänge, S. 22ff, und F. Siegert, Gottesfürchtige und Sympathisanten, in: JSJ 4. 1973, S. 109–164.

[85] Vgl. K. G. Kuhn – H. Stegemann, Art. Proselyten, in: PW Suppl. IX, Stuttgart 1962, Sp. 1248–1283, Sp. 1282,27ff. Die kritische Forschung ist sich darüber einig, daß die stereotype Anknüpfung Pauli bei den Juden in den Berichten der Apg lukanisches Schema ist und in dieser Ausschließlichkeit jedenfalls nichts mit der paulinischen Missionsmethode gemein hat.

[86] Wir haben keinen an Judenchristen gerichteten Brief Pauli, weil er sich von Beginn an zu den Heiden gesandt wußte. Dieser Tatbestand erschwert ja auch die genauere Bestimmung seines Ortes im Judentum.

wird, zum Problem gemacht worden ist [87]: Vor dem Apostelkonvent war das Zusammenleben von Juden- und Heidenchristen in den von den Hellenisten gegründeten Gemeinden ohne weiteres möglich und üblich [88].

Die im problemlosen Zusammenleben und in der Mahlgemeinschaft dieser Gemeinden zum Ausdruck kommende theologische Haltung — sie war wohl als konkrete Verwirklichung der eschatologischen Einheit von Juden und Heiden als des neuen Gottesvolkes primär ekklesiologisch bestimmt — setzt eine kritische Stellung zum Gesetz voraus (obgleich wir über die Stufe der Reflektiertheit nichts wissen). „Das praktische Problem der Mission und das theologische schürzten sich, und beide waren identisch"[89].

Vergleicht man eine solche Lage mit der auf dem Konvent intendierten Aufteilung, so erscheint die Abmachung „wir zu den Heiden, ihr zu den Juden" deutlich als Restriktion und als Zurücknahme der Verwirklichung der Einheit des Gottesvolkes. „Ja, man kann geradezu annehmen, daß dieses Zusammenleben überhaupt erst durch den Jerusalemer Beschluß zu einem Problem geworden war: Waren Juden und Heiden bisher anscheinend ohne Komplikationen Mitglieder derselben Gemeinde gewesen, so konnten jetzt die Judenchristen auf das strenge Halten des Gesetzes verpflichtet werden"[90]. Dahinter stand dann die Forderung nach einer Trennung von Juden- und Heidenchristen in derselben Gemeinde. Weil „das Problem des unmittelbaren Zusammenlebens von Juden und Heiden in einer christlichen Gemeinde durch den Beschluß des Konzils über die Aufteilung der Missionsbereiche und über die gesetzesfreie Heidenmission eben *nicht* gelöst worden war"[91], wird oft angenommen, daß das Apg 15,24ff erwähnte Aposteldekret in der Folgezeit in gemischten Gemeinden entstanden sei, um jene offengelassene Lücke auszufüllen bzw. jene durch den Konventsbeschluß hervorgerufene Problemsituation zu

---

[87] H. Conzelmann — A. Lindemann, Arbeitsbuch zum Neuen Testament, UTB 52, Tübingen ³1977, S. 413. Ähnlich spricht Betz, Gal, zutreffend davon, daß „the agreement also meant the sacrifice of the unity of the church" (S. 82, vgl. S. 100f).
[88] Vgl. M. Dibelius, Formgeschichte: „die Grenze zwischen Heiden und Juden (sc. war) in diesen Gemeinden infolge der Aufnahme von Proselyten und Gottesfürchtigen überhaupt nicht unüberschreitbar" (S. 28); Conzelmann—Lindemann, Arbeitsbuch, S. 413.
[89] H. Conzelmann, Geschichte des Urchristentums, GNT 5, Göttingen ³1976, S. 68.
[90] Conzelmann—Lindemann, Arbeitsbuch, S. 413.
[91] Ebd.

lösen[92]. Es ist m.E. aber undenkbar, daß auf dem Konvent ein derartig fundamentales Problem der gemischten Gemeinden übergangen wurde, um so weniger, als doch gerade in gemischten Gemeinden, die bisher das problemlose Miteinander von Juden- und Heidenchristen kannten, jener den Apostelkonvent veranlassende Gesetzeskonflikt ausgebrochen sein dürfte und der Beschluß des Konventes, wie er bei Paulus erhalten ist (Gal 2,9), sich wie ein Rückgängigmachen der Gemeindeverhältnisse in gemischten Gemeinden vor dem Konvent liest. Will man den Vertretern der gemischten Gemeinden bzw. ihrem Vertreter Barnabas nicht völlige Realitätsferne unterstellen, so ist man aus den oben genannten *inneren* Gründen gezwungen, ein dem Aposteldekret ähnliches Dokument als Gesetzesauflage für gemischte Gemeinden für den Apostelkonvent vorauszusetzen. Ermöglichte doch allein eine solche Regelung nach dem Aufleben des Gesetzeskonfliktes und angesichts der Aufteilung der Missionsgebiete ein Festhalten an der Einheit der Gemeinde!

Wenn Paulus daher sagt, ihm sei nichts Zusätzliches auferlegt worden, bezieht er sich auf das Dekret, das hinfort in gemischten Gemeinden Geltung hatte und offensichtlich Barnabas als Vertreter der antiochenischen Gemeinde auferlegt wurde, nicht jedoch ihm

---

[92] Vgl. E. Hirsch, Petrus und Paulus, in: ZNW 29. 1930, S. 63—76, S. 65; ähnlich F. Hahn, Das Verständnis der Mission im Neuen Testament, WMANT 13, Neukirchen—Vluyn 1963, S. 70ff; vgl. ferner die bei Haenchen, Apg, S. 452, genannten Vertreter dieser These und zuletzt Catchpole, Paul, S. 442. Haenchen, ebd., warnt m.R. vor vorschneller Kombinierung des Dekretes von Apg 15,24ff mit der Gal 2,11ff berichteten Szene. Zu beachten ist ja zusätzlich, daß die vier Forderungen des Dekretes nicht ausschließlich die Tischgemeinschaft zwischen Juden und Heiden betreffen, für die Extraklauseln über Schweinefleisch und Libationswein zu erwarten gewesen wären. Doch wird (gegen Haenchen) Lukas das Dekret samt Adresse (Antiochien, Syrien, Cilicien) einer Quelle verdanken, nicht der Heidenchristenheit seiner eigenen Gegenwart (a.a.O., S. 454), denn hier bestand das Problem der gemischten Gemeinden gar nicht mehr (Conzelmann, Apg, S. 93) und war das Dekret nicht mehr in Geltung.
In die Diskussion nach dem Verhältnis von Apg 15 und Gal 2 kann hier nicht eingetreten werden (s. die Komm.). Uns ging es um die Rekonstruktion des Ablaufs des Konvents auf der *alleinigen* Grundlage der Primärquelle. Ich meine allerdings gezeigt zu haben, daß aus *inneren* Gründen der Konvent für gemischte Gemeinden eine dem Aposteldekret ähnliche, das Zusammenleben zwischen Heiden- und Judenchristen regelnde Formel beschlossen haben wird. Von dieser Einsicht her müßte eine nochmalige Analyse von Apg 15 vorgenommen werden. Das dort genannte Dekret wird trotz der obigen Vorbehalte in einer traditionsgeschichtlichen Beziehung zu dem auf dem Konvent beschlossenen stehen. In Jerusalem waren übrigens keine Speisevorschriften nötig, da ohnehin nichts Verbotenes auf den Tisch kam.

selbst, da seine Gemeinden wie auch die galatischen (primär) heidenchristlich waren.

Trotz dieser Anordnung des Dekretes für die *gemischte* Gemeinde Antiochiens[93] behält nun freilich die Gegenüberstellung „wir zu den Heiden — sie zu den Juden" Sinn, da die Heidenmission der paulinischen und antiochenischen Mission vorbehalten war. Sie ist sozusagen die für die paulinischen Gemeinden gültige Fassung des Konventsbeschlusses und wird für die Gemeinde Antiochiens eine dem Aposteldekret vergleichbare, das Zusammenleben von Juden- und Heidenchristen regelnde Extraklausel gehabt haben.

Wenn Lukas in Apg 15 antiochenischen Traditionen über den Konvent verpflichtet ist, nimmt es überhaupt nicht wunder, daß als Hauptbestandteil der Einigung das Aposteldekret erscheint, betraf doch diese Regelung primär die gemischte antiochenische Gemeinde. Wenn Paulus in Gal 2 das Aposteldekret nicht explizit erwähnt, ist es gleichfalls nicht erstaunlich, da er aus der Perspektive seines Missionswerkes formuliert, dem in der Tat keinerlei Auflagen gemacht worden sein dürften.

Aus dem Gesagten ergibt sich, daß es unwahrscheinlich ist, daß etwa primär die Beschneidungsforderung gegenüber den Heidenchristen unmittelbarer Anlaß des Konventes war[94]. Sie war wohl eher die *Folge* des in gemischten Ge-

---

[93] **Daß** die antiochenische Gemeinde dem gemischten Typ zugehört, ist eine Voraussetzung, mit der die obige Rekonstruktion steht und fällt. Diese Voraussetzung ist m.E. völlig sicher, da Gal 2,13 ortsansässige Judenchristen in Antiochien voraussetzt, die vor dem Kommen der Jakobusleute zusammen mit den Heidenchristen aßen; so richtig auch W. A. Meeks, Jews and Christians in Antioch in the First Four Centuries, in: G. MacRae (ed.), Society of Biblical Literature 1976 Seminar Papers, Missoula 1976, S. 33—65, S. 40; vgl. in demselben Sammelband auch den Beitrag von R. L. Wilken, The Jews of Antioch, S. 67—74. — Anders offenbar Betz, Gal, S. 104. 110 A 473.
[94] Das könnte Gal 2,4 nahelegen (vgl. J. Eckert, Die urchristliche Verkündigung im Streit zwischen Paulus und seinen Gegnern nach dem Galaterbrief, BU 6, Regensburg 1971, S. 185f). Doch kann Paulus hier im Blick auf die gegenwärtige Beschneidungsforderung der galatischen Gegner formuliert haben. Dafür, daß der Konflikt in gemischten Gemeinden aufkam, spricht auch die allg. Überlegung, daß, ebenso wie sich Juden nicht um die Moral der Heiden kümmerten, Judenchristen nicht über Gesetzesübertretungen der Heidenchristen besorgt waren. Vgl. auch A. Schwegler, Das nachapostolische Zeitalter in den Hauptmomenten seiner Entwicklung I, Tübingen 1846 (Nachdruck Graz 1977), S. 120f.
„Ihre schärfste Zuspitzung erfuhr die Situation aber erst dadurch, daß die Heidenmission keine *reine* Erscheinung war, d.h. daß überall neben den Heiden auch Juden gläubig wurden. Beide Teile bildeten *eine* Gemeinschaft" (Wrede, Paulus, S. 36f). Vgl. die Beschreibung der antiochenischen Gemeinde durch Weizsäcker, Zeitalter, S. 159: „Den Heiden war keinerlei Beobachtung des

meinden entstandenen Problems der Möglichkeit des weiteren Zusammenlebens von Heiden und Juden innerhalb derselben Gemeinde. War nämlich einmal dieses Zusammenleben problematisiert, so entstand auch die Frage einer Lösung des Konfliktes durch totale Übernahme des Gesetzes durch die Heidenchristen[95]. Daß manche Judenchristen dieses Problem derart zu lösen gedachten, geht aus der auf dem Konvent erhobenen Forderung hervor, Titus zu beschneiden (vgl. Apg 15,1.6.24). Innere Voraussetzung für eine solche Forderung war aber zunächst die bisher nicht erfolgte Problematisierung des komplikationslosen Zusammenlebens von Heiden- und Judenchristen in derselben Gemeinde, die den Anlaß des Konventes dargestellt haben wird.

Abgesehen von einer neuen[96] Sicht des Apostelkonventes hat dieser Abschnitt zu dem für die Chronologie nicht unwichtigen Ergebnis geführt, daß es selbst auf der Grundlage der in Gal 2,9 enthaltenen, auf einen Konventsbeschluß zurückgehenden Tradition möglich ist, eine von Antiochien unabhängige Mission Pauli vor dem Konvent zu erschließen. Denn allein der paulinischen Mission wurde nichts zum „Evangelium der Unbeschnittenheit" hinzugefügt, weil näm-

---

jüdischen Gesetzes auferlegt. Die Juden hielten sich deswegen ebenfalls nicht an die Speisegesetze, und beachteten nicht die zahlreichen Verunreinigungen, welchen sie dieser Umgang aussetzte".

[95] Vgl. Suhl, Paulus, S. 71: „den Heidenchristen blieb nur noch die Möglichkeit, sich beschneiden zu lassen, um die vorher praktizierte Tischgemeinschaft mit den Judenchristen wiederaufnehmen zu können". G. Dix, Jew and Greek, London [2]1955, S. 44, sieht dagegen in der Trennung der Juden- von den Heidenchristen (beim Abendmahl) die Absicht, die Beschneidung der letzteren zu vermeiden. „S. Peter and S. Barnabas and 'the other Jews' are trying to maintain the 'freedom of the Gospel' while avoiding its dangerous practical consequences for the Jewish-Christian Church" (ebd.).
Catchpole, Paul, meint, der Zwischenfall in Antiochien sei dadurch hervorgerufen worden, daß die Jakobusleute (Gal 2,12) das in der Apg genannte Aposteldekret überbracht hätten. Dagegen: Einerseits verfährt Catchpole einseitig historisierend (vgl. auch o. A 92), was in einer unzureichenden Methodologie bei der Verwendung der Apg gegenüber den Paulusbriefen begründet ist. Andererseits ist schwer verständlich, warum das Aposteldekret der Jakobusleute, welches die Einheit der Gemeinde bewahren sollte (Catchpole, Paul, S. 441), zu einer *unmittelbaren* Absonderung der einen Gruppe führte. Ferner: Die Adressaten des in der Apg genannten Dekrets sind Heidenchristen, die Jakobusleute wenden sich offensichtlich an Judenchristen. Catchpoles These ist nicht ganz neu. Den bei Catchpole, Paul, S. 442 A 3, genannten Forschern ist hinzuzufügen der Harnack-Schüler A. C. McGiffert, A History of Christianity in the Apostolic Age, New York [2]1914, S. 216.
[96] Natürlich ist gelegentlich der Versuch — auch von kritischer Seite — unternommen worden, das Aposteldekret auf den Konvent zurückzuführen (so H. Schlier, Der Brief an die Galater, MeyerK 7. Abt. 11. Aufl., Göttingen [2]1951, S. 42 A 4). Trotzdem verdient der obige Vorschlag die Bezeichnung „neu", weil er auf der alleinigen Grundlage des Gal — ohne Seitenblick auf die Apg — gewonnen wurde.

100

lich die paulinischen Gemeinden (wie etwa die galatischen) sich hauptsächlich aus Heidenchristen zusammensetzten und in ihnen bis zum Konvent das in den gemischten Gemeinden aufgetretene Problem nicht gegeben war. (Eine andere hier nicht zu erörternde Frage ist es, ob Paulus selbst in diesem Fall eine Art Aposteldekret für seine Gemeinden zugelassen hätte.)

2.1.3.3.4 Der Zwischenfall in Antiochien: Gal 2,11ff

Wir stellen im folgenden die Gründe zusammen, die für eine zeitliche Ansetzung des Zwischenfalls *vor* dem Apostelkonvent sprechen (die formgeschichtliche Möglichkeit war bereits oben aufgezeigt worden):

1. Die Forderungen der Gegner in Antiochien[97] und derjenigen, die den Konvent veranlaßt haben, sind ähnlich: Die Gegner auf dem Konvent fordern ein Sich-Zurückziehen der Judenchristen von den

---

[97] Gegen Suhl, Paulus, S. 72 u.ö. (so auch Dix, Jew, S. 43; Schmithals, Paulus, S. 72ff, u.a.) sind οἱ ἐκ περιτομῆς jedenfalls nicht ungläubige Juden; vgl. m.R. E. E. Ellis, ‚Those of the Circumcision‘ and the Early Christian Mission, in: F. L. Cross (ed.), StEv 4, TU 102, Berlin 1968, S. 390—399 = in: ders., Prophecy and Hermeneutic in Early Christianity, WUNT 18, Tübingen 1978, S. 116—128. Sie sind Jerusalemer Judenchristen (ebenso wie die Gal 2,13 genannten οἱ λοιποὶ Ἰουδαῖοι Judenchristen Antiochiens sind) und wahrscheinlich identisch mit den Jakobusleuten; vgl. Mußner, Gal, S. 141 (Lit.). — Suhls Erklärung des Zwischenfalls in Antiochien durch politische Faktoren ist zumindest einseitig. Im Text Gal 2,11ff verlautet nichts darüber, daß der Zwischenfall durch „Abgesandte der Jerusalemer Gemeinde (sc. veranlaßt wurde), die in einer gesetzesfreien, aus Juden- und Heidenchristen gemischten Gemeinde mit dem Hinweis auf mögliche Gefährdung durch die Juden die Beschneidungsforderung durchsetzten“ (Suhl, Paulus, S. 18). Spekulativ ist Suhls Datierung des Zwischenfalls „vor der Übersendung der Kollekte für das Sabbatjahr 47/48“ (a.a.O., S. 73) und seine weitere These, der Zwischenfall in Antiochien sei „inhaltlich als der Versuch zu werten (...), auch in Antiochien selbst Zustände herbeizuführen, welche eine Annahme dieser zweiten (sic!) Kollekte ohne erneute Gefährdung der Gemeinde in Jerusalem ermöglichen würden“ (a.a.O., S. 73f). Auch die spätere Geschichte des Judenchristentums läßt erkennen, daß hinter der Forderung der Gesetzesbeobachtung eine eigenständige theologische Haltung stand, die sich nicht einseitig durch politische Faktoren erklären läßt. Gegen Suhl muß m.E. der Zwischenfall in Antiochien mit verstärkten judenchristlichen Tendenzen in der Jerusalemer Urgemeinde in Zusammenhang gebracht werden. Sie sind vor allem bedingt durch die Führungsrolle, die der Herrenbruder Jakobus innehat (vgl. hierzu Band II), und werden somit (nach der hier vorgelegten Rekonstruktion) *vor* dem Konvent sichtbar. Suhls in diesem Zusammenhang und bei der Exegese von Gal 6,12 (a.a.O., S. 13ff) vorgeschlagenes Verständnis von διώκειν = verfolgen (unter Anwendung physischer Gewalt) ist m.E. abzulehnen; vgl. dazu die ausgewogene Diskussion von Hare, Theme, S. 60ff.

Heidenchristen, wie es sich indirekt aus der Regelung „wir zu den Heiden – ihr zu den Juden" erheben läßt. Dasselbe verlangen die Gegner in Antiochien auch, worauf sich Barnabas, Kephas und die übrigen Juden zurückziehen.

2. Das Phänomen der *komplikationslos* zusammenlebenden gemischten Gemeinde, wie es Gal 2,11ff zum Ausdruck kommt, ist wohl nur vor dem Konvent denkbar. Daher erscheint

3. eine Infragestellung der Tischgemeinschaft von Juden- und Heidenchristen wie in Gal 2,11ff in gemischten Gemeinden nach dem Konvent nicht mehr als möglich (weil diese nämlich durch eine dem Aposteldekret vergleichbare Klausel geregelt worden sein wird; s. obiges Ergebnis).

Man mag fragen, warum Paulus die chronologische Ordnung in der Narratio nicht eingehalten hat. Indem im folgenden eine Erklärung hierfür gegeben wird, ergibt sich gleichzeitig eine Absicherung der These von der zeitlichen Stellung des Zwischenfalls vor dem Konvent: Der Grund für die Plazierung des Berichtes über den Zwischenfall in Antiochien hinter den über den Apostelkonvent bestand darin, daß er die für die gegenwärtige Lage in Galatien so wichtige Unabhängigkeit des paulinischen Evangeliums und *Apostolats* demonstrieren konnte, denn nur hier hatte sich Paulus einer „Säule" Jerusalems ebenbürtig gezeigt und konnte sie sogar als schuldig ($\kappa\alpha\tau\epsilon\gamma\nu\omega\sigma$- $\mu\acute{\epsilon}\nu o\varsigma$) anklagen.

Im Grunde scheint die von Paulus mit Gal 2,11ff verknüpfte Aussage auf ein Unterlaufen des Kompromisses von Jerusalem hinauszulaufen, indem nämlich in der Folge des Briefes das im Sinne des Jerusalemer Beschlusses für die Judenchristen geltende Gesetz einer grundsätzlichen Kritik unterzogen wird[98].

Auf dem Konvent in Jerusalem wurde zwar das Recht der gesetzesfreien Heidenmission bestätigt, was Paulus mehrfach betont, um so seine galatischen Gegner mit ihrem Eindringen in heidenchristliche Gemeinden des Vertragsbruches zu bezichtigen. Also in diesem Punkte steht Paulus auf einer Grundlage der Jerusalemer Abmachung. Andererseits konnte Paulus für einen anderen Streitpunkt der gegenwärtigen Auseinandersetzung sich *nicht* auf Verlauf und Abmachung des Konventes beziehen, nämlich in der Frage der Anerkennung seines Apostolats[99]. Denn die auf den Konvent zurückgehende Tradition

---

[98] Hierüber s. ausführlich Band III; vgl. einstweilen Harnack, Untersuchungen, S. 28–47, bes. S. 39ff und S. 54 A 1.
[99] Zum Apostolat im Urchristentum vgl. zusammenfassend F. Hahn, Der Apostolat im Urchristentum, in: KuD 20. 1974, S. 54–77 (Lit.). In der Regel überspringen Exegeten viel zu schnell die Frage, ob der Apostolat Pauli in Jerusa-

Gal 2,9 spricht nur von der Heidenmission des Barnabas und des Paulus, was mitnichten die Zuerkennung des Aposteltitels impliziert. Dagegen enthält die paulinische Personaltradition V. 8 eine Aussage von der ἀποστολή Petri zu den Juden, nicht aber ausdrücklich eine von der ἀποστολή Pauli zu den Heiden. Zwar wird gelegentlich verkürzende Redeweise angenommen (Lietzmann, 1Kor, z.St., vgl. V. 7b und 9) und so die Anerkennung der (den Jerusalemern ebenbürtigen) Apostelwürde Pauli auf dem Konvent vorausgesetzt. Doch hätte sich Paulus im Zusammenhang der gegnerischen Behauptungen über seine Abhängigkeit von den Jerusalemer Aposteln wohl keine mit dem Konvent zusammenhängende Tradition entgehen lassen, die ihm von Jerusalemer Seite die Apostelwürde zugesteht [100]. Außerdem ist V. 8 überhaupt kein Bestandteil der Abmachungen des Konvents, denn wir hatten oben (S. 93) das Grundgerüst von V. 8 als Zitat einer in den paulinischen Gemeinden umlaufenden Personaltradition, die vor die Zeit des Konventes führt, bestimmen können. Gleichzeitig wurde gesagt, daß die hierin zum Ausdruck kommende Ebenbürtigkeit Petri und Pauli [101] nicht historisch (etwa im Sinne einer Absprache zwischen Petrus und Paulus, durch die der erstere Paulus die Ebenbürtigkeit zugesteht) sein kann, sondern sich der späteren Interpre-

---

lem zur Debatte stand. So dient meist der Hinweis auf Gal 2,9a (γνόντες τὴν χάριν τὴν δοθεῖσάν μοι) dazu, diese Frage zu bejahen (mehr noch: Pauli Apostolat sei in Jerusalem anerkannt worden), da auch sonst Paulus χάρις und ἀποστολή miteinander verbindet (vgl. Mußner, Gal, S. 118). Aber V. 9a ist von Paulus formuliert, und überhaupt ist zwischen Pauli Interpretation und dem, was in Jerusalem wirklich zugestanden wurde, zu unterscheiden. Offenbar hat dieser offengelassene Punkt des Apostolats Pauli die galatische und korinthische Opposition erst ermöglicht, muß Paulus doch in beiden Fällen sein Apostolat verteidigen (vgl. 1Kor 9,1; 15,8ff). „Paulus hat durch eine gewaltige Usurpation sich mit der legitimen Urgemeinde auf eine Linie gestellt: das hat niemand nach ihm gewagt, und an die Stelle des Auferstandenen tritt sehr bald der Geist" (E. Schwartz, Zur Chronologie des Paulus, in: NGG phil.-hist. Klasse 1907, S. 262—299 = in: ders., Gesammelte Schriften V, Berlin 1963, S. 124—169, S. 141).
Auch Betz, Gal, S. 98f, meint, daß der Apostolat des Paulus kein Thema des Konvents gewesen sei, und nennt diesen daher „Jerusalem conference." (Im obigen Text wurde nur aus Gründen der Konvention an der Bezeichnung „Apostelkonvent" festgehalten). Daß Paulus z.Zt. des 2. Jerusalembesuches „did not call himself 'apostle'" (Betz, a.a.O., S. 99 A 395; vgl. S. 82), kann ich nicht glauben (vgl. o. S. 23 A 14).
[100] Vgl. R. A. Lipsius, Briefe an die Galater, Römer, Philipper, HC II.2, Frei- 1891, S. 22.
[101] Die Voranstellung Petri in V. 8 ist durch chiastische Konstruktion bedingt. Zum Chiasmus bei Paulus vgl. J. Jeremias, Chiasmus in den Paulusbriefen, in: ZNW 49. 1958, S. 145—156 = in: ders., Abba, Göttingen 1966, S. 276—290.

tation Pauli oder seiner Gemeinden verdankt. Die eigentliche Frage ist nun, ob die Personaltradition die ἀποστολή für Petrus *und* Paulus aussagte oder ob sie dieses Prädikat noch gar nicht enthalten hat. (Die dritte Möglichkeit, daß sie so umlief, wie Paulus sie zitiert, scheidet aus, da — abgesehen von der 1. Pers. sg. — doch eine größere auch im Wortlaut sich bemerkbar machende Entsprechung zwischen dem Petrus- und Paulusteil der Tradition zu erwarten gewesen wäre.)

Mir ist wahrscheinlich, daß Paulus ἀποστολή in die Tradition einfügte, um so auf *indirekte* Weise seinen eigenen Anspruch auf diese Würde mit dem Jerusalemer Konvent zu verknüpfen (vgl. auch V. 9a und A 100).

Fazit: Aus der Einsicht heraus, daß die Vereinbarungen (und Nicht-Vereinbarungen!) auf dem Konvent Paulus nicht den letzten Rückhalt für die galatischen Auseinandersetzungen geben konnten, hat der Apostel in der Schilderung des Konventes und des Zwischenfalls in Antiochien ordine artificiorum nicht die chronologische Reihenfolge eingehalten.

Daß ὅτε δέ in 2,11 die Erzählung weiterführe (Oepke z.St.), ist nur ein alter exegetischer Zopf, der den Nichtgebrauch von ἔπειτα nicht erklären kann; zu ὅτε δέ vgl. aber 1,15!

Ist mit dieser Aufzählung von drei Punkten und den Überlegungen zur Plazierung des Berichts über den Zwischenfall in Antiochien hinter den über den Konvent wahrscheinlich gemacht, daß der Zwischenfall von Antiochien sich vor dem Konvent [102] ereignet hat [103], so kön-

---

[102] Prof. H. D. Betz (Brief vom 14.10.77) wendet ein: „Ich habe im Kommentar den mündlichen Charakter (‚Faustformel‘) von 2:9 betont. Die ‚Faustformel‘ regelt die Missionstätigkeit, nicht das Zusammenleben in gemischten Gemeinden, was ein anderes Problem darstellt. Ich würde doch beides streng auseinanderhalten". Natürlich ist beides nicht dasselbe. Ich frage mich nur, ob eine Missionsabsprache, die auch durch judaistische Einwände zustande gekommen ist, das Problem gemischter Gemeinden übergehen konnte; denn gerade hier lagen doch die Gefahren für Judenchristen. Die herkömmliche Exegese unterstellt den damaligen Verhandlungspartnern einen Stumpfsinn, so daß am Ende der Zwischenfall von Antiochien durch die Konferenzergebnisse sozusagen erst provoziert wurde.

[103] Diese These wurde in der Forschung hin und wieder vertreten; so von Zahn, Munck und zuletzt von H.-M. Féret, Pierre et Paul à Antioche et à Jérusalem, Paris 1955. Vgl. auch die bemerkenswert umsichtigen Überlegungen zur chronologischen Stellung des Zwischenfalls in Antiochien von J. Hainz, Ekklesia, BU 9, Regensburg 1972 (zu Gal 2,11ff: „Eine unhistorische Komposition wäre also gut denkbar", S. 121). — Zum Buch von Féret vgl. J. Dupont, Pierre et Paul à Antioche et à Jérusalem, in: RechSR 45. 1957, S. 42–60. 225–239 = in: ders., Études sur les actes des Apôtres, LeDiv 45, Paris 1967, S. 185–215 (Dupont nennt auf S. 187 weitere ältere Vertreter der Auffassung, daß Gal

nen wir abschließend zu erwägen geben, ob nicht überhaupt der Zwischenfall unmittelbarer Anlaß für Paulus, Barnabas, Petrus und ‚die von Jakobus' war, sich nach Jerusalem zu begeben. Obgleich sich eine sichere Aussage wegen des fragmentarischen Charakters der Quellen wohl nicht machen läßt, hat dieser Vorschlag m.E. aus formgeschichtlichen und inhaltlichen Gründen (s.o. S. 101f Punkt 1) eine nicht geringe Wahrscheinlichkeit [104].

2.1.3.3.5 Die Kollekte [105] für die Armen

In Gal 2,10 nennt Paulus eine (einzige: μόνον) Spezialklausel der in V. 9 beschriebenen Einigung über die Aufteilung der Missionsgebiete: μόνον τῶν πτωχῶν ἵνα μνημονεύωμεν ὃ ἐσπούδασα αὐτὸ τοῦτο ποιῆσαι. Der Armen zu gedenken, verpflichten [106] sich beide Verhandlungspartner der heidenchristlichen Seite, wie wohl aus der 1. Pers.

2,11ff sich auf die Zeit vor dem Konvent bezieht). Das Gespräch mit Dupont kann hier nicht geführt werden, da es zunächst darum geht, auf der alleinigen Grundlage der Briefe zu einer Chronologie zu gelangen.

[104] A. Lindemann, Paulus im ältesten Christentum. Das Bild des Apostels und die Rezeption der paulinischen Theologie in der frühchristlichen Literatur bis Marcion, BHTh 58, Tübingen 1979, hat sich inzwischen gegen die obige Versetzung des antiochenischen Zwischenfalls vor den Apostelkonvent ausgesprochen. Seine Gründe sind mir unverständlich. Nach Lindemann, a.a.O., S. 167 A 133, habe „die Szene von Apg 15,1f (...) den Anstoß zu diesem Konzil" gegeben, obgleich Lukas aus Gal 2,11ff die Szene herauskomponiert haben soll (a.a.O., S. 167f mit A 134). Ist aber Apg 15,1ff redaktionell, kann daraus doch kein Argument gegen den hier vorgelegten Vorschlag bezogen werden! Ähnlich wie Lindemann äußert sich über das Verhältnis von Gal 2,11ff zu Apg 15,1ff M. S. Enslin, Once Again, Luke and Paul, in: ZNW 61. 1970, S. 253−271, S. 263. Ich möchte hier betonen, daß ich zu dem obigen Ergebnis ohne Seitenblick auf die Apg gekommen bin und es (gegen Lindemann, a.a.O., S. 167f) auch für unwahrscheinlich halte, daß Lukas Gal 2 gekannt, geschweige denn benutzt hat! Anders als offenbar Lindemann (und in extremer Form: Enslin, Luke) voraussetzen, ist zu betonen, daß Lukas über wertvolles Traditionsmaterial verfügte, das ihm außerhalb der paulinischen Briefe zugeflossen sein wird (etwa auch Traditionen über Pauli letzten Jerusalemaufenthalt: zu Lindemann, a.a.O., S. 169f, der Apg 21,21 aus Lukas' Kenntnis von Gal 5,6; 6,15; 1Kor 7,19 herleiten will).

[105] Nach Georgis Buch zur Kollekte erschien K. F. Nickle, The Collection: A Study in Paul's Strategy, London 1966. Es trägt aber für unsere Arbeit nichts aus. Wichtiges zur theologischen Bedeutung der Kollekte findet sich bei Davies, Gospel, S. 195ff, und N. A. Dahl, Paul and Possessions, in: ders., Studies in Paul, Minneapolis 1977, S. 22−39, S. 31f.37.

[106] ἵνα schwebt in der Luft und ist nicht etwa vom vorausgehenden δεξιὰς ἔδωκαν abhängig. Dann wäre die Kollekte doch wieder conditio sine qua non der gesetzesfreien Heidenmission. Sinngemäß zu ergänzen ist vor ἵνα etwa παρακαλεῖν.

pl. in V. 10a ersichtlich wird, während V. 10b nur von einem Eifer *Pauli* in der Ausführung dieser Verpflichtung spricht (ἐσπούδασα). Eine weitere in der Exegese zu beachtende Differenz zwischen V. 10a und V. 10b besteht darin, daß in V. 10a Konjunktiv Präsens, in V. 10b der Aorist I gebraucht wird.

Zu μνημονεύωμεν: Die Zeitform Präsens drückt eine andauernde Aktion aus. Das ergibt für die Interpretation von V. 10a „either that the course of action referred to is one which having already been begun is to be continued, or that there is distinctly in mind a practice (not a single instance) of it in the future"[107]. Man hat sich in der Forschung oft auf die erstere Möglichkeit des Verständnisses des Konj. Präsens gestützt, um hieraus etwa die Historizität einer von Paulus und Barnabas überbrachten Kollekte *vor* dem Apostelkonvent zu belegen, wird eine derartige Aktion doch in Apg 11,27ff erwähnt. Scheitert eine solche Auffassung an der eindeutigen paulinischen Aussage, daß er zwischen dem Besuch bei Kephas und dem Konventsbesuch nicht mehr in Jerusalem war, haben andere[108] unter ausdrücklicher Anerkenntnis dieser paulinischen Eigenaussage[109] den Gang Pauli und des Barnabas zum Konvent nach Jerusalem mit dem Zweck der Überbringung einer Kollekte verknüpft und in dem Konj. Präs. μνημονεύωμεν eine Bitte um Fortsetzung der Hilfsaktion gesehen (Apg 11,27ff gehe darauf zurück, daß Lukas die Reise Pauli und des Barnabas zum Konvent irrtümlich verdoppelt habe).

Dagegen spricht 1., daß Paulus in Gal 2,1f nichts von einem solchen Sinn der Reise sagt, sondern sie mit einer Offenbarung und mit dem weiteren Zweck begründet, den Jerusalemern das Evangelium, das er unter den Heiden verkündigt, vorzulegen.

2. Wenn Paulus in V. 10b seinen Eifer um die Kollekte beschreibt, so kennzeichnet er ihn als einen der Jerusalemer Vereinbarung entsprechenden und auf sie folgenden[110], und aus dem Bericht Pauli über die Einhaltung des Beschlusses würde niemand ohne Apg 11,27ff ent-

---

[107] Burton, Gal, z.St. Vgl. auch ders., Syntax of the Moods and Tenses in New Testament Greek, Chicago ³1898 (zahlreiche Nachdrucke), S. 96. Burton glaubt selbst: „The former as the more common implication of a present tense in the dependent moods in somewhat more probable" (Gal, S. 99).
[108] J. Jeremias, Sabbathjahr und neutestamentliche Chronologie, in: ZNW 27. 1928, S. 98—103 = in: ders., Abba, Göttingen 1966, S. 233—238; A. Oepke, Der Brief des Paulus an die Galater (ed. E. Fascher, bearb. v. J. Rohde), ThHK 9, Berlin ³1973, z.St.
[109] „Ein zweiter Besuch in Jerusalem vor Apg. 15 ist mit Gal. 1 schlechterdings nicht vereinbar" (Jeremias, Sabbathjahr, S. 236).
[110] Sieffert, Gal, S. 123: „das καί (...), welches das ἐσπούδασα als etwas der Vereinbarung Entsprechendes, also auf sie Folgendes bezeichnet". P. S. Minear,

nehmen wollen, daß er schon vorher eine Kollekte aufgebracht hätte. Sodann schließt der Aorist ἐσπούδασα geradezu aus, daß die Aktion Pauli (als Ausführung des Jerusalemer Beschlusses) in irgendeinem Zusammenhang mit einer etwa z.Zt. oder vor dem Jerusalemer Konvent (immer wieder) stattfindenden Hilfe für die Armen steht. „A reference to an effort on behalf of the poor at that very time (sc. z.Zt. des Konventes) in progress is impossible in view of the meaning and tense of ἐσπούδασα (...). This would have required an imperfect tense" (Burton, Gal, z.St.). Das wird aber von den Vertretern jener Meinung vorausgesetzt, die in μνημονεύωμεν eine bereits erfolgte Hilfeleistung angedeutet finden und übersetzen wollen: ‚nur sollen wir *fortfahren* der Armen zu gedenken'[111].

Also lautet das erste Ergebnis unserer Überlegungen zu μνημονεύωμεν: Auf dem Konvent in Jerusalem wird vereinbart, daß in Zukunft die heidenchristlichen Gemeinden ständig die Armen in Jerusalem unterstützen.

Eine in neuester Zeit vorgelegte nähere Auswertung des Konj. Präs. μνημονεύωμεν gibt uns im nächsten Unterabschnitt Gelegenheit, Sinn und Bedeutung des Begriffs „Arme" zu erläutern und damit zu einer weiteren Klärung der „Kollekte" beizutragen. Für D. Georgi folgt nämlich aus der obigen Aktionsart des Verbs μνημονεύειν, die ständige Hilfe bedeutet, daß „der Ausdruck nicht primär auf die wirtschaftliche Hilfe für die Jerusalemer Gemeinde" bezogen werden muß, sondern es wird „an die ständige Vergegenwärtigung der Lage, Bedeutung und Leistung der Jerusalemer Christen durch die Heidenchristen gedacht, primär also an eine innere Haltung, doch an eine, die sich zugleich äußert in Anerkennung, Dankbarkeit und Fürbitte und dann auch in wirtschaftlicher Hilfe"[112]. Georgi gewinnt diese Interpretation m.E. nur, weil er πτωχοί als bekannten Titel der Jerusalemer Christen auffaßt. „Der absolute Gebrauch des Begriffes in Gal 2,10 und die Tatsache, daß er keiner Erläuterung bedarf, sprechen dafür,

---

Fund, bemerkt m.R.: „If the reference were simply to a continuance of almsgiving one wonders why the matter should have been included in the agenda of the council" (S. 391).

[111] Neuerdings verknüpft A. Suhl wieder — gegen Grammatik und gegen das Selbstzeugnis des Paulus — die 2. Jerusalemreise mit dem Ziel der Überbringung einer Kollekte („Paulus hatte keinen Anlaß, dieses Motiv seiner Reise besonders hervorzuheben, da es ohnehin schon bekannt war", Paulus, S. 63). Die grammatische und inhaltliche Unmöglichkeit einer solchen Auffassung legte im Rahmen einer Analyse von Gal 2,10 bereits dar H. Windisch, Literatuurberichten. Neues Testament I. Zur Chronologie des Paulus, in: ThT 53. 1919, S. 167—175, S. 171f.

[112] Georgi, Geschichte, S. 29.

daß es sich hier um einen bekannten Titel der Jerusalemer Christen handelte" (S. 23). Man kann demgegenüber fragen, wie Paulus sich denn hätte ausdrücken müssen, wenn er πτωχοί im soziologischen Sinne hätte verstanden wissen wollen, wenn nicht so, wie er es in Gal 2,10 tut[113]! Ferner: Georgi bleibt den Beweis dafür schuldig, daß in der Frühzeit des Urchristentums[114] πτωχοί eine Ehrenbezeichnung ist. Gal 2,10 ist kein Beleg, da wörtliches Verständnis doch näher liegt, und Röm 15,26: κοινωνίαν τινα ποιήσασθαι εἰς τοὺς πτωχοὺς τῶν ἁγίων τῶν ἐν Ἰερουσαλήμ, wo Paulus sich auf dieselbe Kollekte bezieht (s.u.), sind die πτωχοί, wie auch Georgi zugesteht (S. 23 A 51), eindeutig als (soziologische) Gruppe der Gemeinde verstanden, die ihrerseits in der Gesamtheit die eschatologische Prädikation ἅγιοι erhält (vgl. Röm 1,7; 1Kor 1,2; 2Kor 1,1)[115].

Damit ist unter Festhalten des Sinnes von μνημονεύωμεν als ständiges Gedenken (= ständige, zu wiederholende Hilfe) gegen Georgi erwiesen worden, daß πτωχοί in der Abmachung auf dem Konvent als soziologische[116] Größe aufgefaßt wurde und entsprechend die Hilfe als *wirtschaftliche* Unterstützung zu verstehen ist[117].

[113] Mit demselben Recht, wie Georgi das für Gal 2,10 tut, könnte man auch behaupten, daß in Luk 6,20 ein titularer Gebrauch von „Arme" vorliegt.
[114] Jedenfalls steht die Bezeichnung der späteren ebionitischen Judenchristen (אֶבְיוֹנִים = πτωχοί) wohl in keinem genetischen Zusammenhang mit der frühen Urgemeinde; vgl. G. Strecker, Zum Problem des Judenchristentums, Nachtrag zu W. Bauer, Rechtgläubigkeit und Ketzerei im ältesten Christentum, BHTh 10, Tübingen ²1964, S. 245–287, S. 274f (unter Korrektur des im Anschluß an H. Lietzmann in: Art. Ebioniten, RAC IV, Sp. 487–500, Sp. 487, Ausgeführten). Das heißt nun freilich nicht, daß die im 2. Jahrhundert faßbaren (häretischen) Ebioniten ein Phänomen der nachapostolischen Zeit seien, wie die Häresiologen behaupten, und keinerlei historische Kontinuität zwischen ihnen und der Jerusalemer Gemeinde bestehe. Vgl. zu diesen Fragen Band II.
[115] So auch Georgi, Geschichte, S. 81f.
[116] Gegen Georgis These vgl. auch W. Schmithals, in: ThLZ 92. 1967, Sp. 671; H. Löwe, Christus und die Christen, theol. Diss. Heidelberg 1965, S. 97. Daß ein primär soziologisches Verständnis von „Arme" eine ekklesiologische Bedeutung der Sammlung für Paulus selbstverständlich nicht ausschließt, zeigt Löwe, S. 21ff (‚Die ekklesiologische Bedeutung der Kollekte'). Soeben erschien K. Berger, Almosen für Israel, in: NTS 23. 1977, S. 180–204, der wahrscheinlich machen will (vgl. bes. S. 195ff), daß die Kollekte in Jerusalem auferlegt und in den paulinischen Gemeinden gesammelt wurde, damit „sie den traditionellen Status der Gruppe der ‚Gottesfürchtigen' einnehmen können" (S. 200). Berger weiß wohl zuviel über den Sinn, den die Jerusalemer mit der Sammlung verbunden haben (dasselbe gilt für Stuhlmacher, Evangelium, S. 100ff). Bergers Darlegungen verdienen aber eine hier nicht vollziehbare ernsthafte Prüfung.
[117] Freilich sollte keiner bestreiten, daß jüdische Armutsfrömmigkeit einen Einfluß auf das frühe Christentum ausübte; vgl. Jak 1,9ff; 2,5ff; 5,1ff (vgl. M. Di-

Der unmittelbare Anlaß für diese Bitte an die heidenchristlichen Kirchen muß unsicher bleiben. In Frage kommt das Sabbatjahr 47/48 n.Chr., das zu einer Hungersnot in Palästina führte (vgl. Josephus, Ant XX 101, Tacitus, Ann XII 43, Orosius VII 6,17). Ausgeschlossen ist nicht, daß es sich um eine allgemeine Sorgemaßnahme für sozial Niedrigstehende handelte: dafür spricht die Aktionsart μνημονεύωμεν und der Befund, daß Paulus wohl erst nach dem Abklingen der Not die Kollekte in Jerusalem ablieferte (sonst müßte er innerhalb eines Jahres zum zweiten Mal in Jerusalem gewesen sein, wogegen der Befund in den Briefen [118] spricht) [119].

Nach dieser Einzelerklärung der Notiz Gal 2,10 können wir zum eigentlichen, unsere Rekonstruktion betreffenden Problem kommen und fragen, ob sich unsere Voraussetzung beweisen läßt, daß die in Gal 2,10 erwähnte Kollekte dieselbe ist wie die in den Korintherbriefen und im Römerbrief erwähnte. Eine Voraussetzung für die Richtigkeit dieser Annahme wäre, daß die Notiz Gal 2,10 nicht auf eine bereits abgelieferte Kollekte zurückblickt. Das geht aus folgendem hervor: Oben wurde gesagt, daß die Regelung auf dem Konvent eine dauernde Fürsorge der heidenchristlichen Gemeinden für die sozial Niedriggestellten der Jerusalemer Gemeinde vorsah. Paulus hat nach seiner Eigenaussage sich bemüht (ἐσπούδασα), diese Bitte zu erfüllen. Das deutet a) wegen der *Aktionsart* auf das Anlaufen einer Aktion zur Erfüllung dieses Wunsches hin, jedoch b) wegen des *Ausdrucks* ,sich bemühen' nicht auf ihren Abschluß. Die Sammlung ist offenbar noch in vollem Gange. Ist der letzte Satz auch erst nach einem Vergleich der Kollekten-Aussagen aller Briefe weiter zu stüt-

---

belius, Der Brief des Jakobus, MeyerK 15. Abt. 11. Aufl., Göttingen ⁵1964 [hrsg. und ergänzt von H. Greeven], S. 58ff).

[118] H. Conzelmanns Satz, die Kollekte sei eine „einmalige" Abgabe (Geschichte, S. 72), ist mißverständlich und aus der Kollektenaktion, die sich „wie ein roter Faden durch das Leben des Paulus" (a.a.O., S. 71) nach dem Konvent zieht, einseitig erschlossen. Dagegen spricht die Aktionsart μνημονεύωμεν. Pauli einmalige Kollektenaktion ist Teil einer ständigen Hilfe, zu der ja auch die antiochenische Gemeinde sich verpflichtet hatte.

[119] Ich halte aus methodischen Gründen die Art für bedenklich, in der Suhl, Paulus, die Sabbatjahre als Fixpunkte für die Chronologie des Paulus verwendet; vgl. etwa sein Urteil auf S. 327: Paulus hatte „die Kollekte nach Rücksprache mit den Antiochenern von vornherein für die Notzeit des Sabbatjahres 54/55 geplant". Suhl setzt zu Unrecht voraus, daß während eines Sabbatjahres *immer* eine Hungersnot herrschte und daß die Kollekte mit dem Hinweis auf konkrete Notlagen in Jerusalem erklärt werden kann; vgl. m.R. Berger, Almosen, S. 196, und den obigen Text. — Daß die sogenannte Rücksprache mit den Antiochenern nicht aus den Briefen begründet werden kann, wird unten (S. 156ff gezeigt werden. B. Z. Wacholder, Art Sabbatical Year, in: IDB Suppl. Vol., S. 762f (Lit.), meint neuerdings, daß erst 55/56 (statt 54/55) ein Sabbatjahr stattgefunden habe.

zen [120], so ist nicht daran zu zweifeln, daß — wie zur Zeit des Gal — auch z.Zt. der Korintherbriefe und des Römerbriefes Paulus um die Vollendung und Übergabe der Kollekte sich bemüht. Damit haben wir eine solide Basis für die im folgenden zu verwendende Bemessungsmethode erhalten, denn die Analyse von Gal 2,10 hat uns bestätigt, daß sämtliche in den Paulusbriefen enthaltenen Kollektennotizen a) auf die Regelung in Jerusalem zurückgehen und b) auf ein- und dieselbe Aktion zu beziehen sind.

Als Nebenresultat für die chronologische Frage ergibt sich aus dem letzten Abschnitt (2.1.3.3.5), daß Gal 2,10 am ehesten so zu verstehen ist, daß Paulus für seine eigenen Gemeinden und Barnabas für die antiochenische Gemeinde die Kollektenverpflichtung eingegangen sein wird. Damit erhalten wir einen weiteren Anhaltspunkt für eine unabhängige paulinische Mission vor dem Konvent; vgl. die zu demselben Schluß führenden Ausführungen zu Gal 2,5 (S. 94), Gal 2,7f (S. 91ff) und Gal 2,9 (S. 94ff).

2.2 Die Kollekte als äußeres Kriterium zur Gewinnung eines chronologischen Rahmens

Oben wurde bereits ausgeführt (S. 48), daß Paulus z.Zt. der Abfassung des Röm auf den Abschluß der Kollekte in Mazedonien und Achaja zurückblickt, während er in 1Kor 16,1ff noch die Art und Weise ihrer Einsammlung erörtert. An diesen, einen Fortschritt in der Kollektenaktion reflektierenden Befund ist anzuknüpfen. Es sind nicht nur die Paulusbriefe je nach ihrer Stellung in der laufenden Kollektenaktion in ihrem Verhältnis zueinander zeitlich zu bestimmen (1Kor ist deutlich *vor* Röm geschrieben!), sondern es ist auch zu fragen, ob an Hand der Analyse der Kollektenpassagen in den Briefen die Zeit vor 1Kor 16,1ff und die Zeit zwischen 1Kor 16,1ff und Röm 15,26 vorläufig schematisch geordnet werden kann. Leitfrage dabei ist, welche Entwicklungsstufe die Kollekte in den einzelnen Gemeinden hat.

2.2.1 Der Beginn der Kollekte in Korinth: 1Kor 16,1ff [121]

2.2.1.1 Zur Vorgeschichte von 1Kor 16,1ff

Paulus gibt in 1Kor 16,1ff Instruktionen über die Art und Weise der Einsammlung der Kollekte, wie er sie ähnlich den Kirchen in Gala-

---

[120] Zu Georgis These, daß die Kollektenaktion unterbrochen worden sei und Paulus von „seinem Eifer wie von einem vergangenen" (Geschichte, S. 30) spreche, vgl. S. 115ff.
[121] Ich sehe von einer Diskussion von Teilungshypothesen ab und setze die Einheitlichkeit des 1Kor voraus (mit H. Conzelmann, Der erste Brief an die Korinther, MeyerK 5. Abt. 11. Aufl., Göttingen 1969, S. 13ff).

tien auch aufgetragen hat (ὥσπερ διέταξα ταῖς ἐκκλησίαις τῆς Γαλατίας, οὕτως καὶ ὑμεῖς ποιήσατε). Paulus vergleicht hier nicht das
‚Daß' der Kollekte, sondern das ‚Wie'[122]. Die Anordnung zur Kollekte liegt weiter zurück. Für die *korinthische* Gemeinde ergibt sich dieser Schluß auch aus dem Anfang von V. 1: περὶ δὲ τῆς λογείας τῆς
εἰς τοὺς ἁγίους. περὶ δέ und der Artikel vor λογεία zeigen, daß Paulus über einen bereits bekannten Gegenstand spricht. Die Frage ist, ob
mit ‚peri de' auf eine Anfrage der Korinther Bezug genommen wird
und — falls das zutrifft — wie die Gemeinde die Kollektenanordnung
erhalten hat.

Nun steht fest, daß ‚peri de' in 1Kor 7,1.25; 8,1; 12,1 auf eine briefliche Anfrage[123] der Korinther Bezug nimmt: 7,1 wird ausdrücklich
ein Brief der Korinther an Paulus genannt, die genannten Stellen befinden sich (außer 12,1) in derselben Einheit, und 12,1 geht auf die
korinthische Situation ein, was doch auch diese Stelle als Antwort
auf eine briefliche Frage wahrscheinlich macht.

Es liegt nach dem Gesagten nahe, 1Kor 16,1 (und hernach auch 16,12)
in Analogie zu den übrigen mit ‚peri' eingeleiteten Briefpartien als Antwort auf ein korinthisches Schreiben zu verstehen[124].

Die in diesem Kap. befolgte Methode macht ferner eine Stellungnahme zu den
literarkritischen Problemen des 2Kor überflüssig, da sich aus den chronologischen
und topographischen Angaben des 2Kor im Zusammenhang der Kollektenaktion
eine einleuchtende Abfolge der Ereignisse konstruieren läßt, die unabhängig von
literarkritischen Entscheidungen ist. Ich halte es für eine methodische Schwäche
von Suhl, Paulus, daß Verf. seiner Chronologie von vornherein eine bestimmte
Teilungshypothese des 2Kor zugrundelegt und von dieser Basis aus die Abfolge
der Ereignisse rekonstruiert (vgl. ders., Paulus, S. 224ff). Teilungsvorschläge
(bes. zu 2Kor 8f) werden am Rande nur dann diskutiert, wenn nach den obigen Kriterien literarkritische Operationen unnötig zu sein scheinen. Vom Ergebnis unserer Gesamtrekonstruktion her zu urteilen, ist die literarkritische Einheit
von 2Kor eine gar nicht so schlechte historische Möglichkeit.
[122] Einer möglichen Entgegnung auf die vorgetragene These, daß etwa διατάσσω
nicht die Art und Weise der Organisation einer Kollekte beschreiben kann, ist
mit dem Hinweis auf den Gebrauch von διατάσσω in 1Kor 11,34 zu begegnen,
wo das Verb im Zusammenhang von *Einzel*anweisungen in der Gemeinde zur
Regelung des Zusammenlebens gebraucht wird und daher als Parallele zu unserer Stelle gewertet werden kann.
[123] Vgl. Hurd, Origin, S. 65—74.
[124] J. Weiß, Der erste Korintherbrief, MeyerK 5. Abt. 9. Aufl., Göttingen 1910
(Nachdrucke 1925 und 1970), z.St.: „vielleicht"; Conzelmann, 1Kor, z.St.:
„nicht sicher"; bejahend: C. K. Barrett, A Commentary on the First Epistle
to the Corinthians, BNTC, London ²1971 = HNTC, New York 1968, z.St.; W.
Schrage, Zur Frontstellung der paulinischen Ehebewertung in 1Kor 7,1—7, in:
ZNW 67. 1976, S. 214—234, S. 214f.; Hurd, Origin, S. 73f (Lit.).

Allerdings ist völlige Sicherheit in dieser Frage nicht zu erreichen, da Paulus in 1Thess 4,9.13; 5,1 mit ‚peri‘ ebenfalls neue Abschnitte einleitet und hieraus nicht so deutlich (wie etwa in 1Kor 7,1) auf einen Brief der Thessalonicher an Paulus zurückzuschließen ist, da es sich hier auch um mündliche Anfragen handeln kann [125].

Auch wenn man bei der Entscheidung dieser Frage mit dem Hinweis auf 1Thess eine mündliche Anfrage [126] für wahrscheinlicher hält als eine briefliche, eindeutig bleibt, daß der Gemeinde das Thema „Kollekte" bereits vor der Abfassung des 1Kor bekannt war.

Fragen wir nach dem Zeitpunkt und der Art und Weise des Bekanntwerdens der Kollekte in Korinth, so ergeben sich folgende Möglichkeiten:

1. Die Korinther erhielten von den Galatern Kunde, daß in den paulinischen Gemeinden Galatiens eine Kollekte gesammelt wurde, und bezogen die die dortige Kollekte veranlassende Weisung Pauli auch auf sich (Barrett, 1Kor, z.St.) [127]

2. Paulus war in Korinth und hat hier eine Kollekte angeordnet [128].

3. Paulus hat durch Timotheus, Titus oder andere Gehilfen eine Kollektenanordnung nach Korinth überbringen lassen.

4. Paulus hat im ‚vorigen Brief‘ (1Kor 5,9) von der auch in Korinth zu startenden Kollektenaktion geschrieben.

Zu 1: In Kor 16,1ff wird — wie oben gezeigt — die Art und Weise der Aufbringung der Kollekte in Galatien mit der in Korinth verglichen, nicht die Tatsache ihrer Anordnung. Paulus nimmt mit ὥσπερ διέταξα ταῖς ἐκκλησίαις τῆς Γαλατίας nicht etwa eine Frage der Korinther auf: „Sollen wir auch eine Kollekte sammeln wie die Galater?", sondern er ordnet eine Organisationsform der Einbringung der Kollekte an, wie er es auch für die Galater getan hat. Will man nun an der unter 1. beschriebenen These unter Berücksichtigung der soeben gemachten Beobachtung im wesentlichen festhalten, müßte folgende Frage der Korinther vorausgesetzt werden: „Sollen wir auf dieselbe Art wie die Galater eine Kollekte einsammeln?". Da solche Frage eine Kenntnis der Weise der Aufbringung der Kollekte in Ga-

---

[125] Zu C. E. Faw, On the Writing of First Thessalonians, in: JBL 71. 1952, S. 217—225.

[126] Immerhin könnte Stephanas die Frage der Korinther übermittelt haben (s.u. S. 113).

[127] Vgl. ebenso Barrett, Titus, S. 7.

[128] Vgl. D. J. Selby, Toward the Understanding of St. Paul, Englewood Cliffs 1962, S. 224f: Paul "had apparently started the collection while still in Corinth". Zur Kritik vgl. auch Hurd, Origin, S. 233 A 3.

latien voraussetzt, ist nicht zu erklären, warum es Paulus für nötig hält, in 1Kor 16 nochmals ausführlich die den Korinthern bekannte Art der Einsammlung zu schildern. Möglichkeit 1 hat daher auszuscheiden [129].

Das gleiche gilt für Möglichkeit 2: Paulus war lange nicht mehr in Korinth (1Kor 4,18). Zwischen seinem Gründungsaufenthalt und dem vorliegenden 1Kor liegt der ‚vorige Brief'. Wenn Paulus im 1Kor auf eine Anfrage der Korinther hinsichtlich der Kollekte antwortet und überhaupt durchgängig zu durch seinen vorigen Brief entstandenen Fragen Stellung nimmt, die ihm mündlich und durch den Brief der Korinther gestellt wurden, so ist es jedenfalls wahrscheinlicher, daß die Kollekte im vorigen Brief angeordnet wurde als beim Gründungsbesuch, der überdies lange zurückliegt [130]. Mit dieser Ablehnung der 2. Möglichkeit wird zugleich Möglichkeit 4 bekräftigt, aber Nr. 3 nicht ausgeschlossen, da — auch außerhalb des vorigen Briefes — eine Weisung des Apostels an seine Gemeinde überbracht werden konnte.

So kommt jedenfalls Stephanas, von dessen Haus Paulus einen besonderen Einsatz für die Kollektenangelegenheit zu berichten weiß (1Kor 16,15), als Übermittler der Kollektenanordnung Pauli (*und* der Frage der Korinther) ernsthaft in Betracht. Das würde auch die Behandlung der Kollekte am Schluß des Briefes erklären, da Stephanas erst am Ende der Abfassung des 1Kor nach Ephesus gekommen sein wird [131]. Doch ist mindestens genausogut möglich, daß Stephanas sich zum besonderen Fürsprecher der Kollekte im vorigen Brief gemacht hat.

Ob nun die Kollekte in Korinth im vorigen Brief [132] oder auf mündlichem Wege durch einen Vertrauten Pauli angeordnet wurde, sicher dürfte es in beiden Fällen sein, daß die paulinische Weisung vor nicht allzu langer Zeit an die korinthische Gemeinde gerichtet wurde: „the nature of the Corinthians' questions concerning the collection for the saints implies that they had been informed of this project only shortly before" [133].

Damit erhalten wir diese Abfolge:

a) Anordnung der Sammlung der Kollekte im vorigen Brief oder durch einen Vertrauten.

---

[129] Setzt 1Kor 16,1 voraus, daß die galatischen Gemeinden vor der korinthischen gegründet wurden, so daß Paulus den Korinthern während des Gründungsbesuches von ihnen erzählt hätte? Wir wüßten gerne mehr über das Verhältnis von 1Kor und Gal und der Gemeinden zueinander!
[130] Vgl. u. S. 138f.
[131] Conzelmann, 1Kor, S. 358 A 9.
[132] Vgl. die Aufstellungen bei Hurd, Origin, S. 233 A 3.
[133] Hurd, Origin, S. 233.

b) (nicht lange danach): Frage der Korinther nach Art und Weise der Aufbringung der Kollekte (durch einen Brief oder einen Boten).
c) Abfassung von 1Kor 16,1ff.

Wir waren oben bei der Exegese von 1Kor 16,1 dem Hinweis Pauli auf seine Anordnung der Art und Weise des Aufbringens der Kollekte in Galatien begegnet. Im folgenden sei gefragt, wie die soeben konstruierte Abfolge der Kollektenaktion in Korinth mit ihren in 1Kor 16,1ff vorausgesetzten Anläufen in Galatien in Verbindung zu bringen ist. Als Vorarbeit steht uns das oben zu Gal 2,10 Gesagte zur Verfügung.

2.2.1.2 Die Kollektenaktion in 1Kor 16,1ff und ihre Vorgeschichte im Verhältnis zum Kollektenwerk in Galatien

Das exegetische Resultat zu Gal 2,10 hatte gelautet:

1. Paulus spricht hier von seinem Eifer um die Kollekte so, als ob er den Galatern bekannt sei (beachte weitere den Galatern bekannte Einzelheiten in Gal 1f: Verfolgungstätigkeit Pauli [1,13], ‚Petrus zu den Juden, ich zu den Heiden' [2,8]). 2. Die Aktion ist noch nicht abgeschlossen.

Können diese Ergebnisse exegetisch weiter im Zusammenhang mit der 1Kor 16,1ff enthaltenen Nachricht ausgewertet werden, daß Paulus die Art und Weise der Organisation der Kollekte den Galatern aufgetragen hat? Bevor wir diese Frage zu beantworten versuchen, müssen wir uns erst den Thesen D. Georgis stellen, die ein derartiges Unterfangen von vornherein ausschlössen. Georgi schreibt:

„Die 1.Kor. 16 erwähnte Anordnung der Kollekte in Galatien muß nach Abfassung des Galaterbriefes erfolgt sein, da sie dort nicht erwähnt ist. Nach 1.Kor. 16,1 zu urteilen, folgte die Bitte an die Korinther um Beteiligung an der Kollekte unmittelbar auf eine entsprechende Unterrichtung der Galater durch Paulus"[134]. Es ist richtig, daß sich im Gal nichts über die Organisation der Kollekte findet. Sie wird trotzdem Gal 2,10b erwähnt und Pauli Eifer — wie oben gesagt — bei den Galatern als bekannt vorausgesetzt. Die Kol-

---

[134] Georgi, Geschichte, S. 37 A 119. Im folgenden werden Seitennachweise aus diesem Buch im Text gegeben.
Am Rande zwei Richtigstellungen des zitierten Satzes, die Georgis These zwar nicht gleich widerlegen, aber der Exaktheit wegen trotzdem angefügt werden mögen: a) 1Kor 16 sagt nichts über die Anordnung einer Kollekte bei den Galatern aus, sondern bezieht sich zunächst auf die Anordnung der Organisations*form*. b) 1Kor 16,1 enthält keine Bitte an die Korinther um Beteiligung am Kollektenwerk, sondern setzt die Beteiligung der Korinther bereits voraus.

lektenaktion scheint in Galatien z.Zt. der Abfassung des Briefes bis zum Eintreffen der Gegner in vollem Gange gewesen zu sein. Beides, die Organisation der Kollekte und der Eifer Pauli zu ihrer Durchführung z.Zt. der Abfassung des Gal, wird jedoch von Georgi bestritten. Zur *Organisation:* „von einer Organisation der Kollekte (...) verlautet nichts, selbst nicht, als er in seinem Jerusalembericht von der Kollekte erzählt. Dort erwartete man, wenn die Sammlung in Galatien bereits begonnen hätte, wenigstens ein ‚wie ihr wißt'" (S. 32f). Das ist eine petitio principii. Wenn die Kollektenaktion in Galatien bis vor kurzem in vollem Gange war, ist der Hinweis auf Pauli Eifer völlig ausreichend (anders liegen die Dinge bei dem ‚ihr habt gehört über meinen Wandel ...' [1,13]: hier bezieht sich Paulus auf eine Personaltradition), und jeder versteht, worauf er sich bezieht. Auch hatte Paulus im Angesicht der übermächtigen Gegnerschaft andere Sorgen als die um die Organisation der Kollekte. Ihre Nicht-Behandlung im Gal ist also situationsbedingt! Zur Bestreitung des *Eifers* Pauli bei der Durchführung der Kollekte z.Zt. des Gal: Paulus meine mit ἐσπούδασα αὐτὸ τοῦτο ποιῆσαι „ganz offensichtlich seine eifrigen Bemühungen um die Erfüllung des zweiten Teils des Abkommens *nach* der Konferenz. Doch spricht er hier von seinem Eifer wie von einem vergangenen" (S. 30). Die Kollektenaktion sei von Paulus unmittelbar nach dem Konvent mit Eifer in Angriff genommen worden. Dann aber sei sie im Zusammenhang des Zwischenfalls von Antiochien [135] unterbrochen, aber später in der selbständigen Mission Pauli und nachdem Paulus die Galater wieder gewonnen habe, erneut aufgenommen worden [136]. 1Kor 16,1 sei das erste Zeugnis hiervon.

Dagegen sprechen folgende Beobachtungen:

1. Georgis Voraussetzung, daß Paulus durch den Galaterbrief sich die Gemeinden wieder habe erobern können, ist problematisch. Im Falle eines Mißerfolges Pauli — was nach Inhalt und Gattung des Briefes eher wahrscheinlich ist — dürfte Gal *nach* dem 1Kor geschrieben sein, da sonst die die Galater betreffende Kollektennotiz (1Kor 16,1) unverständlich wäre, aus der ein intaktes Verhältnis zwischen galatischen Gemeinden und Paulus gefolgert werden darf. D.h.: Gesetzt den Fall, Gal sei vor dem 1Kor geschrieben und Paulus habe die Gemeinden verloren, dann wäre m.E. kaum verständlich,

---

[135] „Der antiochenische Zwischenfall zerbrach das Vertrauensverhältnis, das in Jerusalem wieder neu geknüpft worden war" (Georgi, Geschichte, S. 33).
[136] Zur Kritik an Georgis These einer Sistierung des Kollektenwerkes **vgl.** Davies, Gospel, S. 214ff.

daß Paulus die Korinther anweist, die Kollekte genauso wie die Galater einzusammeln.

2. Der Gal hat eine auffallende Ähnlichkeit mit dem Röm. Diese Beobachtung, die eine Abfassung des Gal kurz vor dem Röm wahrscheinlich macht, ist etwa durch einen Hinweis auf Ähnlichkeiten zwischen 1Kor und Röm (1Kor 1,20/Röm 1,22, 1Kor 3,20/Röm 1,21, 1Kor 12—14/Röm 12,3ff, 1Kor 8—10/Röm 14,1—15,6)[137] nur teilweise aufzufangen, da die Parallelität der Rechtfertigungsabschnitte (Gal 3/Röm 4, vgl. ferner Gal 4,1—6 mit Röm 8,2—16) beide Briefe ebenso miteinander verbindet wie von sämtlichen anderen Paulusbriefen[138] — mit der Ausnahme von Phil 3,2ff — trennt[139].

3. Stilistische und sprachliche Ähnlichkeiten bestehen zwischen Gal und 2Kor 10—13, wie erst neuerdings Borse ausführlich gezeigt hat[140].

Die wichtigsten Gemeinsamkeiten bestehen in folgendem. *Sprache und Aufbau:* Gal 1,6—9/2Kor 11,4f, *mehrere Spezifika* (Damaskus, Eid, 14 Jahre): Gal 1,17—2,2/2Kor 11,11—12,4, *Begriffe:* $\psi \varepsilon \upsilon \delta \alpha \delta \varepsilon \lambda \varphi o i$: Gal 2,4/2Kor 11,26; $\kappa \alpha \tau \alpha \delta o \lambda o \tilde{\upsilon} \nu$: Gal 2,4/2Kor 11,20; $\kappa \alpha \tau \varepsilon \sigma \vartheta i \varepsilon \iota \nu$: Gal 5,15/2Kor 11,20; $\ddot{\alpha} \gamma \gamma \varepsilon \lambda o \varsigma$: Gal 1,8; 4,14/2Kor 11,14; 12,7, *Lasterkataloge:* Gal 5,20/2Kor 12,20: In ihrer Auswertung für die zeitliche Nähe von Gal und 2Kor ist über Borse hinaus auf folgendes hinzuweisen: Die beiden genannten Stellen enthalten nicht nur innerhalb einer län-

---

[137] Vgl. U. Borse, Die geschichtliche und theologische Einordnung des Römerbriefes, in: BZ NF 16. 1972, S. 70—83; G. Bornkamm, Der Römerbrief als Testament des Paulus, in: ders., Geschichte und Glaube II, Ges. Aufs. IV, BEvTh 53, München 1971, S. 120—139.

[138] Vgl. U. Wilckens, Was heißt bei Paulus: „Aus Werken des Gesetzes wird kein Mensch gerecht"?, EKK.V 1, Zürich—Neukirchen 1969, S. 51—77 = in: ders., Rechtfertigung als Freiheit, Neukirchen—Vluyn 1974, S. 77—109, S. 84f.

[139] Die Auffassung von Hübner, Gesetz, daß Paulus seine im Gal dargelegte radikal antinomistische Auffassung im Römerbrief revidiere, kann ich, ohne das hier näher begründen zu können, nicht für richtig halten. Vgl. demgegenüber F. Hahn, Das Gesetzesverständnis im Römer- und Galaterbrief, in: ZNW 67. 1976, S. 29—63, S. 59. Hübners Versuch ist auch von der völlig unbeweisbaren Hypothese belastet, daß Jakobus vom (Inhalt des) Gal Kenntnis erhalten und darauf durch Boten Einwände erhoben habe, aufgrund derer Paulus seine These revidiert habe (sichtbar im Röm); vgl. Hübner, a.a.O., S. 56f. Auf dieser Hypothese baut Hübner die nächste auf: weil der Apostel seine antinomistische Auffassung revidiert habe (angeregt durch die Fragen des Jakobus), sei „ein totaler Bruch mit den galatischen Gemeinden nicht so sicher (...), wie dies weithin gern angenommen wird" (a.a.O., S. 151). Leider macht sich Hübner an keiner Stelle die Mühe, seine Thesen chronologisch abzusichern (vgl. auch u. S. 118 A 146). Eine große zeitliche Nähe des Gal zu Röm schließt sie von vornherein aus.

[140] U. Borse, Der Standort des Galaterbriefes, BBB 41, Köln—Bonn 1972, S. 84ff. Diese Ähnlichkeiten erstrecken sich auch auf 2Kor 1—9.

116

geren Reihe vier Laster in derselben Reihenfolge, sondern 2Kor 12,21 erscheinen weitere drei Laster: ἀκαθαρσία, πορνεία und ἀσέλγεια, die vom Katalog 2Kor 12,20 etwas abgesetzt sind, aber in einer etwas anderen Reihenfolge an der Spitze der Gal 5,20 genannten Reihe stehen: πορνεία, ἀκαθαρσία, ἀσέλγεια (Tabelle bei A. Vögtle, Die Tugend- und Lasterkataloge im Neuen Testament, NTA XVI. 4.5, Münster 1936, S. 13), mit der 2Kor 12,20 bereits die Aufzählung von vier Lastern in derselben Reihenfolge gemeinsam hatte. Ein etwaiger Hinweis auf stetig wiederkehrende typische Laster in den Lasterkatalogen des Neuen Testaments entkräftet die obige Argumentation nicht, da sie das überhaupt nicht bestreitet, sondern allein die allerdings *singuläre* Übereinstimmung in der Reihenfolge der Laster als Argument (neben den genannten anderen) dafür verwendet, daß Gal und 2Kor zeitlich eng zusammengehören.

Nach Borse läßt sich der obige Befund „nur dann begreifen, wenn die Ausführungen des einen Briefes in den Gedanken des Apostels noch nicht abgeklungen waren, als er den anderen diktierte, so daß er sie in abgewandelter aber doch erstaunlich ähnlicher Weise im späteren Schreiben wiederholen konnte" [141].

4. An der oben bereits besprochenen Stelle Röm 15,26 berichtet Paulus den Römern, daß „Mazedonien und Achaja beschlossen haben (ηὐδόκησαν), den Armen der Heiligen in Jerusalem eine Zuwendung zu machen". Warum nennt hier Paulus, wenn das Kollektenwerk in Galatien zusammen mit dem in Achaja (Korinth) angelaufen sein soll, nicht auch Galatien? Oder ist die Kollekte Galatiens schon überbracht worden? In diesem Falle ist aber verwunderlich, daß auch in den zu einem früheren Zeitpunkt als Röm 15,26 abgefaßten Kollektenabschnitten 2Kor 8f die galatische Kollektenaktion nicht erwähnt ist [142]. M.E. hat daher der Schluß eine große Wahrscheinlichkeit für sich, daß Paulus von einem Beschluß der Galater, den Armen unter den Heiligen eine Zuwendung zu machen, deswegen nichts berichten konnte, weil die Kollekte in Galatien zum Erliegen gekommen war [143].

---

[141] Borse, Standort, S. 87.
[142] Vielhauer, Geschichte, S. 111, meint, daß die Nicht-Erwähnung der galatischen Kollekte in 2Kor 8f nicht zu chronologischen Schlüssen berechtige, erwähnt aber nicht das erstaunliche Übergehen der galatischen Kollekte auch in Röm 15,26! (Vgl. aber Vielhauer, a.a.O., S. 125.)
Ich halte es übrigens für methodisch unerlaubt, mit Ramsey, Place, S. 265f, aus Apg 20,4 (Gajus aus Derbe als Mitglied der Gesandtschaft Pauli nach Jerusalem) zu folgern, daß die galatischen Gemeinden eine Kollekte abgeliefert hätten, denn Derbe liegt in Südgalatien, die Nachricht wird nur durch die Apg überliefert, und es fehlen in Apg 20,4 ausgerechnet Namen aus Gemeinden, von denen wir mit Sicherheit wissen, daß sie an der Kollekte teilnahmen und Begleiter entsandten (Korinth, Philippi).
[143] Vgl. A. Pincherle, Paul à Ephèse, in: Congrès d'Histoire du Christianisme, Jubilé Alfred Loisy II, Paris—Amsterdam 1928, S. 51—69, S. 64.

Ist aber die Berechtigung zu diesem argumentum e silentio (daß nämlich die Kollekte in Galatien zum Erliegen gekommen ist) aus dem Fehlen der Erwähnung der galatischen Kollekte in Röm 15,26 (und 2Kor 8f) zugestanden, so hat der Verfechter der zeitlichen Priorität des Gal gegenüber 1Kor zu erklären, wieso Paulus in 1Kor 16,1 noch auf die (zum Erliegen gekommene) Organisation der Kollekte in Galatien verweisen kann[144].

Ich halte es auch für das Wahrscheinlichste, daß Asia (Ephesus) keine Kollekte organisierte[145], weil der Apostel hier keinen Fuß (mehr?) fassen konnte. Zu beachten sind die Andeutungen über seine Drangsale an diesem Ort (1Kor 15, 32; 2Kor 1,8).

Damit spricht gegen Georgi[146] alles dafür, daß Gal nach dem 1Kor abgefaßt wurde!

Die eingangs gestellte Frage nach dem Verhältnis von 1Kor 16,1ff zu Gal 2,10[147] und der Vorgeschichte der Kollekte in Galatien ist somit wie folgt zu beantworten: Gal 2,10 und 1Kor 16,1ff blicken bereits auf eine Kollektenaktion in Galatien zurück, die das unmittelbare Anfangsstadium hinter sich gelassen hat. 1Kor 16,1ff setzt die Angabe von detaillierten Weisungen betreffs der Art und Weise der Einsammlung der Kollekte voraus (über das ,Daß' der Sammlung herrscht offensichtlich Einverständnis!). Pauli in Gal 2,10 reflektierter Eifer um die Kollekte läßt sich gleichfalls nur verstehen,

---

[144] Theoretisch bliebe noch unter Festhalten an der zeitlichen Folge Gal — 1Kor die Möglichkeit, daß Paulus den 1Kor schreibt, ohne von dem Ausgang der galatischen Auseinandersetzung erfahren zu haben. Doch läßt 1Kor 16 nicht einmal die Spur eines Konfliktes ahnen, während Gal bereits eine Schwebe in der Kollektenangelegenheit voraussetzt.

[145] Woher wissen Schenke-Fischer, Einleitung, S. 45, daß in Ephesus eine Kollekte aufgebracht wurde?

[146] Für eine Datierung des Gal nach 1Kor 16 setzt sich m.R. auch Suhl, Paulus, S. 217—223, unter Kritik der Thesen Georgis ein. Hübner, Gesetz, S. 151, lehnt Suhls These ab, ohne Suhls Hauptargument (1Kor 16,1) zu entkräften, und beschränkt sich statt dessen — methodisch schwach — darauf, innere Kriterien aufzuzählen, um die Reihenfolge 1Kor — Gal wahrscheinlich machen (a.a.O., S. 150f).

[147] N. A. Dahl, Paul's Letter to the Galatians, Epistolary Genre, Content, and Structure, 1973, S. 72ff (unveröffentlichte Arbeit, die mir Prof. Dahl freundlicherweise zur Verfügung gestellt hat und die auch direkt aus der Yale Divinity School Library zu erhalten ist: vgl. J. Jervell—W. A. Meeks [edd.], God's Christ and His People [FS N. A. Dahl], Oslo—Bergen—Tromsö 1977, S. 16), kommt zum gleichen Ergebnis bezüglich des Verhältnisses von 1Kor 16,1 und Gal 2,10. Er meint ferner, daß in Gal 6,6—10 auf die Kollekte angespielt werde (so auch L. W. Hurtado, The Book of Galatians and the Jerusalem Collection, erscheint in: Journal for the New Testament).

wenn die Sammlung in Galatien schon einige Fortschritte gemacht hat, und fügt sich gut mit 1Kor 16,1 zusammen [148]. Hernach hören wir nichts mehr über den Verlauf der Kollekte in Galatien. Wir konnten aber mit an Sicherheit grenzender Wahrscheinlichkeit aus ihrer Nichterwähnung in Röm 15,26 und 2Kor 8f schließen, daß sie im Zusammenhang der gegnerischen Agitation gegen Paulus zum Erliegen gekommen ist. — Einzelheiten über den Zeitpunkt ihrer Anordnung sind erst nach Analyse der Entwicklung der Kollekte in Korinth und aufgrund eines Gesamtentwurfs der paulinischen Chronologie auf der Basis der Briefe erschließbar (s.u. S. 148f).

2.2.2 Die Fortführung der Kollekte in Korinth: 2Kor 8f

Die Kollektenaktion in Korinth befindet sich offenbar in einem gegenüber 1Kor 16,1ff fortgeschrittenen Stadium. Paulus schickt Titus (als Überbringer des 2Kor?: s.u. S. 133f) nach Korinth, damit dieser die Organisation der Kollekte zu Ende bringt (2Kor 8,6), und kann die Korinther auffordern: „Jetzt bringt aber auch das Tun zu Ende, damit der Bereitschaft zum Wollen auch das Vollbringen entspreche, gemäß dem Haben" (8,11). Die Korinther haben „das Wollen vorher angefangen, seit vorigem Jahr" (8,10). „Gemeint wird mit dem $\vartheta \acute{\epsilon} \lambda \epsilon \iota \nu$ die korinthische Anfrage sein, welche I 16,1—4 vorausgesetzt wird, wo Pls von $\dot{\eta} \lambda o \gamma \epsilon \acute{\iota} a$ als einer den Korinthern bekannten Sache spricht" [149]. Paulus konnte daher die Bereitschaft der Korinther zur Aufbringung der Kollekte vor den Mazedoniern rühmen (9,2).

Paulus befindet sich z.Zt. der Abfassung von 2Kor 8f in Mazedonien, wie es daraus ersichtlich wird, daß er 9,3 sein Kommen nach Korinth mit mazedonischen Brüdern ankündigt und die Bitte an die Korinther richtet, bis zu ihrer Ankunft die Kollekte abgeschlossen zu haben, „damit nicht, wenn die Mazedonier mit mir kommen und euch unvorbereitet finden, wir — um nicht zu sagen ihr — zu Schanden werdet in diesem (unserem) Vertrauen" (9,4).

---

[148] Trotzdem ist wohl nicht exegetisch zu erheben, daß die Kollekte in Galatien bereits abgeschlossen war (zu U. Wilckens, Über Abfassungszweck und Aufbau des Römerbriefs, in: ders., Rechtfertigung als Freiheit, Neukirchen—Vluyn 1974, S. 110—170, S. 136).
Ich sehe mich ferner außerstande, Ramsey, Place, S. 305ff u.ö., darin zu folgen, daß Gal aus der Gefangenschaft in Cäsarea geschrieben worden sei. Daß Gal ein Gefangenschaftsbrief sei, wurde auch von J. Knox erwogen, vgl. ders., Art. Galatians, in: IDB II, New York—Nashville 1962, S. 338—343, S. 342f.
[149] H. Lietzmann, An die Korinther I.II, erg. v. W. G. Kümmel, HNT 9, Tübingen ⁵1969, z.St.

Die von D. Georgi im Anschluß an H. Windisch vorgenommene Teilung von 2Kor 8 und 9 und ihre Spezifizierung als „Der Empfehlungsbrief für Titus und seine Begleiter" (Kap. 8) und „Der Rundbrief an die Gemeinden Achaias" (Kap. 9) trägt in keiner Weise dem Textphänomen Rechnung. Ist die Auffassung, daß Kap. 9 zum Abschluß, Kap. 8 zur Wiederaufnahme der Kollekte ermuntert (Windisch, 2Kor, z.St.; Georgi, Geschichte, S. 57) wirklich ein Argument, das die Teilung rechtfertigen könnte? Die Sendung des Titus nach Korinth zwecks Organisation des Abschlusses der Kollekte (8,6) paßt doch gut zu der Bitte, bis zum Kommen des Paulus mit den mazedonischen Brüdern die Kollekte abgeschlossen zu haben. Man könnte fast einen inneren Zusammenhang herstellen: Paulus sendet Titus nach Korinth, damit, wenn er mit den mazedonischen Brüdern kommt, die Kollekte abgeschlossen ist [150].

---

[150] Ich halte keinen der von Windisch gegebenen Gründe für die Teilung von 2Kor 8 und 9, auf denen so mancher moderne Literarkritiker fußt, für überzeugend. Einige Proben (über das im Text Gesagte hinaus): Windisch schreibt: „Weiter ist unbegreiflich, wie P. die gewundenen Sätze 8,10ff. schreiben konnte, wenn er gleichzeitig in Maz. stolz und anfeuernd verkündete, Achaja sei schon seit einem Jahr gerüstet. Noch seltsamer wirkt im Vergleich zu der begeisterten Beschreibung der spontan hervorbrechenden Begeisterung der Maz. für die Kollekte 8,1ff. die vierte Mitteilung an uns. St., sofern sie voraussetzt, daß der Eifer der meisten Maz. an dem von P. gerühmten achaischen Vorbild sich entzündet hat" (Der zweite Korintherbrief, MeyerK 6. Abt. 9. Aufl., Göttingen 1924 [Nachdruck ed. G. Strecker ebd. 1970], S. 270). *Aber:* Paulus schreibt doch an die Achajer! Die Aussage, daß Mazedonien eine Kollekte gesammelt habe (8,1ff), dient ihm dazu, die Korinther zur Fertigstellung der Kollekte zu bewegen. In dieselbe Richtung zielt die zweite von Windisch für eine Teilung benutzte Aussage Pauli: Die Mazedonier hätten sich von dem Eifer der Achajer anspornen lassen. Damit will Paulus sagen: Wenn euer Beispiel so viel Nachahmung und Frucht bei anderen gefunden hat, dann ist es doch für euch ein leichtes, das, was andere so angespornt hat, bei euch selbst zu vollenden! Wer wie Windisch hier vorschnell psychologisch-ethische Widersprüche sehen zu müssen glaubt (wie kann Paulus gleichzeitig die Bereitschaft der Achajer zur Kollekte vor den Mazedoniern rühmen und sie gleichzeitig erst zur Kollekte bzw. deren Abschluß auffordern?), verkennt die Situationsgebundenheit des 2Kor und die in ihm verwendeten rhetorischen Mittel.
Windischs Untersuchungen zu Kap. 8 und 9 des 2Kor (vgl. zusammenfassend S. 20f, 242f, 286ff) zeichnen sich freilich gegenüber neueren Arbeiten zu den beiden Kollektenkapiteln (wie etwa der von D. Georgi, Geschichte) durch eine bemerkenswerte Vorsicht aus; vgl. etwa die immer wieder eingestreuten Überlegungen zur Einheitlichkeit: „Daß P. gleichzeitig den Maz. die Kor. und den Kor. die Maz. rühmend vorführt, ist an sich (...) unbedenklich. Ähnliches wird etwa auch ein Lehrer tun, der in verschiedenen Klassen (...) unterrichtet. Bedenklich ist nur, wenn jedesmal ein Vorbild in Superlativen gezeichnet wird, das in Wahrheit gar nicht so glänzend ist, wie es gemalt wird. Denn einmal konnten die Maz. zu der peinlichen Entdeckung kommen, daß die von P. gegebene Schilderung des kor. Eifers, die mit zu der Entfachung ihres Enthusiasmus beigetragen hatte, nicht der Wahrheit entsprach; zweitens wurde bei den Kor. den Verdacht geweckt, als treibe P. auch mit ihnen ein Doppelspiel und sei auch von seiner Beschreibung des maz. Eifers etwas abzuziehen (...). Die

Über das fortgeschrittene Stadium der Kollekte, die relative Jahresangabe („seit dem vorigen Jahr', 8,10) und den Aufenthaltsort Pauli z.Zt. der Abfassung von 2Kor 8f hinaus enthalten die beiden Kapitel eine weitere wichtige Information für die Geschichte der Kollekte: auch Mazedonien hat eine Kollektensammlung veranstaltet (2Kor 8,1—6a). Wenn Paulus den Korinthern das Vorbild der Mazedonier rühmt, so dürfte der Beginn der Sammlung in Mazedonien nicht später fallen als der in Korinth. Paulus hat also offenbar auch in den mazedonischen Gemeinden (Philippi, Thessalonich) mit der Organisation einer Kollekte dem zweiten Teil des Jerusalemer Abkommens zu entsprechen gesucht!

Stellen wir nun als Zusammenfassung von 2.2 eine Abfolge der Ereignisse auf, so ergibt sich folgendes Schema:

1. Anordnung der Kollekte durch Paulus für Galatien, Achaja und Mazedonien,
2. nähere Spezifizierung der Art und Weise des Aufbringens der Kollekte (direkt belegt für Korinth und Galatien),
3. Zusammenbruch der Sammlung in Galatien, Fortführung in Mazedonien und Achaja,
4. Abschluß[151] der Kollekte in Mazedonien und Achaja (Röm 15,26).

Es ist nun die Frage, ob dieses schon eine bestimmte Reihenfolge der Ereignisse implizierende Schema weiter durch topographische und chronologische Daten, wie sie oben bereits anklangen, spezifiziert und aufgefüllt werden kann. Wir gehen im folgenden die soeben behandelten Texte unter der veränderten, auf die Gewinnung von chronologischen und topographischen Daten gerichteten Fragestellung nochmals durch.

---

verschiedenartige Beleuchtung der beiderseitigen Leistungen bei einem Mann wie P. läßt sich indes zur Not begreifen" (S. 270).
Beachtlich sind noch die Gründe, die Dahl, Possessions, S. 38f, für die literarische Einheitlichkeit von 2Kor 8—9 (und überhaupt 2Kor 1—9) zusammengetragen hat.
[151] Suhl, Paulus, meint dagegen, daß aus Röm 15,26 nicht der *Abschluß* der Kollekte hervorgehe, „sondern lediglich, daß sie sichergestellt erscheint. Von der Kollekte der Korinther als einer beschlossenen Sache (...) spricht Paulus auch 2Kor 8,10f; 9,2" (S. 266). Suhl, Paulus, denkt ferner, daß 2Kor 9 zusammen mit Röm oder später abgefaßt worden sei (S. 282). Demgegenüber muß darauf hingewiesen werden, daß Röm 15,26 deutlich einen Fortschritt im paulinischen Kollektenwerk reflektiert, selbst wenn man sich Suhls oben zitierte Beobachtung zu eigen machte. Denn die Sicherstellung der Kollekte in Korinth (Röm 15,26) ist über den Beschluß einer Kollekte hinaus in einem fortgeschrittenen Stadium. Paulus will mit 2Kor 9 doch gerade das Ziel erreichen, die Kollekte in Korinth sicherzustellen, obgleich sie bereits beschlossene Sache war. Die zeitliche Abfolge 2Kor 9 — Röm 15,26 dürfte damit gegen Suhls Einwand gesichert sein. Zu Suhls These der Abfassung von Röm in Mazedonien s.u. A 173.

2.3 Topographische und chronologische Angaben in den Kollektenpassagen der Paulusbriefe

2.3.1 1Kor 16,1ff

Im unmittelbaren Kontext von 1Kor 16,1ff ist sowohl eine topographische wie chronologische Notiz enthalten. V. 8 schreibt Paulus: ἐπιμενῶ δὲ ἐν Ἐφέσῳ ἕως τῆς πεντηκοστῆς. πεντηκοστή ist das jüdische Fest, da es fraglich ist, ob eine christliche Pfingstfeier damals bereits existierte [152]. Eine Kombination dieser Stelle mit 1Kor 5,7b (τὸ πάσχα ἡμῶν ἐτύθη Χριστός) zur Datierungsfrage derart, daß 1Kor zwischen Passa und Pfingsten verfaßt sei, ist nach Lietzmann nicht angeraten, da ἐτύθη „nur von dem einen Mal auf Golgatha, nicht von der Gedächtnisfeier gesagt sein" könne [153]. Jedoch ist 1Kor 5,7 vorausgesetzt, daß den Korinthern der jüdische Passabrauch bekannt ist [154].

Überhaupt ist die Argumentation Lietzmanns, der aus der Nichtexistenz des christlichen Passa z.Zt. der Abfassung von 1Kor schließt, daß die Passaterminologie des 1Kor (in Kombination mit 1Kor 16,8) nichts für die Datierung des Briefes austrägt, nicht schlüssig. Denn die im 1Kor gehäuft auftretenden Passamotive (s. nächste Anmerkung) finden m.E. eine befriedigende Erklärung in dem Umstand, daß Paulus „was at the time of writing engaged in preparations for, or in celebration of, Passover" [155]. — Andere Forscher schließen aus 1Kor

[152] E. Lohse, Art. πεντηκοστή, in: ThWNT VI, S. 44—53, hält es für unsicher, ob „in Ephesus oder Korinth damals schon ein christliches Pfingstfest gefeiert worden ist" (S. 49).

[153] Lietzmann, 1Kor, z.St. (so auch, im Anschluß an diese Formulierung, Conzelmann, 1Kor, S. 119 A 49).

[154] Ob es z.Zt. der Abfassung von 1Kor ein christliches Passa bereits gegeben hat, ist eine Streitfrage. Positiv: E. Lohse, Art. πεντηκοστή, in: ThWNT VI, S. 44—53, S. 49 A 35, unter Berufung auf J. Jeremias, Art. πάσχα, in: ThWNT V, S. 895—903, S. 900, der sich auf die Ergebnisse seines Schülers B. Lohse bezieht (Das Passafest der Quartadezimaner, BFChTh II. 54, Gütersloh 1953; zu 1Kor 5 s. S. 101ff). Zur Kritik an B. Lohses These, daß Melito Quartadezimaner gewesen sei, vgl. W. Huber, Passa und Ostern, BZNW 35, Berlin 1969, S. 31—45. — Zur Streitfrage vgl. Hurd, Origin, S. 139 A 3 (Lit.). Seine eigene Lösung: „whether or not the Corinthians were themselves celebrating a Christian Passover, the theme of 1Cor 5.6—8 may well have been suggested to Paul by the season" (S. 139).

[155] Barrett, 1Cor, z.St. — Zu unterscheiden ist zwischen der Frage, ob Paulus die Passabegrifflichkeit systematisch in seine Theologie einbaut. Das wird mit Conzelmann, 1Kor, S. 120, zu verneinen sein! Eine andere m.E. zu bejahende Frage ist, ob nicht die im 1Kor auffällig gehäuft erscheinende Passaterminolo-

16,8, daß Paulus plane, den kommenden Winter in Ephesus zu verbringen. Conzelmann (1Kor, z.St.) beruft sich offenbar auf 1Kor 16,9, wo als Begründung für Pauli Bleiben in Ephesus angeführt wird: „Denn es hat sich eine große und wirksame Tür mir aufgetan, und der Widersacher sind viele." Nun spricht dagegen: a) Paulus erwähnt keinen Plan zu überwintern (vgl. dagegen V. 6), b) er begründet, warum er Pfingsten kommt, was auf ein verzögertes Kommen hinweist, sagte er doch 1Kor 4,19 sein baldiges Kommen an. Daß er ‚viele' Widersacher hat, ist ihm ein Grund zum Ausharren. Man wird daher nicht aus 1Kor 16,8 den Plan zu überwintern herauslesen dürfen.

Folgende Überlegungen zur Frage des topographischen und chronologischen Ortes der Anordnung der Kollekte sprechen gleichwohl für einen nicht zu kurzen Aufenthalt in Ephesus und damit für einen dort von Paulus verbrachten Winter: Als Ort der Anordnung der Kollekte kommt wohl allein Ephesus in Betracht, wie wir aus dem regen Verkehr zwischen Korinth und Ephesus indirekt entnehmen dürfen, sei es, daß sie im vorigen Brief erwähnt wurde oder Paulus durch einen Boten die Korinther von ihr in Kenntnis setzen ließ. Woher anders als durch den vorigen Brief oder jenen Vertrauten erfuhren die Korinther den Aufenthaltsort Pauli und schrieben ihm wieder einen Brief oder ließen ihm eine mündliche Anfrage zukommen? (Die Annahme, er habe seinen Aufenthaltsort gewechselt und sei trotzdem im Besitze des korinth. Briefes, ist komplizierter.) Ein weiterer Grund für einen nicht zu kurzen Aufenthalt in Ephesus ergibt sich, wenn die abgerissene Notiz 1Kor 15,32 („Wenn ich nach Menschenweise in Ephesus mit Tieren kämpfte, was nützt es mir?") auf eine Gefangenschaft in Ephesus zurückblickt, setzt doch Paulus (im Gegensatz zu 2Kor 1,8) eine gewisse Distanz zwischen Gegenwart und diesem Widerfahrnis voraus.

Als Fazit dieses Unterabschnitts ergibt sich, daß 1Kor 16,8 im Frühjahr in Ephesus abgefaßt wurde und Paulus mindestens einen Winter in dieser Stadt verbracht hat. Der vorige Brief Pauli und die Anordnung der Kollekte werden aus dem Vorjahr stammen.

2.3.2 Topographische und chronologische Daten für Gal?

Wenn Paulus in 1Kor 16,1 von einer Beschreibung der Art und Weise der Aufbringung der Kollekte in Galatien spricht, so kann sie in

---

gie (1Kor 5,7; 10,1ff; 11,23ff; 15,23) derart ausgewertet werden darf, daß 1Kor um die Passazeit geschrieben wurde. Vgl. noch W. D. Davies, Paul and Rabbinic Judaism, London [3]1970, S. 250, und Suhl, Paulus, S. 215f.

einem verlorengegangenen Brief an die Galater gestanden haben, durch einen persönlichen Vertrauten mündlich übermittelt oder bei einem persönlichen Aufenthalt des Apostels erfolgt sein. Dabei mögen anders als bei den Korinthern Anordnung und Beschreibung der Organisationsform zusammengefallen sein. Im folgenden ist zunächst die einzige im Gal enthaltene Zeitangabe zu erörtern, um auf ihrer Grundlage Pauli Besuche in Galatien und den Zeitpunkt der Kollektenanordnung zu ermitteln.

Gal 4,13: οἴδατε δὲ ὅτι δι' ἀσθένειαν τῆς σαρκὸς εὐηγγελισάμην ὑμῖν τὸ πρότερον. Mit diesem Satz bezieht sich Paulus auf die Gründungspredigt in Galatien (vgl. 1,8). Strittig ist die Interpretation von τὸ πρότερον. Von ihr hängt die Entscheidung darüber ab, ob Pauli Gründungsbesuch der erste und letzte Aufenthalt in Galatien war oder ob der Apostel die Gemeinden ein zweites Mal besucht hat. Also: Ist τὸ πρότερον mit ‚einst‘ oder ‚das erste Mal‘ zu übersetzen? Die letztere Möglichkeit würde *zwingend* einen zweiten Aufenthalt Pauli in Galatien voraussetzen, die erste schlösse ihn nicht notwendigerweise ein und könnte den ersten und letzten Besuch meinen. Bei der Erörterung der Frage sind durchweg übliche Seitenblicke auf die Apg unerlaubt und ist zunächst der lexikalische Befund darzustellen: „πρότερος hat die Bedeutung ‚der erste von zweien‘ an πρῶτος abgegeben und heißt nur noch ‚früher‘" (Bl-Debr[13] § 62). Dieser Satz ist in jener apodiktischen Form schwerlich haltbar[156], zumal andererseits kein Zweifel daran besteht, daß selbst πρῶτος nicht immer ‚der erste von zweien‘ zu übersetzen ist, vgl. τὰ πρῶτα ἔργα = die früheren Werke (Apk 2,5; vgl. 1Tim 5,12)[157].

Lexikalisch ist somit keine der beiden Auffassungen sicherzustellen (vgl. ähnlich W. Bauer, WB[5], Sp. 1432). Die Kriterien zur Entscheidung muß somit — falls überhaupt möglich — der Kontext des Gal selbst abgeben.

W. G. Kümmel meint, der Ausdruck τὸ πρότερον könne hier nicht ‚das einzige frühere Mal‘ heißen, da „dann die Beifügung dieses Ausdrucks in Gal 4,13 völlig überflüssig wäre; 4,13 setzt vielmehr nach der nächstliegenden Deutung *zwei* Besuche des Paulus in Galatien voraus"[158]. Dagegen wendet Borse ein, „daß der Zusatz hinreichend verständlich wird, wenn er die Galater mit Nachdruck an die schon längere Zeit zurückliegende Anwesenheit Pauli erinnern sollte, sinn-

---

[156] Beachte die Belege, die D. Tabachovitz für πρότερος = πρῶτος im Ergänzungsheft zu Bl-Debr[13], S. 12, beigebracht hat.
[157] Vgl. W. Michaelis, Art. πρῶτος, in: ThWNT VI, S. 866—869, S. 867.
[158] Kümmel, Einleitung, S. 264. Ähnlich Suhl, Paulus, S. 137.

gemäß etwa: ,ihr wißt doch noch, wie es *damals* war, als ich euch in Schwäche des Fleisches das Evangelium verkündete'. Für diesen Fall wird man zwischen dem Aufenthalt Pauli bei den Galatern und der Abfassung des Gal allerdings einen größeren zeitlichen Abstand ansetzen müssen"[159].

Beide Voten befriedigen nicht. τὸ πρότερον wird gegen Kümmel hinreichend verständlich, wenn es dazu dient, die damalige Lage, in der die Galater alles für Paulus taten, mit der gegenwärtigen zu kontrastieren, in der sie nach Meinung Pauli drauf und dran sind, ihn so schmählich zu verraten. Aus derselben Erkenntnis heraus folgt aber auch gegen Borse, daß zwischen der Gegenwart und dem Gründungsbesuch weder notwendigerweise eine lange Zeit liegen muß (es kommt allein auf den Kontrast an!) noch ein zweiter Besuch auszuschließen ist[160]. Denn ein Blick auf Phil 4,15 und 2Kor 1,19 lehrt, wie Paulus unter Überspringen aller Zwischenbesuche auf seinen ersten Aufenthalt in Philippi und Korinth verweisen kann.

Fazit zu τὸ πρότερον: Das Wort liefert — auch im Kontext des Gal betrachtet — keinen Anhaltspunkt für die Anzahl der Besuche Pauli in Galatien[161]. Selbst der Zeitpunkt[162] der Mission — vor oder nach dem Apostelkonvent — kann von der soeben behandelten Textbasis aus nicht bestimmt werden. Die Mission in Galatien *vor* dem Konvent ergab sich uns aber bereits auf Grund des zu Gal 1f Ausgeführten und darf hier vorausgesetzt werden.

Eine weitere für die Chronologie wichtige Nachricht ergibt sich aus der ersten Hälfte von Gal 4,13. Paulus hat den Galatern δι᾽ ἀσθένειαν τῆς σαρκός das Evangelium verkündigt. Die Gründung der galatischen Gemeinden ist dem Umstand zu verdanken, daß Paulus wegen einer Krankheit zu einem Aufenthalt in Galatien genötigt wurde[163] und in

---

[159] Borse, Standort, S. 49.

[160] Borse, Standort, S. 48.

[161] Suhl, Paulus, S. 137, will in Gal 5,7 (ἐτρέχετε καλῶς) eine Anspielung auf einen zweiten Besuch finden. Aus dem Wortlaut der Stelle geht das nicht hervor!

[162] M.E. darf auch nicht Gal 1,6 (die verwunderte Frage, warum die Galater so *schnell* abgefallen sind) für Datierungsfragen verwendet werden, etwa derart, daß die Gründung nicht lange zuvor erfolgt sei. Denn „schnell" bezieht sich auf die Plötzlichkeit des Abfalls.

[163] Vgl. Bl-Debr[13] § 223, S. 143: „die verbreitete, auch von Vulg. *per* (nicht *propter*) *infirmitatem* nahegelegte Auffassung ,unter Kr., in Schwachheit' verlangt δι᾽ ἀσθενείας" (gegen Oepke, Gal, z.St). Mußner, Gal, z.St., schreibt m.R.: „Gewiß machte die Krankheit die Umstände der Missionierung widrig, aber sie war (...) der eigentliche Anlaß zur Missionsarbeit unter den Galatern".

seiner Folge Missionsversuche unternahm. Paulus war wohl nur auf der Durchreise zu einem anderen Reiseziel oder durch uns unbekannte Ursachen nach Galatien gekommen.

Die obigen Überlegungen zu Gal 4,13 erbringen folgenden Ertrag an topographischen und chronologischen Daten für den Galaterbrief und die Kollekte:

(Die Gründung der galatischen Gemeinde erfolgt vor dem Apostelkonvent.) Die Anordnung und — in Galatien wahrscheinlich damit zusammenfallend — die Spezifizierung der Organisation der Kollekte gehen auf einen zweiten Besuch Pauli oder — weniger wahrscheinlich — auf einen verlorengegangenen Brief oder die mündliche Weisung eines Boten zurück. In den beiden letzten Fällen erfolgen sie von Ephesus aus, wo Paulus sich bereits im Vorjahr der Abfassung des 1Kor aufhält.

Wenn Pauli Anordnung und Spezifizierung der Organisation der Kollekte auf seinen zweiten Besuch zurückgehen, sind sie im Vorjahr der Abfassung des 1Kor erfolgt. Paulus hätte dann Ephesus auf dem Landweg über Galatien erreicht. Der Sachverhalt, daß Paulus in Galatien zugleich mit der Weisung zur Kollekte ihre Organisationsform klären konnte, während er in Korinth erst in einem zweiten Schritt (nach der Erörterung des „Daß" im vorigen Brief oder durch einen Boten) die Einsammlung spezifizierte, wird damit zusammenhängen, daß Paulus durch persönliche Anwesenheit in Galatien beides zusammen regeln konnte, wohingegen längere und gegenwärtige Abwesenheit in Korinth eine größere Vorsicht (und Taktik) erforderlich machte.

Nähere Aufschlüsse über den Zeitpunkt und Ort der Abfassung des Galaterbriefes, dessen zeitliche Nähe zu Röm und 2Kor bereits oben aufgrund eines Sprach- und Stilvergleichs aufgezeigt wurde, werden sich nach der nun folgenden Analyse der chronologischen und topographischen Daten von 2Kor 8f ergeben.

Das bestreitet — vergeblich — E. Güttgemanns, Der leidende Apostel und sein Herr, FRLANT 90, Göttingen 1966, S. 173—177 (Lit.); vgl. dagegen m.R. Schenke—Fischer, Einleitung, S. 78; Suhl, Paulus, S. 114 (anders S. 136?); Ramsey, Place, S. 241 u.ö., versteigt sich wegen Gal 4,13 zu der These, daß die Galater bereits Christen waren, als Paulus sich bei ihnen zum ersten Mal aufhielt!

2.3.3 Die in 2Kor 8f vorausgesetzten topographischen und chronologischen Daten

Wir können an die oben gemachte Beobachtung anknüpfen, daß z.Zt. der Abfassung von 2Kor 8f Paulus sich in Mazedonien aufhält und auf den Beginn der Kollekte im Vorjahr in Korinth zurückblickt. Im folgenden sind zu erörtern: 1. der Reiseweg von Ephesus nach Mazedonien, 2. die Organisation der Kollekte in Mazedonien, 3. die Bedeutung der Wendung ‚seit dem vorigen Jahr‘.

2.3.3.1 Der Reiseweg des Paulus von Ephesus nach Korinth

Paulus hatte in 1Kor 16,8 mit der Ansage, bis Pfingsten in Ephesus zu bleiben, bereits vorher (V. 5) den Reiseplan verbunden, über Mazedonien nach Korinth zu kommen, um hier zu überwintern (V. 6). Damit kann nur der Winter desselben Jahres gemeint sein (d.h. der auf das V. 8 genannte Pfingstfest folgende), da Paulus im anderen Fall die längere dazwischenliegende Zeit erwähnt hätte. (Er spricht vom ‚Überwintern‘ ganz selbstverständlich und von seinem Kommen so, als ob es in nicht allzu ferner Zukunft liegt[164].) Er arbeitet darauf hin, daß die Kollekte bei seiner Ankunft abgeschlossen ist:

(Jeden ersten Wochentag mag jeder von euch bei sich in die Sparbüchse legen, was er vermag,) ,,damit die Sammlungen nicht (erst) stattfinden, wenn ich komme. Wenn ich aber hinkomme, dann werde ich Leute, die ihr für gut befinden werdet, mit Briefen hinschicken, um euer Geschenk nach Jerusalem zu bringen. Wenn es aber der Mühe wert ist, daß ich selbst reise, dann sollen sie mit mir reisen" (1Kor 16,2f).

Inzwischen hat Paulus Timotheus nach Korinth geschickt (4,17), und die Bitte, ihn gut aufzunehmen, wenn er kommt (16,10f), setzt voraus, daß der Brief vor dem zuvor abgereisten Timotheus in Korinth ankommt. Die einzige mögliche Erklärung hierfür ist, daß Timotheus den Landweg (über Mazedonien) genommen hat, der Brief den Seeweg.

Im 2. Korintherbrief äußert sich Paulus wiederum zu seinen Reiseplänen:

2Kor 1,15f: Paulus wollte ,,erst zu euch kommen, damit ihr zum zweiten Mal die Gnade empfinget, und über euch nach Mazedonien durchreisen, und dann wieder von Mazedonien zu euch kommen, um mich von euch nach Judäa geleiten zu lassen."

Ein Vergleich mit den in 1Kor 16 geäußerten Reiseplänen ergibt a), daß aus der dort offengelassenen Möglichkeit der Reise Pauli

---

[164] So auch Buck, Collection, S. 3.

nach Jerusalem zwecks Überbringung der Kollekte eine Absicht geworden ist, b) der Reiseweg nach Korinth (wiederum von Ephesus) hat sich geändert, c) der anvisierte Aufenthalt in Korinth sich verdoppelt. Paulus wollte von Ephesus direkt nach Korinth fahren (nicht wie nach 1Kor 16 den Umweg über Mazedonien nehmen), dann nach Mazedonien, von dort aus *wiederum* nach Korinth, um von hier aus nach Jerusalem zu reisen.

Im unmittelbaren Kontext von 2Kor 1,15f muß sich Paulus gegen Leichtfertigkeit (V. 17: ἐλαφρία) bei diesem Entschluß verteidigen, und wenig später heißt es: „Ich rufe Gott zum Zeugen an gegen meine Sache, daß ich nur aus Schonung für euch nicht mehr nach Korinth gekommen bin" (φειδόμενος ὑμῶν οὐκέτι ἦλθον εἰς Κόρινθον, V. 23).

Was war geschehen, daß Paulus von einem weiteren Besuch in Korinth Abstand nahm? Ist der ‚weitere Besuch' auf ein zweites oder drittes Kommen zu beziehen? Darüber gibt 2Kor 2,1 Aufschluß: „Ich hatte mir aber vorgenommen, nicht noch einmal in Trübsal zu euch zu kommen" (τὸ μὴ πάλιν ἐν λύπῃ πρὸς ὑμᾶς ἐλθεῖν). Offenbar hatte nach dem Gründungsbesuch ein Besuch in Trübsal[165] stattgefunden, bei dem Paulus beleidigt worden war und der ihn zum sogenannten Tränenbrief veranlaßte (vgl. 2Kor 2,3—9; 7,8—12). Der erste Teil des in 2Kor 1,15 ausgesprochenen Plans (ἐβουλόμην πρότερον πρὸς ὑμᾶς ἐλθεῖν ἵνα δευτέραν χάριν σχῆτε) war anscheinend

---

[165] Trotz seiner Bestreitung durch N. Hyldahl, Die Frage nach der literarischen Einheit des Zweiten Korintherbriefes, in: ZNW 64. 1973, S. 289—306. H. findet überhaupt keinen zweiten durchgeführten Besuch im 2Kor reflektiert. Dagegen: Es ist das Naheliegendste, πάλιν mit ἐν λύπῃ zu verknüpfen und hierin einen unglücklich verlaufenen zweiten Besuch ausgesagt zu sehen. Ferner besagt der Satz 2Kor 13,1: τρίτον τοῦτο ἔρχομαι πρὸς ὑμᾶς, eindeutig, daß Paulus zum drittenmal nach Korinth kommt und also bereits zweimal dagewesen ist (a) Gründungsbesuch, b) Zwischenbesuch). Von dieser Basis aus sind zwei weitere nicht völlig eindeutige Stellen zu interpretieren (1,15f und 12,14).
Hyldahl versucht, diesem Schluß zu entgehen, indem er 2Kor 13,1 wie folgt übersetzt: „Dieses dritte Mal komme ich zu euch (im Unterschied zu den vorigen Malen, als ich bereit war, aber nicht kam)" (S. 303). Dagegen spricht a), daß sich zwei fehlgeschlagene Pläne, nach Korinth zu reisen, nicht nachweisen lassen, und b) der klare Wortlaut von 2Kor 13,1 (mit Lietzmann, 1.2Kor, z.St.). Ähnlich wie Hyldahl interpretiert S. Dockx, Chronologie paulinienne de l'année de la grande collecte, in: RB 81. 1974, S. 183—195, S. 192f = in: ders., Chronologies néotestamentaires et Vie de l'Église primitive, Paris—Gembloux 1976, S. 107—118. — Im übrigen ist Hyldahls Aufsatz ein bemerkenswerter Versuch, 2Kor als Einheit zu verstehen.

ausgeführt worden [166] und führte zur Kränkung des Apostels, der deshalb nicht noch einmal unter diesen Umständen in seiner Gemeinde erscheinen will.

Wenn Paulus in 2Kor 1f a) den veränderten und teilweise bereits durchgeführten Reiseplan (statt: Ephesus — Mazedonien — Korinth nun: Ephesus — Korinth — Mazedonien — Korinth) und b) die Tatsache verteidigen muß, daß er nicht noch ein weiteres (= drittes Mal) nach Korinth gekommen ist, so dürfen wir folgendes daraus schließen: a) Den Korinthern gab der gegenüber 1Kor 16 veränderte und z.T. bereits realisierte Reiseplan einen Anlaß zum Vorwurf der Unaufrichtigkeit („Bei Paulus findet sich ‚ja' und ‚nein' zusammen", vgl. 1,17). b) Als die den Korinthern wohl beim zweiten Besuch mitgeteilte Absicht Pauli, ein drittes Mal zu kommen, sich nicht erfüllte, ergab sich ein neuer Anlaß für den obigen Vorwurf [167]. Paulus begegnet ihm mit der Antwort, er wolle nicht noch ein weiteres Mal in Trübsal kommen.

Aus dem Gesagten ergibt sich folgendes Schema:

Abfassung des 1Kor in Ephesus,
Reise von Ephesus nach Korinth,
Überstürzte Rückkehr,
Abfassung des Tränenbriefes von Ephesus aus.

Danach wendet sich das Blatt offenbar zu Gunsten des Paulus, und er schickt sich an, ein drittes Mal nach Korinth zu kommen (2Kor 12,14; 13,1).

Wie war es zu einer solchen günstigen Wendung gekommen? Nach Rückkehr vom zweiten Besuch in Korinth und der Abfassung des Tränenbriefes ging Paulus nach dem Entkommen aus einer Todesgefahr in Asia (2Kor 1,8) [168] nach Troas (2Kor 2,12) und zog wei-

---

[166] Mit Lietzmann, 1.2Kor, z.St.; „Sprachlich möglich bleibt die Deutung der δευτέρα χάρις auf den geplanten, aber nicht ausgeführten Aufenthalt bei der Rückreise von Mazedonien (Schmiedel, Windisch)" (Lietzmann, a.a.O., S. 103). Doch hätte das keinerlei Konsequenzen für die obige Rekonstruktion!

[167] Daß Paulus nach seinem 2. Korinthaufenthalt nach Ephesus (statt Mazedonien) gefahren ist, mag ein zusätzlicher Vorwurf gewesen sein.

[168] Die Nachricht klingt so, als ob sich das berichtete Geschehen erst kürzlich ereignet hat. Es wird wohl nach dem Tränenbrief anzusetzen sein.
Dagegen meint Suhl, Paulus, daß es wenig wahrscheinlich sei, daß die „Trübsal in der Asia II 1,8 ein Ereignis in allerjüngster Vergangenheit meint" (S. 257 A 5). Laut Suhl, Paulus, ist „an die Gefangenschaft am Anfang des Aufenthaltes in Ephesus gedacht (...), zu der diese Beschreibung auch allein paßt" (ebd.). Dagegen: Aus der Einleitung 2Kor 1,8: οὐ γὰρ θέλομεν ὑμᾶς ἀγνοεῖν (zu dieser Formel vgl. auch unten S. 232f) geht hervor, daß die Korinther von der Trübsal bisher nichts gewußt haben und dieselbe daher von derjenigen unterschieden

ter nach Mazedonien, wo er nach einiger Zeit den bereits in Troas vermißten Titus traf (2Kor 7,6f). Dieser berichtete Paulus von der positiven Reaktion der Korinther auf den Tränenbrief. Sie war Voraussetzung für den beabsichtigten dritten Besuch und die Bitte an die Korinther, das durch das zeitweilige Zerwürfnis zwischen Apostel und Gemeinde zweifellos beeinträchtigte Kollektenwerk [169] abzuschließen. Paulus kann Titus zum zweiten Mal nach Korinth schicken, weil dieser und der ungenannte Bruder bereits beim ersten mit der Organisation der Kollekte im Zusammenhang stehenden Besuch sich als frei von dem Verdacht der Habgier erwiesen haben (2Kor 12,17f; vgl. 8,6).

Bei der Frage nach dem Zeitpunkt der ersten Reise des Titus nach Korinth wird man zunächst als Voraussetzung einführen dürfen, daß

werden muß, auf die Paulus 1Kor 15,32 anspielt (gegen Suhl, Paulus, S. 140, der beide Widerfahrnisse für identisch hält). Die Todesgefahr in Asia liegt daher zwischen 1Kor und 2Kor (1,8). Damit erledigen sich Suhls Vermutungen über eine Gefangenschaft des Paulus zu Beginn seiner Zeit in Ephesus (Paulus, S. 144—202), während der Phil A (= Phil 1,1—3,1a; 4,10—23) abgefaßt worden sei.

Nach Suhl sind Pauli Gegner Juden, „die Paulus wegen seiner Christusverkündigung bei der Behörde angezeigt haben und ihm nun in der entscheidenden Phase des Prozesses vor dem Urteil durch ‚Christusverkündigung' (sc. vgl. Phil 1,15) zu schaden versuchen" (S. 171). Das ist m.E. auch wegen Phil 1,18 ausgeschlossen, wo Paulus auf die Faktizität der Christusverkündigung abhebt.

[169] Es ist m.E. unnötig (wie es zuletzt Vielhauer, Geschichte, tut), *drei* Besuche des Titus in Korinth vor dem dritten des Paulus anzunehmen: Titus sei „zuerst in der Kollektenangelegenheit (8,6; 12,17f) und später zur Wiedergewinnung der Gemeinde" (S. 145) in Korinth gewesen. Sein angekündigter Besuch zwecks Abschlusses der Kollekte sei der dritte. Dagegen: Es gehört nicht viel Phantasie dazu, sich vorzustellen, daß mit dem Vordringen der Gegner in Korinth auch die Kollekte gefährdet war (vgl. das galatische Beispiel und A 174). Titus' erster Besuch wird daher besser zusammen mit der Überbringung des Tränenbriefes und der damit verbundenen Zurechtweisung der Gegner *auch* dem Zweck der Weiterführung der Kollekte gedient haben. Dann ist der angekündigte Besuch erst der zweite.

Nach C. K. Barrett, A Commentary on the Second Epistle to the Corinthians, BNTC, London 1973 = HNTC, New York 1974, z.St. (vgl. bereits Windisch, 2Kor, z.St.) blickt Paulus in 2Kor 12,17f auf den Besuch des Titus in Korinth zurück, der 2Kor 8f noch bevorsteht. Anlaß zu dieser Annahme ist für Barrett die Ähnlichkeit der Ausdrücke 2Kor 12,18: παρεκάλεσα Τίτον καὶ συναπέστειλα τὸν ἀδελφόν und 2Kor 8,18: συνεπέμψαμεν δὲ μετ' αὐτοῦ τὸν ἀδελφόν (von der zweiten Reise). „Aber in diesem Falle hätte Pls hier nicht von einem sondern von zwei mitgeschickten Brüdern reden müssen, von denen der eine (8,18) gar von Paulus zum Zweck der Finanzkontrolle erbeten und mit aller Feierlichkeit von den Gemeinden delegiert war — dessen Zeugnis wäre doch wohl hier ausschlaggebend und nicht zu verschweigen gewesen. Also ist an unserer Stelle die erste Reise des Titus gemeint" (Lietzmann, 1.2Kor, S. 159).

Titus Überbringer des Tränenbriefes war. Daß seine Fahrt nach Korinth auf genaue Planung des Paulus zurückgeht, geht schon daraus hervor, daß, wie das Warten Pauli in Troas auf seinen Gehilfen zeigt, der Zeitpunkt und Ort seiner Rückkehr zu Paulus genau abgesprochen war. Da Paulus in 2Kor 7,5ff von der Rückkehr des Titus, seiner freundlichen Aufnahme in Korinth und von der hinfort nicht mehr gegebenen Situation, die zum Tränenbrief geführt hat, spricht, ist nur der Schluß möglich, daß Titus den Tränenbrief nach Korinth gebracht und nun Paulus in Mazedonien von dem Umschwung zu seinen Gunsten berichten kann.

Ist damit diese Voraussetzung hinreichend begründet, steht weiter fest, daß des Titus erster Besuch auch im Dienste der Kollekte stand (s.o.), so ist als Zeitpunkt der ersten Reise des Titus spätestens der Sommer des Jahres anzunehmen, in dem 1Kor abgefaßt wurde. Damit ergeben unsere Überlegungen zur Reise Pauli von Ephesus nach Mazedonien und den mit der Organisation der Kollekte in Verbindung stehenden Ereignissen folgende Abfolge:

Sendung des Timotheus auf dem Landwege nach Korinth,
Abfassung des 1Kor von Ephesus,
Reise von Ephesus nach Korinth (Zwischenbesuch Pauli),
Überstürzte Rückkehr,
Tränenbrief von Ephesus/Sendung des Titus zwecks Überbringung des Tränenbriefes, Niederwerfung der Gegner und Organisation der in Gefahr geratenen Kollekte,
Todesgefahr in Asia,
Reise von Ephesus nach Troas,
Reise von Troas nach Mazedonien,
Rückkehr des Titus zu Paulus von Korinth nach Mazedonien.

2.3.3.2 Die Organisation der Kollekte in Mazedonien

Da die beiden uns erhaltenen, an mazedonische Gemeinden gerichteten Briefe Phil und 1Thess keine mit der Kollekte in Verbindung stehenden Aussagen machen, sind wir auf Rückschlüsse aus anderen Briefen angewiesen, wenn im folgenden die Organisation der Kollekte in Mazedonien zu behandeln ist. Die übrigen Paulusbriefe berichten an zwei Stellen von einer Sammlung in Mazedonien. Röm 15,26 schreibt Paulus, daß Mazedonien und Achaja beschlossen haben, den Armen der Heiligen in Jerusalem zu helfen, und er im Begriff sei, ihre Gabe nach Jerusalem zu bringen (V. 31f). Er blickt also auf den Abschluß einer Geldsammlung in Mazedonien zurück. 2Kor 9,4 spricht Paulus von einer mazedonischen Gesandtschaft, die mit der in den dortigen Gemeinden gesammelten Kollekte in Begleitung Pauli nach Korinth kommen will.

Der Satz 2Kor 9,4: „damit nicht, wenn die Mazedonier mit mir kommen und euch unvorbereitet finden, wir — um nicht zu sagen ihr — zu Schanden werdet in diesem (unserem) Vertrauen", ist nur sinnvoll, wenn Paulus erwartet, daß die Mazedonier mit der abgeschlossenen Sammlung kommen. Sonst würden sie selbst — nicht nur die Korinther — zu Schanden.

Ja, Paulus weiß zu berichten, daß die Mazedonier freiwillig und unaufgefordert sich der Kollektenaktion angeschlossen haben (2Kor 8,3f). Darf dieser Satz auch nicht gepreßt [170] werden, derart daß die Kollekte dort nicht von Paulus angeregt worden sei oder es gar keine Schwierigkeiten gegeben habe, so enthält er doch darin Richtiges, daß die Kollektenaktion sich in Mazedonien weitaus problemloser als in Korinth vollzogen haben wird (beachte auch die Reihenfolge Mazedonien, Achaja in Röm 15,26). Mazedonien ist wie ein Ruheplatz zwischen den abtrünnig gewordenen Gemeinden von Galatien, der beinah abgefallenen in Korinth und dem für Paulus unbetretbar gewordenen Ephesus [171]. Wenn wir diesen allgemeinen Eindruck über die mazedonischen Gemeinden zusammenbringen mit dem 2Kor 9,4 erwarteten und Röm 15,26 berichteten Abschluß der Kollekte in Mazedonien, so gewinnt das oben genannte argumentum e silentio an Gewicht, daß in der Tat die Organisation der Kollekte in Mazedonien ziemlich reibungslos abgewickelt wurde.

Der Zeitpunkt und die Art der Übermittlung des Kollektenwunsches Pauli ergibt sich aus der 1Kor 4,17; 16,10 vorausgesetzten Sendung des Timotheus auf dem Landweg nach Korinth über Mazedonien. Hieraus ist ein weiteres Argument für die oben aufgestellte These zu entnehmen, daß sich die Sammlung in Mazedonien problemloser als in Achaja vollzog. Paulus war sich offenbar der mazedonischen Gemeinde so gewiß, daß er Timotheus, statt ihn zwecks Berichterstattung nach Ephesus zurückkehren zu lassen, gleich weiter zum eigentlichen Problemzentrum Korinth schicken konnte.

[170] Vgl. auch das zum literarischen Charakter von 2Kor 8f Gesagte (oben S. 120f A 150). Vor der römischen Leserschaft kann Paulus später erklären, daß Achaja beschlossen habe, eine Kollekte zu sammeln (Röm 15,26), ohne Ansicht der vorherigen Schwierigkeiten!
[171] Die Frühgeschichte des Christentums in Ephesus verdiente eine eingehende, hier nicht zu leistende Analyse. Lukas hat seine liebe Not, die Priorität der paulinischen Predigt in dieser Stadt nachzuweisen und das Christentum des Apollos zu domestizieren (vgl. E. Käsemann, Die Johannesjünger in Ephesus, in: ZThK 49. 1952, S. 144—154 = in: ders., Exegetische Versuche und Besinnungen I, Göttingen ⁶1970, S. 158—168, dessen Auslegung ich beipflichte). Er scheint ebenfalls davon zu wissen, daß die Gegnerschaft des Paulus in Ephesus übermächtig ist, vgl. Apg 20,17ff. In die Analyse sind einzubeziehen die Frage nach den Adressaten von Eph, 1Tim 1,3ff, Apk 2,1—7, IgnEph, der Komplex der an Ephesus haftenden Johannestraditionen.

Als Zeitpunkt der Sendung des Timotheus zur Organisation der Kollekte ist der Frühling des Jahres, in dem der erste Korintherbrief abgefaßt wurde, anzunehmen (dann wäre aber nur ein überraschend kurzer Aufenthalt in Mazedonien eingeplant gewesen) oder eher: Sommer oder Herbst des Vorjahres mit Überwinterung in Mazedonien.

2.3.3.3 Die Bedeutung der Wendung „seit dem vorigen Jahr" (ἀπὸ πέρυσι, 2Kor 8,10)

Paulus schreibt 2Kor 8,10: „Das ist euch nützlich, da ihr nicht nur das Tun, sondern auch das Wollen vorher angefangen habt, seit vorigem Jahr (ἀπὸ πέρυσι): Jetzt bringt aber auch das Tun zu Ende, damit der Bereitschaft zum Wollen auch das Vollbringen entspreche." Das Wollen der Korinther hatte sich etwa in ihrer Anfrage an Paulus betreffs der Organisation der Kollekte (1Kor 16,1) manifestiert. Nachdem das Hin und Her im Zusammenhang des zunehmenden Einflusses der Gegner in Korinth und das damit verbundene Beinahe-Erliegen der Kollekte gerade durch den Erfolg der Sendung des Titus überwunden ist, drängt Paulus darauf, daß die Korinther ihre prinzipielle Bereitschaft zur Kollekte endlich in die Tat umsetzen. Denn mittlerweile hat zwischen dem Anfang der Kollektenaktion in Korinth und ihrem jetzigen Stadium sich ein Jahreswechsel ereignet.

Es ist schwerlich zu entscheiden, nach welchem Kalender Paulus an unserer Stelle rechnet, nach dem römischen (Jahresbeginn: 1. Januar) oder dem jüdisch-orientalischen (Jahresbeginn: Herbst). Wichtiger als die Lösung dieser Frage ist die Feststellung, daß zwischen dem Anfang der Kollekte in Korinth und dem Zeitpunkt der Abfassung von 2Kor 8f ein Winter liegen wird[172]. Das ergibt sich eindeutig aus der Vielfalt des nach der Abfassung von 1Kor Geschehenen, wie ein Blick auf die Tabelle S. 131 lehren mag. Es ist am wahrscheinlichsten, daß Paulus den auf die Abfassung von 1Kor 16 folgenden Winter in Ephesus verbracht hat. Von hierher wird er sich im Frühjahr nach Troas begeben haben und hat wohl im Sommer desselben Jahres in Mazedonien Titus wiedergetroffen. Die hierauf folgende Abfassung von 2Kor fällt dann in den Spätsommer desselben Jahres. Die Wendung „seit dem vorigen Jahr" bezieht sich dann

---

[172] Theoretisch gesehen kann die Wendung „seit dem Vorjahr" einen Zeitraum von 1—23 Monaten abdecken.

auf die durch den korinthischen Brief oder durch eine mündliche Nachricht im Frühjahr des vorigen Jahres erfolgte Absichtserklärung der Korinther zur Einsammlung einer Kollekte. Zwischen beiden Zeitpunkten dürften rund 16 Monate liegen.

Hält man mangels besserer Lösungen an der Einheitlichkeit des 2Kor fest, so ist für die Abfassung des Gal dieselbe Zeit wie die für den letzten Teil von 2Kor, Kapp. 10—13, zu postulieren, also der Spätsommer. Die schlechten Nachrichten aus Galatien werden Paulus nicht lange nach der Ankunft des Titus aus Korinth erreicht haben.

Aus dem Gesagten folgt, daß Titus sich den vorigen Winter in Korinth aufgehalten hat und auch den nächsten Winter zwecks Organisation des Abschlusses der Kollekte in Korinth verbringen wird.

Paulus hält sich diesen Winter in Mazedonien auf und wird im Frühjahr/Sommer des folgenden Jahres mit mazedonischen Brüdern samt deren Kollekte nach Korinth reisen, um die korinthische Kollekte während seines dritten Aufenthaltes in dieser Stadt endgültig sicherzustellen. Darauf blickt der Apostel offensichtlich Röm 15,26 zurück (s.o.), d.h. Paulus schreibt Röm im folgenden Winter in Korinth [173] und wird im Frühjahr danach nach Jerusalem reisen. Mit diesem Korinthaufenthalt hat er nach einigen Verzögerungen und Änderungen seinen ursprünglichen Plan (1Kor 16,6) dann doch ausgeführt, in Korinth zu überwintern, wobei aus der V. 4 angedeuteten Möglichkeit, die Kollekte selbst nach Jerusalem zu überbringen, in-

---

[173] Suhl, Paulus, S. 265, bestreitet mit m.E. unzureichenden Gründen die Abfassung von Röm in Korinth. Nach seiner Meinung „setzt das Kollektenschreiben 2Kor 9 voraus, daß Paulus nur kurze Zeit in Korinth bleiben wollte. Das widerspricht der Begründung für den ursprünglich geplanten Winteraufenthalt in Korinth 1Kor 16,7, Paulus wolle die Korinther nicht nur im Vorübergehen wiedersehen. Es ist aber kaum anzunehmen, daß die Brüder aus Mazedonien mit Paulus zogen (2Kor 9,4), um mit ihm in Korinth zu überwintern und die Reise nach Jerusalem erst drei Monate später anzutreten" (ebd.) Dagegen: a) Aus 2Kor 9 läßt sich schlechterdings nichts über die Länge des Aufenthaltes Pauli in Korinth entnehmen; b) 2Kor 9,4 impliziert, daß die mazedonischen Brüder die Kollekte ihrer Gemeinden mit sich führten. Das setzt doch voraus, daß Paulus von Korinth aus direkt nach Jerusalem fahren will (in diese Situation paßt Röm, dessen Abfassung *nach* 2Kor 9 oben S. 121 A 151 gegen Suhls Auffassung erwiesen wurde); c) die Brüder aus Mazedonien reisen als Mitüberbringer der Kollekte mit Paulus nach Korinth, nicht um zu überwintern. Geographische und sachliche Gegebenheiten (Abschluß der Kollekte in Korinth, Vorbereitung der Mission in Spanien) machten es dabei notwendig, vor der Reise nach Jerusalem in Korinth zu überwintern, um so mehr, als Paulus wohl plante, in demselben Jahr nach Rom zu gelangen, in dem er die Kollekte nach Jerusalem gebracht hatte (mit Suhl, Paulus, S. 283).

zwischen eine Absicht[174] geworden war (2Kor 1,16), die der Apostel bis unmittelbar vor seiner Abreise festgehalten hat (Röm 15,25).

Die Einordnung der Fahrten des Timotheus in den chronologischen Rahmen bereitet keine Schwierigkeiten. Timotheus war vor der Absendung des 1Kor auf dem Landwege nach Korinth gereist, und Paulus erwartet ihn in Ephesus zurück (1Kor 16,11). Nun erscheint er im 2. Korintherbrief als Mitabsender und ist offenbar bei Paulus in Mazedonien. Er wird Paulus von der mangelnden Wirkung des 1Kor sowie dem Fehlschlag seiner eigenen Sendung berichtet und so den unmittelbaren Anlaß für den nicht eingeplanten Zwischenbesuch des Apostels gegeben haben. In diesem Falle ist klar, daß Timotheus danach mit Paulus in Ephesus überwintert und sich hernach mit ihm über Troas nach Mazedonien begeben hat.

2.4 Vorläufiges Ergebnis

Im folgenden geht es darum, die Ergebnisse zusammenzufassen, die erarbeitet wurden, indem in einem ersten Arbeitsschritt die Kollekte, wie sie in ihren verschiedenen Stadien in den Paulusbriefen reflektiert wird, zur Gewinnung eines zeitlichen Rahmens (d.h. das ‚Vor' und ‚Danach') benutzt wurde und indem zweitens eine Analyse der topographischen und chronologischen Daten der mit der Kollektenaktion in Verbindung stehenden Paulusbriefe diesen Rahmen spezifizieren und auffüllen half. Wir bedienen uns der Übersichtlichkeit halber eines Schemas (in Klammern weniger Sicheres):

Herbst	Sendung des Timotheus über Mazedonien nach Korinth; der vorige Brief nach Korinth mit der Kollektenanweisung (oder letztere durch Boten)
1. Winter	Paulus in Ephesus, Timotheus in Mazedonien
Frühjahr	Brief der Korinther mit Frage zur Kollekte (oder diese durch mündliche Anfrage)
vor Pfingsten (um Ostern)	1Kor
Sommer	nach schlechten Nachrichten aus Korinth durch Timotheus Zwischenbesuch Pauli in Korinth, überstürzte Rückkehr nach Ephesus; Tränenbrief und Sendung des Titus nach Korinth

[174] Der Grund hierfür wird in der zunehmenden Gefährdung des Kollektenwerkes durch die Gegner zu suchen sein, die nach unserer Analyse in Galatien die Kollekte bereits zum Erliegen gebracht hatten.

2. Winter	Paulus in Ephesus (in Todesgefahr: 2Kor 1,8)
Frühjahr	Reise Pauli mit Timotheus nach Troas, Weiterreise nach Mazedonien
Sommer	Ankunft des Titus aus Korinth in Mazedonien; schlechte Nachrichten aus Galatien; Abfassung von 2Kor 1–9, 2Kor 10–13/Gal; Sendung des Titus (mit 2Kor) nach Korinth zwecks Organisation des Abschlusses der Kollekte
3. Winter	Paulus in Mazedonien; Abschluß der dortigen Kollekte
Frühjahr/Sommer	Reise nach Korinth; dritter Aufenthalt Pauli in Korinth; Abschluß der dortigen Kollekte
4. Winter	Paulus in Korinth: Röm

Zweierlei mußte in diesem Schema unberücksichtigt bleiben: die Ereignisse vor der Ankunft Pauli in Ephesus und die nach dem dritten Aufenthalt in Korinth. Die Antwort auf letztere dürfte relativ einfach sein. Paulus hat wohl seinen Röm 15 genannten Reiseplan wahrgemacht und ist im Frühjahr nach Jerusalem zwecks Überbringung der Kollekte gereist. Auf das zuerst genannte Problem hat die Forschung meist eine einhellige Antwort parat. Paulus sei, nachdem er bereits vorher in Philippi und Thessalonich eine Gemeinde ins Leben gerufen habe, vom Gründungsbesuch in Korinth aus nach Ephesus gefahren, sei bald hernach auf der dritten Missionsreise wiederum nach Ephesus gekommen und habe hier den 1.Korintherbrief geschrieben.

Oben wurde gezeigt, daß diese These sich nicht auf eine Kombination des paulinischen Selbstzeugnisses mit der Apg stützen darf (s.S. 35ff). Da dies nicht ausschließt, daß die Briefe eine dem Ephesusaufenthalt zeitlich nahe Tätigkeit des Apostels in Griechenland voraussetzen, seien im folgenden die in Frage kommenden Belege geprüft.

2.5 Zur Frage eines Gründungsaufenthaltes Pauli in Griechenland in der Nähe des 1Kor 16,1ff vorausgesetzten Ephesusaufenthaltes

2.5.1 Die in Frage kommenden Quellen. Zur Methode

Wir waren im bisherigen Arbeitsgang so verfahren, daß wir bei der Konstruktion der Chronologie des Paulus zwecks Gewinnung eines zeitlichen Rahmens die Kollekte als äußeres Kriterium benutzt haben und die Ereignisse im Leben Pauli zueinander in Beziehung setzen konnten je nach ihrer Stellung im Kollektenwerk. Das Resultat war eine mehr oder weniger genaue Chronologie einer Periode von 3—4 Jahren im Leben Pauli, die der Organisation der Kollekte gewidmet war. Fragen wir im folgenden nach dem Zeitpunkt der Gründung der paulinischen Gemeinden in Griechenland, so fällt die Entscheidung bei der Beantwortung des Problems, ob Paulus nicht lange vor dem Ephesusaufenthalt (1Kor 16,1ff) in Korinth war. Liegen Korinth- und Ephesusaufenthalt zeitlich nahe zusammen, so kann mit an Sicherheit grenzender Wahrscheinlichkeit gefolgert werden, daß die europäische Mission in die Phase der paulinischen Mission nach dem Apostelkonvent fällt, um so mehr, als Paulus vor der Abfassung von 1Kor 16,1ff erst einmal in Korinth war. Paulus wäre dann von dort mit dem Schiff zu seinem Aufenthaltsort z.Zt. der Abfassung von 1Kor, nämlich nach Ephesus, gefahren[175]. Daher ist im folgenden zunächst zu fragen, was die die Kollektenaktion Pauli reflektierenden Briefe (es kommen allein 1.2Kor in Frage) zur Gründung der Gemeinde aussagen und ob sie eine Andeutung über das zeitliche Verhältnis des Gründungsbesuches zum Aufenthalt Pauli in Ephesus enthalten. Nimmt man im Sinne der herkömmlichen Chronologie an, daß die Gründung in Korinth dem 1Kor 16,1ff vorausgesetzten Ephesusaufenthalt zeitlich nahe ist, sollte angenommen werden, daß Paulus in den Briefen eine Aussage über diese relative Nähe macht.

Die ausführliche Anspielungen auf die Gemeindegründungen in Griechenland enthaltenden, bisher aus methodischen Gründen nicht herangezogenen paulinischen Briefe 1Thess und Phil können auch in diesem Arbeitsgang vorerst nicht verwendet werden, da es in ihm um die Ermittlung des zeitlichen Abstandes zwischen der Periode der Kollektenorganisation und dem Gründungsbesuch geht. Für diese Fragestellung sind aber nur die Briefe verwendbar, die die Kollekte *und* den Gründungsbesuch reflektieren, was bei 1Thess und Phil nicht der Fall ist. Erst wenn sich herausstellen sollte, daß beide Aufenthalte zeitlich verhältnismäßig weit voneinander entfernt zu denken sind, erhalten wir das Recht, die Gründungsnachrichten jener die Kollektenaktion nicht reflektierenden Briefe zu verwenden und zu fragen,

---

[175] Das setzen offenbar Conzelmann—Lindemann, Arbeitsbuch, S. 197, voraus; ähnlich wohl auch D. Lührmann, Sklave, S. 59 A 20, wenn Lührmann Apg 18,18ff als lukanische Konstruktion betrachtet (so auch Weizsäcker, Zeitalter, S. 343). Nach der herkömmlichen Chronologie unternimmt Paulus erst die Fahrt Ephesus—Cäsarea—Jerusalem—Antiochien und schreibt auf der 3. Missionsreise von Ephesus aus den 1Kor. Doch auch in diesem Fall ist der zeitliche Abstand zwischen Ephesusaufenthalt und Gründungsbesuch nicht groß. Er wird durchschnittlich auf drei bis vier Jahre veranschlagt.

ob von ihrer Grundlage her nicht ein anderer als nach dem Apostelkonvent liegender Zeitpunkt für die Gemeindegründungen in Korinth
und Mazedonien anzunehmen ist.

2.5.2 Die fehlende Bezeugung des Gründungsbesuches in der Nähe des Ephesusaufenthaltes in den paulinischen Briefen

Paulus kommt an mehreren Stellen der korinthischen Korrespondenz
auf·die Gründung der Gemeinde zu sprechen: Paulus hat gepflanzt,
Apollos gegossen (1Kor 3,6); wie ein Baumeister hat der Apostel den
Grund gelegt (1Kor 3,10); Paulus konnte den Korinthern (bisher) nur
Milch zu trinken geben (1Kor 3,2). Der Apostel kam zu den Korinthern in Furcht und Zittern, aber die Verkündigung geschah nicht in
Überredungskünsten, sondern im Aufweis des Geistes und der Kraft
(1Kor 2,4). Als Vater hat er die Korinther durch das Evangelium ge-
zeugt (1Kor 4,15). Die Evangeliumsverkündigung geschah durch Paulus, Silvanus und Timotheus (2Kor 1,19). Sämtliche genannten Stellen geben leider keine Antwort auf die Frage, ob die Gemeinde kurze oder lange Zeit vor dem in 1Kor 16 vorausgesetzten Ephesusaufenthalt gegründet wurde.

Andere Beobachtungen legen eine längere Abwesenheit Pauli von
Korinth seit dem Gründungsbesuch nahe: Paulus hat den Timotheus
geschickt (1Kor 4,17). Dies, die Ansage eines raschen Kommens
(4,19) sowie die Begründung des verlängerten Bleibens in Ephesus
bis Pfingsten (16,8) machen zusammen mit folgenden Gründen eine
lange Abwesenheit wahrscheinlich: 1. Zwischen Gründungsbesuch
und 1Kor liegen der vorige Brief des Paulus und der korinthische
Brief. 2. Apollos hat sich offenbar noch in Korinth aufgehalten,
nachdem Pauli Erstbesuch längst abgeschlossen war (1Kor 3,6). Inzwischen ist er bereits wieder in Ephesus bei Paulus (1Kor 16,12).
3. Die eingetretenen Mißstände, von denen Paulus mündlich erfährt
oder die er sich aufgrund des korinthischen Briefes zusammenreimen
kann, sind erst nach einer relativ langen Zeit der Abwesenheit Pauli
denkbar. 4. Paulus setzt 1Kor 11,30 voraus, daß seit seiner Abreise
‚viele‘[176] entschlafen sind (κοιμῶνται ἱκανοί) aufgrund des seit seiner Abwesenheit eingerissenen Mißbrauchs des Abendmahls.

---

176 ἱκανοί ist eindeutig mit ‚viele‘ oder ‚eine Menge‘ (Weiß, 1Kor, z.St.) zu übersetzen. Conzelmanns Wiedergabe (1Kor, z.St.) ‚manche‘ ist zu schwach; ebenso
Hurd, Origin, S. 230 A 1, der ἱκανοί mit ‚some‘ übersetzt.

Steht damit fest, daß zwischen Gründung der korinthischen Gemeinde und der Abfassung des 1. Korintherbriefes eine lange Zeitspanne anzusetzen ist, so ist damit freilich noch nicht *positiv* aufgezeigt, daß der Gründungsbesuch *vor* dem Apostelkonvent liegt. Doch wird diese These durch folgende Überlegung ein Stück wahrscheinlicher:

Wir hatten oben gesehen, daß die Anordnung der Kollekte *nicht* mit Pauli Erstaufenthalt in Korinth verknüpft war. Ein mögliches Argument gegen die Verwendung dieses Befundes für chronologische Fragen derart, daß Paulus aus taktischen Gründen beim ersten Aufenthalt davon geschwiegen habe (um seine junge Gemeinde zu schonen), greift schon deswegen nicht, weil dieselbe Weisung wenig später kaum andere Wirkungen und — wegen der Abwesenheit des Apostels — noch weniger Aussicht auf Erfolg gehabt hätte.

Ein evtl. Hinweis auf 1Thess, der zeige, daß Paulus bei der Gemeindegründung auch das Kollektenthema nicht berührt habe, ist methodisch unerlaubt, da für den 1Thess die Abfassungszeit nach dem Apostelkonvent — allein auf der Grundlage der Paulusbriefe — erst einmal bewiesen sein will.

Daher liegt die vorläufige Annahme näher, daß Paulus nur brieflich oder durch einen Boten das Thema der Sammlung für die Armen anschneiden konnte, weil bei seinem Gründungsbesuch der äußere Anlaß hierzu, der zweite Teil der Abmachung auf dem Konvent in Jerusalem, daß nämlich die heidenchristlichen Gemeinden der Armen gedenken sollten, noch nicht bestand.

Da im Voranstehenden gezeigt wurde, daß der z.Zt. der Abfassung von 1Kor 16 vorausgesetzte Ephesusaufenthalt Pauli und der Gründungsbesuch in Korinth zeitlich verhältnismäßig weit voneinander entfernt zu denken sind und ferner das Fehlen des Kollektenthemas beim Gründungsbesuch in Korinth dafür spricht, daß die Mission Korinths auf die Zeit vor dem Apostelkonvent zu datieren ist, haben wir das Recht erhalten, im folgenden die Gründungsnachrichten jener das Kollektenthema nicht reflektierenden Briefe über das Datum der europäischen Mission Pauli zu befragen.

2.6 Der Zeitpunkt und die Umstände der Mission Pauli in Europa

Die Stelle Phil 4,10ff verhilft uns zur Kenntnis der Umstände und des Zeitpunktes der paulinischen Mission in Europa. Phil 4,10f bedankt sich Paulus für ein Geldgeschenk, das die philippische Gemeinde durch Epaphroditus (V. 18) Paulus hat zukommen lassen: „Mir war es eine große Freude im Herrn, daß endlich einmal euer Gedenken an mich wieder grünte" (V. 10). Von dieser Unterstützung sind die Gaben abzuheben, an die Paulus im folgenden rückblickend erinnert (V. 15f): „Auch ihr wißt ja, Philipper, daß am Anfang des Evangeliums, als ich von Mazedonien ausgegangen war, keine Gemeinde mir mir auf Geben und Nehmen stand, als ihr allein; denn auch in Thessalonich habt ihr ein paarmal[177] in meiner Not geschickt."

In der Regel wird V. 15 mit 2Kor 11,8f zusammengebracht (Paulus nimmt kein Geld von den Korinthern an; vgl. bereits 1Kor 9,12.15): „Andere Gemeinden habe ich beraubt und (von ihnen) den Sold zum Dienst an euch genommen, und als ich bei euch war und Mangel litt, bin ich niemandem zur Last gefallen: denn meinem Mangel haben die Brüder, welche aus Mazedonien kamen, abgeholfen." Da Paulus zum Zeitpunkt der Niederschrift von 2Kor 11,8f auf einen dritten Besuch in Korinth vorausblickt (2Kor 12,14; 13,1) und der zweite Aufenthalt wohl nur kurz war, konnte die Unterstützung nur während des Gründungsbesuches überbracht worden sein.

Darf Phil 4,15 mit 2Kor 11,8f kombiniert werden?[178] Folgende Schwierigkeiten stehen dem entgegen: 1. In Phil 4,15 ist von Unterstützungen aus Philippi, nicht Mazedonien die Rede. 2. 4,15f erwähnt keine Hilfssendungen für Paulus nach Korinth, sondern nur ein paar nach Thessalonich. Zu 2: Das schließt freilich nicht aus, daß eine Spende auch nach Korinth gebracht wurde. In Anbetracht der Tatsache, daß Philippi die einzige Gemeinde war, von der Paulus Geld annahm (in Thessalonich legte er ähnlich wie in Korinth darauf Wert, niemandem zur Last zu fallen, vgl. 1Thess 2,9, obwohl er das als Apostel eigentlich dürfte: vgl. 1Thess 2,7 mit 1Kor 9,6), ist das sogar wahrscheinlich! Ferner klingt Phil 4,16 („auch in Thessalonich habt ihr ein paarmal in meiner Not geschickt") doch so, als ob die philippischen Hilfeleistungen nach Thessalonich nur ein Beispiel unter anderen waren. Zu 1: Paulus verwendet oft die Provinznamen für größere Städte in ihr. Da Thessalonich wegen des soeben zu 1Thess 2,9 Gesagten als Herkunftsort der 2Kor 11,8f genannten

---

[177] Vgl. zu dieser Übersetzung ausführlich Suhl, Paulus, S. 103ff.
[178] F. C. Baur konnte unter der Voraussetzung der Unechtheit des Phil noch schreiben: „Man muss auf die Vermuthung kommen, der Verfasser des Briefs habe hier eben die Stelle 2.Cor. 11,9 vor Augen gehabt, und indem er sich nur an sie hielt, zu viel aus ihr gefolgert" (Paulus, der Apostel Jesu Christi II [ed. E. Zeller], Leipzig ²1867, S. 63).

Spende ausfällt und wir andererseits um Pauli besonderes Verhältnis zu Philippi wissen, kommt die philippische Gemeinde als Spenderin in Frage. Daß Paulus den Plural gebraucht (,,andere *Gemeinden* habe ich beraubt"), ist kein Gegenargument. Hier muß man in Rechnung stellen, daß Paulus den Kontrast betonen will: andere Gemeinden habe ich beraubt, um euch, *einer* Gemeinde, das Evangelium predigen zu können.

Nach dem Gesagten halte ich es für erlaubt zu schließen, daß die Hilfeleistungen der Philipper während der europäischen (Erst-)Mission Paulus nicht nur in Thessalonich, sondern auch in Korinth erreichten [179].

Einen weiteren Umstand der paulinischen Mission in Griechenland vermittelt der die paulinische Gründung in Thessalonich reflektierende 1Thess, wo Paulus in 2,2 von Mißhandlung und Leid in Philippi spricht. Diese kurze Notiz mag uns eine anschauliche Vorstellung davon vermitteln, daß Paulus trotz des nahen Verhältnisses zur philippischen Gemeinde gegen Zugriffe der staatlichen Behörden und der Juden (?) nicht gefeit war. Der Katalog 2Kor 11,23ff hat Realitätsbezug.

Freilich ist mit dem obigen stückweisen Aufweis der Umstände der paulinischen Gründungsmission in Griechenland noch nichts zu deren Zeitpunkt gesagt. Dieser Frage gilt es sich im folgenden zuzuwenden. Der Schlüssel für ihre Beantwortung scheint mir in der Auslegung des oben genannten Satzes Phil 4,15 zu liegen: $\dot{\epsilon}\nu\ \dot{\alpha}\rho\chi\tilde{\eta}\ \tauο\tilde{\upsilon}$ $\epsilon\dot{\upsilon}\alpha\gamma\gamma\epsilon\lambda\acute{\iota}\omicron\upsilon,\ \acute{o}\tau\epsilon\ \dot{\epsilon}\xi\tilde{\eta}\lambda\vartheta\omicron\nu\ \dot{\alpha}\pi\grave{o}\ M\alpha\kappa\epsilon\delta\omicron\nu\acute{\iota}\alpha\varsigma\ \ldots$, in dem Paulus den Zeitpunkt der erstmaligen Hilfe der Philipper näher spezifiziert: sie

---

[179] Am Rande ist die These Suhls zu erwähnen, ,,daß Paulus von Thessalonich aus ursprünglich hat Rom erreichen wollen, dieser Plan aber durchkreuzt wurde und Paulus deswegen nach Süden auswich, um nach Korinth zu ziehen" (Paulus, S. 96). Suhl kombiniert weiter: Damit ,,ergibt sich ein zwangloses Verständnis von Röm 15,19: Paulus brach von Thessalonich auf, um Rom zu erreichen, und gelangte dabei bis nach Illyrikum" (S. 94). Dagegen: a) Die Wendung $\mu\epsilon\chi\rho\iota$ $\tauο\tilde{\upsilon}$ $'I\lambda\lambda\upsilon\rho\iota\kappaο\tilde{\upsilon}$ (Röm 15,19) verlangt doch gar nicht inklusiven Sinn, sondern kann ebensogut exklusiv verstanden werden (damit erübrigen sich auch die Vermutungen von Vielhauer, Einleitung, S. 80); b) die Primärquellen verraten gar nichts über diesen Versuch einer Romfahrt Pauli, auch nicht ,,die Angabe 1Thess 2,18 (...), nach der Paulus, ehe er von Athen aus Timotheus nach Thessalonich schickte, mehrfach selbst versucht hat, die Gemeinde noch einmal zu besuchen, aber vom Satan daran gehindert wurde" (Suhl, Paulus, S. 94f). Die ebd. angestellten Überlegungen Suhls zu den Reisewegen in Griechenland tragen m.E. gar nichts aus, um seine Thesen diskutabel zu machen. Warum soll der Anlaß zu einer Aussage wie 1Thess 2,18 nicht auf dem Weg von Thessalonich nach Athen gegeben sein?

sei $\dot{\epsilon}\nu$ $\dot{\alpha}\rho\chi\tilde{\eta}$ $\tau o\tilde{\upsilon}$ $\epsilon\dot{\upsilon}\alpha\gamma\gamma\epsilon\lambda\dot{\iota}o\upsilon$ erfolgt. Für das Verständnis von $\dot{\epsilon}\nu$ $\dot{\alpha}\rho\chi\tilde{\eta}$ $\tau o\tilde{\upsilon}$ $\epsilon\dot{\upsilon}\alpha\gamma\gamma\epsilon\lambda\dot{\iota}o\upsilon$ finden sich in der Forschung zwei Auslegungstypen — von einigen wenigen in den Anmerkungen zu behandelnden Vorschlägen einmal abgesehen:

a) Die Mehrzahl der Exegeten läßt Paulus vom Standpunkt der Philipper sinngemäß formuliert haben: nachdem ich bei euch zum ersten Mal das Evangelium verkündigt habe (habt ihr mir in Thessalonich Gaben zukommen lassen) [180].

---

[180] So die meisten. Zuletzt J. Ernst, Die Briefe an die Philipper, an Philemon, an die Kolosser, an die Epheser, RNT, Regensburg 1974, z.St.; G. Friedrich, Der Brief an die Philipper, in: NTD 8[14], Göttingen 1976, S. 125—175, z.St.; auch Strecker, Evangelium, S. 530f.
Die folgenden Ausführungen setzen die Einheitlichkeit des Phil voraus (vgl. dazu Kümmel, Einleitung, S. 280ff). Freilich ist die Entscheidung dieser Frage für unser Thema nur von untergeordneter Bedeutung, da in jedem Fall feststeht, daß Phil 4,10ff nicht in die Periode der Gründungsbesuche fällt, da Paulus diese Zeit, in der er Unterstützungen aus Philippi erhalten hat, von der Situation der Abfassung des Briefes unterscheidet. (Zu den Teilungshypothesen vgl. noch Suhl, Paulus, S. 149ff.) Da im Phil die Kollekte nicht erwähnt wird und seine Abfassung während der ersten Mission in Griechenland ausfällt, ist es möglich, daß er vielleicht doch in der Gefangenschaft in Rom geschrieben wurde. Die oft gebrachten Argumente gegen diese These, 1. Paulus habe in diesem Fall seine Reisepläne geändert (2,24 spricht von Pauli Absicht, nach Philippi zu kommen, Röm 15,24.28 von einer Reise nach Spanien), 2. Rom sei zu weit von Philippi entfernt, als daß eine so lebhafte Korrespondenz hätte geführt werden können, sind m.E. nicht stichhaltig. Zu 1: Daß Paulus seine Reisepläne ändern konnte, ist uns aus der korinthischen Korrespondenz zur Genüge bekannt. Überdies gehört der Besuchswunsch zum festen Formschema der paulinischen Briefe.
Zu 2: Rom hatte als Hauptstadt ein gutes Verkehrsnetz auch in die entfernteren Provinzen: Vgl. P. Friedländer, Darstellungen aus der Sittengeschichte Roms I, Leipzig [10]1922, S. 318: im Süden und Osten des römischen Reiches seien die Verkehrs- und Reisebedingungen günstiger gewesen als in diesen Gebieten im 19. Jahrhundert. Friedländer führt u.a. als Grund die Zentralisation der Verwaltung und Rechtspflege an (a.a.O., S. 359f). Trotz des Fehlens einer Briefpost war der briefliche Verkehr lebendig. Der Arzt Galen stand mit Patienten aus den verschiedensten Provinzen in Briefwechsel (a.a.O., S. 365). Eine (See-)Reise von Philippi nach Rom dauerte unter sehr günstigen Umständen weniger als 2 Wochen (a.a.O., S. 337ff). Die Fahrt von Philippi nach Rom überwiegend auf dem Landwege (auf der Via Egnatia bis Dyrrhachium, Überfahrt nach Brundisium, die bei gutem Wetter nur einen Tag dauerte [vgl. Friedländer, a.a.O., S. 338], anschließende Weiterreise auf der Via Appia) braucht auch wegen der ausgezeichneten Straßen nicht viel länger gedauert zu haben (zu Suhl, Paulus, S. 117, der für eine Fahrt von Thessalonich—Rom mindestens 35 Reisetage veranschlägt); vgl. noch die übersichtlichen Karten in: M. Grant, Ancient History Atlas 1700 BC to AD 565, London [2]1974, S. 49.58. — Die verdienstvolle Berücksichtigung der antiken Reisebedingungen durch Suhl, Paulus, ist m.E. nicht vollkommen

Dibelius übersetzt zum Beispiel: „in der Zeit des Missionsanfangs, als ich von Mazedonien meinen Ausgang nahm, (sc. ist) keine Gemeinde mit mir in ein Verhältnis gegenseitiger Abrechnung getreten (...) außer euch allein; ihr habt mir ja auch in Thessalonich (...) etwas zukommen lassen", und erläutert ἐν ἀρχῇ κτλ mit den Sätzen: „vom Standpunkt der Leser aus; ‚als ich bei euch den Anfang machte'; erläuternd fügt Paulus hinzu: ‚als ich von Mazedonien (d.h. von Philippi [...]) meinen Ausgang nahm'. 4,15 bezieht sich also wohl auf die Mission in Philippi, 4,16 auf die in Thessalonich"[181].

Diese These ist deswegen nicht naheliegend, weil Paulus die ἀρχή τοῦ εὐαγγελίου primär nicht mit einer Mission in Philippi verknüpft

---

zufriedenstellend, da Verf. sich einseitig einen Tagesdurchschnitt von ca. 25 km von W. M. Ramsay, Art. Roads and Travel (in NT), in: A Dictionary of the Bible (ed. J. Hastings), Extra Volume, Edinburgh 1904, S. 375—402, S. 386, vorgeben läßt, ohne die Berechnungen P. Friedländers, Darstellungen I, S. 333—342 (Durchschnitt: 37,5 km), auch nur zu erwähnen. Ferner kalkuliert Suhl auch nirgends die unterschiedliche Qualität der Straßen oder die Möglichkeit der (Mit-)Benutzung eines Wagens ein, der die Reisegeschwindigkeit doch erhöht hätte (vgl. aber seine Bemerkung auf S. 112: „Eine wesentliche Verringerung der Reisezeit hätte sich aber nur (sic) bei der Benutzung der römischen Schnellpost ergeben"). Jewett, Chronology, S. 59.139, veranschlagt demgegenüber als Höchstgeschwindigkeit 40 km, als Normalgeschwindigkeit 30 km Reisedurchschnitt pro Tag. L. Casson, Travel in the Ancient World, London 1974, S. 189, rechnet mit „about fifteen to twenty miles a day on foot, some twenty-five to thirty in a carriage. Forty, even forty-five, was possible". Zum Reisen im römischen Reich vgl. den grundlegenden Artikel von G. Radke, Art. Viae publicae Romanae, in: PW Suppl. Vol. 13, München 1973, Sp. 1417—1686 (zur Reisegeschwindigkeit Sp. 1475—1477); ferner: H. E. Herzig, Probleme des römischen Straßenwesens: Untersuchungen zu Geschichte und Recht, in: H. Temporini (ed.), Aufstieg und Niedergang der römischen Welt II.1, Berlin—New York 1974, S. 593—648.

[181] M. Dibelius, An die Thessalonicher I.II. An die Philipper, HNT 11, Tübingen ²1925, z.St. In der 3. Auflage seines Kommentars (1937) gibt Dibelius eine andere Übersetzung von ἐν ἀρχῇ τοῦ εὐαγγελίου. Statt „in der Zeit des Missionsanfangs" heißt es nun „(damals), da die Mission begann". Im Kommentar nimmt Dibelius zur inzwischen erschienenen Auslegung Lohmeyers Stellung: „ἐν ἀρχῇ τοῦ εὐαγγελίου könnte auffallen, weil Paulus schon vorher missioniert hat. Lohmeyer meint, daß die eigenständige Paulusmission wohl erst in Philippi begonnen habe. Einfacher ist die Annahme, daß man in Philippi von jener Zeit als dem ‚Beginn der Heilspredigt' sprach" (S. 96). Was heißt hier ‚jene Zeit'? Dibelius läßt sich von Lohmeyers punktuellem Verständnis von ἀρχή (s. sofort A 183) irreführen, das ausschließlich der Mission in Philippi den Anfang der paulinischen Missionstätigkeit gesetzt fand. Demgegenüber ist darauf zu bestehen, daß eine Mission in Philippi zwar impliziert, aber das Thema in Phil 4,15 jedenfalls die Missionierung Griechenlands ist, bei der Paulus allein von den Philippern unterstützt worden ist. In Philippi wird man z.B. schwerlich von der Missionierung Korinths als dem Beginn der Heilspredigt gesprochen haben.

(obgleich dieselbe in 4,15 sicher vorausgesetzt ist), sondern durch seinen *eigenen* Ausgang von Mazedonien näher bestimmt (ὅτε ἐξῆλ-θον ἀπὸ Μακεδονίας)[182].

b) Andere lassen daher Paulus vom eigenen Standpunkt formuliert haben und finden die Meinung des Apostels hier ausgedrückt, daß die Mission auf europäischem Boden für Paulus der eigentliche Anfang des Evangeliums/der Evangeliumsverkündigung sei. Die vorherige Phase der Mission als antiochenischer Delegat sei nicht im eigentlichen Sinne als Evangeliumsverkündigung anzusehen gewesen[183].

---

[182] Dibelius' Erklärung in der 2. Auflage seines Kommentars dürfte daran scheitern, daß es einfach keinen Sinn ergibt, Paulus sagen zu lassen, „als ich bei euch den Anfang machte" (S. 74), und diesen mit dem Ausgang aus Mazedonien (= Philippi) zu verknüpfen. Paulus kann doch keinen Anfang bei den Philippern machen, wenn er diesen mit dem Ausgang (= Fortgang) von Philippi verknüpft! (Ich habe durchweg auch die 2. Aufl. des Kommentars benutzt, weil sie einen eigenständigen Beitrag darstellt und ferner in diesem Fall Repräsentationswert hat.)

Friedrich (Phil, z.St.) interpretiert V. 15 wie folgt: „als bei ihnen das Evangelium verkündigt wurde, hatten sie das Vorrecht, mit dem Apostel im Status des Gebens und Nehmens zu stehen". Das steht so nicht im Text! Dieser hebt auf die alleinige Hilfe der Philipper ab, die bei der im Ausgang von Mazedonien erfolgten Mission Griechenlands Paulus zugute kam. Diese Mission sieht Paulus nach vielen Jahren im Rückblick als Anfang des Evangeliums an. Daß die Philipper Paulus auch unterstützten, als er in Philippi war, ist natürlich vorausgesetzt.

Jewett, Chronology, schreibt zu dem hier vertretenen Verständnis von Phil 4,15: „Lüdemann (...) overinterprets what is surely a reference to the start of the Macedonian ministry in Phil. 4:15" (S. 82). Jewett beruft sich bei diesem Urteil nur auf Friedrichs Interpretation, die soeben — begründet — zurückgewiesen wurde.

[183] E. Lohmeyer, Die Briefe an die Philipper, an die Kolosser und an Philemon, MeyerK 9. Abt. 13. Aufl., Göttingen ⁶1964, S. 184f; J. Gnilka, Der Philipperbrief, HThK X.3, Freiburg—Basel—Wien ²1976, S. 177; ähnlich wohl auch Suhl, Paulus, S. 92 A 3. Lohmeyers folgender Satz ist zumindest mißverständlich: „Nimmt man die Worte so wie sie dastehen, dann ist mit der Verkündigung des Evangeliums in Philippi überhaupt der Anfang der paulinischen Mission gesetzt" (S. 184). Denn von der Verkündigung in Philippi spricht Paulus nicht explizit. Ähnlich mißverständlich Gnilka: „daß für den Apostel die Wirksamkeit in Makedonien (...) den eigentlichen Beginn seiner Verkündigung darstellt" (S. 177). Man sieht, Gnilka ersetzt nur Philippi durch Mazedonien. Beide, Gnilka wie Lohmeyer, verstehen ἀρχή zu punktuell und beachten nicht, daß der Satz ἐξῆλθον ἀπὸ Μακεδονίας voraussetzt, daß Paulus Mazedonien in Richtung Achaja verließ (so m.R. Suhl, Paulus, S. 103f, in Auseinandersetzung mit Lohmeyer und Gnilka) und somit Paulus mit ἀρχή die Periode bezeichnet, in der er ausgehend von Mazedonien (Gesamt-)Griechenland missionierte. — Ob in Phil 4,15 Mazedonien = Philippi ist, wird verschieden beantwortet (s. obiges Beispiel). Da in

Diese These ist bei Gnilka mit der Erwägung verbunden, daß Pauli Entschluß zur mazedonischen Mission „für seine eigene Tätigkeit von Anfang an bestimmend" (S. 177) war, oder bei Lohmeyer mit der Überlegung: „wenn (...) vorher Pls. niemals als Leiter der Mission erscheint, sondern als Beauftragter neben Barnabas, wenn der Übergang nach Makedonien durch eine Traumvision besonders begründet wird, so verrät sich dabei das Bewußtsein von der geschichtlichen Bedeutsamkeit des Übergangs auf europäischen Boden. (...) alles früher Geleistete (sc. hätte) vor diesem ‚Anfang des Evangeliums‘ gleichsam aufgehört (...) zu existieren" (S. 185).

Die Thesen Gnilkas und Lohmeyers sind trotz in ihnen enthaltener richtiger Einsichten (s.u.) von unhaltbaren Erwägungen begleitet. Lohmeyers Ausführungen kranken an einer unerlaubten Harmonisierung von Apg und Paulusbriefen. Gnilka ist zu fragen, wie es wohl zugegangen sein mag, daß Paulus länger als 14 Jahre in einer anderen Gegend gearbeitet hat, obgleich sein eigentliches Ziel Europa hieß.

Gleichwohl haben beide Forscher den Bezugspunkt von ἀρχὴ τοῦ εὐαγγελίου richtig bestimmt und ihn mit Pauli Ausgang von Mazedonien verbunden! ἐξῆλθον ἀπὸ Μακεδονίας bezieht sich dann auf die paulinische Mission, die im Ausgang von Mazedonien unternommen wurde und die Evangeliumsverkündigung in Achaja eingeschlossen haben wird. In dieser „Anfang des Evangeliums" genannten Missionsperiode waren die Philipper die einzigen, die Paulus finanziell unterstützt haben, wie es auch abgesehen von Phil 4,15f darin zum Ausdruck kommt, daß Paulus von Gemeinden, deren Gründung in derselben Periode vollzogen wurde, kein Geld angenommen hat (1Thess 2,9; 1Kor 4,12; 9,15) bzw. wohl auch keines bekommen hätte.

Der Ausdruck ‚Evangelium‘ ist an unserer Stelle nicht als absolute Größe[184] zu fassen, sondern als nomen actionis, und ist mit ‚Evangeliumsverkündigung‘ wiederzugeben (vgl. Bauer, WB[5], Sp. 629 [1.b]). Der Begriff ‚Anfang‘ hat noch keinen technischen Sinn wie zwei Generationen später im lukanischen und johannei-

---

2Kor 11,9 Paulus mit ‚Mazedonien‘ ‚Philippi‘ bezeichnet (s. S. 140f), mag auch in Phil 4,15 Pauli Ausgang von Philippi gemeint sein. Da das aber nicht zwingend für 4,15 bewiesen werden kann, spreche ich im obigen Text lieber allgemein von Pauli Ausgang von Mazedonien. Für unsere Fragestellung hängt ohnehin nicht viel von dieser Entscheidung ab.

[184] So J. C. K. v. Hofmann, Der Brief Pauli an die Philipper, Die hl. Schrift neuen Testaments IV.3, Nördlingen 1871: „Der Apostel unterscheidet eine Anfangszeit des Evangeliums, wo es in die Welt ausging, von der Gegenwart, in welcher es nun von Jerusalem bis Rom verkündigt war, meint also die Zeit der grundleglichen Verkündigung in den für die weitere und allgemeine Ausbreitung entscheidenden Ländern" (S. 159).

schen Schrifttum, wo er den Uranfang der Kirche bezeichnet[185], sondern ist hier approximativ zu verstehen und meint allgemein den *frühen* Zeitraum. D.h. aber auch: der Begriff darf in Phil 4,15 auf keinen Fall derart gepreßt werden, daß er im Sinne von „allererster Beginn" gefaßt würde.

Da Paulus in Phil 4,15 primär von sich aus und nicht aus der Sicht der Philipper[186] formuliert, ist ἐν ἀρχῇ τοῦ εὐαγγελίου am besten mit „am Anfang meiner Evangeliumsverkündigung" wiederzugeben, da Paulus seine im Ausgang von Mazedonien unternommene Mission in Griechenland als Anfangsperiode seiner evangelistischen Tätigkeit ansieht[187].

Da feststeht, daß Paulus in der Zeit vor dem Konvent missionarisch tätig war, unabhängig von Antiochien Heidenmission trieb (Titus!) und schwerlich eine 13—17 Jahre nach seiner Bekehrung erfolgte Mission als Anfangsperiode seiner missionarischen Tätigkeit auffassen kann, ist zu schließen, daß Paulus vor dem Jerusalemer Treffen in Griechenland war. Diese Periode fällt dann in die Gal 2,1 nicht näher erläuterten 13 Jahre vor dem Apostelkonvent.

Die nachweisbar zeitlich davor liegende Tätigkeit Pauli in Arabia (unsicher), Damaskus, Syrien/Cilicien und Südgalatien (wahrscheinlich) kann Paulus bei approximativem Verständnis von ἀρχή durchaus auch der Anfangsperiode (= frühen Phase) seiner Evangeliumsverkündigung zugerechnet haben. Da in diesen Gebieten wohl sehr früh christliche Gemeinden existierten und andererseits Paulus nicht dort verkündigen will, wo ὠνομάσϑη Χριστός, ἵνα μὴ ἐπ᾽ ἀλλότριον ϑεμέλιον οἰκοδομῶ (Röm 15,20), ist es aber verständlich, daß Pau-

---

[185] Vgl. H. Conzelmann, „Was von Anfang war", in: BZNW 21 (FS R. Bultmann), Berlin 1954, S. 194—201 = in: ders., Theologie als Schriftauslegung, BEvTh 65, München 1974, S. 207—214.

[186] These a) hat freilich darin einen Wahrheitskern, daß die Anfangsperiode der Mission des Paulus den Anfang der Verkündigung des Evangeliums in Philippi bedeutete.

[187] So m.R. G. Delling, Art. ἀρχω κτλ, in: ThWNT I, S. 476—488, S. 480; vgl. ferner Ramsey, Place, S. 175ff, und M. J. Suggs, Concerning the Date of Paul's Macedonian Ministry, in: NovTest 4. 1960, S. 60—68. Doch vermengen Ramsey und Suggs zu Unrecht den Sinn von Phil 1,5 und 4,15. Die zuerst genannte Stelle läßt sich nicht zwingend zugunsten einer frühen europäischen Mission Pauli heranziehen, da sich πρώτη ἡμέρα auf die Gemeinde bezieht, die am Evangelium vom ersten Tage an Anteil hat. Ähnliche Rückblicke auf die Gemeindegründung finden sich noch in den Proömien 1Thess 1,5; 1Kor 1,6. Sie sind fester Bestandteil (neben dem eschatologischen Ausblick) der Danksagungen; vgl. dazu E. Synofzik, Die Gerichts- und Vergeltungsaussagen bei Paulus, GTA 8, Göttingen 1977, S. 16—19.
Phil 4,15 wird zutreffend übersetzt in: The New English Bible. The New Testament, Oxford—Cambridge 1961 (²1970): „As you know yourselves, Philippians, *in the early days of my mission, when I set out from Macedonia*, you alone of all our congregations were my partners in payments and receipts".

lus bald nach der Bekehrung den Raum Palästina/Syrien verlassen hat und nach Griechenland gekommen ist[188]. Hier konnte er in der Tat selbst den Grund legen (1Kor 3,10), andere darauf bauen bzw. pflanzen und z.B. Apollos gießen lassen (1Kor 3,6).

Ist damit die von Mazedonien ausgehende (und Philippi einschließende) Mission des Paulus als frühes Stadium seiner evangelistischen Tätigkeit überhaupt zu verstehen, so ist überaus wahrscheinlich, daß 1Thess dieser ersten Phase der Europamission entstammt. Führte schon oben das Fehlen des Kollektenthemas im 1Thess zur Annahme seiner Abfassung außerhalb des Zeitraumes, in dem Paulus dem zweiten Teil des Jerusalemer Abkommens Genüge tun wollte, so wird seine oben vorgeschlagene Datierung um so gewisser, als a) Phil 4,15f im Zusammenhang der Anfangsperiode der Verkündigung Pauli eine Mission in Thessalonich voraussetzt (V. 16!) und b) Paulus im 1Thess auf eine Gründung zurückblickt; vgl. nur 1,9f, eine Zusammenfassung der paulinischen Missionspredigt in Thessalonich, und 2,1, wo der Apostel sich positiv über die Aufnahme ausspricht, die er in der mazedonischen Stadt gefunden hat.

Wie bereits oben erwähnt wurde, fügen sich die Angaben des Phil, daß Paulus von der philippischen Gemeinde Unterstützungen in Thessalonich erhalten (4,16), gut in die Aussagen des 1Thess ein, daß er nämlich in Thessalonich Tag und Nacht (wie in Korinth) gearbeitet habe und — so dürfen wir folgern — von der dortigen Gemeinde keine finanzielle Hilfe bekommen hat.

Durch den 1Thess sind wir über den Reiseweg Pauli bei der Gründungsmission in Griechenland gut unterrichtet. Der Apostel reist von Philippi nach Athen[189], sendet von hier Timotheus nach Thes-

---

[188] Noch ein Wort zum singulären Verständnis von ἀρχή in Phil 4,15 durch O. Glombitza: G. will ἐν ἀρχῇ τοῦ εὐαγγελίου als ‚beim Anheben des Evangeliums' verstehen, da dieser Ausdruck durch Polemik bestimmt sei; „erst mit seiner Predigt (sc. hat) das Evangelium in seiner eigentlichen Gestalt seinen Anfang in Makedonien genommen" (Der Dank des Apostels, in: NovTest 7. 1964/ 65, S. 135—141, S. 138 A 4). Dagegen: Von Polemik ist in Phil 4,15ff keine Spur. Philippi ist überdies eine paulinische Gründung.

[189] Zur Bestreitung dieses Reiseweges durch Suhl, Paulus, s.o. A 179. Suhl meint ferner, „daß Paulus ziemlich mittellos in Korinth ankam. Daraus folgt, daß sein Geld, welches er beim Aufbruch aus Mazedonien erhielt, zwar für eine direkte Reise bis Rom ausgereicht hätte, aber vorschnell zu Ende ging, als er in äußere Schwierigkeiten geriet und einen ganz anderen Weg einschlug, als er ursprünglich geplant hatte" (a.a.O., S. 111). „War Korinth aber das Ersatzziel für das zu diesem Zeitpunkt unerreichbare Rom, ist es nicht unwahrscheinlich, daß Paulus hier etwas länger verweilte" (a.a.O., S. 114). Solche Behauptungen entbehren m.E. jeglicher Grundlage. Suhls in diesem Zusammenhang geäußerte Meinung, daß G. Heinrici (Die Christengemeinde in Korinth und die religiösen Genossenschaften der Griechen, ZWTh 19. 1876, S. 465—526) „den überzeu-

salonich und trifft seinen Gehilfen am Abfassungsort des 1Thess wieder, (wohl) in Korinth. Man wird nicht fehlgehen in der Annahme, daß um die Zeit der Abfassung des 1Thess[190] gerade die Gründung der korinthischen Gemeinde sich vollzog.

Stellt dieser positive Nachweis des Gründungsaufenthaltes in Korinth außerhalb der Periode der Organisation der Kollekte und vor dem Apostelkonvent auch ein weiteres Argument gegen die These dar, daß Paulus nicht lange vor seinem Aufenthalt in Ephesus (z.Zt. der Abfassung von 1Kor) in Korinth die dortige Gemeinde gegründet habe, so können wir folgende Vermutung zum Reiseweg Pauli nach Ephesus wagen.

2.7 Der Reiseweg Pauli vor seinem in 1Kor 16,1ff vorausgesetzten Ephesusaufenthalt

Auf dem Konvent in Jerusalem hatten sich Paulus und Barnabas verpflichtet, der Armen zu gedenken. Von Paulus wissen wir, daß er sich bemüht hatte, diesem zweiten Teil des Abkommens zu entsprechen. Nichts veranlaßt uns, von dieser Beteuerung Pauli etwas abzustreichen bzw. anzunehmen, daß sein Eifer eine zeitweilige Unterbrechung erfahren hätte. Das Ernstnehmen des Literalsinnes von ἐσπούδασα kann nur zu der Annahme führen, daß Paulus sich alsbald auf den Weg zu seinen Gemeinden gemacht hat, um die Kollekte zu organisieren, zu den galatischen[191], deren Gründung auf den

---

genden Nachweis geführt (sc. hat), daß die Christengemeinde Korinths (...) sich entsprechend den zahlreichen hellenistischen Vereinen jener Zeit organisierte" (a.a.O., S. 115), überspringt ein Jahrhundert Forschung an den Korintherbriefen und ist in dieser Ausschließlichkeit sicher unzutreffend; vgl. zum Problem die schöne Arbeit von A. J. Malherbe, Social Aspects of Early Christianity, Baton Rouge—London 1977, S. 87—91 und passim, in der die wichtigste Lit. zum Thema aufgearbeitet ist.

[190] M.E. ist auf der Grundlage von 1Thess schwerlich eine genaue Entscheidung darüber möglich, wieviel Zeit zwischen dem Gründungsbesuch in Thessalonich und der Abfassung von 1Thess verstrichen ist. Jedenfalls zeigt Hurd, Origin, S. 27, daß (trotz 1Thess 2,17f) die Annahme eines nur kurzen Zeitabstandes nicht zwingend ist.

[191] Die bisher offengelassene Frage, ob die galatischen Gemeinden im Norden oder Süden der Provinz beheimatet waren, scheint auf der Grundlage der Briefzeugnisse zugunsten der Landschaftshypothese zu beantworten zu sein, da Paulus die Bewohner des Südens der Provinz schwerlich mit „blöde Kelten" angeredet hätte; vgl. Conzelmann—Lindemann, Arbeitsbuch, S. 194 (vgl. S. 192ff

Umstand einer Krankheit Pauli zurückzuführen ist, zu der korinthischen, philippischen und der Gemeinde in Thessalonich. Auf dem Wege zu den letzteren hat er nach dem zweiten Besuch in Galatien in Ephesus überwintert und von hier aus, da sich ihm in Ephesus „eine Tür aufgetan" hat, mittels Brief und Boten das Kollektenwerk in Korinth und Mazedonien vorbereitet. Für diese sich über drei bis vier Jahre erstreckende Periode haben wir aus den vorhandenen Briefzeugnissen oben einen chronologischen Abriß gegeben. Wir geben diesen im folgenden unter Hinzuziehung der in 2.5—7 erschlossenen Daten zur Wirksamkeit Pauli vor und unmittelbar nach dem Apostelkonvent sowie des aus Gal 1f Erhobenen als Zusammenfassung einer allein aus den Paulusbriefen rekonstruierten Chronologie wieder.

2.8 Zusammenfassung

	Bekehrung Pauli bei/in Damaskus
x Jahre	Aufenthalt in Arabia Rückkehr nach Damaskus
2 Jahre	(wohl in Damaskus)
14 Tage	1. Jerusalembesuch
y Wochen	Reise nach Syrien und Cilicien
13 Jahre	ebd. und in Südgalatien zusammen mit Barnabas Mission. Gründungsbesuche in Griechenland: Philippi, Thessalonich, Korinth; Gründung der galatischen Gemeinden durch Krankheitsumstände
	Zwischenfall in Antiochien
z Monate	2. Jerusalembesuch: Apostelkonvent; anschließend Kollektenreise in die paulinischen Gemeinden
Sommer	Paulus in Galatien
Herbst	Paulus in Ephesus: Mission; Sendung des Timotheus nach Mazedonien und Korinth; der vorige Brief nach Korinth mit Kollektenanweisung (oder letztere durch Boten)
1. Winter	Paulus in Ephesus, Timotheus in Mazedonien
Frühjahr	Brief der Korinther mit Frage zur Kollekte (oder diese durch mündliche Anfrage)

zu den einzelnen Gründen zugunsten der Landschafts- oder Provinzhypothese). Anders: F. F. Bruce, Galatian Problems. 2. North or South Galatians?, in: BJRL 52. 1969/70, S. 243—266, S. 263f; Gunther, Paul, S. 61. Beachtenswerte Gründe für die „südgalatische These" trägt vor: Clemen, Paulus I, S. 25ff. Ich gebe gern zu, daß eine letzte Unsicherheit bleibt!

vor Pfingsten (um Ostern)	1Kor
Sommer	nach schlechten Nachrichten aus Korinth durch Timotheus Zwischenbesuch Pauli in Korinth, überstürzte Rückkehr nach Ephesus; Tränenbrief und Sendung des Titus nach Korinth
2. Winter	Paulus in Ephesus (in Todesgefahr: 2Kor 1,8)
Frühjahr	Reise Pauli mit Timotheus nach Troas, Weiterreise nach Mazedonien
Sommer	Ankunft des Titus aus Korinth in Mazedonien; schlechte Nachrichten aus Galatien; Abfassung von 2Kor 1–9, 2Kor 10–13/Gal; Sendung des Titus (mit 2Kor) nach Korinth zwecks Organisation des Abschlusses der Kollekte
3. Winter	Paulus in Mazedonien; Abschluß der dortigen Kollekte
Frühjahr/Sommer	Reise nach Korinth; 3. Korinthaufenthalt Pauli; Abschluß der dortigen Kollekte
4. Winter	Paulus in Korinth: Röm
Frühjahr	Reise nach Jerusalem zwecks Überbringung der Kollekte

2.9 Offene und halboffene Fragen

Folgende Probleme sind in unterschiedlichem Grade ungelöst geblieben:

a) die Frage nach dem Zeitpunkt der Gründung der galatischen Gemeinden (wobei allerdings selbst auf der alleinigen Grundlage der Paulusbriefe die nordgalatische Hypothese eine größere Wahrscheinlichkeit hat; s.o. S. 148f A 191 zu Gal 3,1). Steht auch fest, daß die Gründung der galatischen Gemeinden *vor* dem Apostelkonvent erfolgte, so ist schlechterdings keine Entscheidung darüber möglich, ob vor oder nach der Griechenlandmission.

b) Die Frage nach der chronologischen Stellung des Zwischenfalls von Antiochien war zwar mit großer Wahrscheinlichkeit dahingehend zu beantworten, daß er sich *vor* dem Apostelkonvent ereignet hat. Gleichwohl muß seine Plazierung unmittelbar vor den Konvent Hypothese bleiben, die freilich

c) den Anlaß des Konventes einleuchtend bestimmen würde. Allerdings ist auch hier wegen des fragmentarischen Charakters unserer Quellen Vorsicht geboten. Daß der zum Konvent führende Konflikt in gemischten Gemeinden entstand, scheint mir freilich sehr plausibel zu sein.

d) Ein weiteres offenes Problem betrifft das Verhältnis des Paulus zur antiochenischen Gemeinde und zu Barnabas. War auch der Schluß aus dem gemeinsamen Gang der beiden nach Jerusalem auf eine gemeinsame Tätigkeit in der antiochenischen Mission zurückzuweisen, so bleibt die Frage bestehen, warum beide nach Jerusalem ziehen und welche Rolle Paulus in dem in gemischten Gemeinden entstandenen und den Konvent veranlassenden Konflikt gespielt hat. Trifft unsere Hypothese, daß der Antiochia-Zwischenfall den Konflikt hervorgerufen hat, nicht zu, so bleibt zu erwägen, ob nicht Paulus primär aus theologischen Gründen, d.h. wegen der Bedeutung, die er Jerusalem in seinem Denken beimaß, dorthin gezogen ist, um den Jerusalemer Aposteln das Heidenevangelium vorzulegen. Dieser letztlich der Ekklesiologie des Apostels entspringende Akt, nämlich der Überzeugung der Einheit der Kirche aus Juden *und* Heiden, hätte dann im Gefolge der judaistischen Forderungen zusammen mit der Mitnahme des Titus eine eminent polemische Funktion erhalten, als die Berechtigung der (gesetzesfreien) Existenz der Heidenkirche durch die Beschneidungsforderung an Titus und damit das Heidenevangelium des Paulus in Frage gestellt wurden.

Existiert vor dem Konvent, wie oben wahrscheinlich gemacht wurde, ein paulinisches *und* antiochenisches Missionswerk, so bereitet die Annahme keinerlei Schwierigkeiten, daß Paulus zusammen mit dem Vertreter der antiochenischen Mission, in der er selbst kurze Zeit gearbeitet hatte, nach Jerusalem reiste, da die Heidenmission im Interesse beider Missionen lag.

Zum Abschluß ist nochmals an die durch die Apg nicht behebbaren Lücken zu erinnern, die wir in der Chronologie und Biographie des Paulus haben. In Anbetracht dieser lückenhaften Kenntnis fällt die mangelnde Möglichkeit einer exakten zeitlichen Einordnung des Gründungsbesuches in Galatia und des Zwischenfalls in Antiochien sowie die Schwierigkeit der Bestimmung des Verhältnisses Pauli zur antiochenischen Mission und Barnabas nicht schwer ins Gewicht, um so weniger, als nach Pauli Eigenzeugnissen die Mission in Griechenland die Anfangsperiode seiner Verkündigung überhaupt darstellt und wir mit dieser Aussage eine gute Basis für die These haben, daß die europäische Mission nicht lange nach dem 1. Jerusalembesuch stattgefunden hat.

3. DIE EINPASSUNG DER TRADITIONEN DER APG IN DEN ALLEIN AUFGRUND DER PLN. BRIEFE GEWONNENEN RAHMEN

3.1 Zur Umgrenzung der Aufgabe

Zunächst ist ein Wort zur Beschränkung des im folgenden Arbeitsgang zu Leistenden angebracht darüber, was getan und über solches, was hier nicht erarbeitet werden kann. Es geht *nicht* um eine Arbeit über den Traditionswert[1] der Apg, die eine Geschichte der Lukas überkommenen Traditionen zum Ziel hätte. So wünschenswert eine solche Untersuchung mit allen ihren — bekannten — Schwierigkeiten wäre, sie hätte die Analyse der ganzen Apg zur Voraussetzung.

Der folgende Arbeitsschritt orientiert sich ausschließlich am Ergebnis der allein aus den Briefen gewonnenen Chronologie. Alle Perioden, über die Paulus in den erhaltenen Selbstzeugnissen keine Angaben macht: „erste Missionsreise"[2], Romreise, Prozeß vor Festus

---

[1] Sicher falsch ist z.B. die Meinung, daß sämtliche Informationen über Paulus, die nicht durch die Briefe gedeckt sind, auf die „Erfindung" des Lukas zurückgehen, wie M. S. Enslin (vgl. auch oben S. 105 A 104) offenbar meint. Enslin .setzt eine Kenntnis der Paulusbriefe bei Lukas voraus und glaubt z.B., daß Lukas aus Gal 1,21 geschlossen habe, Pauli Geburtsort sei Tarsus. Warum eigentlich nicht Antiochien? (Vgl. ders., Luke, the Literary Physician, in: D. E. Aune [ed.], Studies in New Testament and Early Christian Literature [FS A. P. Wikgren], NT. S 33, Leiden 1972, S. 135—143, S. 141.) Es sei noch angemerkt, daß m.E. Ausdrücke wie „erfinden" usw. der Erforschung der Apg nicht förderlich sind, weil dadurch das Anliegen des Erzählers sofort zugunsten der modernen Fragestellung „historisch oder unhistorisch (= unwahr)" ausgeblendet und die Aufgabe der Stilkritik im Sinne von Dibelius (s.o. S. 56 A 99) durch voreilige Historisierungsversuche ersetzt wird: gegen Enslin, ebd., und auch Suhl, Paulus, der — methodisch unzureichend — davon ausgeht, „daß Lukas schwerlich alle von ihm berichteten Einzelheiten frei erfunden hat" (a.a.O., S. 13). Die Ausdrücke „erfinden/Erfindung" finden sich über Suhls Buch verstreut, z.B. S. 128.136 A 30. 283ff.313 A 66 u.ö.

[2] Es ist m.E. nicht möglich, mit Jewett, Chronology, in Apg 13—14 „part of the pre-Lukan material originating in Antioch, designed to emphasize the independent role of the Antioch congregation" (S. 11) zu sehen und dann noch aus dem Fehlen der Person des Petrus in Apg 13—14 eine Polemik gegen Jerusalem zu erschließen (a.a.O., S. 12). Zur Literarkritik alten Stils führt kein Weg mehr zurück, selbst wenn man sie mit der Auskunft Jewetts stützen wollte:

usw., fallen daher nicht in die Kompetenz dieser Untersuchung — so wünschenswert ihre Analyse auch ist.

Unberücksichtigt bleiben aber auch folgende in der Apg enthaltene Episoden, die aus dem Bereich der aus den Briefen eruierten Chronologie stammen:

1. Die (dreifach berichtete) Geschichte von der Bekehrung des Paulus (Apg 9,1—19; 22,3—21; 26,9—18). Sie ist für die Chronologie ohne Bedeutung, aber von Wichtigkeit für die oben angeschnittene Frage nach dem Alter der in der Apg enthaltenen Traditionen, die hier nicht thematisiert werden kann[3].

2. Die Geschichte über die Flucht Pauli aus Damaskus wird hier nicht noch einmal behandelt, da ihr wahrscheinlicher chronologischer Ertrag, das Jahr 41 n.Chr. als terminus ante quem der 1. Jerusalemreise Pauli, bereits oben erhoben (S. 20 A 10) und im folgenden zugrundegelegt wird.

3. Es entfällt eine Analyse der in der Apg berichteten Aufenthalte Pauli in Philippi (16,11ff), Thessalonich (17,1ff) und Ephesus (19,1ff), da für die genannten Städte die Ereignisse, Personen und Lokalitäten betreffenden Briefangaben zu unbestimmt sind und daher ein direkter Vergleich mit den Paulusbriefen nichts austrägt.

„The best surmise is that the material in Acts 13—14 was formed from the Antioch recollection of the reports rendered by Barnabas and Paul at the conclusion of the journey" (ebd.). Anders als Jewett wird aber nach den Traditionselementen zu fragen sein, die der lukanischen Komposition von Apg 13—14 zugrundeliegen. Sie enthalten, ohne daß es hier näher ausgeführt werden kann, eine gemeinsame Missionstätigkeit (im Rahmen der antiochenischen Mission) von Barnabas und Paulus (vgl. bes. Apg 14,14), die annäherungsweise sich auch aus den Briefen ergibt (Gal 2,1.13; 1Kor 9,6) und die in Südgalatien zu lokalisieren ist (Antiochien, Ikonium, Lystra); vgl. 2Tim 3,11 mit Apg 13,50; 14,5. 19. Diese Tätigkeit wird unmittelbar vor dem Beginn der eigentlichen Weltmission des Paulus liegen und schließt sich der Gal 1,21 genannten Periode an. Die Zypernmission ist m.E. nicht für Paulus wahrscheinlich zu machen, vgl. m.R. G. Schille, Anfänge der Kirche, BEvTh 43, München 1966, S. 53—57 (Schille, S. 58f, macht m.E. auch evident, daß für 2Tim 3,11 Kenntnis des lukanischen Berichts ausgeschlossen ist; gegen Meeks, Jews, S. 58 A 64). — Die Mission in Südgalatien wird in der abschließenden Übersicht mitberücksichtigt.
[3] Untersuchungen: G. Lohfink, Paulus vor Damaskus, SBS 4, Stuttgart ³1967; Burchard, Zeuge; Löning, Saulustradition; V. Stolle, Der Zeuge als Angeklagter, BWANT 102, Stuttgart 1973; kritische Literaturübersicht bei C. Burchard, Paulus in der Apostelgeschichte, in: ThLZ 100. 1975, Sp. 881—895; nicht eingesehen: K. Obermeier, Die Gestalt des Paulus in der lukanischen Verkündigung. Das Paulusbild der Apostelgeschichte, kath.-theol. Diss. Bonn 1975.

Mögen Analysen der obigen Acta-Stellen für eine „Geschichte der apostolischen Tradition" (und im Anschluß daran für die Chronologie des Paulus) wertvoll sein, so wäre es zum gegenwärtigen Zeitpunkt voreilig, Pauli Aufenthalt in Philippi, Thessalonich und Ephesus durch die in der Apg enthaltenen Lokaltraditionen aufzufüllen.

Der Rahmen und das Ziel der folgenden Untersuchung sind relativ eng gesteckt. Wir wollen fragen, ob die durch die Paulusbriefe erschließbaren Reisen Pauli vor und nach dem Apostelkonvent einen Reflex in den Traditionen der Apg finden. Nach dem unter 1.4.2.1 Gesagten sollte am ehesten in summarischen Reisenotizen alte Tradition zu finden sein. Ferner ist Stellung zu nehmen zum bisherigen chronologischen Fixpunkt der herkömmlichen Pauluschronologie, der Gallio-Notiz. Wird durch die obige Rekonstruktion ein irgendwie gearteter Zusammenhang zwischen Gallio und Paulus unmöglich gemacht? Kann uns im Falle einer negativen Antwort hierauf der Gallio-Stein zu einem bisher fehlenden absoluten Datum verhelfen? Da Apg 18 neben der Gallio-Notiz ein weiteres für die absolute Chronologie wichtiges Datum enthält, die Anspielung auf ein Judenedikt des Kaisers Claudius, und damit eine weitere Möglichkeit der Eruierung eines absoluten Fixpunktes winkt, ist es zweckmäßig, den Bericht der Apg über Pauli Aufenthalt in Korinth als ganzen zu analysieren, um so mehr, als daneben in Kap. 18 weitere Einzeltraditionen enthalten sind, die an den relativ reichen Angaben aus der korinthischen Korrespondenz überprüft werden können.

So verfolgt die Analyse von Apg 18,1ff zwei Fragen: a) Lassen sich absolute Daten für die Chronologie Pauli gewinnen? b) Enthält das Kap. (Lokal-)Traditionen, die durch die Briefe bestätigt werden?

Ein Spezialproblem stellen drittens und letztens die Angaben der Apg über die Dauer der Aufenthalte Pauli an den einzelnen Missionsorten dar. Da aufgrund der obigen Chronologie eine ungefähr festlegbare Dauer des Aufenthaltes Pauli beim Gründungsbesuch in Thessalonich (und Korinth) sowie beim Aufenthalt in Ephesus und dem dritten Besuch in Korinth sich ergibt, wird zu fragen sein, ob die zeitlichen Angaben der Apg über die Dauer der Aufenthalte an den genannten Orten hiermit vereinbar sind.

Wir gehen die drei angeschnittenen Problemkreise in der Reihenfolge durch, in der wir sie aufgeführt haben, und beginnen mit der Analyse der summarischen Reisenotizen Apg 18,18—23.

3.2 Die Überleitung von der zweiten zur dritten Missionsreise in der Apg als Übergang vom Gründungsbesuch zum Kollektenbesuch in der Chronologie des Paulus: Apg 18,18—23

3.2.1 Zur Interpretation von Apg 18,18—23 in der bisherigen Forschung. Das Problem

Die herkömmliche Chronologie sieht zwischen Apg 18,22 und 18,23 den Riß zwischen zweiter und dritter Missionsreise markiert. Paulus verläßt in V. 18 nach einigen Tagen Korinth, um sich nach Syrien zu begeben. Die ihn begleitenden Aquila und Priscilla läßt er in Ephesus zurück, verbringt noch einige Tage zwecks Diskussion mit den Juden in der dortigen Synagoge und verläßt Ephesus alsbald in Richtung Palästina, obgleich die Juden ihn bitten zu bleiben. Der Apostel erreicht auf dem Seewege Cäsarea, zieht hinauf (nach Jerusalem), begrüßt die Gemeinde und erreicht danach Antiochien. Von da aus geht es weiter durch die galatische und phrygische Landschaft, wo er die Jünger stärkt. In Apg 19,1 findet man ihn wieder in Ephesus.

Die Auslegung des soeben paraphrasierten Textes erfolgte in der Forschung durchweg historisierend[4]. Auch die beiden großen Einleitungen von Kümmel und Vielhauer machen darin keine Ausnahme[5]. Sie setzen wie selbstverständlich voraus, daß Paulus nach dem Konvent zwei Reisen nach Griechenland von Palästina aus unternommen hat und eine Fahrt von dort nach Palästina vor der Reise zur Übergabe der Kollekte, ohne sich freilich zum Problem zu äußern, ob damit ein Jerusalembesuch verbunden gewesen und ob eine solche Palästinareise historisch für möglich zu halten sei. Man sollte aus ihrem Schweigen zu einer evtl. Jerusalemreise eigentlich schließen, daß sie diese als selbstverständlich voraussetzen, da sie von Lukas berichtet wird und die genannten Forscher sich von diesem das Gliederungsprinzip ‚2. und 3. Missionsreise' für die Chronologie des Paulus (gegen die Briefe) vorgeben lassen[6].

---

[4] Zur Auslegungsgeschichte dieser Reise vgl. J. Dupont, Les problèmes du livre des actes entre 1940 et 1950, in: ders., Études sur les actes des Apôtres, LeDiv 45, Paris 1967, S. 11—124, S. 51ff; Hurd, Origin, S. 33f A 2.

[5] Kümmel, Einleitung, S. 217ff; Vielhauer, Geschichte, S. 70ff. Vgl. jetzt Schenke—Fischer, Einleitung, S. 45, die den Besuch in Antiochien „als ein(en) Versuch zur Wiederannäherung" bezeichnen.

[6] Doch ist selbst von der lukanischen Intention her die Unterscheidung zwischen einer zweiten und dritten Missionsreise unangemessen, vgl. oben S. 34 A 45.

Forscher, die des Problems der Apg 18,22 angedeuteten Jerusalemreise wenigstens ansichtig werden, bezweifeln unter Festhalten der Historizität der Reise nach Cäsarea entweder, daß ein Besuch Jerusalems vorausgesetzt wird[7], oder erklären die Andeutung des Jerusalembesuchs aus lukanischer Tendenz. „Paulus steht sich nach seiner (sc. des Lukas) Überzeugung mit der Urgemeinde ausgezeichnet; hat er doch soeben seine Missionsreise mit einem ἀνὴρ ἡγούμενος, einem führenden Manne dieser Gemeinde, Silas, unternommen. Darum ist im Horizont der Apg ein paulinischer Besuch in Jerusalem jetzt höchst sinnvoll" (Haenchen, Apg, S. 526)[8]. Cäsarea als Ankunftsort (statt Antiochien) erklärt Haenchen damit, daß Paulus widriger Windverhältnisse wegen dorthin gelangt sei. „In Wirklichkeit wird Paulus nach Antiochia gewollt haben, um nun, nach seinem großen Missionserfolg, die Beziehungen mit dieser Gemeinde wieder enger zu knüpfen" (ebd.). Lukas habe die auffallende Ortsangabe Cäsarea als Bestandteil einer Tradition vorgefunden und sie sich derart zurechtgelegt, daß er sie mit einer Jerusalemreise Pauli verknüpfte.

Diese Hypothese Haenchens ist ein schönes Beispiel für die in dieser Arbeit passim kritisch unter die Lupe genommene Forschungsrichtung, die in ihrer Kritik an den chronologischen Angaben der Apg von den Paulusbriefen her auf halbem Wege stehen geblieben ist. Zwar schließt sie einen Jerusalembesuch Pauli zwischen Apostelkonvent und der Reise zur Überbringung der Kollekte aus. Gleichwohl hält sie einen Antiochiabesuch in dieser Zeit für plausibel, obwohl dieser ebensowenig den Briefen zu entnehmen ist wie der besagte Jerusalembesuch. Wir verweilen bei dieser These noch einen Augenblick und betrachten ihre Weiterführung in der neuesten Arbeit zur Chronologie Pauli von A. Suhl.

Suhl schließt sich an die Auslegung Haenchens an, nach der Pauli Besuch in Antiochien der Wiederanknüpfung der seit dem Zwischenfall abgebrochenen Beziehungen galt, versucht aber mehr als Haenchen dem Umstand Rechnung zu tragen, daß die Antiochia-Reise in der Primärquelle der Paulusbriefe nicht zu belegen ist. „Daß es für Paulus triftige Gründe für diese Reise gab, kann für die historische

---

[7] É. Trocmé, Le „Livre des Actes" et l'Histoire, EHPhR 45, Paris 1957: „D'ailleurs, Act. 18/22 ne relate peut-être même pas une visite de Paul à Jérusalem" (S. 93 A 1).

[8] Vgl. Suhl, Paulus, S. 130: Zumal der Besuch „sich gut in das Bild einfügt, das die Ag vom Verhältnis des Paulus zu Jerusalem zeichnet, und sich darum leicht als lukanische Konstruktion erklären läßt".

Rekonstruktion jedoch bestenfalls ein Hilfsargument sein. Viel wichtiger ist es, ob nicht nur die Sekundärquelle, sondern auch die Primärquelle dazu nötigt, die Reise nach Antiochien für historisch zu halten. Dafür gibt es in der Tat einige Gründe."[9]

Suhl führt drei Hauptargumente auf:

1. Die Bildung einer Kephaspartei in Korinth während der Abwesenheit Pauli sei dadurch zu erklären, „daß durch den Besuch des Paulus in Antiochien die Kunde von der Existenz dieser Gemeinde in den Osten getragen wurde und es daraufhin zu diesen Einflüssen kam" (S. 133).

2. Die späteren galatischen Gegner hätten über Pauli in Antiochien gegebenen Bericht über die galatischen Gemeinden und seinen Plan, dort eine Kollekte zu sammeln, gehört und seien daraufhin nach Galatien gezogen (ebd.).

3. „Der wichtigste Hinweis der Primärquelle für den Besuch in Antiochien ist, daß nach dem Ende des Gründungsaufenthaltes in Korinth wieder Titus in Erscheinung tritt" (S. 134). Nachdem Paulus Titus mit zum Apostelkonvent genommen habe, hat nach Suhl dieser die Missionsreise nach Europa nicht mit unternommen, sondern sei in Antiochien (nach dem Zwischenfall) geblieben. Er erscheint neben Paulus, Silvanus, Timotheus weder als Mitbegründer der korinthischen Gemeinde noch als Mitverfasser des 1Thess. Nach Pauli Versöhnungsbesuch in Antiochien „ist Titus offensichtlich zur Durchführung der Kollekte von Antiochien aus mit Paulus gezogen" (S. 134).

Abgesehen davon, daß sämtliche Behauptungen Suhls Hypothesen zweiten Grades sind, kommt keiner auch nur eine gewisse Wahrscheinlichkeit zu:

Zu 1: Es ist viel eher denkbar, daß, falls Kephas nicht selbst in Korinth war[10], Paulus bei seinem Gründungsbesuch von Kephas erzählt hat (vgl. auch die paulinische Personaltradition Gal 2,8) und im An-

---

[9] Suhl, Paulus, S. 132. Die Zitate aus diesem Buch werden im folgenden im Text in Klammern gesetzt.
[10] So neuerdings wieder P. Vielhauer, Paulus und die Kephaspartei in Korinth, in: NTS 21. 1975, S. 341—352 (im Anschluß an Thesen T. W. Mansons und C. K. Barretts). Doch sind damit nicht die Gründe von M. Goguel erledigt, die dieser gegen einen Aufenthalt des Kephas in Korinth vorgebracht hatte (L'apôtre Pierre a-t-il joué un rôle personnel dans les crises de Grèce et de Galatie?, in: RHPhR [14.] 1934, S. 461—500).

schluß daran eine sich in der Formel ἐγώ δέ Κηφᾶ (1Kor 1,12) niederschlagende Verehrung des Kephas in Korinth erfolgt ist. Im übrigen wendet sich Paulus im 1Kor nicht nur gegen die Kephaspartei, sondern gegen Parteiungen jeglicher Art, auch gegen die Pauluspartei.

Zu 2: Die Gegner in Galatien stehen in jedem Fall mit jener auf dem Konvent anwesenden Gruppe in Zusammenhang, die die Beschneidung der Heidenchristen forderte, wie es sich auch darin zeigte, daß sie recht gut über die Abmachungen im Bilde waren und die Nichtanerkennung bzw. Nichtbehandlung von Pauli Apostolat in Jerusalem gegenüber den Galatern gebührend hervorhoben. Sie brauchten nicht erst von oder über Paulus hören, daß er in Galatien eine Kollekte sammelte, sondern werden sich ohnehin über die Verstöße gegen das Gesetz in den paulinischen Gemeinden informiert haben und wußten daher, was dort vor sich ging.

Zu 3: Es ist unwahrscheinlich, daß Titus in einer kompromißbereiten Gemeinde blieb, die Paulus — laut Suhl — nach dem Antiochia-Zwischenfall verlassen hatte, und einer Trennung von Paulus zustimte; war doch er es, an dem sich in Jerusalem die judaistische Beschneidungsforderung für Heidenchristen entzündete und der von Paulus als lebendes Symbol für die gesetzesfreie Heidenchristenheit aufgefaßt wurde. Soll ferner ausgerechnet er, der den Judaisten in Antiochien laut Suhl nachgegeben hat, in der Lage gewesen sein, die Judaisten in Korinth zum Schweigen zu bringen und die Gemeinde wieder auf Pauli Seite zu ziehen? Setzt außerdem seine erfolgreiche Mission nach Korinth nicht eine Bekanntschaft mit der dortigen Gemeinde und ein Vertrautsein mit den korinthischen Verhältnissen voraus?

Die auf E. Haenchens Hypothese der Geschichtlichkeit eines Antiochia-Zwischenbesuches bauenden und sie spekulativ weiter entfaltenden Erwägungen Suhls führen somit deutlich die Aporie einer historisierenden Exegese von Apg 18,18—23 vor Augen, die es angeraten sein läßt, diesen Weg wieder schnell zu verlassen und die in der Acta-Kritik so erfolgreich angewandte literarisch-redaktionsgeschichtliche Methode auch an unserem Abschnitt zu erproben, um so mehr, als die Ergebnisse der obigen allein aus den Briefen gewonnenen Chronologie nicht nur die Historizität einer Jerusalemreise, sondern auch die einer Fahrt nach Antiochien zwischen Konvent und Überbringung der Kollekte nach Jerusalem ausschließen.

3.2.2 Scheidung von Redaktion und Tradition in Apg 18,18—23

Unser Abschnitt wird von der Forschung fast einhellig auf eine Vorlage des Lukas zurückgeführt, die von diesem an einigen Stellen redaktionell erweitert worden sei. Wir gehen von derselben Voraussetzung aus und bemühen uns hauptsächlich um die Absonderung der lukanischen Elemente, nach deren Abzug vom vorliegenden Text die Quelle des Lukas in diesem Abschnitt erscheint.

V. 18a berichtet von der Abreise Pauli nach Syrien. Unter der Voraussetzung Haenchens, daß Antiochien das eigentliche Reiseziel sei, gäbe eine Quelle vorblickend die intendierte Reiseendstation an. Da Syrien aber auch in Apg 20,3; 21,3 im Zusammenhang einer Reise nach Jerusalem genannt wird, ist Haenchens Schluß unerlaubt, und die Wendung kann als Vorblick der Quelle auf eine Reise nach Jerusalem angesehen werden.

Die Mitnahme von Priscilla und Aquila von Korinth nach Ephesus (*V. 18b*) ist in Anbetracht der Satzkonstruktion als Zusatz eines Redaktors verdächtig: καὶ σὺν αὐτῷ Πρίσκιλλα καὶ Ἀκύλας, κειράμενος ἐν Κεγχρεαῖς τὴν κεφαλήν· εἶχεν γὰρ εὐχήν. „Was hat hier Aquilas Haar zu tun, und daß er es sich (...) scheren ließ? Das steht an dieser Stelle nicht im echten Zusammenhange, sondern ganz abgerissen"[11]. Auch wenn gegen Wellhausen κειράμενος trotz der stilistischen Härte auf Paulus — nicht Aquila — zu beziehen ist[12], stellt sich die Frage nach einem Einschub von ‚und mit ihm Aquila und Priscilla' in derselben Deutlichkeit. Es ist nicht klar, ob Lukas solch eine stilistische Härte zuzutrauen ist, daß er in die Vorlage ἐξέπλει εἰς τὴν Συρίαν κειράμενος ἐν Κεγχρεαῖς τὴν κεφαλήν· εἶχεν γὰρ εὐχήν hinter Συρίαν die Ergänzung καὶ σὺν αὐτῷ Πρίσκιλλα καὶ Ἀκύλας einschob. Gegen den redaktionellen Charakter eines solchen Schrittes kann unter Hinweis auf V. 19 nicht zwingend eingewandt werden, „daß schon die Quelle eine gemeinsame Reise berichtete" (Conzelmann, Apg, z.St.). Denn das Ehepaar braucht Lukas für die Apollos-Episode (V. 26!). Andererseits läßt die Knappheit der Notiz vom Zurücklassen der beiden in V. 19 einen traditionellen Charakter auch der gemeinsamen Reise Pauli mit dem Ehepaar von Korinth nach Ephesus als möglich erscheinen, und warum soll

---

[11] J. Wellhausen, Noten zur Apostelgeschichte, in: NGG phil.-hist. Klasse 1907, S. 1—21, S. 14.
[12] Vgl. Conzelmann, Apg, z.St.: „damit ist seine (sc. Pauli) treue Erfüllung der jüdischen Vorschriften gezeigt, vgl. 21,23f".

nicht überhaupt die Passage κειράμενος ἐν Κεγχρεαῖς τὴν κεφαλήν · εἶχεν γὰρ εὐχήν auf lukanische Redaktionsarbeit zurückgehen? „Ein (Nasiräats-)Gelübde galt als verdienstliches Werk; es konnte nur am Tempel gelöst werden" (Conzelmann, Apg, z.St.). Falls bewiesen werden kann, daß Lukas in Apg 18,18ff eine Quelle über eine Jerusalemreise ausschreibt bzw. verkürzt (s.u.), dann ergibt die Nachricht, daß Paulus sich wegen eines Gelübdes die Haare scheren läßt, einen guten (lukanischen) Sinn: sie zeigt Paulus auf der Fahrt nach Jerusalem (= zum Tempel) als einen treuen Erfüller der jüdischen Gesetze (vgl. 21,23f). Im Interesse dieses Sinnes hätte Lukas dann die von einer Reise Pauli mit Priscilla und Aquila nach Ephesus berichtende Vorlage — stilistisch hart — um die obigen Aussagen κειράμενος τὴν κεφαλήν ... erweitert.

In jedem Fall ist es klar, daß die Nachricht von der Übersiedlung des Ehepaars von Korinth nach Ephesus historisch ist (vgl. 1Kor 16,19 und unten S. 199ff).

Eindeutig redaktionell sind *V. 19b—21a:* die Predigt Pauli in der Synagoge und die Bitte der Juden an Paulus zu bleiben. Das ergibt sich aus inhaltlichen und formalen (literarkritischen) Gründen. Der Satz: „Jene ließ er (in Ephesus) zurück, er selber ging aber in eine Synagoge" (V. 19), erweckt den Eindruck, als ob die Synagoge nicht in Ephesus liegt[13]. Daß dies nicht beabsichtigt war, zeigt V. 21b, die Notiz über die Abfahrt von Ephesus, und V. 21a, der Vorausblick auf ein Wiederkommen Pauli nach Ephesus, „so Gott will" (ausgeführt in 19,1ff). Hinter ϑεοῦ ϑέλοντος setzt der Reisebericht mit der genannten Abfahrt Pauli von Ephesus wieder ein. Diese auf literarkritischem Weg gewonnene Ausgrenzung von V. 19b—21a[14] aus dem knapp erzählenden Reisebericht kann durch Beobachtungen zum Inhalt gestützt und derselbe auf den Redaktor Lukas zurückgeführt werden. V. 19b enthält das bekannte lukanische Anknüpfungsschema: Paulus predigt zunächst in der Synagoge. V. 21 blickt auf eine evtl. Rückkehr Pauli vor. 19,1, wo diese ausgeführt wird, spricht aber nur von einer ‚Ankunft' Pauli in Ephesus, so als ob er das erste Mal hier ist. Also kann der Ausblick auf eine Wie-

---

[13] Wellhausen fragt ganz richtig: „Was soll das ferner heißen: Paulus ließ Priscilla und Aquila in Ephesus zurück, er selber aber ging in eine Synagoge (...)? Die Synagoge liegt ja doch auch in Ephesus! An einem so windschiefen Gegensatz hat mehr als eine Hand gearbeitet, so Wahnschaffenes pflegt durch Redaktion zu entstehn" (Noten, S. 14).
[14] Beachte die Glättung in D: Die Spannung zwischen V. 19a und V. 19b wird so behoben, daß erst in V. 21 die Zurücklassung von Aquila und Priscilla in Ephesus berichtet wird.

derkehr V. 21 nicht in der Quelle gestanden haben[15]. Den Anlaß für die Komposition von Apg 18,19b—21a können wir aus dem folgenden Text (V. 24ff) erschließen, der offenbart, daß es schon vor der Ankunft Pauli in Ephesus Christen gab. Lukas will durch diese Szene Paulus „als den ersten christlichen Prediger in der Stadt erscheinen lassen" (Conzelmann, Apg, z.St.)[16].

Damit hat sich — zusammenfassend gesagt — Apg 18,19b—21a als lukanische Komposition erwiesen.

Die nach der Abfahrt von Ephesus stattfindende Reise (18,22f) gibt den Auslegern durch ihre Knappheit manche Rätsel auf: „‚Von Ephesus ab, in Cäsarea an, hinauf und die Brüder gegrüßt, hinab nach Antiochia, dann durch Galatien und Phrygien zurück'. Abgemacht im Fluge und berichtet im Telegrammstil, kein Amerikaner könnte es besser"[17].

Bevor wir zur Auswertung des von Wellhausen glänzend beschriebenen Epitome-Stils kommen, muß a) geprüft werden, ob die genannte Passage einen Jerusalembesuch enthält, b) ob derselbe auf lukanische Redaktion zurückgeführt werden kann.

Zu a): Die Wendung ἀναβάς deutet an, daß Paulus von Cäsarea nach dem höher gelegenen Jerusalem hinaufstieg. Verbände man Pauli Hinaufgehen mit dem Zweck der Begrüßung der Kirche von Cäsarea, müßte man mit der Schwierigkeit des Gebrauchs von καταβαίνειν (V. 22) kämpfen, das vorzugsweise den Gang von Jerusalem (oder Palästina) aus nach einem anderen Ort (hier Antiochien) bezeichnet[18].

Zu b): Das Fehlen einer expliziten Erwähnung von Jerusalem als Reiseziel ist ein deutliches Argument gegen die These, daß die Anspielung auf eine Reise nach Jerusalem lukanisch sei. Der Versuch einer Erklärung von E. Haenchen: „Lukas ist ein sparsamer Schriftsteller;

---

[15] Von Aquila und Priscilla hören wir in 19,1ff nichts mehr. Wenn zumindest ein Teil von 19,1ff in der Quelle stand, ist das ein weiterer Grund für die Annahme, daß Lukas das Paar neben 18,26 auch in 18,18 eingetragen hat.
[16] Es ist erstaunlich, wie oft in der Sekundärliteratur diese Fiktion des Lukas für historisch gehalten wird. Auch Harnack, Mission, S. 83f, ist ihr aufgesessen. Vgl. dagegen Andresen, Geschichte, S. 3. Daß es ein vorpaulinisches Christentum in Ephesus gab, geht klar aus Apg 18,27 hervor.
[17] Wellhausen, Noten, S. 14.
[18] Zwar gehört auch Cäsarea am Meer zu Palästina, doch „the verb καταβαίνω would not be used of going from Caesarea, a seaport, to Antioch, an inland town" (Bruce, Acts, z.St.).

er verschwendet seinen Raum nicht" (Apg, S. 526), ist eine Notauskunft. In dem anderen Fall, wo *sicher* die lukanische Komposition einer Jerusalemreise nachweisbar ist (11,27ff), äußert sich Lukas ausführlicher. Man kann nicht wie Haenchen und Suhl einerseits sparsame Schriftstellerei konstatieren, dann aber diese Andeutung eines Jerusalembesuches mit theologischer Tendenz befrachten und hierin das gute Verhältnis zwischen Paulus und der Urgemeinde (nach Lukas) ausgedrückt sehen. Gewiß wird es lukanischen Interessen nicht widersprochen haben, wenn Paulus zum Zeitpunkt von Apg 18,22 die Brüder in Jerusalem besucht und begrüßt. Ginge aber dieser Jerusalembesuch, von dem — wie gesagt — nur eine Andeutung erhalten ist, auf lukanische Redaktion zurück, so hätte Lukas ihn gewiß stärker herausgehoben. Die knappe Art der Angaben, der Epitome-Stil[19], der für die ganze Reise von Korinth an charakteristisch ist und insbesondere für die Jerusalemreise[20] zutrifft, empfiehlt die Annahme eines Stationenverzeichnisses, angereichert mit einzelnen von Lukas z.T. ausgelassenen Einzelnachrichten, als Lukas zur Verfügung stehende Tradition. Es dürfte folgende Reiseroute enthalten haben: Korinth, Ephesus, Cäsarea, Jerusalem, Antiochien, Galatien, Phrygien. Angeschlossen haben wird sich an Phrygien als nächste Station Ephesus (Apg 19,1b).

Ist damit das obige Stationenverzeichnis als hinter Apg 18,18ff liegende Tradition eruiert, so können wir uns nun seiner traditionsgeschichtlichen Auswertung zuwenden, wobei die glänzenden oben genannten Beobachtungen Wellhausens weiterzuführen sind.

3.2.3 Traditionsgeschichtliche Erwägungen zum Stationenverzeichnis Apg 18,18ff

Bekanntlich lassen sich aus den Paulusbriefen drei Jerusalemreisen Pauli erschließen (erste Reise, um Kephas kennenzulernen, zweite Reise zum Konvent, dritte Reise zur Überbringung der Kollekte); die Apg berichtet dagegen von fünf Fahrten in die heilige Stadt (9,26ff; 11,27ff; 15,1ff; 18,22; 21,15). Da Thesen wie die, Paulus

---

[19] Dabei ist die Häufung der Partizipien in Apg 18,22 lukanischer Erzählstil; vgl. Bl-Debr[14], § 421, S. 350.
[20] Vgl. M. Dibelius, Apostelgeschichte im Rahmen, S. 167, zur Stationenangabe ‚Jerusalem' in 18,22 als Bestandteil der Tradition.

habe eine Jerusalemreise unterschlagen[21], ausscheiden können[22], kann der Schluß nur lauten, daß zwei der in der Apg berichteten Reisen auf das redaktionelle Konto des Lukas gehen werden. Die zweite Jerusalemreise Pauli in der Apg (11,27ff) hat G. Strecker (s.o. S. 35) als lukanische Konstruktion erwiesen. Es bleibt die Frage bestehen, welche der drei übrigen Lukas zuzuschreiben ist.

3.2.3.1 Die Jerusalemreise Apg 18,22 als Dublette von Apg 21,15?

J. Wellhausen hat bereits 1907 die den oben erwähnten historisierenden Deutungen von Apg 18,22 überlegene These aufgestellt, daß die Jerusalemreise in Apg 18,22 eine Dublette der letzten Jerusalemreise Pauli in Apg 21,15 sei[23]. Dabei verwies Wellhausen als Analogie für die Verdoppelung der dritten Jerusalemreise auf die der zweiten in Apg 11,27ff und 15,1ff.

Dagegen wendet A. Suhl ein: „Das überzeugt jedoch nicht. Ag 11,27ff. wird nur die Entfernung Antiochien–Jerusalem überbrückt. Diese Angabe stößt sich nicht mit der genaueren Wegbeschreibung Ag 15,3ff. Die Reise Ag 20,3ff. dagegen nimmt einen ganz anderen Verlauf als die Ag 18,18ff. beschriebene"[24]. Doch wird man gegenüber der letzten These Suhls auf folgende Parallelen hinweisen müssen:

18,18: Paulus schifft sich in Korinth nach Syrien ein
~ 20,3: verhinderter Plan, nach Syrien zu reisen
18,21: Abfahrt von Ephesus
~ 21,1: Abfahrt von Milet: das läßt sich unter der Voraussetzung, daß eine Dublette vorliegt, durchaus als Parallele werten. Lukas weiß, daß Paulus in Ephesus sich nicht zeigen kann, und setzt für Ephesus das in seiner Nähe gelegene Milet ein

---

[21] Darauf läuft offensichtlich hinaus der Aufsatz von C. H. Talbert, Again: Paul's Visits to Jerusalem, in: NovTest 9. 1967, S. 26–40: „The visit of Gal. II 1ff equals that of Acts XI 27–30, XII 25. The visit of Acts XV belongs to the indirect occasion of the epistle and is echoed in the Syncretists' charges and the Pauline responses that make up our epistle to the Galatians" (S. 40). Talberts Analyse führt faktisch zu einer methodisch nicht vertretbaren Gleichordnung von Primär- und Sekundärquelle. Leider berücksichtigt Talbert nicht den Aufsatz Strecker, Jerusalemreise.
[22] Vgl. auch oben S. 36 A 48.
[23] Wellhausen, Noten, S. 15; ders., Kritische Analyse der Apostelgeschichte, AGG phil.-hist. Klasse NF 15.2, Berlin 1914, S. 37f. Wellhausens These fand die Zustimmung von A. Loisy, Les Actes des Apôtres, Paris 1920 (Nachdruck o.O. 1973), S. 708f; vgl. ferner Kuss, Paulus, S. 66f.
[24] Suhl, Paulus, S. 131.

18,22: Paulus in Cäsarea
  ~ 21,8: Paulus in Cäsarea: die Wahl der verschiedenen Ankunftshä-
          fen (18,22: Cäsarea; 21,3: Tyrus) läßt sich als literarischer
          Kunstgriff zwecks Vermeidung einer Wiederholung verste-
          hen
18,22: Paulus in Jerusalem
  ~ 21,17: Paulus in Jerusalem

Wellhausens These, daß die vierte Jerusalemreise Pauli in der Apg
eine Abbreviatur der fünften und letzten sei und sich einer Verdoppelung derselben verdanke, läßt sich also gegenüber der Kritik Suhls
am Text begründen! Sein Hinweis auf die parallele Verdoppelung
der zweiten Jerusalemreise, wo in beiden Fällen (11,27ff und 15,1ff)
nicht nur die Distanz Antiochia—Jerusalem überbrückt wird, sondern
auch dieselben Personen erscheinen (Paulus und Barnabas), ist zutreffend. In der vierten und fünften Reise der Apg ist dagegen beidemal
Paulus die einzige Hauptperson und wird jeweils die Distanz Korinth—
Jerusalem überbrückt.

Allein, so bestechend die These Wellhausens bis heute ist, so erscheint
sie gleichwohl deswegen nicht als haltbar, weil sie zwei Beobachtungen nicht genügend Rechnung trägt:

1. Apg 18,18ff hat den Charakter einer Epitome, Apg 20,3ff ist in
allen Einzelheiten ausgestaltet. Wellhausen nimmt an, Apg 18,18ff
sei eine Verkürzung und Abbreviatur von Apg 20,3ff. Gegenfrage:
Warum soll Lukas gerade an dieser Stelle der Apg eine Epitome der
später ausführlich geschilderten Reise bringen? Das hätte doch nur
dann Sinn, wenn er mit ihr eine bestimmte Absicht verbindet oder
die Fahrt nach Jerusalem zu diesem Zeitpunkt sich als Gliederungsprinzip aus der Komposition des Lukas erklären ließe. Dann aber
hätte er das klarer erkennen lassen! Daher liegt die Annahme näher,
daß Lukas hier eine Tradition verkürzt und verstümmelt, weil er mit
ihr an dieser Stelle nichts anzufangen weiß. Er bringt sie aber trotzdem, weil sie zum in Kap. 19 geschilderten Ephesusaufenthalt über-
leitet[25].

2. Der epitomeartige Reisebericht läuft über die Station Jerusalem
hinaus ähnlich verkürzt weiter. Da offenbar die der Station ‚Jerusalem' folgenden Orte derselben Tradition angehören wie die Reise-

---

25 Man darf m.E. demgegenüber nicht einwenden, daß Lukas die in Apg 19 geschilderten Begebenheiten über Pauli Aufenthalt in Ephesus auch schon Apg
18,19ff hätte bringen können. In diesem Fall hätte er nicht so klar wie in der
jetzigen Gestalt der Apg den Anspruch erheben können, daß Paulus zuerst in
Ephesus die christliche Botschaft verkündigt hat.

station vor dem Erreichen der heiligen Stadt, kann gegen Wellhausen ausgeschlossen werden, daß Apg 18,22 Dublette der letzten Jerusalemreise Pauli ist. Die Apg 18,22 erwähnte Jerusalemreise ist vielmehr Bestandteil einer in der Apg verkürzt wiedergegebenen selbständigen Tradition, die eine Reise Pauli von Griechenland nach Jerusalem *und zurück* enthielt. Wird es gelingen, jener eruierten, dem Lukas wohl in der schriftlichen Form eines Reiseberichtes vorliegenden Tradition einer Reise Pauli von Griechenland nach Jerusalem und zurück den ursprünglichen Ort wiederzugeben?

3.2.3.2 *Der ursprüngliche Ort des Jerusalembesuches Apg 18,22*

Die Analyse hat von der Beobachtung auszugehen, daß von allen fünf[26] in der Apg berichteten Jerusalemreisen des Paulus die vierte (Apg 18,22) am schmucklosesten wirkt. Daher wird sie am ehesten auf alte Tradition zurückgehen.

Im folgenden soll die zunächst im Rahmen der Apg zu begründende und hernach in einem Vergleich mit der obigen Chronologie zu verifizierende These ausgeführt werden, daß in Apg 11,27ff; 15,1ff und 18,22 die Verdreifachung[27] ein- und desselben zweiten Jerusalembesuches Pauli vorliegt und derselbe historisch in Apg 18,22 — nach der Reise aus Griechenland nach Palästina — seinen ursprünglichen Ort hat.

3.2.3.2.1 Apg 11,27ff; 15,1ff; 18,22 als Verdreifachung des zweiten Jerusalembesuches Pauli

War Apg 11,27ff bereits oben S. 35 als Konstruktion einer Reise Pauli nach Jerusalem durch Lukas erwiesen und zwar aus sprachli-

---

[26] Die ältesten Lesarten zu Apg 12,25 berichten von einem (weiteren) Jerusalembesuch des Paulus (mit Barnabas); vgl. dazu Hurd, Origin, S. 33ff.
Daß *Lukas* hier eine Reise von Jerusalem nach Antiochien im Sinn hat, steht m.E. fest (vgl. auch Strecker, Jerusalemreise, S. 76 A 53); anders mit Nachdruck P. Parker, Three Variant Readings in Luke-Acts, in: JBL 83. 1964, S. 165—170, S. 168ff.
[27] Die bekannteste Verdreifachung in der Apg ist die der Bekehrung des Paulus, die Lukas in *einem* Bericht vorgelegen haben wird.
Haenchen, Apg, nennt S. 522f A 6 die Vertreter der These, daß in Apg 18,22 der ursprüngliche 2. Jerusalembesuch des Paulus enthalten sei. Merkwürdigerweise ist ihm der wichtigste Verfechter dieser Ansicht entgangen: E. Barnikol, Die drei Jerusalemreisen des Paulus, FEUC 2, Kiel 1929, der S. 47ff einen erschöpfenden Überblick über die Vertreter der Ansicht Gal 2,1 = Apg 18,22 gibt. Barnikols beachtenswerte Arbeit ist aber noch zu sehr von der literarkritischen Phase der Acta-Forschung beherrscht.
Auch Ramsey, Place, S. 255f, und Jewett, Chronology, passim, meinen, daß Apg 18,22 den Konferenzbesuch reflektiert.

chen (lukanische Sprache) und sachlichen Gründen, da Lukas mit ihr die Kontinuität der Heilsgeschichte durch das Handeln der mit Jerusalem verbundenen antiochenischen Gemeinde sicherstellen wollte [28], so sind in gleicher Weise auch a) sprachliche und b) sachliche Gründe zugunsten der These anzuführen, daß die Reise Apg 15,1ff eine lukanische Konstruktion darstellt.

a) Folgende Beobachtungen zu Sprache und Ausdruck lassen auf lukanische Urheberschaft von Apg 15,1ff schließen. Lieblingswendungen des Lukas finden sich über die 15,1—4 berichtete Reise verstreut: $κατελθεῖν$ [29], $ἀδελφός$ [30], $ἔθος$ [31] (V. 1); $οὐκ ὀλίγος$ [32], $ζήτημα$ [33] (V. 2); $διέρχεσθαι$ [34], $χαρά$ [35], $ἐκκλησία$ [36] (V. 3).

Folgende Wendungen scheiden gleichfalls als etwaiger Bestand einer dem Lukas in der Tradition vorgegebenen Reise aus, da sie sich im unmittelbaren Kontext von 15,1—4 finden und der Verdacht naheliegt, daß sie von dort in den Bericht der Reise eingetragen sind:

V. 1 $ἐὰν μὴ περιτμηθῆτε τῷ ἔθει τῷ Μωϋσέως$ entspricht 15,5.
V. 2 $γενομένης δὲ στάσεως καὶ ζητήσεως$ entspricht 15,7.
V. 4 $ἀνήγγειλάν τε ὅσα ὁ θεὸς ἐποίησεν μετ' αὐτῶν$ nimmt 14,27 auf und erscheint ähnlich in 15,12.
V. 4 $ἀπὸ τῆς ἐκκλησίας καὶ τῶν ἀποστόλων καὶ τῶν πρεσβυτέρων$ entspricht 15,22.

Erweist sich somit 15,1—4 durchgängig durch die Hand des Redaktors Lukas geprägt, so zeigt sich andererseits auch an diesem Abschnitt (wie ebenfalls an 11,27ff [s. die Nachweise Strekkers]), daß Lukas nicht ohne Anhalt an Tradition komponiert hat. Ebenso wie in 11,27ff, wo die Personen des Barnabas und des Paulus sowie die Erwähnung der Kollekte sich aus alten mit Jerusalembesuchen Pauli in Verbindung stehenden Traditionen speisen, so auch hier: Paulus und Barnabas, die nach 15,1ff die Reise nach Je-

---

[28] Vgl. Strecker, Jerusalemreise, S. 76.
[29] Das Verb erscheint sechzehnmal im NT, davon fünfzehnmal im luk. Doppelwerk.
[30] $ἀδελφός$ ist terminus technicus für den christlichen Bruder in der Apg: 1,15. 16; 2,29.37 u.ö.
[31] Zwölfmaliges Vorkommen im NT, davon zehnmal im luk. Doppelwerk.
[32] Sonst nur Apg 12,18; 14,28; 17,4.12; 19,23.24; 27,20.
[33] Das Substantiv findet sich innerhalb des NT nur in der Apg: 15,2; 18,15; 23,29, 25,19; 26,3.
[34] Vgl. Luk 19,1; Apg 12,10; 13,6; 14,24 u.ö.
[35] Vgl. Apg 8,8; 12,14; 13,52 u.ö. in Luk.
[36] Dreiundzwanzigmal in der Apg.

rusalem unternehmen, sind nach der paulinischen Eigenaussage Gal 2 nach Jerusalem gezogen.

Lukas dürfte dabei aber aus den ihm über den Konvent zur Verfügung stehenden Traditionen den Grund und Anlaß der Reise Pauli und des Barnabas entnommen und ihn in den Bericht über die Reise hineingearbeitet haben. Dieser entspricht aber wohl nur z.T. der historischen Wahrheit, obgleich in der Tat auf dem Konvent die Beschneidungsforderung gegenüber dem Heidenchristen Titus erhoben wurde. Unmittelbarer Anlaß des Konvents dürften aber Konflikte in gemischten Gemeinden gewesen sein, die um das Problem der Möglichkeit der weiteren Tischgemeinschaft zwischen Heiden- und Judenchristen kreisten (zu Apg 15 als der antiochenischen Version des Konvents s.o. S. 99).

Damit ergibt sich beim Vergleich der Apg 15,1ff berichteten *Reise* mit der Aussage Pauli im Galaterbrief eigentlich nur eine Übereinstimmung, nämlich daß Paulus und Barnabas gemeinsam nach Jerusalem zogen. Im folgenden ist auf einige gravierende, die Unhistorizität der Reise Apg 15,1ff weiter erhärtende Unterschiede hinzuweisen: 1. Die Apg verschweigt, daß Paulus gemäß einer Offenbarung nach Jerusalem zog und diese Reise ferner zu dem Zwecke geschah, den Jerusalemer Aposteln das Evangelium vorzulegen, das er unter den Heiden verkündigte. 2. Die für Paulus wichtige Person des Heidenchristen Titus wird in der Apg überhaupt nicht erwähnt. 3. Nach dem Zeugnis von Apg 15,1ff werden Barnabas und Paulus aus Antiochien nach Jerusalem geschickt, aus dem Galaterbrief geht nicht, wie fälschlich oft angenommen wird, hervor, daß Paulus aus Antiochien nach Jerusalem zog[37]. Offenbaren bereits diese Differenzen, daß die Reise 15,1ff aus einer bestimmten Tendenz heraus gewisse Nachrichten ausläßt (so 1. und 3., daß die große paulinische Mission vor dem Konvent noch nicht unternommen ist, und 2., daß alle gefährlichen Konflikte im Zusammenhang des Konvents entschärft werden sollen), so mögen sie überleiten zum Aufweis der sachlichen, redaktionsgeschichtlich zu ermittelnden Gründe, die Lukas bewogen haben, den Bericht vom Jerusalemer Treffen an dieser Stelle zu plazieren.

Gelingt ein schlüssiger Nachweis der redaktionellen Bedingtheit der Stellung des dritten Jerusalembesuches Pauli und des Konventes an dieser Stelle, so ergibt sich nach dem obigen Aufweis der lukanischen Spracheigentümlichkeiten in 15,1—4 ein zweites noch schwerer wiegendes Argument gegen die Historizität der dritten Jerusalemreise Pauli in der Apg.

b) Hatte der sogenannte zweite Jerusalembesuch des Paulus mit Barnabas die Funktion, „die durch die Verbindung mit Jerusalem ge-

---

[37] Mit Hengel, Ursprünge, S. 18 A 17, der dies gegen Haenchens Auslegung m.R. hervorhebt.

währleistete Kontinuität der Heilsgeschichte auch durch das Handeln der antiochenischen Gemeinde sicherzustellen"[38], so gilt — mutatis mutandis — ähnliches für den dritten Jerusalembesuch zum Konvent an dieser Stelle.

Der vor dem eigentlichen paulinischen Missionswerk stattfindende Konvent ist die Drehscheibe, an der der Übergang der Jerusalemer *und* der antiochenischen Mission zur paulinischen Weltmission erfolgt. Auf ihm wird innerlich das paulinische Missionswerk durch die Jerusalemer Apostel legitimiert[39]. Seit dem Konvent ist aber auch kein Raum mehr für Paulus als antiochenischer Missionar. Insofern vollzieht sich mit dem Konvent auch der Übergang von der antiochenischen zur paulinischen Mission, nachdem Lukas beide vorher durch die Konstruktion einer Modellreise miteinander verzahnt hat (Apg 13—14). Hinfort aber haben nicht nur Jakobus und Petrus keinen Raum mehr in der Apg, sondern gleichfalls die die antiochenische Gemeinde repräsentierende Person des Barnabas, die aus dogmatischen Gründen Apg 18,22 nicht mehr genannt werden kann. Hätte doch dieser historische — weil am paulinischen Eigenzeugnis nachprüfbare — Sachverhalt eine Einbuße der Bedeutung des sachlich in die lukanische Gegenwart führenden universalen paulinischen Missionswerkes bedeutet[40].

Gewiß, Lukas verfügt über zutreffende Einzelinformationen über den Konvent und erschließt sich aus den ihm über den Konvent zur Verfügung stehenden Quellen dessen Anlaß. Da aber dem Verfasser der Apg sich die zutreffende Chronologie an der richtigen Dogmatik eröffnet, wird die Plazierung des Apostelkonventes *vor* der paulinischen Weltmission lukanische Konstruktion sein[41].

---

[38] Strecker, Jerusalemreise, S. 76.

[39] Vgl. hierzu auch oben S. 38 A 53.

[40] Vgl. Hengel, Ursprünge, S. 25: Lukas „hat ein klares Ziel, dem er alles andere unterordnet: die Darstellung der idealen Weltmission, d.h. der Mission des Paulus. Sein Werk ist *eine eigenwillige Geschichte der paulinischen Mission ‚mit ausführlicher Einleitung'*. Die Nachrichten über die Hellenisten müssen z.B. — in harmonisierter Form — dazu dienen, die Brücke zwischen dem für Lk autoritativen apostolischen Fundament und dem eigentlichen Helden des Werks zu schlagen. Während alle anderen Mitspieler vorzeitig abtreten, beherrscht dieser die Bühne, bis der Vorhang fällt."

[41] Dagegen wendet G. Ogg, A New Chronology of Saint Paul's Life, in: ET 64. 1952/53, S. 120—123, ein: „But had that been Luke's purpose, he would have set the Conference before ch. 13 and not at the end of the first of Paul's great missionary journeys" (S. 121). Dagegen: Die eigentliche Weltmission Pauli beginnt erst Apg 15,40.

Trifft diese im folgenden an der obigen Chronologie zu verifizierende Annahme zu, so leuchtet ein, warum zu Apg 18,21bff der Eindruck entstehen konnte, daß „Einzelheiten nur dem Epitomator (sc. Lukas), nicht mehr seinem Leser verständlich sind. Der Eindruck verstärkt sich, wenn man noch 19,1 dazustellt" (Conzelmann, Apg, z.St.). Der Epitome-Charakter erklärt sich aus der Vorverlegung des Konventes und der lukanischen Konstruktion der sog. dritten Jerusalemreise des Paulus!

3.2.3.2.2 Die Verifizierung von Apg 18,22 als der zweiten Jerusalemreise des Paulus durch die allein aus den Briefen gewonnene Chronologie

Die vor Apg 18,22 aufgeführten Missionsstationen Pauli haben nach Abzug der durch lukanische Redaktion bedingten Ortsangaben eine genaue Parallele in den Aufenthaltsorten Pauli zwischen erstem und zweitem Jerusalembesuch, wie sie sich aus der obigen allein aus den Briefen gewonnenen Chronologie ergeben.

Zur Begründung: Nach dem Konvent Apg 15 geht Paulus nach Antiochien, Syrien, Cilicien, Derbe, Lystra, Phrygien und dem galatischen Land. Anschließend folgt die Mission in Philippi, Thessalonich, Athen, Korinth. Von Korinth fährt Paulus nach Ephesus, Cäsarea und Jerusalem.

Ein Großteil der soeben aufgeführten Reise- und Aufenthaltsorte stimmt auch in der Reihenfolge mit der obigen für die Zeit zwischen erstem und zweitem Jerusalembesuch rekonstruierten Chronologie überein: so die Stationen Syrien, Cilicien, Philippi bis Korinth[42] (s.o. S. 149).

Folgende in der Apg genannte Stationen sind durch die obige Chronologie nicht für die Zeit zwischen erstem und zweitem Jerusalembesuch Pauli zu verifizieren[43]:

---

[42] Ob Paulus von Korinth *über Ephesus* nach Jerusalem gereist ist, läßt sich aus den Briefen nicht erheben. Trotzdem kann diese Frage aufgrund des Traditionscharakters von Apg 18,19f wahrscheinlich positiv entschieden werden. Wohl aber läßt sich aufgrund der Selbstzeugnisse, d.h. 1Kor 16,9, vermuten, daß Paulus erst bei seiner zweiten Reise von Palästina nach Griechenland in Ephesus Mission getrieben hat, denn Pauli Rede von der offenen Tür, die sich ihm in Ephesus aufgetan hat (ebd.), schließt offensichtlich eine frühere Mission an diesem Ort aus.
[43] Folgende in den Paulusbriefen nicht mehr zu verifizierende Stationen ergeben sich von selbst: Troas, Samothrake (Apg 16,11), Cäsarea (Apg 18,22), da sie zu der Erreichung der verifizierbaren Reiseziele wie Philippi und Jerusalem notwendige Durchgangsstationen darstellen.

Apg 15,30—39: Paulus und Barnabas in Antiochien. Der Streit um Johannes Markus.

Apg 16,1—5: Paulus in Derbe und Lystra. Timotheus' Beschneidung.

Apg 16,6—8: Reise durch Phrygien, galat. Land, Mysien, Bithynien.

Sämtliche Stellen sind der lukanischen Redaktion verdächtig:

Apg 15,30ff: Der Zusammenstoß zwischen Paulus und Barnabas leitet in der Apg, nachdem durch den Konvent auch die sachliche Voraussetzung dafür gegeben war, die selbständige Heidenmission des Paulus ein.

Er reflektiert wohl die historische Ablösung Pauli von der antiochenischen Gemeinde, wenngleich unbeweisbar ist, daß er mit dem antiochenischen Zwischenfall (Gal 2,11ff) in einem Zusammenhang steht: einmal ist in Apg 15,30ff ein für uns nicht mehr erkennbarer sachlicher Gegensatz ins Persönliche verschoben, und zum anderen ist der Widerpart beim Zwischenfall in Antiochien nicht Barnabas, sondern Kephas und vor allem die Jakobusleute.

Ergibt sich aus dem Gesagten bereits ein redaktionelles Motiv für die Trennung Pauli von Barnabas nach dem Konvent, so erweisen zwei Gründe den (gegenüber dem Folgenden) sekundären Charakter von 15,30ff:

1. Paulus wählt sich in 15,40f Silas als Begleiter aus, der bereits 15,33 nach Jerusalem entlassen wurde [44]. Daraus ist zu folgern, daß in V. 40ff eine neue Quelle einsetzt (so auch fragend Conzelmann, Apg, z.St.).

2. 15,40f berichtet, daß Paulus durch Syrien und Cilicien zog. Das setzt offenbar eine Abreise Pauli aus Palästina, nicht dem in Syrien gelegenen Antiochien voraus, wo nach Apg 15,30ff der Zusammenstoß zwischen Barnabas und Paulus sich ereignet.

Apg 16,1—5: Derbe, Lystra, Beschneidung des Timotheus. Die Erzählung über Pauli Aufenthalt in Derbe enthält keine Notiz über eine dortige Predigttätigkeit, sondern schildert lediglich die Übergabe der auf dem Konvent getroffenen Beschlüsse (16,4), die Beschneidung des Timotheus durch Paulus und seinen Anschluß an denselben (16,3). Abgesehen von der Unhistorizität der Beschneidung des Timotheus durch Paulus (s. Conzelmann, Apg, z.St.) kommt 16,1—5 auch nicht als Bestandteil einer Quelle in Frage: Die Episode von Pauli Aufenthalt in Derbe und Lystra stellt eine lukanische Verdop-

---

[44] Schenke-Fischer, Einleitung, S. 43, wollen den Paulusbegleiter Silas von dem Apg 15,22.27.32f genannten Silas unterscheiden.

pelung des in Apg 14,6ff Berichteten dar. Lukas erzählt noch einmal nach dem Konvent von der Reise Pauli zu diesen Örtlichkeiten, denn erst zu Beginn der unabhängigen Mission Pauli will er über Timotheus als Begleiter des Paulus berichten, weil zum Zeitpunkt der „ersten Missionsreise" ein Bericht über den Anschluß des Timotheus an Paulus das Mißverständnis nahegelegt hätte, daß Timotheus sich auch mit Barnabas verbunden hat. Zum anderen dient die Komposition dieser Episode dazu, die Kontinuität der Kirche darzustellen, muß doch den vor dem Konvent gegründeten Gemeinden, soweit sie nicht brieflich davon unterrichtet wurden, der Beschluß des Apostelkonventes (Aposteldekret) überbracht werden[45].

Apg 16,6—8: Phrygien, galatisches Land, Mysien, Bithynien. Die Schilderung der Reise durch Phrygien und das galatische Land ist merkwürdig. Sie wirkt wie „eine gezielte Nicht-Missionsreise" (Conzelmann, Apg, z.St.). Der Satz: „sie wurden gehindert, das Wort in der Asia zu sagen" (V. 6), reflektiert — historisch zutreffend — Schwierigkeiten, die Paulus in Asia hatte und die möglicherweise in den paulinischen Selbstaussagen 1Kor 15,32; 2Kor 1,8 einen Niederschlag gefunden haben. An der jetzigen Stelle der Apg steht die seltsame Nicht-Missionsreise durch Phrygien und das galatische Land, die Hinderung, das Wort in Asia zu sagen, und der mißlungene Versuch der Missionierung in Mysien und Bithynien als bewußter Kontrast (beachte auch in diesem Zusammenhang V. 9!) zur folgenden Europa-Mission und bereitet dieselbe vor. Lukas' redaktionelle Hand zeigt sich auch am Vergleich von V. 6 mit Apg 18,23, wo er bei gleicher Wortwahl in umgekehrter Reihenfolge über eine Durchreise Pauli durch das galatische Land und Phrygien berichtet.

Fazit: Apg 16,6—8 ist eine lukanische Komposition aus nicht mehr deutlich erkennbaren Einzeltraditionen (s. aber noch zu 18,23 auf S. 172f!).

Zusammenfassend gesagt, hat sich erwiesen, daß alle Reisestationen in der Apg zwischen „Konvent" und der in Apg 18,22 berichteten Jerusalemreise, die nicht mit den aus den Paulusbriefen erschlossenen Stationen zwischen erstem und zweitem Jerusalembesuch übereinstimmen, weitgehend auf lukanische Redaktion zurückzuführen sind. Damit weist die in der Apg zwischen Kap. 16—18 verarbeitete Tradition wesentliche Übereinstimmungen mit den allein aus den Briefen

---

[45] Zu beachten ist, daß den nach dem Kovent gegründeten Gemeinden das Dekret *nicht* mitgeteilt wird; ein Grund mehr, es für die lukanische Gemeinde nicht vorauszusetzen (vgl. oben S. 98 A 92).

rekonstruierten Reisestationen zwischen erstem und zweitem Jerusalembesuch Pauli auf, woraus sich ein starkes Argument für Apg 18,22 als ursprüngliche zweite Jerusalemreise Pauli ergibt. Sind die Übereinstimmungen in den Reisestationen nach Apg 18,22 mit denen der obigen Chronologie nach dem Konvent genauso groß? Im Falle einer positiven Beantwortung dieser Frage ergäbe sich ein weiterer Grund dafür, daß in Apg 18,22 die ursprüngliche zweite Jerusalemreise Pauli reflektiert wird.

Paulus hält sich nach dem Jerusalembesuch von Apg 18,22 an folgenden Orten auf: Antiochien, galatisches Land, Phrygien, Ephesus (19,1), Mazedonien (20,2), Griechenland (20,3 = Korinth).

Die hernach genannten Orte Philippi (20,3), Troas (20,6) usw. sind für uns nicht mehr nachprüfbar, da der Römerbrief während des 20,3 genannten Aufenthaltes in Korinth geschrieben wurde und damit die aus den Briefen zu rekonstruierenden chronologischen Nachrichten abbrechen.

Vergleichen wir die Reiseroute der Apg mit der obigen Chronologie, so ergibt sich eine verblüffende Übereinstimmung! Nach den paulinischen Selbstzeugnissen unternimmt Paulus im Anschluß an den Konvent die Kollektenreise mit der ersten von uns oben rekonstruierten Station ‚Galatien‘ (= zweiter Besuch Pauli ebd. zwecks Anordnung und Organisation der Kollektenangelegenheit).

Hatten wir aufgrund des alleinigen Ausgangs von den Briefzeugnissen auch keinerlei *sichere* Entscheidungsmöglichkeit zwischen der süd- und der nordgalatischen Hypothese, so schien doch die Existenz von paulinischen Gemeinden in der Landschaft Galatien (= nordgalatische Hypothese) allein deswegen wahrscheinlicher zu sein, weil Paulus die Bewohner von Pisidien und Lykaonien schwerlich mit ‚Galater‘ (Gal 3,1) angeredet hätte. Darf also als Voraussetzung eingeführt werden, daß Pauli galatische Gemeinden im Norden der Provinz zu lokalisieren sind, so kann Paulus dorthin wohl nur auf dem Landwege durch die cilicische Pforte gelangt sein. Das setzt aber — auch in Anbetracht der Beziehung Pauli zur Gemeinde in Antiochien — zumindest eine Durchreise durch Antiochien voraus. So ergibt sich eine Identität der ersten beiden Reisestationen nach dem Konvent aufgrund des paulinischen Selbstzeugnisses und der Apg: Antiochien, galatisches Land.

Rückblickend auf das zu 18,23 Gesagte (Reise durch das galatische Land) ist daran zu erinnern, daß nach der obigen Chronologie der Aufenthalt Pauli in Galatien nach dem Konvent der zweite Besuch dieser Gemeinde durch den Apostel ist. Nun erwähnt 16,6 bereits einen Aufenthalt Pauli in der Landschaft Galatien. Könnte es wohl sein, daß hier der Gründungsbesuch durchscheint? Enthielt Lukas' Quelle mehr über diese Mission? Hat Lukas Einzeltraditionen unterdrückt, weil sie wenig Erbauliches über den Heidenapostel und seine Krankheit berichteten? Immerhin wissen wir aus den Briefen, daß die Gründung der galatischen Gemeinden sich der Krankheit des Paulus verdankte!

Eine Übereinstimmung ist auch für die folgenden Reisestationen festzustellen: Paulus hält sich z.Zt. der Abfassung des 1Kor in Ephesus auf und ist dorthin aus Galatien gelangt. Da die natürliche Durchgangslandschaft auf dem Weg von Galatien nach Ephesus Phrygien ist[46], stimmen Apg und Paulus auch in der dritten und vierten Station überein: Phrygien, Ephesus. Die nächsten Stationen in der Quelle der Apg, Mazedonien und Korinth (vgl. auch Apg 19,21 mit 1Kor 16,5!), entsprechen der obigen Chronologie mit der Ausnahme, daß der Zwischenbesuch (= zweiter Besuch) in Korinth nicht erwähnt wird. Falls er in der Quelle gestanden hätte, so wäre er von Lukas mit Sicherheit getilgt worden, da — wohl auch in der Quelle — in dem Bericht über diesen Besuch kaum etwas Erbauliches hätte stehen können[47].

3.2.4 Zusammenfassende Erwägungen

Der erste Arbeitsschritt beim Vergleich der Ergebnisse der allein aufgrund der Paulusbriefe gewonnenen Chronologie mit der Apg hat ergeben, daß der zweite Teil des lukanischen Doppelwerkes nach Rückgängigmachung seiner durch Redaktion bedingten chronologischen Anordnung der Ereignisse eine überraschende Bestätigung der oben rekonstruierten Chronologie des Paulus liefert. Die Übereinstimmung erstreckte sich freilich weitgehend nur auf Stationen und ihre Reihenfolge, so daß die Annahme der Benutzung eines auf einen Paulusbegleiter zurückgehenden, mit Einzelepisoden angereicherten Stationenverzeichnisses durch Lukas naheliegt. Dieses Stationenverzeichnis, das die Reisen Pauli vom ersten Jerusalembesuch bis zum dritten Korinthaufenthalt skizzenhaft enthält, hat Lukas durch zusätzliche Rei-

---

[46] Vgl. auch die Straßenkarte bei Grant, Atlas, S. 58.
[47] Am Rande ist an dieser Stelle auf die oben angestellte Vermutung zurückzukommen, daß der Zwischenfall von Antiochien Anlaß des Konventes gewesen sei. Steht dazu nicht die soeben eruierte Quelle in Widerspruch, die einen Aufenthalt Pauli in Antiochien erst *nach* dem Konvent kennt? Da die Quelle aber geradlinig berichtet und auch den Zwischenbesuch Pauli in Korinth übergangen hat, ist nicht auszuschließen, daß auch an unserer Stelle ein vor dem Konvent gelegener Antiochien-Aufenthalt ausgefallen ist. Fazit: Die obige Vermutung über den zeitlichen Ort des Antiochien-Zwischenfalles braucht nicht in Widerspruch zu dem von uns rekonstruierten Stationenverzeichnis zu stehen.

serouten erweitert und unter teilweiser Aufnahme der in ihm enthaltenen Einzelepisoden mit Lokaltraditionen aufgefüllt.

Die oben primär durch einen Vergleich zwischen Apg und obiger Chronologie gewonnenen Beobachtungen führen damit konstruktiv noch ein Stück weiter als die in Auseinandersetzung mit der klassischen Itinerarthese M. Dibelius' gewonnene Position H. Conzelmanns, indem wir eine Tradition bzw. Quelle durchlaufender Art als roten Faden von Apg 16—20 zu erkennen glaubten. Andererseits bleibt die oben ausgeführte Reserve gegenüber der Itinerarthese von M. Dibelius und ihrer Modifizierung durch P. Vielhauer bestehen, da für sie das Itinerar eine gegenüber den Paulusbriefen gleichrangige Bedeutung einnimmt und etwa seine Existenz in Apg 13f behauptet wird. Demgegenüber ist zu betonen, daß wir ohne Paulusbriefe nie die obige Quelle hätten herausschälen können.

Nun hatten wir oben bemerkt, daß Lukas die ihm durch eine Quelle vorgegebenen Reisestationen unter teilweiser Aufnahme der jeweiligen Einzelepisoden durch lokale Traditionen auffüllt. Bietet die nachfolgende Analyse von Apg 18,1ff nach Berücksichtigung der lukanischen Redaktion und einem Vergleich mit den Paulusbriefen eine ähnlich überraschende Bestätigung der in der obigen Chronologie erreichten Resultate? Liefert uns Apg 18,1ff gar doch noch einen absoluten Fixpunkt für die Chronologie?

3.3 Zur Frage der in Apg 18,1—17 enthaltenen Einzeltraditionen

3.3.1 Gliederung und Gedankengang

Der Text läßt sich in drei Einheiten gliedern. Nach der lukanische Spracheigentümlichkeit aufweisenden Überleitung V. 1 (μετὰ ταῦτα: achtmal im NT, davon siebenmal im lukan. Doppelwerk: Luk 5,27; 10,1; 12,4; 17,8; Apg 7,7; 13,20; 15,16; Mk 16,17 [sek. Markusschluß]) grenzen wir am besten ab:

I) V. 2—3: Paulus trifft in Korinth Aquila und Priscilla, die kürzlich (προσφάτως) aus Italien gekommen sind, weil Claudius alle Juden aus Rom ausgewiesen hat. Paulus wohnt bei ihnen und arbeitet bei dem Ehepaar, da sie den gleichen Zeltmacherberuf haben.

V. 4, die Nachricht von der allsabbatlichen Predigttätigkeit Pauli in der Synagoge, während der er Juden und Griechen überzeugt, ist dem lukanischen Anknüpfungsschema verpflichtet und gehört nicht notwendig zu Einheit I. V. 4 läßt sich vielmehr verstehen als Überleitung zu Einheit

II) V. 5—8, in der nach dem Kommen von Silas und Timotheus aus Mazedonien eine verstärkte Missionstätigkeit Pauli berichtet wird (V. 5: συνείχετο τῷ λόγῳ ὁ Παῦλος) [48]. Zu dieser *verstärkten* Missionstätigkeit stellt V. 4, der Bericht von der allsabbatlichen Predigt als *geringere*, nur einmal in der Woche geschehende Missionstätigkeit, die innere Voraussetzung dar.

V. 5f bilden sozusagen die nähere Ausführung und Explikation des Überzeugens (πείϑειν) der Juden im ersten Teil der Überleitung von V. 4. Als dieses scheitert, wendet er sich mit einer symbolischen Handlung gegen die Juden (V. 6: τὸ αἷμα ὑμῶν ἐπὶ τὴν κεφαλὴν ὑμῶν) den Heiden zu, hierin den zweiten Teil der Überleitung V. 4, das Überzeugen der Griechen, spezifizierend.

V. 7: Paulus geht in das Haus des Gottesfürchtigen Titius Justus. Sein Verkündigungserfolg ist nach der Abkehr von den Juden größer geworden. Die Bekehrung des Synagogenvorstehers Krispus leitet unter den Korinthern eine wahre Bekehrungswelle ein (V. 7).

Die nachfolgende Christusvision (oder genauer: Christusaudition) Pauli (V. 9f) erklärt a) die lange Dauer von Pauli Aufenthalt in Korinth (V. 11: 18 Monate), b) illustriert die Bedeutung der korinthischen Christengemeinde zur Zeit des Lukas (vgl. 1Clem!) und hat c) vor allem *Überleitungscharakter* zur nachfolgenden Gallio-Episode, indem sie vorausblickend ankündigt, daß Paulus kein Leid zugefügt wird.

III) V. 12—17: ‚Paulus vor Gallio‘ kreist wiederum, wie bereits V. 6f, um die Auseinandersetzung Pauli mit den Juden und nimmt damit ein gut lukanisches Thema auf.

V. 12 setzt gegenüber dem Vorhergehenden fast abrupt ein: „Als Gallio Statthalter von Achaja war ...“, so daß fast der Eindruck entsteht, Lukas hätte vorher noch nichts über Pauli Aufenthalt in Korinth berichtet.

Zu beachten ist, daß Paulus kein einziges Wort sagen muß, damit die Anklage der Juden abgewehrt wird. Bevor Paulus das Wort ergreifen kann, weist Gallio als sich im Sinne des Lukas im Streit zwi-

---

[48] συνείχετο τῷ λόγῳ ist lukanische Spracheigentümlichkeit. συνέχω: Luk 4,38; 8,37.45; 12,50; 19,43; 22,63; Apg 7,57; 28,8. λόγος absolut gebraucht als terminus technicus der christlichen Verkündigung: Apg 4,4; 6,4; 8,4; 10,44 u.ö.

schen Kirche und Judentum vorbildlich verhaltender Staatsmann die Anklage der Juden zurück: Gallio richtet nur über Verbrechen, nicht über das jüdische Gesetz betreffende Streitfragen (V. 15).

Nachdem die Juden von Gallio vom Richtstuhl weggejagt worden sind, ergreift das Volk den Synagogenvorsteher Sosthenes (der offenbar nicht weggejagt worden ist?) und verprügelt ihn. Der gerechte Zorn des Volkes über den Versuch einer Unrechtstat der Juden entlädt sich in der Prügel eines ihrer Vertreter. Der Schlag fällt auf den Schläger zurück. Daß diese innere Verbindung von ‚Anklage durch die Juden — Prügel der Juden' von Lukas beabsichtigt war, zeigt der nachfolgende Satz: „Und Gallio kümmerte sich nicht im geringsten darum" (V. 16). Die Prügel ist noch Bestandteil der Szene vor Gallio.

3.3.2 Traditionsgeschichtliche Fragen zu Apg 18,1—17

Wir hatten oben festgestellt, daß Lukas die ihm über einen Ort zur Verfügung stehenden Lokaltraditionen zumeist an *einer* Stelle bringt und sich bei einer evtl. zweiten Erwähnung desselben Aufenthaltsortes mit einer summarischen Notiz begnügt. So enthält auch der Bericht vom zweiten (historisch: dritten) Besuch in Korinth lediglich die Angabe der Aufenthaltsdauer von drei Monaten (dazu vgl. S. 204f) und die gleichfalls lukanische Nachricht vom Anschlag der Juden gegen Paulus, der ihn zu einer Reise nach Mazedonien nötigt (Apg 20,3). Dieser Textbefund ruft die Frage hervor nach dem Verhältnis der in Apg 18,1ff verarbeiteten Traditionen zueinander. Gehen sie alle auf den Gründungsbesuch Pauli in Korinth zurück? Oder hat Lukas die ihm aus drei Besuchen Pauli zur Verfügung stehenden Traditionen aus der erwähnten redaktionellen Tendenz heraus zu *einem* Bericht über den ersten Besuch Pauli verarbeitet?[49]

Wir gehen methodisch so vor, daß wir zunächst klären, ob die aufgrund der obigen Gliederung eruierten Einheiten auf verschiedene sich untereinander ausschließende Zeitpunkte von Korinthaufenthalten Pauli zurückgehen können. Jeweils im Anschluß daran wird nach den von Lukas vorgefundenen Traditionselementen gefragt, da erst diese, falls sie eruiert werden können, ein endgültiges Urteil darüber ermöglichen, ob in Apg 18,1ff Traditionen über verschiedene Korinthaufenthalte Pauli vorliegen.

Folgende Überlegung scheint die Annahme zu ermöglichen, daß unser Text mindestens zwei Korinthaufenthalte Pauli reflektiert. Die

---

[49] Vgl. Hurd, Origin, S. 30f.

176

Einheiten I und II haben mit Einheit III überhaupt keinen inneren Zusammenhang. Darauf weisen a) literarische und b) sachliche Gründe. Die literarischen Indizien sind folgende:

1. Die Zeitangabe 18 Monate (V. 11) bezieht sich offenbar auf die V. 2—8 (10) berichtete Periode[50].

2. Die Wendung „als Gallio Prokonsul war ...'' setzt — wie oben bemerkt — abrupt ein, als ob vorher noch nichts über einen Korinthaufenthalt Pauli erzählt worden wäre.

3. Einheit III ist voll aus sich heraus verständlich.

Ein schwerwiegender *sachlicher* Grund für die Annahme, daß I, II und III verschiedene Korinthaufenthalte Pauli reflektieren, liegt darin, daß V. 8 der Synagogenvorsteher Krispus (Einheit II), in V. 17 dagegen Sosthenes heißt (Einheit III). Dem sich hieraus ergebenden Schluß, daß damit ein während eines Korinthaufenthaltes Pauli nicht unterzubringender Wechsel im Amt des Synagogenvorstehers vorliegt, ist weder entgegenzuhalten, daß es eben mehrere Synagogenvorsteher gab[51], noch daß, da Krispus Christ wurde, ein anderer zum Synagogenvorsteher gewählt wurde[52]. Das letztere wäre eine dem Text nicht entsprechende historisierende Fragestellung.

---

[50] Schille, Anfänge, hat daraus geschlossen, daß die Gallio-Episode nicht historisch sei. „Die Anklage der Juden wider Paulus kommt zu spät, weil sich Paulus schon vor ein und einem halben Jahre von der Synagoge getrennt hatte!'' (S. 97). M. Goguel sieht dieselbe Schwierigkeit der Stellung der Zeitangabe und versucht zu begründen, daß „l'incident de Gallion devrait donc être placé, non pas vers la fin du séjour de Paul à Corinthe, mais vers le commencement de ce séjour, approximativement au moment où, après l'arrivée de Silas et de Timothée venant de Macédoine, Paul a été amené à se séparer de la synagogue'' (La vision de Paul à Corinthe et sa comparution devant Gallion, in: RHPhR [12.] 1932, S. 321—333, S. 331).
Beide Forscher — Goguel in stärkerem Maße als Schille — fragen zu sehr historisierend. Beachtlich ist Schilles Beobachtung, daß die Gallio-Episode nicht auf den Gründungsbesuch zurückgeht (S. 97). Leider läßt er sich wegen dieser negativen Einsicht — aus der historisierenden Fragestellung heraus — nicht auf das weitere Problem ein, ob nicht die Gallio-Episode auf einen anderen Korinth-Aufenthalt Pauli zurückgehen kann.
[51] So Bruce, Acts, z.St. Jedoch wird das durch jüdische Vorschriften ausgeschlossen, vgl. Bill. IV, S. 145ff. Daß in Apg 13,15 der Plural steht, ist kein Gegenargument und im übrigen nicht das einzige Beispiel der Unkenntnis jüdischer Vorschriften durch Lukas.
[52] So offenbar W. Wiefel, Die jüdische Gemeinschaft im antiken Rom und die Anfänge des römischen Christentums, in: Jud. 26. 1970, S. 65—88, S. 75 A 77. Eine solche Feststellung ist doch nur dann möglich, wenn Lukas Augenzeuge war oder er den Grundstock des ganzen Kapitels dem Tagebuch eines Paulusbegleiters verdankt. Da solche Annahmen aus den bekannten Gründen ausscheiden müssen,

Wurde mit dem Obigen deutlich, daß Einheiten I, II und III sogar noch in ihrer redaktionellen Form verschiedene Korinthaufenthalte Pauli widerspiegeln, so ist nun nach den in Einheit III verarbeiteten Traditionselementen zu fragen, die eine weitere Festigung des obigen Ergebnisses zu erbringen versprechen:

Der Name des Synagogenvorstehers Sosthenes wird auf alte Tradition zurückgehen. Warum sollte Lukas diesen Namen erfunden haben? Über einen Synagogenvorsteher Sosthenes in Korinth ist uns sonst nichts weiter bekannt und die Annahme, er sei Christ geworden und Mitverfasser des 1Kor, eine unbeweisbare These. Lukas wird eine Tradition gekannt haben, die den Namen eines Synagogenvorstehers Sosthenes mit einem Korinthaufenthalt Pauli assoziierte (über das Verhältnis dieses Sosthenes zur Person des Gallio in dieser Tradition s. sofort).

Bei der Frage nach der Historizität eines Prozesses gegen Paulus vor dem Statthalter Gallio müssen wir uns in Erinnerung rufen, was oben über die apologetische Tendenz des Lukas ausgeführt wurde (s.o. S. 41f): Gallio verhält sich so, wie es Lukas von einem Vertreter des Staates beim Streit zwischen Juden und Christen wünscht. Diese Einsicht verbietet uns, einen derartigen[53] Prozeß gegen Paulus für historisch zu halten. Ein weiteres Argument gegen eine solche allein aufgrund der Apg gewonnene Annahme ergibt sich aus der literarischen Gestaltung von Einheit III:

V. 12ff sind gar kein Bericht über einen Prozeß, sondern die gezielte Darstellung eines Nicht-Prozesses und die Darlegung der Gründe, warum ein Prozeß nicht stattfinden darf. Strenggenommen wird nämlich gar kein Gespräch zwischen Paulus und Gallio berichtet, sondern nur ein solches zwischen den Juden und Gallio.

------

ist auf literarischer Analyse zu bestehen. Jewett, Chronology, S. 82, hat mich gar nicht überzeugt, daß es mehrere Synagogenvorsteher zur gleichen Zeit gab. Sein Hinweis auf S. Applebaum (The Organization of the Jewish Communities in the Diaspora, in: Safrai-Stern, People, S. 464–503, S. 492f) trägt nichts aus, da Applebaum unsere obige Annahme im ganzen bestätigt und keinen einzigen klaren Beleg dafür bringen kann (und will), daß es mehrere Synagogenvorsteher zur gleichen Zeit in derselben Synagoge gegeben hat. Vgl. auch S. Safrai, The Synagogue, in: ders.-Stern, People II, S. 908–944, S. 933–935.

[53] Zu unterscheiden ist die Frage nach der historischen Möglichkeit eines von Juden gegen Paulus angezettelten Prozesses (sie ist zu bejahen) und die nach der historischen Wirklichkeit eines Prozesses vor Gallio auf der Grundlage von Apg 18. Die letztere ist aus den obigen Gründen zu verneinen.

So ergeben sich redaktionsgeschichtliche und literarische Gründe gegen die landläufige Meinung, es habe in Korinth gegen Paulus vor Gallio ein Prozeß stattgefunden — angezettelt durch die Juden.

Nun steht generell fest, daß Lukas nicht einfach Episoden erfindet, sondern im Anschluß an Tradition formuliert und diese im Sinne seiner Theologie weiterentwickelt und interpretiert. Daher impliziert die Bestreitung der Historizität eines Prozesses vor Gallio nicht automatisch die Leugnung einer irgendwie gearteten Beziehung zwischen dem Heidenapostel und dem Prokonsul. M.E. ist es am wahrscheinlichsten, daß Lukas eine Tradition vorfand, die einen Besuch Pauli in Korinth mit der Person des Gallio zusammenbrachte, und diese dann — im Sinne seiner Theologie — zur Episode eines Nicht-Prozesses gegen Paulus vor Gallio komponierte. Möglicherweise ist Lukas aus derselben Tradition auch die Person des Sosthenes zugeflossen, der im Anschluß an den Nicht-Prozeß von den Korinthern verprügelt wird. Das legt sich aus der Beobachtung nahe, daß die Figur des Sosthenes literarkritisch gesehen eigentlich nicht recht in die von Lukas komponierte Szene der Anklage der Juden und der Antwort des Gallio hineinpaßt, schien doch die Szene mit dem Verjagen der Juden vom Richterstuhl (V. 16) einen Abschluß gefunden zu haben. Dagegen klappt der nachfolgende Vers 17 mit dem Bericht über die Prügel des Sosthenes ein wenig nach und steht in Spannung zu V. 16, da er voraussetzt, daß offenbar der Synagogenvorsteher nicht weggejagt worden ist — sonst hätte das Volk ihn vor dem Richterstuhl nicht verhauen können.

Ich halte es daher für das Wahrscheinlichste, daß Lukas die Personen des Gallio und Sosthenes in derselben mit einem Korinthaufenthalt Pauli verbundenen Tradition vorgefunden hat, daraus einen ‚Nichtprozeß‘ der Juden gegen Paulus vor Gallio komponierte und die Bestrafung der Juden an der von dem Synagogenvorsteher Sosthenes erlittenen Prügel exemplifizierte.

Nachdem wir Einheit III (Apg 18,12ff) als gegenüber Einheiten I, II disparate Textgröße ermittelt und die in ihr enthaltenen Traditionselemente eruiert haben, ist im folgenden zu prüfen, ob auch zwischen Einheit I und II ein ähnlich disparates Verhältnis besteht.

Aus der inneren Gliederung (3.3.1) ging hervor, daß I und II klar voneinander abhebbare Einheiten sind, die Lukas durch die Überleitung V. 4 miteinander verschweißt hat. Die Frage, ob I und II unabhängig voneinander verstanden werden können, entscheidet sich an der Auslegung von V. 7: *καὶ μεταβὰς ἐκεῖθεν ἦλθεν εἰς οἰκίαν τινὸς ὀνόματι Τιτίου Ἰούστου σεβομένου τὸν θεόν.* Ist, wie

Haenchen z.St. meint (vgl. auch D!), hierdurch ein Wohnungswechsel ausgesagt, so könnten wir versuchsweise auf eine Tradition über einen Aufenthalt Pauli in Korinth zurückschließen, bei dem Paulus im Haus des Titius Justus gewohnt hat. Einheit I reflektierte dann demgegenüber eine Tradition über das Wohnen Pauli im Haus von Priscilla und Aquila. Zielt V. 7 auf einen Wechsel des Lehrlokals[54], so wäre die genannte Hypothese nicht zwingend. Der Wechsel des Lehrlokals (Haus des Titius Justus statt Synagoge) ist dann durch die feindliche Haltung der Juden bedingt (beachte aber, daß das besagte Haus nahe an der Synagoge liegt!).

Die Entscheidung wird danach zu fällen sein, ob sich nach Abzug der lukanischen Elemente in Einheit I und II eine aus sich selbst heraus verstehbare, sich in ihren Einzelelementen nicht widersprechende Traditionsschicht ergibt. Das ist in der Tat der Fall, wenn man V. 7 als Wechsel des Lehrlokals versteht. Ziehen wir nämlich die auf dem lukanischen Anknüpfungsschema beruhende allsabbatliche Predigt Pauli in der Synagoge (V. 4), die symbolische Abkehr von den Juden (V. 6) und den wiederum durch das lukanische Anknüpfungsschema bedingten Wechsel des Lehrlokals (V. 7) ab, so bleiben als fester Kern einer aus sich selbst verständlichen Tradition übrig: die Arbeit und das Wohnen Pauli bei Priscilla und Aquila, das Kommen des Timotheus und Silas aus Mazedonien, die Predigttätigkeit Pauli im Hause des Titius Justus und die Bekehrung des Synagogenvorstehers Krispus.

Zur Frage nach dem Traditionscharakter des mit der Anwesenheit Priscillas und Aquilas verknüpften Judenedikts des Claudius ist ähnliches wie zum Prozeß Pauli vor Gallio zu sagen: Nach Abzug der lukanischen Tendenz wird der Kern dieser Nachricht auf alte Tradition zurückgehen. Wir werden bei dem sofort folgenden Vergleich der aus Apg 18 eruierten Traditionen mit den Paulusbriefen zu prüfen haben, ob ein Aufenthalt Pauli in Korinth mit dem Edikt des Claudius in einen zeitlichen Zusammenhang gebracht werden kann.

Nach dem Vergleich der aus Apg 18 eruierten Traditionen mit den Paulusbriefen sind ferner die in Einheit I, II und Einheit III enthaltenen, von Lukas vorgefundenen Nachrichten miteinander zu vergleichen, um die obige Annahme zu verifizieren, daß beide Traditionsblöcke verschiedene Besuche Pauli in Korinth reflektieren.

---

[54] So Conzelmann, Apg, z.St.; Burchard, Zeuge, S. 167 A 21; Suhl, Paulus, S. 120; Malherbe, Aspects, S. 74f A 30.

3.3.3 Vergleich der aus Apg 18,1ff eruierten Traditionen mit der allein aufgrund der Briefe gewonnenen Chronologie

Wir sind jetzt in der Lage, die Beantwortung der oben als Ziel der Analyse von Apg 18,1ff bezeichneten zwei Fragen zu versuchen: 1. Lassen sich an Hand der in Apg 18 vorausgesetzten Traditionen absolute Daten für die Chronologie des Paulus gewinnen? 2. Enthalten die in Apg 18 verarbeiteten Traditionen eine Bestätigung durch die obige Chronologie? Wir beginnen mit 1.

3.3.3.1 Zu den die absolute Chronologie betreffenden Daten in Apg 18

Die beiden durch Zeugnisse aus der Profangeschichte überprüfbaren, auf der Stufe der Tradition in Apg 18 enthaltenen welthistorischen Daten sind a) der Hinweis auf die Austreibung der Juden aus Rom, b) die Statthalterschaft Gallios in Achaja. Sie stehen innerhalb von Apg 18,1ff in Einheiten, deren Traditionselemente jeweils einen verschiedenen Besuch Pauli in Korinth voraussetzen, der zeitlich von dem anderen ziemlich weit entfernt liegt (so daß etwa ein neuer Synagogenvorsteher sein Amt angetreten haben konnte). Ferner ergab sich uns der Schluß, daß die Traditionen in Apg 18 verschiedene Besuche reflektieren, aus literarkritischen Gründen und der redaktionellen Tendenz des Lukas in der Art der Komposition der Lokaltraditionen. Unsere Aufgabe in diesem Abschnitt besteht zunächst darin, nach den vorhandenen profangeschichtlichen Quellen die Statthalterschaft des Gallio und das Judenedikt des Claudius exakt chronologisch zu bestimmen. Sollte sich dabei eine längere zeitliche Distanz zwischen beiden herausstellen, so wäre unsere obige Annahme bestätigt, daß Apg 18 die Traditionen verschiedener Paulusbesuche verarbeitet sind. Andererseits würden dann aber auch die die absolute Chronologie betreffenden beiden Daten eine erste Stütze für ihre Glaubwürdigkeit erhalten.

Nach der Behandlung der beiden chronologischen Einzelfragen ist zu klären, ob die oben allein aufgrund der Briefe gewonnene Chronologie mit diesen absoluten Daten vereinbar ist.

3.3.3.1.1 Der Galliostein

A. Deißmann hatte in seinem Paulusbuch[55] vier Fragmente aus dem in Delphi entdeckten Gallio-Stein einer weiten Öffentlichkeit zugäng-

---

[55] Paulus, Tübingen ²1925, S. 203ff.

lich gemacht. Die vier Bruchstücke gehen auf einen Brief des Kaisers Claudius zurück. Da in ihm die 26. imperatorische Akklamation klar lesbar und sie aufgrund der vorhandenen Quellen bestimmbar ist, konnte man den Brief auf den Zeitraum vom 25. Januar bis 1. August 52 n.Chr. eingrenzen.

Aus der Herausgabe von fünf weiteren Fragmenten[56], von denen drei Deißmann bekannt waren[57], ergibt sich nach der Analyse Plassarts, daß der Brief nicht, wie noch Deißmann[58] angenommen hatte, an die Stadt Delphi gerichtet ist, sondern an einen Prokonsul der Provinz Achaja die Stadt Delphi betreffend. Dabei wird auf Gallio[59] Bezug genommen und Gallio im Nominativ genannt, was bedeutet, daß Gallio nicht der Briefempfänger sein kann, wohl aber der Vorgänger des Briefempfängers im Amt. Denn der Brief des Claudius ist offensichtlich ein Bescheid auf einen delphischen Streitfall, den Gal-

---

[56] A. Plassart, Lettre de l'empereur Claude au gouverneur d'Achaïe (en 52), in: Les inscriptions du temple du IVe siècle, École française d'Athènes, Fouilles de Delphes III.4, Paris 1970, S. 26–32 (Nr. 286); vgl. ders., L'inscription de Delphes, mentionnant le proconsul Gallion, in: REG 80. 1967, S. 372–378; J. H. Oliver, The Epistle of Claudius which Mentions the Proconsul Junius Gallio, in: Hesp. 40. 1971, S. 239f (Oliver vermutet wieder als Empfänger des Briefes die Stadt Delphi [oder den Rat der Amphictyonien] und hält Gallio für den Prokonsul z.Zt. der Abfassung des Briefes, was aber an der Datierung der Amtszeit des Gallio nichts ändert, vgl. u. A 61); B. Schwank, Der sogenannte Brief an Gallio und die Datierung des 1Thess, in: BZ NF 15. 1971, S. 265f; Haacker, Gallio-Episode.

Schenke-Fischer, Einleitung, S. 50f, bieten den griechischen Text mit deutscher Übersetzung in der Verbesserung von Oliver, Epistle, und halten daher Gallio für den Briefempfänger. Doch muß mit Plassart σε in Z. 17 gar nicht zu ἐντέλλομαι gezogen werden, sondern kann auch Akkusativobjekt eines ausgefallenen Verbs sein. [T]οῖς in Z. 16 mag zum Verb ἐντέλλομαι gehören. Die Rekonstruktion Olivers führt zu zwei hintereinanderstehenden Verben. Ferner ist es m.E. durchaus verständlich, daß Gallio in einem an seinen Nachfolger gerichteten Schreiben noch Prokonsul genannt wird (zu Schenke-Fischer, a.a.O., S. 63 A 7).

[57] Ich verstehe nicht, warum Plassart den Eindruck erwecken will, daß Deißmann sich geweitert habe, die drei Fragmente zur Kenntnis zu nehmen: „Après Deissmann (et malgré l'affirmation expresse de Bourguet [...]), H. Pomtow se refusa – à tort – à tenir compte de ces trois fragments dans son texte de la Sylloge" (Inscription, S. 375). Deißmann teilt in der von Plassart unberücksichtigten 2. Auflage seines „Paulus" ausdrücklich mit, daß er auf Wunsch von Bourguet von einer Faksimilierung der drei Fragmente abgesehen habe (S. 209). Auf S. 210 gibt er wegen der bereits mehrfach vorliegenden Faksimilierung der drei Fragmente den Text in Umschrift und schreibt: „das Ganze (...) scheint mir bis auf weiteres kaum verwertbar zu sein".

[58] Paulus, S. 214.

[59] Vgl. Plassart, Inscription, S. 376.

lio dem Kaiser brieflich vorgetragen hat. Daraus ergibt sich folgende Berechnung des Dienstjahres Gallios: Da der Brief zwischen Januar und August 52 n.Chr. abgefaßt wurde, war der Empfänger *spätestens* seit 52 (Amtsbeginn in Achaja 1. Mai?) im Amt. Die andere Möglichkeit, daß das Schreiben des Claudius ihn in der letzten Phase seiner Amtstätigkeit erreichte und er seit dem 1. Mai 51 Prokonsul war, ist deswegen unwahrscheinlich, da der kaiserliche Brief sich als Antwort auf eine Anfrage des Gallio gibt („C'est à un rapport de Gallion que Claude se réfère pour prescrire les mesures à prendre"[60]) und es doch erstaunlich wäre, wenn Claudius eine so relativ lange Zeitspanne zwischen Bericht des Gallio und Entscheid hätte verstreichen lassen.

Fazit: Zwar hat die Neuherausgabe von fünf weiteren Fragmenten der Gallio-Inschrift gezeigt, daß der Empfänger des kaiserlichen Briefes wohl der *Vorgänger* des Gallio ist, an der bisherigen Datierung[61] der Amtszeit des Gallio als Prokonsul von Achaja ändert sich aber nichts: sie wird chronologisch den Jahren 51/52 n.Chr. zuzuweisen sein.

3.3.3.1.2 Das Judenedikt des Claudius[62]

Es wurde bereits oben (S. 18) erwähnt, daß die herkömmliche Chronologie sich auf eine Nachricht des Orosius stützt, die eine Austreibung von Juden aus Rom ins 9. Regierungsjahr des Claudius = 49 n.Chr. (Claudius regierte 41—54) datiert. Die Stelle lautet: „Anno eiusdem nono expulsos per Claudium Urbe Iudaeos Iosephus refert. sed me magis Suetonius movet, qui ait hoc modo: Claudius Iudaeos

---

[60] Plassart, Inscription, S. 376.
[61] Zur Begründung vgl. auch Haenchen, Apg, S. 79 A 2: Hält man Gallio für den Prokonsul z.Zt. der Abfassung des Briefes, ist man aus inneren Gründen gezwungen, für diesen eine Amtszeit im Jahre 51/52 anzunehmen, da unter der Voraussetzung seiner Statthalterschaft im Jahre 52/53 eine zu große Zeitnot in Kauf zu nehmen wäre: zwischen Mai (Amtsantritt Gallios) und August (27. Akklamation) sind zeitlich schwerlich Anfrage Gallios und kaiserliche Antwort unterzubringen.
[62] Vgl. dazu zuletzt S. Safrai, The Problem of the Expulsion of the Jews from Rome in the Time of Claudius, in: Safrai-Stern, People, S. 180—183 (Lit.); zu Claudius vgl. V. M. Scramuzza, The Emperor Claudius, HHS 44, Cambridge, Mass. = London 1940; A. Garzetti, From Tiberius to the Antonines, London 1974, S. 106—145 (reiche Lit. im Anh.); A. Momigliano, Claudius: The Emperor and his Achievement, Cambridge ²1961 = New York 1962; W. den Boer, Art. Claudius, in: RAC III, Sp. 179—181. Zu ‚Claudius und das Christentum' vgl. F. F. Bruce, Zeitgeschichte des Neuen Testaments II, Wuppertal 1976, S. 92—105.

impulsore Chresto adsidue tumultuantes Roma expulit" (historiae adversum paganos VII 6,15)[63].

Die bekannte Passage aus Sueton[64], Caes. Claudius 25, ist von Orosius korrekt wiedergegeben. Die Herkunft des ersten Teiles der Orosius-Stelle zusammen mit der Jahresangabe ist bis heute dunkel. Hält man mit Harnack etwa Julius Africanus für den Gewährsmann (s.o. S. 24) — da in den uns vollständig überlieferten Schriften des Josephus sich nichts Derartiges findet[65] —, so ist das Problem nur verlagert und für die Glaubwürdigkeit der Jahresangabe nicht viel gewonnen.

In Anbetracht des sekundären Charakters des Geschichtswerkes des Orosius im allgemeinen sowie der zweifelhaften Quellenangabe in diesem speziellen Fall ist jedenfalls von der bei ihm aufbewahrten Datierung einer Austreibung von Juden aus Rom aus methodischen Gründen *nicht* auszugehen.

Bei der nachfolgenden Analyse der mit einem Judenedikt des Claudius in Zusammenhang stehenden Texte ist zunächst eine Beobachtung zum obigen Sueton-Text zu machen, nämlich daß er bei genauer Betrachtung des Wortlautes *exklusiv* zu verstehen ist: (nur) die Juden werden ausgetrieben, die mit der Unruhe um Chrestus in unmittelbarem Zusammenhang stehen: „Iudaeos impulsore Chresto assidue tumultuantes Roma expulit" (Claudius 25).

---

[63] Orosius dürfte aus apologetischen Gründen Suetons Nachricht den Vorzug gegeben haben. Es ging ihm darum, Anspielungen profaner Schriftsteller auf Christus zusammenzustellen. Chrestus war ihm selbstverständlich — historisch korrekt — derselbe wie (Jesus) Christus. Vgl. zur Apologetik des Orosius B. Lacroix, Orose et ses Idées, Montréal—Paris 1965, S. 51—69. Orosius schließt sich gleichwohl der Jahresangabe des „Josephus" an, wie es sich auch daraus ergibt, daß er vorher und danach annalistisch berichtet. Christen gab es laut Orosius in Rom erst seit der Anfangsperiode der Regierung des Claudius — durch die Predigt des Petrus (VII 6,1f). Da für Orosius wegen der Sueton-Notiz (und Apg 18,2) feststand, daß die Judenmaßnahme des Claudius im Zusammenhang der Wirksamkeit Christi in Rom zu sehen war, hätte er aus chronologischen Gründen kaum einer Tradition folgen können, die von einem Akt des Claudius gegen Juden(christen) im ersten Jahr seiner Regierung berichtet. Überdies malt er die ersten Jahre des Kaisers sehr rosig.
[64] Forschungsbericht über Sueton bei J. Penndorf, Sueton, Florus, Fronto, Justin. Bericht über das Schrifttum der Jahre 1929—1937, in: JKAW 273. 1941, S. 45—114 (S. 45: Übersicht über die Forschungen zu Sueton vor 1929, S. 49—78: nach 1929).
[65] Zum Verhältnis Orosius' zu Josephus vgl. H. Schreckenberg, Die Flavius-Josephus-Traditionen in Antike und Mittelalter, ALGHL 5, Leiden 1972, S. 95.

Von einem Judenedikt des Claudius berichtet auch Dio Cassius LX 6,6 (allerdings für das Jahr 41 n.Chr.[66]): Τούς τε Ἰουδαίους πλεονάσαντας αὖθις, ὥστε χαλεπῶς ἂν ἄνευ ταραχῆς ὑπὸ τοῦ ὄχλου σφῶν τῆς πόλεως εἰρχθῆναι, οὐκ ἐξήλασε μέν, τῷ δὲ δὴ πατρίῳ βίῳ χρωμένους ἐκέλευσε μὴ συναθροίζεσθαι.

("As for the Jews, who had again increased so greatly by reason of their multitude it would have been hard without raising a tumult to bar them from the city, he did not drive them out, but ordered them, while continuing their traditional mode of life, not to hold meetings"; Text und Übers. nach C. Cary, Dio's Roman History VII, LCL 175, London 1961, S. 382f.)

In welchem Verhältnis stehen die Traditionen Suetons und Dios zueinander? Beide berichten von Maßnahmen des Claudius gegenüber

---

[66] Ich verstehe nicht, warum W. Wiefel kurzerhand bestreiten kann, daß ein solches Edikt in das erste Regierungsjahr des Claudius (41 n.Chr.) fällt, ohne sich zu dem Befund zu äußern, daß Dio Cassius zumeist annalistisch berichtet (Gemeinschaft, S. 78). Es ist gewiß richtig zu sagen, „in the imperial period each period begins and ends with a collection of material taken out of its chronological setting and designed to illustrate the character and government of the Emperor concerned" (F. Millar, A Study of Cassius Dio, Oxford 1964, S. 40). Doch ist zu betonen, daß die allgemeine Charakteristik in LX 3,1 endet und Cassius hernach die Ereignisse des Jahres 41 beschreibt (so auch Millar, ebd.). Anders freilich E. Schürer, Geschichte des jüdischen Volkes im Zeitalter Jesu Christi III, Leipzig ⁴1909 (Nachdruck Hildesheim 1964 und 1970), S. 62 A 91, der meint, „mit den Worten λέξω δὲ καθ' ἕκαστον ὧν ἐποίησε c.3 geht Dio nicht zur chronologischen Erzählung, sondern zur Schilderung der guten Seiten des Claudius über". Freilich macht der Wortlaut der obigen Übergangsformel sowie der unmittelbare Kontext (3,2!) das Gegenteil wahrscheinlich, und der eigentliche Grund für Schürers Ansicht liegt in der Behauptung, daß ein „den Juden ungünstiges Edikt (...) unmöglich in die erste Zeit des Claudius fallen (sc. kann), da Claudius eben damals ein Toleranzedikt für sie erließ" (ebd.). Zu dieser m.E. irreführenden Voraussetzung s.o. im Text. – Daß die im unmittelbaren Kontext des Claudius-Ediktes gegen die Juden berichteten Taten des Kaisers in die Anfangszeit seiner Regierung gehören, ergibt sich auch daraus, daß sie Maßnahmen des Vorgängers rückgängig machen (vgl. 6,3.7.8; 7,1; 8,1). Etwas Derartiges pflegt zu Beginn der Regierung zu geschehen. Cassius hatte auch deshalb ein chronologisches Bewußtsein, wenn er das Judenedikt mit diesen Taten zusammenstellte. – Ähnliche Bedenken wie gegenüber Wiefels Aufsatz sind auch vorzubringen gegen S. Benko, The Edict of Claudius of A.D. 49 and the Instigator Chrestus, in: ThZ 25. 1969, S. 406–418. Benko meint im Gegensatz zu Wiefel, Gemeinschaft, wie Schürer, Geschichte, S. 62f, daß Sueton und Cassius von demselben Edikt des Claudius sprechen, folgt aber aus dem gleichen Grund wie Schürer und Wiefel (judenfreundliche Politik des Claudius zu Beginn seiner Regierung) nicht der Datierung Cassius', sondern verlegt mit Orosius das Edikt in das Jahr 49 n.Chr. (Wiefel, der zwei Maßnahmen annimmt, meint dagegen, das von Cassius beschriebene Edikt stelle eine teilweise Milderung der allgemeinen Judenaustreibung aus dem Jahr 49 n.Chr. dar und gehe auf eine spätere Zeit zurück).

in Rom lebenden Juden, wobei Dio gerade eine von Sueton vorausgesetzte Austreibung der Juden ἄνευ ταραχῆς in Abrede stellt. Ein derartig auffälliger Textbefund kann nicht Zufall sein und muß traditionsgeschichtlich aufgehellt werden, um so mehr, als beide Maßnahmen darin wieder Gemeinsamkeit haben, daß sie im Zusammenhang der Abwehr eines konkreten, den politischen Frieden in Rom gefährdenden Mißstands stehen. Für die Dio-Stelle geht das aus dem unmittelbar folgenden Satz hervor: τάς τε ἑταιρείας ἐπαναχθείσας ὑπὸ τοῦ Γαΐου διέλυσε. Das Judenedikt steht ebenso wie die Auflösung der eben genannten Genossenschaften im Zusammenhang mit der Eindämmung des Vereinswesens und ist nach Dios Meinung als Zurücknahme des den Juden gewährten Vereinsrechtes zu verstehen[67], um der politischen Umtriebe Herr zu werden, die gerade ein Machtwechsel in Rom nach der Ermordung des Gajus mit sich brachte. Werden doch die Vereine zumal in Rom von der römischen Staatsmacht als revolutionäre Zellen angesehen, die sofort aufzulösen sind, „wenn staatsgefährliche Tendenzen entdeckt werden"[68].

Für die von Sueton berichtete Maßnahme des Claudius ergibt sich der *politische* Kontext von selbst: Unruhe unter den in Rom lebenden Juden im Zusammenhang einer Messiasgestalt — ob christlich oder jüdisch macht für den Römer keinen Unterschied — weckte den Verdacht auf beabsichtigte revolutionäre Umtriebe und mußte das Eingreifen der Staatsmacht geradezu herausfordern.

Wird durch den soeben geführten Nachweis, daß beide Texte *politische,* die römische Judenschaft betreffende Maßnahmen reflektieren, der Schluß erwägenswert, daß beide Traditionen auf ein und dasselbe Ereignis zurückgehen, so kann diese Annahme durch folgende traditionsgeschichtliche Überlegungen gefestigt werden:

---

[67] Der historische Kern dieser Nachricht wird sein, daß *einer* Synagoge das Vereinsrecht entzogen wurde (s.u.). Die zahlreiche Judenschaft in Rom (50000) war nicht wie die in Alexandrien zentral zusammengefaßt, sondern die einzelnen Synagogenverbände waren selbständige Gruppen mit eigenen Organisationsformen. Sie sind wohl nach Art anderer Vereine als collegia licita aufzufassen, wobei ein evtl. Entzug des Vereinsrechtes für eine Synagoge nicht die Auflösung der anderen Synagogen zur Folge hatte. Die angeschnittene Frage bedarf weiterer Forschungen; vgl. den Überblick bei H. J. Leon, The Jews of Ancient Rome, Philadelphia 1960, S. 167—194 („The Organization of the Roman Jewish Community"); vgl. ergänzend: S. L. Guterman, Religious Toleration and Persecution in Ancient Rome, London 1951, S. 130—156 („The Synagogues and the Collegia"). Zu Leons Buch vgl. die Besprechung von A. Momigliano, in: Gn 34. 1962, S. 178—182.

[68] Vgl. W. Liebenam, Zur Geschichte und Organisation des römischen Vereinswesens, Leipzig 1890 (Nachdruck Aalen 1964), S. 178.

Dio ist natürlich nicht Augenzeuge gewesen, sondern verarbeitet Quellen[69]. Wenn er die Ausweisung der Juden aus Rom im ersten Regierungsjahr des Claudius als unmöglich hinstellt[70] und im unmittelbaren Anschluß daran von einer mit den Juden in Zusammenhang stehenden Ersatzmaßnahme (eben weil die Ausweisung unmöglich war!) berichtet, so klingt das wie Korrektur[71] einer Tradition, die in der Tat für das erste Regierungsjahr des Claudius eine derartige (unmögliche) Maßnahme aussagt. In Frage kommt die Sueton-Notiz, wobei die Möglichkeit nicht auszuschließen ist, daß Dio sie im inklusiven Sinn mißverstanden hat. Wahrscheinlicher ist jedoch auch aufgrund des sonstigen literarischen Verhältnisses zwischen Dio und Sueton[72], daß beide auch an dieser Stelle aus einer gemeinsamen Vorlage schöpfen, wobei Dio in der Lage ist, aufgrund sonstiger ihm zur Verfügung stehender Quellen für das erste Regierungsjahr des Claudius das kaiserliche Edikt zu spezifizieren und das durch seine andere Quelle möglicherweise nahegelegte Mißverständnis zu korrigieren[73].

Demgegenüber wird jene von Dio korrigierte und von Sueton ausgeschriebene Quelle darin einen Wahrheitsgehalt haben, daß im Zusammenhang des kaiserlichen Judenedikts auch einige Juden ausgewiesen wurden, um so mehr, als die Auflösung eines collegium in Rom meist

---

[69] Vgl. zu den in Frage kommenden Quellen E. Schwartz, Art. Cassius Dio Cocceianus, in: PW III, ²1899, Sp. 1684–1722 = in: ders., Griechische Geschichtsschreiber, Leipzig 1957, S. 394–450.

[70] Vgl. vorher die Ausweisung unter Tiberius 19 n.Chr.: Josephus, Ant XVIII 81ff (Lit. in der Ausgabe von L. Feldman, Josephus IX, LCL 433, London–Cambridge, Mass. 1969, S. 59ff; ferner E. M. Smallwood, The Jews under Roman Rule, SJLA 20, Leiden 1976, S. 201–210 [zum Claudius-Edikt vgl. S. 210–219]). Die Austreibung unter Tiberius wird ferner bezeugt durch Tacitus, Ann II 85; Sueton, Caes. Tiberius 36; Dio Cassius LVII 18; Philo, LegGaj 24. Diese Austreibung betraf gleichfalls nicht alle Juden: „to suppose that all the Jews were banished by Tiberius involves an assumption as to that emperor's methods wholly at variance with what we know of him" (M. Radin, Thr Jews among the Greeks and Romans, Philadelphia 1915, S. 308).

[71] Gegen Jewett, Chronology, S. 126 A 116: „Some scholars have erroneously concluded that Suetonius' reference was to this edict in the year 41, but Dio Cassius explicitly states that the Jews were not expelled at this early date". Vor der Rekonstruktion des geschichtlichen Vorgangs ist Quellenkritik zu leisten, die nur den Schluß auf *eine* Maßnahme des Claudius gegen die stadtrömischen Juden zuläßt (s. dazu weiter unten).

[72] Vgl. die Stellungnahme von E. Schwartz: „Es wird also dabei bleiben müssen, dass Congruenzen zwischen Dio und Sueton (...) auf frühere Gewährsmänner (...) zurücklaufen" (Art. Cassius, a.a.O., Sp. 1714).

[73] Die Bemerkung Dios, die Juden hätten wegen ihrer großen Menge nicht ausgewiesen werden können, entspringt aber wohl eigener Reflektion. In seiner Quelle wird das kaum gestanden haben.

Ausweisungen zur Folge hatte[74]. Ferner scheint sie den Anlaß, den Tumult um Chrestus (s.u.), zuverlässig aufbewahrt zu haben[75]. Als fester historischer Kern des Judenediktes des Claudius im Jahre 41 n.Chr.[76] ergibt sich somit, daß der Kaiser im Zusammenhang von Unruhen um Chrestus in einer Synagoge der römischen Judenschaft die unmittelbar am Streit Beteiligten auswies, den übrigen Mitgliedern der Synagoge aber aus Furcht vor politischen Implikationen das weitere Versammlungsrecht verweigerte und damit das Vereinsrecht entzog. Dio dürfte in seinem Referat bei seiner Rede von *den* Juden eine unhistorische Generalisierung vorgenommen haben.

Leider können diese Überlegungen nur als wahrscheinlich bezeichnet werden, da wir die Probe an den von Dio für das Jahr 49 berichteten Ereignissen nur unvollständig machen können. Zwar geht Dios 80-bändige römische Geschichte bis ins Jahr 229, sie hört aber als Originalwerk mit dem Jahre 46 auf (abgesehen von den kleinen Ausschnitten aus den Jahren 217—219: Bücher 79—80) und ist für das Jahr 49 (und andere Jahre) nur in byzantinischen Auszügen erhalten. In ihnen ist von einem Judenedikt im Jahre 49 keine Rede, was aber nicht zwingend heißt, daß es im Original nicht dort stand.

Andererseits sollte als Argument gegen ein Judenedikt im Jahre 49 noch das im Falle seiner Anordnung schwer verständliche Schweigen eines Josephus und Tacitus, dessen Bericht über die ersten 6 Jahre des Claudius verloren ist, Gehör finden.

Nach der obigen primär auf traditionsgeschichtlichem Wege erfolgten Zuordnung der Dio- und Suetonnotiz zu ein und demselben Traditionsstrang muß noch die Argumentationsweise jener Forscher kritisch gewürdigt werden, die zwei verschiedene mit den Juden in Rom in Zusammenhang stehende Maßnahmen des Claudius annehmen. Soll-

---

[74] Die Mitgliedschaft in einem collegium illicitum konnte unter den Begriff des crimen maiestatis fallen; vgl. Liebenam, Geschichte, S. 39.237.

[75] Unabhängig von der Frage, ob Dio Cassius den Bericht Suetons benutzt hat oder — wahrscheinlicher — zusammen mit Sueton von einer gemeinsamen Vorlage abhängig ist, haben wir allen Grund anzunehmen, daß er den Namen „Chrestus" aus seiner Quelle nicht übernommen hat. Er pflegte beharrlich das Christentum zu ignorieren: „it is difficult to believe that his total silence about Christianity was not deliberate" (Millar, Study, S. 179).

[76] Suhl, Paulus, S. 326, ist zusammen mit Hoerber, Decree, m.R. der Auffassung, daß die Berichte Cassius' und Suetons nur *eine* Maßnahme des Claudius gegen die Juden reflektieren. Trotzdem meint er, die Datierung des Orosius verdiene Zutrauen, wobei mir die diesem Urteil innewohnende Logik gar nicht einleuchtet: „Dio Cassius berichtet davon (sc. Claudius' Aktion gegen die Juden) im Zusammenhang der Ereignisse des Jahres 41, freilich ohne das Edikt präzise zu datieren" (ebd.). Ist die Zuordnung zum ersten Regierungsjahr des Claudius nicht präzise genug? Ähnlich wie Suhl verfährt Hoerber, a.a.O., S. 692: „But since Dio's remark is general, without citing any date, he may (sic) not have intended to define the incident with the year 41 A.D.".

ten ihre Argumente entkräftet werden können, ergibt sich ein weiteres Plus für die obige These.

Die Unmöglichkeit einer Austreibung von Juden aus Rom im Jahre 41 folgt für manche Forscher[77] aus der judenfreundlichen Politik des Claudius zu Beginn seiner Regierungszeit, wie sie sich in den bei Josephus, Ant XIX 280ff. 286ff, aufbewahrten[78] Briefen des Kaisers an die Stadt Alexandrien und an die ‚übrige Welt' (ἄλλη οἰκουμένη) dokumentiert[79], die die unter Gajus abgeschafften Privilegien und Rechte der Juden wieder garantieren (obgleich der Stelle wohl nicht entnommen werden kann, daß die alexandrinischen Juden das volle Bürgerrecht erhielten[80]).

Diese Haltung werde verständlich durch die nahe Beziehung des Kaisers zum in Rom anwesenden Enkel Herodes' des Großen, Agrippa, der bereits z.Zt. der Regierung des Tiberius in Rom mit seiner Mutter Berenike gelebt hatte, aber gegen Ende von dessen Herrschaft in Ungnade fiel und für einige Monate ins Gefängnis geworfen wurde (Josephus, Ant XVIII 188ff). Später unter Caligula, mit dem er bereits zu Tiberius' Zeiten eine enge Freundschaft geknüpft hatte (Josephus, Ant XVIII 166f.187f), wurde er nach seiner Freilassung König über einen Teil des Herrschaftsgebietes seines Großvaters Herodes (Josephus, Ant XVIII 237). In den der Ermordung des Gajus folgenden Wirren scheint Agrippa für Claudius eine nicht unwichtige Rolle gespielt und diesem zur Annahme des Thrones geraten zu haben, als er noch unschlüssig war (Josephus, Ant XIX 236ff). Es kam daher nicht überraschend, daß Claudius sich nach seinem Herrschaftsantritt erkenntlich zeigte und Agrippas Königreich durch die Hinzufügung von Judäa und anderen Gebieten so erweiterte, daß es

---

[77] Vgl. z.B. Hoerber, Decree, S. 691.

[78] Die Frage, ob Josephus Dokumente dieser Art zuverlässig wiedergebe, wird in der Forschung überwiegend bejaht. Doch vgl. H. R. Moehring, The *Acta pro Joudaeis* in the *Antiquities* of Flavius Josephus: A Study in Hellenistic and Modern Apologetic Historiography, in: J. Neusner (ed.), Christianity, Judaism and Other Greco-Roman Cults, Part 3: Judaism before 70 (FS M. Smith), SJLA 12.3, Leiden 1975, S. 124—158, der den apologetisch bedingten Anteil des Josephus an diesen Urkunden hervorhebt (noch nicht eingesehen: J.-D. Gauger, Beiträge zur jüdischen Apologetik. Untersuchungen zur Authentizität von Urkunden bei Flavius Josephus und im 1. Makkabäerbuch, BBB 49, Köln—Bonn 1977).

[79] Vgl. M. Stern, in: Safrai-Stern, People, S. 128f; Momigliano, Claudius, S. 96ff; Feldman, Josephus IX, S. 344ff.

[80] Zum Problem vgl. neben den in der vorigen Anm. genannten Beiträgen M. Stern (ed.), Greek and Latin Authors on Jews and Judaism I, Jerusalem 1974, S. 399ff (Kommentar zu Josephus, Contra Apionem II 38).

noch größer wurde als das seines Großvaters Herodes' des Großen (Josephus, Ant XIX 274f; Bell II 215). Der Text der auf Bronzetafeln geschriebenen Schenkungsurkunde wurde feierlich im Kapitoltempel aufgestellt (Josephus, Bell II 216), Agrippa empfing die Insignien eines Konsuls und bedankte sich vor dem Senat mit einer auf griechisch gehaltenen Rede (Dio Cassius LX 8, 2—3).

Auf diese engen Beziehungen zur jüdischen Krone und die die Privilegien der Juden in Alexandrien und der ‚übrigen Welt' wieder garantierenden Maßnahmen des Claudius verweisen also jene Forscher bei ihrer Behauptung der Unvereinbarkeit derselben mit einer Austreibung von Juden aus Rom während der gleichen Zeit. Man hält es für ausgeschlossen, daß bei dem guten Verhältnis des Claudius zu Agrippa ein derartiges Edikt möglich ist, um so weniger, als die Garantie der unter Gajus verlorenen Privilegien indirekt geradezu auf den Einfluß Agrippas zurückzuführen sei, wie die folgende Passage aus dem Brief an die ‚restliche Welt' zu erweisen scheint; Ant XIX 288: αἰτησαμένων με βασιλέων Ἀγρίππα καὶ Ἡρῴδου τῶν φιλτάτων μοι, ὅπως συγχωρήσαιμι τὰ αὐτὰ δίκαια καὶ τοῖς ἐν πάσῃ τῇ ὑπὸ Ῥωμαίοις ἡγεμονίᾳ Ἰουδαίοις φυλάσσεσθαι, καθὰ καὶ τοῖς ἐν Ἀλεξανδρείᾳ. („Meine lieben Getreuen, die Könige Agrippa und Herodes, haben mich ersucht, daß ich den Juden, die im ganzen römischen Reich leben, dieselben Rechte zuerkennen möge, die die Juden in Alexandria genießen.")

Doch erscheint diese auf den ersten Blick überzeugende Argumentation hinfällig seit der 1921 erfolgten Entdeckung eines auf Papyrus geschriebenen Briefes des Claudius an die Stadt Alexandrien[81], der auf die von einer Delegation der Stadt überbrachte Petition antwortet. Sein Abfassungsdatum kann mit aller wünschenswerten Sicherheit aus dem Datum seiner Bekanntmachung in Ägypten durch den Gouverneur Aemilius Rectus, dem 10. Nov. 41 n.Chr., bestimmt werden[82], d.h. es liegt in jedem Fall nicht lange nach den obigen bei Josephus erhaltenen, die Privilegien der Juden im Reich wieder garantierenden Briefen.

Claudius warnt in diesem Brief die Alexandriner davor, die Riten der Juden zur Anbetung ihres Gottes zu schänden, äußert sich dann

---

[81] Erstedition durch H. I. Bell, Jews and Christians in Egypt, London 1924; jetzt bequem zugänglich in deutscher Übersetzung bei C. K. Barrett, Die Umwelt des Neuen Testaments, WUNT 4, Tübingen 1959, S. 55ff. Einen Überblick über die Sekundärliteratur geben M. Stern (s.o. A 79), S. 129ff; Leon, Jews, S. 22f; Momigliano, Claudius, S. 98.
[82] Vgl. Stern, in: Safrai-Stern, People, S. 130.

aber gegenüber den Juden in drohender Weise: καὶ Ἰουδέοις δὲ ἄντι-
κρυς κελεύωι μηδὲν πλήωι ὦν πρότερον ἔσχον περιεργάζεσθαι
μηδὲ (...) δύο πρεσβείας ἐκπέμπειν τοῦ λοιποῦ, (...) μηδὲ ἐπάγεσ-
θαι ἢ προσείεσθαι ἀπὸ Συρίας ἢ Αἰγύπτου καταπλέοντας Ἰουδαίους,
ἐξ οὗ μείζονας ὑπονοίας ἀνανκασθήσομε λαμβάνειν · εἰ δὲ μή, πάντα
τρόπον αὐτοὺς ἐπεξελεύσομαι καθάπερ κοινήν τεινα τῆς οἰκουμένης
νόσον ἐξεγείροντας („andererseits befehle ich den Juden ausdrücklich, nicht auf mehr Privilegien, als sie früher besaßen, hinzuarbeiten,
und in Zukunft keine besonderen Gesandtschaften mehr auszusen-
den (...) und nicht neue Juden herbeizuziehen und zuzulassen, die
von Syrien oder Ägypten den Fluß hinunterkommen, ein Vorgang,
der mich veranlassen könnte, noch mißtrauischer zu werden; im anderen Fall will ich sie mit allen Mitteln bestrafen [82a] als Erreger einer
allgemeinen Plage für die ganze Welt")[82b].

Dieser Brief wurde in der Forschung primär unter der Fragestellung
analysiert, ob er für das Jahr 41 n.Chr. eine Ausbreitung des Christentums bis hin nach Alexandrien bezeuge. Diese m.E. zu bejahende, von der Mehrzahl der Forscher aber verneinte Auffassung braucht
hier nicht weiter behandelt zu werden[83].

Für unseren Zusammenhang wichtiger ist der sich aus dem Brief ergebende Schluß, daß des Claudius Haltung zu den Juden — auch
zu Beginn seiner Amtszeit — kaum von Sympathie bestimmt, sondern
politisch motiviert war. Jener Schluß von der guten Beziehung des
Agrippa zu Claudius auf dessen wohlwollende Einstellung zu den Juden führt in die Irre (und psychologisiert übrigens unerlaubt). Alle
drei genannten Nachrichten: die Wiederherstellung der Privilegien der
alexandrinischen Judenschaft (und der in der ‚übrigen Welt‘), die An-
drohung der harten Bestrafung von Juden aus Alexandrien (noch im

---

[82a] ἐπεξελεύσομαι gegen Colpe wohl kaum mit „vertreiben" zu übersetzen, obwohl dies sachlich richtig sein mag.
[82b] Text nach A. S. Hunt — C. C. Edgar (edd.), Select Papyri II: Non-Literary
Papyri, Public Documents (gr.-engl.), LCL 282, London—Cambridge, Mass. 1934
(mehrere Nachdrucke), Nr. 212, S. 78—89, S. 86. Übersetzung nach Barrett,
Umwelt, S. 57 Z 92ff.
[83] Eine positive Antwort gaben z.B. S. Reinach, La première allusion au Christianisme dans l'histoire, in: RHR 90. 1924, S. 108—122; F. Cumont, La lettre
de Claude aux Alexandrins et les Actes des Apôtres, in: RHR 91. 1925, S. 3—6;
dagegen: W. Seston, L'Empereur Claude et les Chrétiens, in: RHPhR [11.] 1931,
S. 275—304; P. Labriolle, La réaction païenne, Paris ³1934, S. 20—24; vgl. noch
Momigliano, Claudius, S. 99 A 32; Scramuzza, Emperor, S. 285f, und H. Gülzow, Christentum und Sklaverei in den ersten drei Jahrhunderten, Bonn 1969,
S. 11 A 1, dessen Arbeit überhaupt passim guten Aufschluß über die Lage der
Juden(christen) in Rom und die römische Religionspolitik unter Claudius gibt.

selben Jahr!) und schließlich die hinter der Dio- und Sueton-Notiz sichtbar werdenden Maßnahmen gegen stadtrömische Juden entspringen derselben politischen Grundhaltung [84]. Generell wird die Ausübung der Religion gestattet, politischen Implikationen aber durch geeignete Maßnahmen bis hin zur Austreibung vorgebeugt [85]. Selbst die Wiederherstellung der Privilegien der Juden in Alexandria läßt sich durch die politische Überlegung begründen, daß im Falle ihrer Nicht-Gewährung wegen der Eigenheit des jüdischen Volkes die Gefahr eines politischen Aufruhrs größer gewesen wäre, wofür bekanntlich die jüdische Reaktion auf den Versuch des Gajus, seine Statue im Tempel von Jerusalem aufrichten zu lassen [86], ein markantes Beispiel ist.

Als Fazit ergibt sich, daß ein Hinweis auf die judenfreundliche Politik des Claudius zu Beginn seiner Regierungszeit als Argument gegen die Vertreibung von Juden aus Rom etwa zur gleichen Zeit nicht anerkannt werden kann. Damit entfällt der entscheidende Grund für die Annahme zweier Judenedikte in Rom während der Regierungszeit des Claudius, um so mehr, als oben auf traditionsgeschichtlichem Wege die zur Hypothese von zwei Judenedikten aufgebotenen Texte als Bestandteil ein- und derselben Tradition erwiesen wurden und Dios Datierung (im Gegensatz zu der des Orosius) des in dieser Tradition reflektierten Ediktes bis zum Beweis des Gegenteils Zutrauen verdient [87].

---

[84] Aus den obigen Darlegungen geht hervor, daß ich die verdienstvollen Erwägungen von Leon, Jews (vgl. seine Zusammenfassung, S. 26), zur inneren Entwicklung des Claudius gegenüber den Juden nicht teilen kann. Claudius hätte wohl auch ohne den Einfluß Agrippas den Juden in Alexandrien die unter Gajus verlorenen Privilegien wieder gewährt — aus politischen Gründen. Vgl. Loisy, Actes, S. 688.

[85] Vgl. Scramuzza, Emperor, S. 151: „The cardinal point of that policy was to grant hospitality to foreign religions, but to consider them a menace the moment they took advantage of that courtesy to disturb the public peace".

[86] Hierzu vgl. J. P. V. Balsdon, The Emperor Gaius (Caligula), Oxford 1934, S. 135—140; zu Caligula vgl. noch Garzetti, Tiberius, S. 80—105 und Anhang.

[87] Momigliano versucht, die wahrscheinlich auf Claudius zurückgehende (44 n.Chr.), die Graböffnung unter Todesstrafe stellende Nazarethinschrift als Stütze für eine Judenaustreibung im Jahre 49 n.Chr. heranzuziehen (zur Inschrift [Text und engl. Übersetzung] vgl. B. M. Metzger, The Nazareth Inscription Once Again, in: E. E. Ellis — E. Gräßer [edd.], Jesus und Paulus [FS W. G. Kümmel], Göttingen 1975, S. 221—238 [Bibliographie!]). Nach Meinung Momiglianos sei Claudius durch Unruhen in Galiläa auf das Christentum aufmerksam geworden. Das Edikt im Jahre 49 sei ein zweiter Schritt, um eine Bewegung zu unterdrücken „that threatened the spirit of Roman religion" (S. 37). Dagegen: 1. Momiglianos Voraussetzung, daß die Nazarethinschrift zu verbinden sei „with the story which must have then been current about the resurrection of Christ (...), namely that the disciples had broken into the tomb

Der Hinweis auf ein Fehlen von Chrestus im Bericht des Dio verfängt nicht, da
— wie oben S. 188 A 75 bereits ausgeführt — Dio generell über das Christentum
schweigt. Daß es sich bei Chrestus um einen jüdischen Aufrührer gehandelt hat
und dieser von Sueton gebrauchte Name nicht das Eindringen des Christentums
in das römische Judentum reflektiert, wird zwar in neuester Zeit wiederholt behauptet[88], ist aber trotzdem extrem unwahrscheinlich, um so mehr, als in der
Vulgärsprache Chrestus für Christus gebraucht wurde[89], Tacitus die Bezeichnung
Chrestianoi kennt (Ann XV 44,2[90]) und der Name Chrestiani als Bezeichnung
der Christen auch noch im 2. Jht. vorkommt[91]. Der Irrtum Suetons liegt dann
darin, daß er den Kultheros für eine irdische, in Rom anwesende Person gehalten hat[92]. Im übrigen ist vor einer Überschätzung der Bedeutung dieser Frage
für die Chronologie zu warnen. Denn auch wenn Chrestus der Name eines jüdischen Aufrührers in Rom ist und das Judenedikt des Claudius einen mit ihm
in Zusammenhang stehenden Aufstand oder dgl. bekämpft, liefen Christen Gefahr, aus Rom ausgewiesen zu werden, da sie für die römischen Behörden selbstverständlich unter die Juden gerechnet wurden.

Die letzte Bastion für die These, daß ein oder das Judenedikt ins
Jahr 49 zu datieren ist, stellt das Zeugnis der Apg 18,2 dar, sofern
man es mit der Gallio-Notiz kombiniert. K. Lake schreibt etwa über
die mit den Juden in Zusammenhang stehende Maßnahme des Claudius in Rom (wobei er offenbar Sueton und Dio Cassius als von ein-
und derselben Tradition abhängig denkt): „it must be admitted that
if there were no reason to the contrary it would probably be put down

---

and carried off the body" (S. 36), Mt 28,12—15, übersieht, daß es sich hier
um eine Tradition handelt, über deren Alter und Verbreitung wir nichts wissen und die das bei Paulus noch nicht vorhandene Theologumenon vom leeren
Grab voraussetzt. Zwar berücksichtigt M. den antichristlichen Charakter jener
Tradition. Doch warum sollte Claudius der einen Gruppe des Judentums mehr
als der anderen glauben? 2. Beide Maßnahmen des Claudius in den Jahre 44 und
49, falls das Datum zutrifft, reagieren auf konkrete Mißstände und können daher nicht spekulativ zur Zeichnung einer inneren Entwicklung des Claudius gegenüber den Christen herangezogen werden, abgesehen davon, daß Claudius zwischen Juden und Christen wohl gar nicht unterschied. Zu einer ähnlichen These, nämlich daß des Claudius Judenedikt im Jahre 49 Bestandteil einer im zweiten Abschnitt seiner Regierungszeit vorherrschenden antiorientalischen Politik
gewesen sei, vgl. die kritischen Bemerkungen von K. Lake, Chronology, S. 460.
[88] Benko, Edict; M. Borg, A New Context for Romans XIII, in: NTS 19. 1972/
73, S. 205—218, S. 212. E. Bammel (Judenverfolgung und Naherwartung, in:
ZThK 56. 1959, S. 294—315) weiß im Anschluß an R. Eisler sogar, wer jener
Chrestus war: Simon Magus! (S. 299).
[89] F. Blaß, ΧΡΗΣΤΙΑΝΟΙ — ΧΡΙΣΤΙΑΝΟΙ, in: Hermes 30. 1895, S. 465—470.
[90] Vgl. dazu H. Fuchs, Tacitus über die Christen, in: VigChr 4. 1950, S. 65—
93 = in: V. Pöschl (ed.), Tacitus, WdF 97, Darmstadt 1969, S. 558—590.
[91] Harnack, Mission, S. 425 A 3.
[92] Dasselbe Mißverständnis liegt m.E. etwa in der von Lukas verarbeiteten Hellenisten-Quelle Apg 8 vor, wenn sie den Kultgott der Simonianer Philippus begegnet sein läßt.

to A. D. 41. Acts, however, distinctly says that Aquila and Priscilla had 'recently' ($\pi\rho o\sigma\varphi\acute{a}\tau\omega\varsigma$) arrived from Italy, and 41 is far too early to be a conceivable date for Paul in Corinth"[93].

A. Momiglianos These einer Austreibung der Juden aus Rom im Jahre 49 scheint primär auf der Apg zu basieren: „we cannot dismiss (...) the evidence of two such independent authorities as Suetonius and the Acts, though we may dismiss Orosius"[94].

Autoren, die wie Leon nur von einem und zwar im Jahre 41 erlassenen Judenedikt sprechen, versuchen gleichwohl, es der auf der Basis der Gallio-Notiz aufgebauten Chronologie des Paulus zuzuordnen und so der Apg nicht zu widersprechen, wenn sie für den Weg des mit Paulus befreundeten Ehepaares von Rom nach Korinth mehrere Jahre ansetzen: „It need not, however, be assumed that this couple went to Corinth immediately after leaving Rome. They may well have spent several years elsewhere in the interim, so that the first year of Claudius, 41, is not necessarily excluded"[95].

Die in allen drei Zitaten sichtbar werdende historisierende Verwendung der Apg kann in unserer Arbeit aus den oben dargelegten methodischen Gründen nicht in Frage kommen, so daß die durch die Apg nahegelegte Datierung des Judenediktes kurz vor 50 als Argument gegen das Jahr 41 nicht benutzbar ist. Über diesen nochmals wiederholten methodischen Einwand hinaus soll hier außerdem betont werden, daß Lukas — was als stillschweigende Voraussetzung in den obigen Voten mitgedacht wurde — die Austreibung der Juden und die Amtszeit des Gallio gar nicht *datiert*[96] und wohl auch nicht über den chronologischen Abstand beider im Bilde ist. Das Argument aus Apg 18 gegen eine Datierung des Judenediktes des Claudius ins Jahr 41 kommt ja nur dadurch zustande, daß wir durch einen Glücksfund in den Stand gesetzt worden sind, die Amtszeit des Gallio zu bestimmen, und hieraus ein in seiner Nähe liegendes Datum einer Judenaustreibung *folgern*. Dieser von mehreren Voraus-

---

[93] Lake, Chronology, S. 459.
[94] Claudius, S. 31. Die Apg scheint für Momigliano wichtigstes Zeugnis zu sein, da Sueton das Edikt nicht datiert. Ähnlich wie Momigliano argumentiert auch Harnack, Mission, S. 10 A 5.
[95] Leon, Jews, S. 25.
[96] „Im Unterschied zur Historie fehlt in den Act jede Chronologie. Die beiläufigen Beziehungen auf die Zeitgeschichte dienen nicht chronologischen Zwecken. (...) Es finden sich im zweiten Teil nur Zeitangaben, die mit den Geschichten des Paulus verknüpft sind. Sie bleiben relativ, weil jeder Synchronismus mit absoluten Daten der Zeitgeschichte fehlt" (Wendland, Kultur, S. 325 A 5).

setzungen abhängige Schluß darf niemals als „independent witness" für das Jahr 49 n.Chr. als Datum des Judenediktes hingestellt werden. Vielmehr mußte aus methodischen Gründen umgekehrt von den wirklich unabhängigen Traditionen her ein Licht auf die Angaben der Apg fallen.

Die Analyse der zum Judenedikt vorhandenen Quellen aber hat mit großer Wahrscheinlichkeit zu diesem Ergebnis geführt: das in Apg 18,2 reflektierte Judenedikt des Claudius wurde im Jahr 41 erlassen. Als Folge hatten die unmittelbar am Streit um Chrestus Beteiligten die Stadt Rom zu verlassen. Die Judenchristen Prisca und Aquila waren von der Ausweisung betroffen und trafen bald nach 41 in Korinth ein.

Die chronologische Berechnung der beiden in Apg 18 enthaltenen welthistorischen Daten auf das Jahr 41 und 51/52 haben das Ergebnis der obigen literarischen und traditionsgeschichtlichen Analyse von Apg 18 bestätigt, daß in jenem Kap. der Apg mehr als ein Aufenthalt in Korinth reflektiert ist, um so mehr, als beide Daten jeweils in disparaten Einheiten (I und III) erscheinen, die vorher bereits vermutungsweise auf zwei voneinander zeitlich entfernt liegende Besuche zurückgeführt wurden. Durch diese Bestätigung gewinnen andererseits auch die beiden absoluten Daten eine gewisse, wenn auch noch nicht entscheidende Glaubwürdigkeit. Die eigentliche Entscheidung darüber, ob die beiden auf der Stufe der Tradition bei Lukas vorliegenden datierbaren Ereignisse für die Pauluschronologie benutzt werden können und dürfen, muß im folgenden fallen, wenn wir fragen, ob sie sich in den allein aufgrund der Briefe gewonnenen Rahmen einpassen lassen.

3.3.3.1.3 Pauli Aufenthalte in Korinth in den Jahren 41/42 und 51/52 als Bestandteil einer Pauluschronologie?

Der terminus post quem für die Bekehrung des Paulus sind der Tod Jesu und die bald danach erfolgten Erscheinungen des Auferstandenen. Zwischen diesen und der Begegnung Pauli mit dem himmlischen Herrn vor Damaskus wird einige Zeit verstrichen sein, da a) die wie auch immer zu spezifizierende Verfolgertätigkeit Pauli bereits eine christliche Gemeinde in Damaskus voraussetzt und b) Paulus in der Zeugenreihe 1Kor 15,3ff die Erscheinung Jesu vor sich als die letzte bezeichnet und offenbar eine gewisse zeitliche Differenz zwischen ihr und der vor Kephas, Jakobus, den 500 Brüdern und allen Aposteln voraussetzt. Wir veranschlagen im folgenden drei Jahre Differenz zwischen Tod Jesu und Bekehrung des Paulus [97], sind uns dabei aber der Willkür eines solchen Verfahrens bewußt.

Die genaue chronologische Berechnung des Todes Jesu ist nicht eindeutig durchzuführen. Es kommen diejenigen Jahre in Frage, in denen der 14. oder 15. Nisan auf einen Freitag fiel, also 27, 30 und 33. Ich meine aber, nicht ausschließlich vom arithmetischen Mittel 30 [98] ausgehen, sondern auch das Jahr 27 miteinkalkulieren zu sollen, da G. Hölscher für dieses Datum des Todes Jesu beachtliche, bisher nicht grundsätzlich widerlegte Gründe vorgelegt hat [99]. Als Termin der Bekehrung des Paulus ergäbe sich dann das Jahr 30 oder 33.

Eine weitere Unsicherheit für die Chronologie des Paulus kommt hinzu, wenn wir den obigen Befund berücksichtigen, daß Paulus keine Angaben über die Dauer seines Aufenthaltes in Arabia, der Reise nach Syrien und Cilicien sowie seines Aufenthaltes in Jerusalem anläßlich des Apostelkonventes macht. Als Arbeitshypothese veranschlagen wir für diese Zeit insgesamt zwei Jahre und kalkulieren für die Zeit zwischen dem zweiten Jerusalembesuch und dem zweiten Aufenthalt in Galatien zusätzlich ein Jahr ein.

Bei der Frage, welchen Zeitraum die von Paulus gemachten Zeitangaben ‚nach 3/14 Jahren‘ (Gal 1,18; 2,1) abdecken, ist daran zu erinnern, daß antike Zählweise das erste und letzte Jahr als volles mitrechnete, was auf die obigen Angaben bezogen folgendes Schema ergibt:

---

[97] Vgl. aber Harnack, Mission, S. 60f A 5, der aufgrund der aus apokryphen Schriften zu erhebenden Vorstellung, daß Jesus 18 Monate nach der Auferstehung mit seinen Jüngern verkehrte, erschloß, daß Pauli Bekehrung sich 18 Monate nach dem Tode Jesu ereignete. Dazu kritisch Hengel, Christologie, S. 45 A 10.

[98] Für das Jahr 30 als Sterbejahr Jesu plädieren wohl die meisten; vgl. zuletzt Strobel, Ursprung, S. 109—121 (Lit.).

[99] G. Hölscher, Die Hohenpriesterliste bei Josephus und die evangelische Chronologie, SAH phil.-hist. Klasse 1939/40, 3. Abh., Heidelberg 1940. Vgl. auch F. Hahn, Das Verständnis der Mission im Neuen Testament, WMANT 13, Neukirchen 1963, S. 76. Jedenfalls ist gegen das Jahr 27 als Todesdatum Jesu nicht einzuwenden, daß, da der Täufer nach Luk 3,1 im 15. Jahr des Tiberius auftrat (= 27/28), es also auszuscheiden sei (so J. Jeremias, Die Abendmahlsworte Jesu, Göttingen [4]1967, S. 33). Grundsätzlich gilt, daß für die lukanischen chronologischen Angaben der Wahrheitsbeweis aus anderen Quellen geführt werden muß — nicht umgekehrt! Zu Luk 3,1 vgl. bereits oben S. 27f A 26. — Strobel, Ursprung, S. 84—92 (Lit.), versucht zu zeigen, daß in Luk 3,1 „die Redeweise von dem ‚15. Jahr der Hegemonie‘ des Tiberius auf das Jahr 26/27 n.Chr. zu deuten ist" (a.a.O., S. 92).

nach 3 Jahren = x + 1 + y;
nach 14 Jahren = x + 12 + y [100].

Wir berechnen daher das arithmetische Mittel von 2 Jahren und 13 Jahren.

Auf dieser Grundlage ergibt sich folgende Tabelle:

Bekehrung	30 (33)
Arabia	31 (34)
1. Jerusalembesuch	33 (36)
Syrien und Cilicien	34 (37)
2. Jerusalembesuch	47 (50)
Galatien	48 (51) im Sommer
1Kor (Ephesus)	49 (52)
Zwischenbesuch in Korinth	49 (52)
3. Korinthaufenthalt	51/52 (54/55)

Bleibt man sich der verschiedenen Voraussetzungen des obigen Schemas bewußt, so ist eine erstaunliche Koinzidenz der absoluten Daten der Apg mit der allein aus den Briefen gewonnenen Chronologie festzustellen:

a) Der Gründungsaufenthalt in Korinth kann selbst unter Berücksichtigung der jederzeit möglichen zeitlichen Verschiebung sehr gut bald nach 41 erfolgt sein.

b) Ein durch die Gallio-Notiz nahegelegter Aufenthalt Pauli in Korinth um 51/52 paßt ausgezeichnet in die obige Tabelle und wäre auf den Zwischenbesuch bzw. auf den letzten Aufenthalt zu beziehen.

Zusammenfassend gesagt, kommt damit den oben aus Apg 18 eruierten absoluten chronologischen Daten eine hohe Wahrscheinlichkeit zu, und wir dürfen sie nach dieser Verifizierung durch die allein aufgrund der Briefe gewonnene Chronologie in diese Chronologie einbauen [101].

---

[100] C. W. Emmet, The Case for the Tradition, in: F. J. F. Jackson — K. Lake (edd.), The Beginnings of Christianity I.2, London 1922, S. 265—297, S. 281. Jewett, Chronology, anerkennt die antike Zählweise, meint dann aber trotzdem: „The only safe assumption is that even if Paul did not designate full years, the partial system might have come very close to the full three and fourteen year spans. If a chronology does not proceed on this assumption, its starting point will appear arbitary" (S. 54). Wenn Jewett unmittelbar vorher gegenüber dem Vorschlag, insgesamt 15 Jahre zu veranschlagen, einwendet: „how can such probabilities be useful in making decisions about specific events? History, after all, is the arena of the unique rather than the average", so ist demgegenüber zu fragen, wie anders denn als mit Wahrscheinlichkeitsurteilen der Historiker sich seinem einzigartigen Gegenstand nähert; ebenfalls unrichtig Ramsey, Place, S. 165f.
[101] Am Rande sei darauf hingewiesen, daß nach der hier rekonstruierten Chronologie eine Frühdatierung des Statthalterwechsels Felix/Festus (Apg 24,27)

Muß man auch darauf verzichten, ein halbwegs exaktes Datum für die Bekehrung des Paulus zu berechnen (das Obige will nicht als solches verstanden sein, sondern war Bestandteil einer *Hilfskonstruktion* zur Überprüfung der absoluten Daten aus Apg 18!), so bedeuten die beiden obigen absoluten Daten doch darin einen Gewinn [102], daß sie uns ermöglichen, den Zeitpunkt der Griechenland-Mission des Paulus und die zeitliche Differenz zwischen dem während des Gründungsbesuches in Korinth geschriebenen 1Thess und dem in Ephesus abgefaßten 1Kor zu bestimmen: Wenn Paulus spätestens bald nach 41 in Korinth war, so wird er Ende der dreißiger Jahre in Philippi und Thessalonich sein eigentliches Verkündigungswerk begonnen haben. Der zeitliche Abstand zwischen 1Thess und 1Kor beläuft sich dann auf rund 8—11 Jahre (der zwischen Gründungsaufenthalt in Thessalonich und Abfassung des 1Kor rund 10—13 Jahre).

3.3.3.2 Die in Apg 18,1ff enthaltenen Einzeltraditionen und ihre Einpassung in die obige Chronologie

Im folgenden werden diejenigen Traditionselemente aus Apg 18 zu prüfen sein, die in den Paulusbriefen reflektiert werden. Nach Abzug der wegen fehlender Parallelen nicht vergleichbaren Traditionssplitter in Einheit III (Gallio und Sosthenes) und der Predigttätig-

---

am wahrscheinlichsten ist, sei es, daß die ‚zwei Jahre‘ in Apg 24,27 auf die Dauer der Gefangenschaft des Paulus (so der lukanische Kontext; vgl. Conzelmann, Apg, z.St.) oder auf die Amtszeit des Felix (so nach Haenchen, Apg, z.St., und Suhl, Paulus, S. 333—338, die in Apg 24,27 verarbeitete Quelle) zu beziehen ist. Im letzteren Fall paßte unsere auf dem Jahr 30 als Todesjahr Jesu fußende Hilfsrechnung, im ersteren kommt die von 27 als Kreuzigungsdatum ausgehende Kalkulation der Chronologie des Paulus jenem Datum recht nahe. Exaktheit ist ohnehin nicht erreichbar. Jewett, Chronology, S. 1.81, übersieht, daß die unserer Chronologie zugrundegelegten Jahreszahlen nur Bestandteil einer Hilfskonstruktion sind, in der sowohl 27 als auch 30 als Todesdatum Jesu einkalkuliert wurde.

[102] Die neuerdings wieder in Mode gekommene Frühdatierung des Apostelkonventes im Winter 43/44 (Suhl, Paulus, S. 316—321; Vielhauer, Einleitung, S. 77f; Schenke-Fischer, Einleitung, S. 55f) ist nach der obigen Rekonstruktion unwahrscheinlich und beruht m.E. überdies auf einer nicht zwingenden Interpretation von Mk 10,38f, die hier ein Doppelmartyrium reflektiert sieht; vgl. dagegen m.R. Georgi, Geschichte, S. 91f. Überdies wäre mit Georgi, ebd., weiter zu fragen, ob nicht gerade Gal 2,9 (kombiniert mit Apg 12,2) eher den Tod des Zebedaiden Jakobus voraussetzt, denn a) wird in Gal 2,9 nur sein Bruder genannt (obwohl er selbst eine führende Rolle in der Urgemeinde gehabt haben dürfte), und b) erklärt Paulus in Gal 2,9 nicht mehr wie noch Gal 1,19, um welchen Jakobus es sich handelt; vgl. noch Schille, Anfänge, S. 147 A 50.

keit Pauli im Hause des Titius Justus[103] aus Einheit I bleiben folgende Traditionen übrig: 1. die Arbeit und das Wohnen Pauli bei Priscilla und Aquila, 2. das Kommen von Timotheus und Silas aus Mazedonien nach Korinth, 3. die Bekehrung des Synagogenvorstehers Krispus. Wir gehen die Traditionen in der genannten Reihenfolge durch.

3.3.3.2.1 Priscilla und Aquila

Das Ehepaar erscheint in den Paulusbriefen 1Kor 16,19 und Röm 16,3. Im 1Kor lassen sie die Korinther grüßen, was zu der These ausgewertet werden darf, daß sie den Korinthern persönlich bekannt waren. Wenn sie sich in Ephesus im Gefolge des Paulus befinden, so ist es das wahrscheinlichste, daß sie Paulus auf seinem Gründungsbesuch in Korinth kennengelernt haben. Der Ausdruck σὺν τῇ κατ' οἶκον αὐτῶν ἐκκλησίᾳ hinter Priscilla und Aquila in 1Kor 16,19 vermag uns einen Eindruck über die wirtschaftlichen Verhältnisse dieses Ehepaares zu vermitteln. Ob nun der Ausdruck „mit ihrer Hausgemeinde" auf die Gemeinde zu beziehen ist, die sich in ihrem Haus versammelt, oder — wahrscheinlicher — auf ihren Haushalt als Gemeinde (Röm 16,5 ist sicher in diesem Sinne zu verstehen), beide Möglichkeiten sagen eine Wohlhabenheit des Ehepaares aus. So ist nicht nur die Tradition, daß Paulus Priscilla und Aquila in Korinth traf, wahrscheinlich, sondern auch die weitere in Apg 18 aufbewahrte, daß Paulus in Korinth bei ihnen arbeitete. Daß Paulus dort Handarbeit verrichtete, steht aufgrund seiner Eigenaussage fest (1Kor 4,12 u.ö.). Die Wohlhabenheit des Ehepaares hat es ihm erlaubt, andere Leute bei sich zu beschäftigen, unter die auch Paulus gefallen sein wird, um so mehr, als Priscilla und Aquila in ihm einen (juden)christlichen Gesinnungsgenossen erkennen konnten. Damit ist gleichzeitig ausgesagt, daß sie schon Christen waren, bevor sie nach Korinth ka-

---

[103] Am Rande sei auf die Lesart des Sinaiticus, E, syr^P aufmerksam gemacht, die Τίτου lautet statt Τιτίου. Im Falle ihrer Richtigkeit würde sie ermöglichen, den sonst in der Apg nicht erwähnten Paulusbegleiter in der Apg wiederzufinden. Dadurch wäre erklärt, warum Titus nicht zu den Predigern des Evangeliums beim Erstbesuch gehörte (vgl. 2Kor 1,18), er aber andererseits im Zusammenhang der Kollektenaktion so großen Erfolg hatte: als Korinther wäre er mit den korinthischen Eigenheiten bestens vertraut. Sollte die Identifizierung des Paulusbegleiters Titus mit Tit(i)us Justus zu Recht bestehen, wäre übrigens eine Mission in Griechenland vor dem Konvent gesichert, da Titus Paulus zum Konvent begleitet. Auch die Aussage der Apg, daß Tit(i)us ‚Gottesfürchtiger' gewesen sei, paßt zum Bericht Pauli, er habe den unbeschnittenen Titus Ἕλλην ὤν mit zum Konvent genommen (Gal 2,1.3).

men[104]. Die weitere Nachricht der Apg, sie seien Zeltmacher gewesen, ist an den Briefen unüberprüfbar. Sie widerspricht jedoch nicht dem sich aus dem Obigen ergebenden Schluß, daß Paulus dasselbe Handwerk wie das Ehepaar ausübte[105].

Nun beweist das soeben Dargelegte noch nicht, daß Aquila und Priscilla, wie die Apg will, mit dem Judenedikt des Claudius in einer Beziehung stehen. Sie mögen ja schon längere Zeit in Korinth gewesen und die Begründung ihres Kommens in die Hafenstadt durch das Edikt des Claudius mag auf die typisch lukanische Neigung zurückzuführen sein, die Heilsgeschichte mit der Weltgeschichte zu verzahnen. Für ihre kürzliche Ankunft aus Rom spricht nun — abgesehen von dem positiven Verhältnis zwischen dem Zeitpunkt des Judediktes und der ersten paulinischen Mission in Griechenland — folgendes:

Paulus grüßt das Ehepaar in Röm 16,3. Da die Annahme, daß Röm 16 ein Epheserbrief zugrundeliegt, mehr neue Schwierigkeiten schafft als alte löst[106], ist von der Zugehörigkeit von Kap. 16 zum Römerbrief auszugehen und anzunehmen, daß das Ehepaar sich zur Zeit der Abfassung des Röm in der Welthauptstadt befindet[107]. Jene Anwesenheit in Rom erhält eine plausible Erklärung, wenn angenommen wird, daß sie nach ihrer Ausweisung im Jahre 41 gegen Ende der Regierungszeit des Claudius wieder nach Rom zurückkehrten. (Unsere Chronologie bietet dabei den Vorteil, daß die bei der üblichen Datierung des Ediktes in das Jahr 49 n.Chr. unverhältnismäßig kurze Zeitspanne zwischen Ausweisung und Rückkehr entfiele.)

Wenn Paulus in Röm 16,4 das Ehepaar auch deswegen herausstreicht, daß es für Paulus das Leben eingesetzt habe (wörtlich: „ihren Hals eingesetzt haben" [τὸν ἑαυτῶν τράχηλον ὑπέθηκαν]), so darf vermutet werden, daß diese Aktion im Zusammenhang von Gefahren erfolgte, denen Paulus im Umkreis von Ephesus ausgesetzt war (vgl. 1Kor 15,32; 2Kor 1,8f). Da diese Hilfe und ihre Erwähnung in 1Kor 16,19 ihre Anwesenheit in Ephesus bis kurz vor dem 3. Besuch in Korinth, währenddessen er den Röm schrieb, voraussetzt, wird ihre Über-

---

[104] Paulus nennt das Haus des Stephanas ἀπαρχὴ τῆς Ἀχαΐας (1Kor 16,15).
[105] Am Rande sei erwähnt, daß die Ausübung eines Handwerks mit dem sich daraus ergebenden sozialen Kontakt ein ausgezeichnetes Anknüpfungsmittel für die Mission ergeben haben wird. Vgl. G. Heinrici, Zur Geschichte der Anfänge paulinischer Gemeinden, in: ZWTh 20. 1877, S. 89—130.
[106] Mit Kümmel, Einleitung, S. 277ff. Vgl. Wilckens, Abfassungszweck, S. 124f (gegen Kümmel kenne Paulus alle Gegrüßten persönlich); anders W. Schmithals, Der Römerbrief als historisches Problem, StNT 9, Gütersloh 1975, S. 128ff.
[107] Vgl. H. Y. Gamble, The Textual History of the Letter to the Romans, StD 42, Grand Rapids 1977; zur Ephesus-Hypothese vgl. S. 36ff.

siedlung nach Rom nicht lange zurückliegen. Ihrer Rückkehr zum alten Wohnort kommt dabei, wie auch aus der Stellung des Ehepaares am Anfang der Grußliste im Röm hervorgeht, eine für die paulinischen Missionspläne eminente Bedeutung zu. Offenbar sollten sie — zusammen mit den anderen in der Grußliste genannten, dem Paulus bekannten Christen — die Ausgangsbasis der künftigen paulinischen Missionsarbeit in Spanien, die Gemeinde in Rom, auf das Kommen des Apostels vorbereiten bzw. ihm dort eine wohlwollende Aufnahme sichern[108].

Als Fazit des Vergleichs der in Apg 18 bewahrten Traditionen über Priscilla und Aquila mit den Angaben der Paulusbriefe ergibt sich, daß sie größtenteils von den Briefen bestätigt werden. Es war daher auch aus methodischen Gründen erlaubt, Briefzeugnisse und Traditionen in Kap. 18 der Apg über das Ehepaar zu kombinieren. Wir erreichten auf diese Weise ein Bild über die Bedeutung von Aquila und Priscilla im paulinischen Missionswerk, wie es uns die Briefe allein nicht ermöglicht hätten.

3.3.3.2.2 Krispus

Die Bekehrung des (Synagogenvorstehers) Krispus wird durch die paulinischen Selbstaussagen bestätigt. Paulus bemerkt 1Kor 1,14 sogar, daß er entgegen seiner Gewohnheit, nicht zu taufen, Krispus und (den in der Apg nicht erwähnten) Gajus getauft habe. Das kann im Kontext des 1Kor nur während des Gründungsbesuches erfolgt sein. Spricht die Tradition in Apg 18 auch nicht explizit von einer Taufe des Krispus durch Paulus, so läßt sie gleichwohl seine Bekehrung und Taufe (V. 8!) auch während des Gründungsbesuches geschehen sein, was das Alter (und die Zuverlässigkeit) der in Apg 18 eingearbeiteten Krispus-Tradition erhöht.

3.3.3.2.3 Das Kommen des Silas und des Timotheus aus Mazedonien

Die Anwesenheit von Timotheus und Silas z.Zt. des Gründungsbesuches in Korinth ist durch die auf die Erstpredigt sich beziehende Notiz gesichert: „Gottes Sohn Christus Jesus, der unter euch durch uns gepredigt ist, durch mich und Silvanus und Timotheus" (2Kor 1,19), und ferner durch das Präskript des in Korinth geschriebenen 1Thess (1,1). Daß Timotheus und Paulus nicht zur gleichen Zeit in

---

[108] Als Analogie ist auf die Gruppe von Christen aus Syrien zu verweisen, die dem Bischof Ignatius nach Rom vorausgefahren ist (IgnRöm 10,2).

Korinth ankamen, ergibt sich aus 1Thess 3,6, wo eine Anwesenheit Pauli in Korinth und die Ankunft des Timotheus aus Thessalonich vorausgesetzt werden. Insofern kann nicht nur die Anordnung in Apg 18 (erst Arbeit bei Priscilla und Aquila, *danach* Ankunft des Timotheus) im ersten Teil richtig sein, sondern das Kap. enthält auch die zutreffende Information der Anwesenheit von Timotheus und Silas beim Gründungsbesuch. Ferner widerspricht die weitere Spezifizierung, daß Timotheus aus Mazedonien nach Korinth kam, nicht 1Thess 3,6, wo gesagt wird, Timotheus sei aus Thessalonich zu Paulus (nach Korinth) gekommen (Thessalonich ist die Hauptstadt der römischen Provinz Mazedonien).

Nun wurde oben allein aufgrund der Paulusbriefe als wahrscheinlich herausgearbeitet, daß Paulus aus Philippi auch nach Korinth z.Zt. des Gründungsbesuches Geldgeschenke erhalten hat (s.o. S. 140ff). Es hat daher eine gewisse Wahrscheinlichkeit für sich, daß Timotheus zu einer Delegation gehörte, die die Gabe Paulus nach Korinth überbracht hat. Die paulinische Eigenaussage, daß der Apostel Timotheus von Athen nach Thessalonich zurückschickte (1Thess 3,1f), steht dazu nicht in Widerspruch, kann sich der Thessalonichbesuch Timotheus' doch auch mit dem Zweck eines Abstechers nach Philippi verbunden haben. Die in lukanische Sprache gekleidete Nachricht Apg 18,5, daß Paulus nach dem Kommen des Timotheus und Silas aus Mazedonien „ganz im Predigen aufging" (συνείχετο τῷ λόγῳ), mag Verarbeitung einer mit dem Kommen von Timotheus und Silas fest verbundenen Tradition sein, die von einem Geldgeschenk der philippischen Gemeinde berichtet.

Erweisen sich somit die aus den Paulusbriefen und Apg 18 enthaltenen Nachrichten über ‚Timotheus und Silas in Korinth' als nahezu identisch, so ist der Vollständigkeit halber auf eine Ausnahme hinzuweisen: aus den Paulusbriefen läßt sich kein Kommen des Silas aus Mazedonien nach Korinth nachweisen. Entschließt man sich nicht zur Vermutung, daß Silas derselben Delegation aus Philippi angehörte wie Timotheus — freilich, ohne genannt zu werden —, so mag man diese Frage getrost offen lassen. Sie ändert nichts an der überraschenden Bestätigung auch dieser dritten Einzeltradition durch die Paulusbriefe. Jene Übereinstimmung in den Hauptpunkten erlaubte uns auch hier, die Tradition in dieser Einzelfrage als gegenüber der Primärquelle nahezu gleichrangig einzustufen und beide umsichtig zu kombinieren. Das Ergebnis brachte zwar über die auch aus den Briefen zu erschließende Tatsache hinaus, daß Paulus in Korinth aus Philippi Geld empfangen hat, nichts Neues. Umstände und Zweck des Geldgeschenkes aus Philippi erhalten aber bei der Kombination von Briefen und Apg an diesem Punkt eine neue Beleuchtung: Timotheus hatte offenbar eine aktive Rolle bei der Aufbringung der Spende zu spielen, und der Verwendungszweck dieser Spende bestand offenbar darin, Paulus von der Notwendigkeit der tägl. Arbeit zugunsten der Förderung der Evangeliumspredigt zu entbinden, worin die in lukan. Sprache getroffene Feststellung συνείχετο τῷ λόγῳ einen richtigen Kern bewahrt haben mag.

Mit den obigen Ausführungen zum Kommen des Timotheus nach Korinth befinden wir uns nicht in Widerspruch zu der in der Einleitung konstatierten Spannung zwischen der Darstellung der Reise des Timotheus in 1Thess 3 und der Apg, die oben als Argument gegen die Kombination der Daten der Apg und der Paulusbriefe benutzt wurde. In der Einleitung ging es um die Frage der Kombination der *lukanischen* Angaben und des *lukanischen* Rahmens mit den Paulusbriefen, hier handelt es sich um die Frage des Verhältnisses der Paulusbriefe zu den von Lukas vorausgesetzten Einzel*traditionen*.

Als Zusammenfassung dieses Abschnitts kann die These gewagt werden, daß auch die von Lukas verarbeiteten Einzel*traditionen* eine hohe historische Glaubwürdigkeit besitzen, wenn sie in den allein aufgrund der Briefzeugnisse bestimmten chronologischen Rahmen eingepaßt werden. Mit den Einzelangaben der Briefe kombiniert, ergeben sie ein genaueres Bild der Wirksamkeit des Paulus, als es allein aufgrund der Briefe möglich wäre, und erreichen fast denselben historischen Wert wie die Primärquelle.

3.4 Die expliziten Zeitangaben der Apg über den Aufenthalt des Paulus in Thessalonich, Korinth und Ephesus

Wir sind aufgrund der obigen Chronologie in der Lage, einige Aufenthalte Pauli zeitlich mit mehr oder weniger großer Genauigkeit zu bestimmen. Daher seien im folgenden die Zeitangaben der Apg mit den mutmaßlichen unserer Chronologie verglichen.

3.4.1 *Thessalonich*

Die Dauer des Gründungsaufenthaltes in Thessalonich wird durch die Apg auf drei bis vier Wochen beziffert, da Paulus nach Apg 17,2 an drei Sabbaten in die Synagoge ging.

Diese zeitliche Angabe hat nicht einmal Anspruch auf eine historische Möglichkeit, denn der 1Thess setzt eine viel längere Aufenthaltsdauer voraus: a) Paulus arbeitet, um niemand zu beschweren, b) er erhält mehrere Male Unterstützung aus Philippi (Phil 4,16: ἅπαξ καὶ δίς). Besonders das letztere setzt einen viel längeren Aufenthalt als drei bis vier Wochen voraus[109].

3.4.2 Korinth

Der Gründungsaufenthalt in Korinth umfaßt nach Apg 18,11 eineinhalb Jahre. Wir haben nicht ebenso klare Indizien wie beim Gründungsbesuch in Thessalonich, um diese Angaben zu überprüfen. Da Paulus Aquila und Priscilla bald nach 41 in Korinth getroffen hat, aber andererseits erst etwa 49 (46) zum Jerusalemkonvent gefahren ist, haben wir unter der Voraussetzung der Richtigkeit der eineinhalb Jahre für die Dauer von Pauli Erstbesuch in Korinth Schwierigkeiten, die sich ergebende Zwischenzeit in der Chronologie Pauli unterzubringen, um so mehr, als wir nicht wissen, zu welchem Zeitpunkt der 18 Monate Paulus das Ehepaar getroffen hat. Setzen wir dagegen voraus, daß Aquila und Priscilla sich schon eine gewisse Zeit in Korinth aufhielten, bevor Paulus dorthin kam, könnte eine Harmonisierung der 18 Monate mit dem Konventsdatum 47/50 n.Chr. erfolgreich sein. Bei dieser Voraussetzung ist aber übersehen, daß das genannte Konventsdatum einer Hilfsrechnung mit einer Möglichkeit von bis zu 3 Jahren nach unten entspringt und mithin als von der Gesamtrechnung isoliertes Datum nichts taugt — während das absolute Datum des Judenediktes (41 n.Chr.) feststeht. Man wird sich also mit der Auskunft bescheiden müssen, daß wir aufgrund der Briefe die Angabe der Dauer des Gründungsaufenthaltes Pauli in Korinth nicht überprüfen können.

Besser steht es dagegen mit der Überprüfbarkeit der Angabe von drei Monaten als Aufenthaltsdauer des letzten Besuches in Korinth (Apg 20,3). Diese Angabe entspringt dem Prinzip der runden Zahl und ist redaktionell, wie sich im folgenden Abschnitt erweisen wird.

---

[109] Anders A. Harnack, Die Zeitangaben in der Apostelgeschichte des Lukas, NGG phil.-hist. Klasse 1907, S. 376–399, S. 384 A 1. Harnack hält in seinem lesenswerten Aufsatz fast alle Zeitangaben der Apg für historisch zutreffend. Auch Hengel, Geschichtsschreibung, S. 39, meint, daß die Angaben der Apg über die Dauer von Pauli Aufenthalt in den missionarischen Zentren von hohem historischen Wert seien. Ich kann mich aus den oben im Text gegebenen Gründen in dieser Allgemeinheit weder von der Richtigkeit einer solchen Behauptung überzeugen noch von der weiteren, daß „die Reihenfolge der paulinischen Briefe (...) uns ohne die Apostelgeschichte ganz oder teilweise unbekannt" (ebd.) sei. Zur Reihenfolge der Briefe s.o. S. 47ff.

3.4.3 Ephesus

Der Aufenthalt Pauli in Ephesus wird Apg 19,8 mit drei Monaten Predigt zu den Juden beziffert, V. 10 mit zwei Jahren Lehre im Saal des Tyrannus, Apg 20,31 spricht rund von einer τριετία. Erwecken diese Angaben bereits den Eindruck eines Schematismus (drei Monate Predigt zu den Juden, zwei Jahre Lehre im Saal des Tyrannus) und wirken von daher nicht vertrauenswürdig, steht ferner die τριετία in einer Spannung zu den obigen Angaben, da in ihr eine Judenpredigt nicht vorausgesetzt wird, so werden überhaupt die zeitlichen Angaben der Apg über den Ephesus-Aufenthalt Pauli durch die obige Chronologie nicht bestätigt. Nach ihr hat sich Paulus hier etwa 18—22 Monate aufgehalten (s. Tabelle S. 149f). Es fragt sich, ob eine Scheidung von Redaktion und Tradition der obigen chronologischen Angaben des Lukas möglich ist. Das scheint in der Tat der Fall zu sein: Wir gehen von der Beobachtung aus, daß die Zahl ‚drei' eine Lieblingsangabe des Lukas ist: vgl. Apg 7,20; 9,9; 10,19 v.l.; 11,11; 17,2; 20,3; 25,1; 28,7.11.12.17. Sodann ist zu bemerken, daß die obige Predigt zu den Juden auf dem lukanischen Anknüpfungsschema beruht. Nun stand Lukas eine Lokaltradition aus Ephesus zur Verfügung, die die dortige Lehrtätigkeit Pauli mit dem Saal des Tyrannus verknüpfte und ihre Dauer mit zwei Jahren angab. Da Lukas auch für Ephesus eine Predigt Pauli zu den Juden konstruieren mußte (weil es dogmatisch richtig sei) und ihm für die Lehrtätigkeit im Saal des Tyrannus die Angabe der Dauer ‚zwei Jahre' zur Verfügung stand, sah er sich gezwungen, auch die Dauer der Judenpredigt zu beziffern. Er griff zu der ihm gewohnten Zeitangabe von drei Monaten (vgl. noch Apg 7,20; 20,3; 28,11) und zählt diese mit, wenn er Apg 20,31 von einer τριετία spricht (das angebrochene Jahr zählt voll mit)[110]. Aus dem Gesagten ergibt sich, daß die drei Monate bzw. drei Jahre im Zusammenhang der Dauer des Ephesusaufenthaltes Pauli in der Apg redaktionell sind (drei ist überdies „runde" Zahl), während die an der Lehrtätigkeit Pauli im Saal des Tyrannus haftenden zwei Jahre alte zuverlässige Tradition reflektieren, wie es sich im Vergleich mit der allein aufgrund der Briefe rekonstruierten Chronologie ergibt, nach der Paulus nahezu zwei Jahre sich in Ephesus aufgehalten hat.

Dieses überraschende Zusammentreffen der obigen Chronologie mit der Tradition der Apg darf als weitere Bestätigung der obigen Re-

---

110 Zutreffende Beobachtungen zum Gebrauch der Zahl ‚drei' bei Lukas bei G. Delling, Art. τρεῖς κτλ, in: ThWNT VIII, S. 215—225, S. 219.

konstruktion gewertet werden, es zeigt aber auch noch einmal deutlich, daß die Apg alte — freilich erst nach einem Vergleich mit der allein aufgrund der Briefe gewonnenen Chronologie eruierbare — Traditionen enthält.

Für die expliziten Angaben der Dauer in der Apg war damit Ähnliches wie zu den Einzeltraditionen, den die Weltgeschichte betreffenden Daten und den Stationenverzeichnissen zu sagen. Sie enthalten nach Abzug der lukanischen Redaktion oft altes, wertvolles Traditionsgut.

4. ZUSAMMENFASSUNG VON 1–3

Ein einleitendes Kapitel unternahm eine kritische Bilanz der Chronologie des Paulus im deutschen Raum. Zunächst wurde gezeigt, daß entgegen dem Anschein (= trotz teilweiser Verwerfung der Angaben der Apg) ihre Rekonstruktion faktisch auf einer Harmonisierung der Apg und der Briefe beruht, wie es vor allem in den nie hinterfragten Thesen zum Ausdruck kommt, daß a) die selbständige Mission Pauli erst *nach* dem Apostelkonvent stattgefunden habe und b) Paulus vor Gallio verklagt worden sei und damit 51/52 n.Chr. in Korinth war.

Gegen diesen Ansatz der direkten chronologischen Verwendung der Angaben der Apg wurden im folgenden – unverbunden – Gegenargumente zusammengestellt, so 1. das die These vom antiochenischen Missionar ausschließende Zeugnis des Gal. Es wurde gezeigt, daß 2. Lukas in der Apg nur episodenhaft berichtet und 3. die welthistorischen Angaben im lukanischen Doppelwerk sich oft in direktem Widerspruch zur Profangeschichte befinden.

In einem weiteren Arbeitsschritt konnte die redaktionelle Bedingtheit der absoluten chronologischen Daten im lukanischen Doppelwerk wie auch der Auffassung von der *nach* dem Apostelkonvent stattfindenden Weltmission Pauli aufgewiesen werden. Die ersteren stehen im Zusammenhang des lukanischen Interesses, die christliche Religion als weltläufig zu zeichnen, und wollen Heilsgeschichte und Weltgeschichte miteinander verzahnen, um so den Öffentlichkeitsanspruch und die ‚Salonfähigkeit‘ des (lukanischen) Christentums im römischen Staat herauszuheben. Die Darstellung der paulinischen Weltmission *nach* dem Konvent geht darauf zurück, daß diese vor ihrem eigentlichen Beginn erst auf dem Konvent legitimiert werden muß und auf diese Weise die Kontinuität der durch das paulinische Missionswerk repräsentierten Kirche des Lukas mit der Urkirche in Jerusalem gewährleistet ist.

Dabei war festzustellen, daß sich für Lukas die zutreffende Chronologie aus der richtigen Dogmatik ergibt.

Konnten diese Beobachtungen – auf die Frage der Chronologie des Paulus bezogen – nur davor warnen, Apg und Briefe in alter Weise zu harmonisieren, so war gleichfalls die Verwendung der Paulusbriefe (bes. Gal 1f) für die Chronologie in der deutschen Forschung zu kritisieren: denn zu schnell werden hier ohne Berücksichtigung der Situationsbedingtheit und der Gattung der paulinischen Aussagen die chronologischen Angaben auf ein historisches Reißbrett übertragen. Zwar ist die Annahme zutreffend, daß Paulus in Gal 1f keinen Jerusalembesuch unterschlagen hat, doch sind fast alle anderen Angaben dunkel und abgerissen. So war z.B. zur Frage der chronologischen Stellung des antiochenischen Zwischenfalls zu bemerken, daß seine (fast) einhellige Zuweisung in die Zeit *nach* dem Konvent auf dem Vorurteil beruht, daß Paulus als Historiker berichtet.

Als *Fazit* aus dem einleitenden Kap. ergab sich die Forderung nach einem allein aus den Briefzeugnissen gearbeiteten Entwurf einer Chronologie des Paulus — unter Berücksichtigung des zu ‚Paulus als Historiker' Gesagten. Erst hernach sollte der Versuch unternommen werden, die Zeugnisse der Apg in diese Chronologie einzupassen, wobei die Möglichkeit offenzuhalten war, daß die von Lukas verarbeiteten Traditionen auf altes Material zurückgehen, um so mehr, als an verschiedenen Stellen bereits sichtbar wurde, daß Lukas nicht einfach Episoden ‚erfindet', sondern Traditionen verarbeitet.

Die Rekonstruktion einer Chronologie des Paulus allein aufgrund der Briefe ging aus von einer Analyse von Gal 1,6–2,14, dem tragenden Pfeiler für jede Pauluschronologie. Paulus wurde durch in seine galatischen Gemeinden eingedrungene judaistische Gegner gezwungen, einen Abriß seiner Beziehung zu den Jerusalemer Aposteln zu geben, und zwar wohl deswegen, weil die Gegner die Inferiorität bzw. Abhängigkeit des paulinischen Evangeliums und des Paulus gegenüber/von dem Evangelium der Beschneidung bzw. den Säulen behauptet hatten und sich deswegen das Recht herausnahmen, die paulinische Verkündigung durch Gesetzesforderungen zu ergänzen. In einem ersten Arbeitsgang (Formgeschichte) gingen wir von H. D. Betz' These aus, daß der Gal formgeschichtlich der Gattung des „apologetic letter" zugehöre, eine Form, die in der antiken Rhetorik besonders in der Gestalt der „apologetic speech" reiche Parallelen hat, und konnten nachweisen, daß Gal 1,13–2,14 genau den Stilgesetzen eines Unterteils des apologetic letter, der Narratio, entspricht, die äußerste Knappheit unter Übergehen alles mit dem Streitfall nicht unmittelbar Zusammengehörigen vorschrieb. Dieser Forderung entspricht Paulus in Gal 1,13ff in auffälliger Weise, denn — weit davon entfernt, einen vollständigen Bericht über sein Leben zwischen Bekehrung und Apostelkonvent zu geben — zählt er nur alles in unmittelbarem Zusammenhang mit Jerusalem Stehende auf (die Reisen *nach* und *von* Jerusalem) und überbrückt die restliche

Zeit mit Jahresangaben, die freilich den weiteren Sinn haben, seine Unabhängigkeit von den Jerusalemern zu betonen und so die Behauptung der Gegner zu widerlegen. Bei der für eine Chronologie wichtigen Frage, von wo an die expliziten Jahresangaben zu rechnen seien, war festzustellen, daß sie denselben Bezugspunkt haben wie die mit ihnen verbundene Partikel ‚epeita'. D.h. die ‚drei Jahre' in Gal 1,18 sind ebenso von der Rückkehr nach Damaskus an zu rechnen wie die ‚14 Jahre' in Gal 2,1 von (dem Abschluß) der Reise in die Provinz Syrien und Cilicien an. Stand wegen Gal 1,20 auch fest, daß Paulus in diesem Raum missioniert hat, und gehört diese Zeit in die Periode der ‚14 Jahre' mit hinein, so mußten wir doch die Auffassung zurückweisen, daß Pauli Wirksamkeit vor dem Konventsbesuch auf diesen Raum beschränkt war. Abgesehen davon, daß eine solche These ein argumentum e silentio gebraucht, ergaben sich Anhaltspunkte gegen eine solche Behauptung aus den nachfolgenden Überlegungen zu Gal 2,7ff: V. 7f war als in den griechischsprachigen paulinischen Gemeinden umlaufende Personaltradition zu bestimmen, die ihre Wurzel im 1. Jerusalembesuch Pauli hatte und die Mission Pauli mit der Petri parallelisierte. Da Paulus diese Tradition wie als eine den Galatern bekannte zitiert (s. die Parenthese V. 8), ergab sich daraus ein Anhaltspunkt für die Existenz der galatischen Gemeinden, die wegen der Anrede Gal 3,1 in der Landschaft (im Norden) zu lokalisieren waren, vor dem Konvent. Diese Annahme schien auch durch die Versicherung Pauli gestützt zu werden, daß er den Falschbrüdern nicht nachgegeben habe, „damit die Wahrheit des Evangeliums euch erhalten blieb" (V. 5), sowie durch die in V. 9 zitierte, die Existenz einer selbständigen paulinischen Mission voraussetzende Einigung: „wir zu den Heiden, sie zu den Juden", die allein für die paulinischen heidenchristlichen Gemeinden keine Zusatzbestimmungen gehabt haben wird („*mir* haben die Angesehenen nichts *Zusätzliches* auferlegt", V. 6), wohl aber wahrscheinlich für die von Barnabas vertretene antiochenische Gemeinde, in der fortan eine dem Aposteldekret ähnliche Klausel die zukünftige Einheit der Gemeinde sicherte und die Tischgemeinschaft zwischen Heiden- und Judenchristen regelte.

Diese These war auch wegen der Beobachtung wahrscheinlich, daß die in V. 9 enthaltene Regelung ein restriktives Moment enthielt, erst die Möglichkeit der Verpflichtung eines in einer gemischten Gemeinde lebenden Judenchristen auf die Beachtung des Gesetzes eröffnete und überhaupt die künftige Entstehung von gemischten Gemeinden ausschloß. Daher machte die Absprache über die Trennung der Missionsgebiete bzw. der Zielgruppen auf dem Konvent eine Sonderklausel für (fortan nicht mehr mögliche) gemischte Gemeinden geradezu notwendig, falls nicht in eine Trennung eingewilligt wurde.

Es war festzustellen, daß die Absprache über die Trennung der Mission auch eine judaistische Handschrift trug, weil mit ihr künftig der Fall verhindert werden sollte, daß ein zum Christentum übergetretener Jude wider das Gesetz handelte. Da die Regelung in V. 9 sich auch wie eine Reaktion gegen solche Fälle liest und vor allem das Zusammenleben mit Heidenchristen in derselben Gemeinde vielfältige Anlässe zur Gesetzesübertretung bot, war zu vermuten, daß überhaupt die von Judaisten vor dem Konvent in Frage gestellte Möglichkeit der weiteren problemlosen Tischgemeinschaft zwischen Juden- und Heidenchristen in gemischten Gemeinden ein den Konvent auslösendes Motiv war, wobei wir ernstlich mit der Möglichkeit rechneten, daß der Zwischenfall von Antiochien den unmittelbaren Anlaß für den Konvent darstellte.

Daß Paulus z.Zt. des Konvents ein eigenes Missionswerk betreute, schien sich ferner aus der Formulierung zu ergeben, daß Paulus und Barnabas fortan der Armen gedenken sollten, was Paulus sich zu tun bemüht habe (V. 10). Die einfachste Erklärung dieses Satzes war die, daß Paulus von der an die beiden Vertreter der mit der Heidenmission betrauten Missionswerke gerichteten Bitte um eine materielle Unterstützung der Armen in Jerusalem spricht und für seine Person erklären kann, daß er sich alsbald bemüht habe, dieser Bitte zu entsprechen.

War die letzte Schlußfolgerung richtig, so ergab sich ein weiteres Argument *gegen* die These, daß die in V. 9 enthaltene Tradition („wir zu den Heiden – sie zu den Juden") eine gemeinsame Mission des Paulus und Barnabas unmittelbar vor und nach dem Konvent belege, und *für* unseren Vorschlag, daß die Tradition in V. 9 eine selbständige Mission Pauli voraussetze, obgleich Paulus und Barnabas als Gruppe den Jerusalemern gegenübergestellt werden. Denn auch in der Kollektenabsprache („nur sollten wir der Armen gedenken") erscheinen Paulus und Barnabas als Gruppe[1], obwohl Paulus die Kollekte in seinen eigenen Gemeinden (ohne erkennbaren Zusammenhang mit der Person des Barnabas) organisiert.

Hatte damit die Exegese von Gal 1,6–2,14 neben der Erstellung eines relativen chronologischen Rahmens die Existenz von paulinischen Gemeinden außerhalb von Syrien und Cilicien (z.B. in Galatien) vor dem Konvent wahrscheinlich gemacht, so ergab sich aus ihr gleichfalls ein Hinweis auf den roten Faden, der unmittelbar nach dem Konvent für einige Zeit das Leben und die Tätigkeit Pauli bestimmte, die Aufbringung und die Organisation des Kollektenwerkes.

Im folgenden Kapitel benutzten wir die Kollektenaktion als äußeres Kriterium für die Herstellung einer zeitlichen Abfolge der Briefe und

---

[1] Auch Jakobus und Kephas erscheinen als Gruppe, obgleich kein Indiz dafür vorliegt, daß sie gemeinsam Mission betrieben hätten.

kombinierten anschließend damit die chronologischen und topographischen Daten der in den Kollektenstellen der Briefe (1Kor 16,1ff; 2Kor 8f; Gal 2,10; Röm 15,26) enthaltenen Angaben. Als Resultat erhielten wir eine sich über drei bis vier Jahre erstreckende Chronologie des Paulus und seiner Mitarbeiter (s. die Übersicht S. 149f), wobei die Beobachtung von besonderer Wichtigkeit war, daß die Kollekte offenbar kein Thema beim Gründungsbesuch darstellte. Dieser auffällige Befund war ein erster Anhaltspunkt für die These, daß der Gründungsbesuch zu einer Zeit erfolgte, in der noch keine Kollektenabmachung existierte, d.h. vor dem Konvent. Ein zweiter Wink in dieselbe Richtung ergab sich daraus, daß — aus 1Kor zu schließen — zwischen diesem Brief und dem Gründungsbesuch ein verhältnismäßig langer Zeitraum verflossen ist, der kaum in den von der herkömmlichen Chronologie veranschlagten ca. vier Jahren zwischen Gründung und 1Kor untergebracht werden kann. Schließlich erhoben die beiden bisher aus methodischen Gründen (wegen des Fehlens des Kollektenthemas) nicht herangezogenen Briefe, 1Thess und Phil, die These einer paulinischen Mission in Griechenland *vor* dem Konvent zur Gewißheit, denn Phil 4,15 rechnet die von Mazedonien ausgehende Mission der Anfangsperiode der paulinischen Verkündigung zu, und 1Thess wurde bald nach der Gründung der thessalonischen Gemeinde abgefaßt.

In dem im nächsten Arbeitsgang vorgenommenen Versuch der Einpassung der Traditionen der Apg in die allein aufgrund der Briefe gewonnene Chronologie ergab sich, daß der Apg 18,22 durchscheinende Jerusalembesuch Pauli die 2. Jerusalemreise Pauli (zum Konvent) ist, während 11,27ff und 15,1ff auf lukanische Komposition zurückgehen. Eine Bestätigung für diesen Schluß folgte nicht nur daraus, daß Lukas aus dogmatischen Gründen während der Periode der Weltmission Pauli nicht mehr von einem diese erst legitimierenden Konvent berichten konnte und wollte, sondern auch deswegen, weil die Reisestationen vor und nach Apg 18,22 eine verblüffende Übereinstimmung mit denen der allein aus den Briefen gewonnenen Chronologie vor und nach dem 2. Jerusalembesuch haben. Daher lag der Schluß nahe, daß Lukas an dieser Stelle der Apg eine auf einen Paulusbegleiter zurückgehende Quelle — wohl in Form eines mit Einzelepisoden angereicherten Stationenverzeichnisses — zur Verfügung hatte.

Eine Einzelanalyse von Apg 18,1ff führte zu einer ähnlichen Überraschung: Lukas hat in seinem Bericht über Pauli Aufenthalt in Korinth auf zwei verschiedene Besuche zurückgehende Traditionen verarbeitet. Das ergab sich nicht nur aus inhaltlichen und formalen Gründen im Aufbau von Apg 18,1ff, sondern auch daraus, daß die Statthalterschaft des Gallio in das Jahr 51/52 fällt, das in V. 2 reflektierte Judenedikt des Claudius dagegen in das Jahr 41. War das Jahr 41 als Aufenthaltsdatum in Korinth aufgrund des zur Anfangsperiode der paulinischen Verkündigung Gesagten gut denkbar, so paßte auch der Zeitraum 51/52 auf den 2. oder 3. Besuch Pauli im Rahmen der allein aufgrund der Briefe gewonnenen Chronologie, wenn man den Tod Jesu in das Jahr 27/30 versetzt, einen Abstand von 3 Jahren zwischen diesem und der Bekehrung des Paulus veranschlägt, für den Aufenthalt in Arabia, die Reise nach Syrien/Cilicien und den 2. Jerusalemaufenthalt zusammen zwei Jahre voraussetzt und ein weiteres Jahr für die Zeit zwischen dem Konvent und Pauli Aufenthalt in Galatien einkalkuliert.

Ergab sich damit eine überraschende Bestätigung der obigen allein aus den Briefzeugnissen gewonnenen Chronologie durch die *Traditionen* der Apg, so war bewußt auf den Versuch zu verzichten, nun genau nach Tagen, Monaten und Jahren die Wirksamkeit des Paulus abzustecken. Das scheiterte am Quellenbefund, der nur ein Rechnen innerhalb eines Unsicherheitsspielraums von ca. 3 Jahren ermöglichte (zur Übersicht vgl. die Tabellen auf S. 149 und S. 197).

Mit dem Gesagten sind wir noch nicht am Ende unseres Neuentwurfs einer Chronologie des Paulus angelangt. Denn es ist m.E. möglich, die obige Spitzenthese einer frühen Mission Pauli in Griechenland durch die eschatologischen Aussagen von 1Thess 4,13ff und 1Kor 15,51f abzusichern. Die Erhebung des paulinischen Sinnes der genannten Briefstellen leitet dabei in gewisser Weise schon zum 3. Band unseres Werkes über, zu dem die vorliegende Chronologie nur eine Vorarbeit ist.

5. DIE ESCHATOLOGISCHEN AUSSAGEN IN 1THESS 4,13ff UND 1KOR 15,51f ALS BESTÄTIGUNG DER FRÜHEN MAZEDONISCHEN WIRKSAMKEIT PAULI

5.1 Fragestellung und Methode

Wir hatten zu Beginn ausgeführt, daß bei der Rekonstruktion der Abfolge der Paulusbriefe und der (relativen) Chronologie auf innere Kriterien wie ‚Entwicklung der paulinischen Theologie' zu verzichten und stattdessen auf äußere Gesichtspunkte zurückzugreifen sei. Die obige Chronologie ging dabei von der Kollekte als äußerem Kriterium aus, zog aus methodischen Gründen zunächst ohne Seitenblick auf die Apg die Paulusbriefe heran und erzielte ein zu der bisherigen Forschung in erheblicher Spannung stehendes Bild von Zeit und Ort der missionarischen Tätigkeit Pauli mit der Spitzenthese eines Gründungsbesuches in Mazedonien Ende der dreißiger Jahre und der Abfassung des 1Thess Anfang der vierziger Jahre.

Im folgenden sei eine Festigung dieser Spitzenthese versucht, und zwar unter Anwendung derselben methodischen Prinzipien, die bei der Rekonstruktion der obigen Chronologie leitend waren: dem alleinigen Ausgang von den Paulusbriefen und der Zugrundelegung eines äußeren Anhaltspunktes.

Wie kann abgesehen von der Kollekte ein weiteres äußeres Kriterium gefunden werden?

Wir gehen aus von der Einsicht, daß die unmittelbaren Anfänge des Urchristentums apokalyptisch geprägt und von einer starken Naherwartung beherrscht waren[1]. Mag die Beurteilung der Naherwartung

---

[1] Den entscheidenden Anstoß zur Erkenntnis des apokalyptischen Hintergrundes der paulinischen Theologie gab wohl R. Kabisch, Die Eschatologie des Paulus in ihren Zusammenhängen mit dem Gesamtbegriff des Paulinismus, Göttingen 1893. Kabisch fand den Beifall von A. Schweitzer (Geschichte der Paulinischen Forschung, Tübingen 1911, S. 45ff), aber eine auffallend scharfe Mißbilligung von W. Wrede (ThLZ 19. 1894, Sp. 131—137). Wrede störte sich besonders daran, daß Kabisch das Naturhaft-Substantielle der paulinischen Anschauungen zu sehr betont habe, eine Kritik, die angesichts des von Wrede selbst in seinem „Paulus" zur Erlösungslehre Gesagten zunächst überrascht und wenig später von Wrede mit den Worten abgeschwächt wurde: „ich wünschte nachträg-

Jesu zwar kontrovers sein[2], so besteht in der Anerkenntnis derselben für die erste Generation überhaupt kein Zweifel, auch wenn die These A. Schweitzers und seiner Schüler von der Parusieverzögerung[3] als *der* Krise des Urchristentums und dem auslösenden Fak-

---

lich, mehr anerkannt zu haben, daß die starke Betonung des Eschatologischen bei Paulus und seines Zusammenhangs mit dem Judentum eine Korrektur der Durchschnittsmeinung und ein Verdienst war" (W. Wrede, Über Aufgabe und Methode der sogenannten Neutestamentlichen Theologie, Göttingen 1897 = in: G. Strecker [ed.], Das Problem der Theologie des Neuen Testaments, WdF 367, Darmstadt 1975, S. 81—154, S. 140 A 70). Da die 1. Auflage von Wredes Paulusbuch im Jahre 1904 erschien, besteht kein direkter Widerspruch zwischen der scharfen Ablehnung Kabischs im Jahre 1894 und der positiven Aufnahme seines Grundanliegens im Paulusbuch 1904. Wrede hat seine Ansichten über die Eschatologie des Paulus in den dazwischen liegenden Jahren offensichtlich korrigiert. Wir haben leider noch keine Wredebiographie; vgl. aber G. Strecker, William Wrede, in: ZThK 57. 1960, S. 67—91; W. Wiefel, Zur Würdigung William Wredes, in: ZRGG 23. 1971, S. 60—83, und demnächst eine große Arbeit von Hans Rollmann, McMaster.
Zu Kabischs Buch vgl. noch L. Keßler, Die Eschatologie des Paulus und die religiös-bildliche Erkenntnis, in: ZSTh 7. 1930, S. 573—597; zu A. Schweitzers Rezeption von Kabisch vgl. W. G. Kümmel, Albert Schweitzer als Paulusforscher, in: J. Friedrich—W. Pöhlmann — P. Stuhlmacher (edd.), Rechtfertigung (FS E. Käsemann), Göttingen—Tübingen 1976, S. 269—289, S. 274.280.
Zu Schweitzers Paulusinterpretation vgl. das gewaltige Buch von H. Groos, Albert Schweitzer. Größe und Grenzen, München—Basel 1974. S. 313—372, und die kritische Weiterführung von E. P. Sanders, Paul and Palestinian Judaism, London = Philadelphia 1977, S. 431—523.
[2] E. Linnemann hat ihre in „Gleichnisse Jesu", Göttingen [6]1975, aufgestellte These, es gebe ein unbezweifelbares „Jesuswort, das ausdrücklich von der Nähe der Gottesherrschaft redet" (S. 138 A 26, bei Linnemann kursiv), erneut verteidigt in: Zeitansage und Zeitvorstellungen in der Verkündigung Jesu, in: G. Strecker (ed.), Jesus Christus in Historie und Theologie (FS H. Conzelmann), Tübingen 1975, S. 237—263. Gegen diese These vgl. aber m.R. E. Gräßer, Die Naherwartung Jesu, SBS 61, Stuttgart 1973, S. 78ff. Zur verschiedenen Beurteilung der apokalyptischen Elemente in der Verkündigung Jesu vgl. noch die einschlägigen Beiträge in der FS H. Conzelmann und jetzt das instruktive Einleitungskapitel in E. Gräßer, Das Problem der Parusieverzögerung in den synoptischen Evangelien und in der Apostelgeschichte, BZNW 22, Berlin [3]1978, S. IX—XXXII (zu Linnemann, Zeitansage, vgl. die Kritik Gräßers, a.a.O., S. XIVf).
[3] Das Phänomen einer angesagten, aber nicht eingetretenen Zukunft ist natürlich nicht auf das Urchristentum beschränkt. Zu Qumran vgl. K. Schubert in: J. Maier — K. Schubert, Die Qumran-Essener, UTB 224, München—Basel 1973, S. 88ff. Interessante Parallelen zwischen dem Urchristentum und anderen chiliastischen Strömungen weist auf J. G. Gager, Kingdom and Community, Englewood Cliffs 1975, S. 20ff (unter Berücksichtigung des wichtigen Buches von L. Festinger — H. W. Riecken — S. Schacter, When Prophecy Fails, Minneapolis 1956). Ähnlich wie in bestimmten Kreisen des Urchristentums und Qumran löste auch in der von Festinger u.a. studierten Gruppe die nicht eingetre-

tor der Hellenisierung des Christentums keinen allgemeinen Beifall fand[4].

Nun ist mit den Begriffen ‚Apokalyptik' oder ‚Naherwartung' und der damit gegebenen Vorstellung der Nähe des Gottesreiches noch zu wenig gesagt, als daß sie uns zu einem äußeren Kriterium für eine ‚Frühdatierung' des 1Thess verhelfen könnten. Bereits die Diskussion um die Apokalyptik oder die Naherwartung des Paulus als Bestandteil oder ausschlaggebendes Moment seiner Theologie hat gezeigt, daß beide Begriffe bei ihrer Anwendung auf die paulinische Theologie sich als differenzierungsbedürftig erweisen, so z.B. die Behauptung, Paulus halte „zeit seines Lebens an der bereits für die Apokalyptik konstitutiven Naherwartung fest"[5], oder die These, Paulus sei Apokalyptiker gewesen[6].

Daher leuchtet es ein, daß bei der Differenzierungsbedürftigkeit der Termini Apokalyptik und Naherwartung für die Theologie des Paulus sich eine noch größere bei ihrer Verwendung für die Chronologie des Paulus ergibt, um so mehr, als in jedem Brief (außer Phlm) apokalyptische Elemente bzw. eine Aussage vom Kommen des Gerichtstages u.ä. erscheinen, die die chronologische Differenzierung der Briefe auf Grund der Naherwartung oder Apokalyptik des Paulus und erst recht die chronologische Versetzung des 1Thess um 10 Jahre nach oben verbieten dürften!

Aus diesem Grunde stellt sich die Frage, ob es gelingt, den Begriff Naherwartung näher zu spezifizieren und zeitlich zu terminieren, so daß er für die chronologische Frage verwendbar ist. D.h. es geht darum, ob a) im frühen Christentum Aussagen über das Ende gemacht wurden, die dasselbe chronologisch fixieren, und vor allem ob b) dasselbe Phänomen bei Paulus anzutreffen ist.

Falls diese Fragen zu bejahen sind, erhalten wir einen äußeren Anhaltspunkt zur Ermittlung der Reihenfolge und Entstehungszeit von

---

tene vorausgesagte Zukunft keine schwere Krise aus, im Gegenteil: „when the central belief of the group (sc. die Weltzerstörung am 21. Dezember) had been unequivocally disconfirmed, the members responded not by disbanding but by intensifying their previous low level of proselytizing" (Gager, Kingdom, S. 39).
[4] Vgl. den Überblick bei Gräßer, Naherwartung, S. 28ff.91ff.
[5] P. Stuhlmacher, Gerechtigkeit Gottes bei Paulus, FRLANT 87, Göttingen ²1966, S. 203. Zur Kritik an dieser These vgl. G. Klein, Apokalyptische Naherwartung bei Paulus, in: H. D. Betz – L. Schottroff (edd.), Neues Testament und christliche Existenz (FS H. Braun), Tübingen 1973, S. 241–262, passim.
[6] So die einschlägigen Thesen von E. Käsemann und U. Wilckens. Zur Kritik vgl. J. Baumgarten, Paulus und die Apokalyptik, WMANT 44, Neukirchen-Vluyn 1975, S. 227.

Texten und Briefen, da wir diese je nach ihrer Stellung zum terminierten Eintritt des Endes ablesen können.

Die Naherwartung des Urchristentums kann dahin spezifiziert werden, daß die erste Generation nach Jesu Tod und Auferstehung in aller Regel meinte, nicht mehr sterben zu müssen, da die Ankunft des Menschensohnes bzw. das Gottesreich unmittelbar bevorstünden[7].

Dieser Schluß ergibt sich einmal aus Texten, die auf das unmittelbar bevorstehende Eschaton blicken, wie dem Naherwartungslogion Mt 10,23: ὅταν δὲ διώκωσιν ὑμᾶς ἐν τῇ πόλει ταύτῃ, φεύγετε εἰς τὴν ἑτέραν · ἀμὴν γὰρ λέγω ὑμῖν, οὐ μὴ τελέσητε τὰς πόλεις [τοῦ] Ἰσραὴλ ἕως ἔλθῃ ὁ υἱὸς τοῦ ἀνθρώπου. Ist es auch nicht mehr möglich, in diesem Vers mit A. Schweitzer einen unerfüllt gebliebenen Spruch des historischen Jesus zu erblicken[8], da eine solche These den literarischen und kompositorischen Charakter der Aussendungsrede bei Matthäus vernachlässigt, so geht doch aus ihm unbestreitbar eine mit brennender Naherwartung verbundene Überzeugung des Erlebens des Tages des Menschensohnes und damit des eigenen Überlebens hervor. Dabei ist es gleichgültig, ob man V. 23b von V. 23a literarkritisch scheidet und im zweiten Halbvers „einen Trost angesichts der beschwerlichen Aufgabe (sc. der Mission): beginnt nur einmal und scheut die Mühe nicht!"[9] erblickt oder — besser — den ganzen Vers als apokalyptisches Trostwort angesichts von Verfolgung versteht[10].

---

[7] Etwas anders pointiert P. Siber: „Ob die starke Naherwartung der Parusie in ältester Zeit den Gedanken an Todesfälle vor der Parusie je ganz ausgeschlossen hat, ist durchaus fraglich" (Mit Christus leben, AThANT 61, Zürich 1971, S. 21). Jedenfalls gesteht auch Siber zu, daß sie in der urchristlichen Naherwartung jedenfalls eine große Ausnahme blieben. Freilich scheint mir E. Gräßer den Sachverhalt angemessener zu beschreiben: Die älteste Gemeinde hat „Todesfälle sehr bald erlebt und stand nun vor der Aufgabe, sie mit ihrer Parusieerwartung in Einklang zu bringen" (Problem, S. 136). Damit ist implizit gesagt, daß die allerälteste Gemeinde mit Todesfällen nicht gerechnet hat. Gräßers Satz auf S. 135 des genannten Buches: „Man wird vielmehr annehmen müssen, daß die Frage des Todes vor der Parusie in der Urgemeinde eine gewisse Rolle gespielt hat, wofür man sich nicht zuletzt auf Paulus als ältesten Zeugen berufen kann", bezieht sich auf ein zweites Stadium der Parusieerwartung des Urchristentums, das ohne die Primärvorstellung, daß keiner mehr sterben wird, undenkbar ist.

[8] A. Schweitzer, Reich Gottes und Christentum (ed. U. Neuenschwander), Tübingen 1967, S. 127; ders., Geschichte der Leben-Jesu-Forschung, Tübingen [6]1951 = GTB Siebenstern TB 78, Gütersloh [3]1977, S. 416f.

[9] Gräßer, Problem, S. 138. Ähnlich Hahn, Verständnis, S. 43ff.

[10] So P. Vielhauer, Gottesreich und Menschensohn in der Verkündigung Jesu, in: W. Schneemelcher (ed.), Festschrift für Günther Dehn, Neukirchen 1957, S. 51—79 = in: P. Vielhauer, Aufsätze zum Neuen Testament, ThB 31, Mün-

Jedenfalls ist der Text nicht unter der Fragestellung der Irrtumsfähigkeit Jesu[11] zu analysieren, sondern unter dem Aspekt der terminierten apokalyptischen Ansage des Endes. Er enthält mit seiner Aussage, daß die Jünger nicht lange in der Verfolgung ausharren müssen (bzw. — weniger wahrscheinlich — daß sie die Mission Israels vor der Ankunft des Menschensohnes nicht beenden werden), die klare Voraussetzung, daß keiner von ihnen (oder nur eine Minderheit) sterben wird, da sonst die Anrede an die Jünger sinnlos wäre.

Ähnliches gilt — obgleich mehr Todesfälle vorauszusetzen sind — für Mk 13,30: ἀμὴν λέγω ὑμῖν ὅτι οὐ μὴ παρέλθῃ ἡ γενεὰ αὕτη μέχρις οὗ ταῦτα πάντα γένηται. Hier ist der terminus ante quem des Eintritts des Endes das Ableben der ersten Generation[12], wobei erste Todesfälle die Gemeinde zu einer Modifikation der Parusieaussage veranlaßt haben dürften. Obgleich mehrere Christen das Ende nicht erlebt haben, wird nichtsdestoweniger die erste Generation für das Kommen des Menschensohnes Zeuge sein. Das hier vorliegende Phänomen, daß das Nicht-Sterben-Müssen (wenigstens) von einigen der ersten Generation ausgesagt wird, erklärt sich am ehesten daraus, daß ursprünglich die Erwartung vorherrschte, daß die erste Generation in ihrer Gesamtheit das Ende der Zeiten erleben werde.

Derselbe Schluß wie für Mk 13,30 ist für Mk 9,1 gültig, einen Text, der den Tod von Christen reflektiert, gleichwohl aber anderen Christen der ersten Generation unter Festhalten an der terminierten Naherwartung das Nicht-Sterben-Müssen tröstend zusichert[13]: ἀμὴν λέγω

chen 1965, S. 55—91, S. 64f; vgl. G. Strecker, Der Weg der Gerechtigkeit, FRLANT 82, Göttingen ³1971, S. 42 A 2. 246.

[11] Zu M. Künzi, Das Naherwartungslogion Matthäus 10,23, BGBE 9, Tübingen 1970, der einen verdienstvollen Überblick über die Auslegungsgeschichte dieses Verses gibt, aber leider apologetisch endet: „Damit zeigt die Auslegungsgeschichte von Mt 10,23 die Richtung, in der die Lösung des mit der Naherwartung der Parusie verbundenen Problems der Irrtumsfähigkeit Jesu liegt: Dieses Problem löst sich nur demjenigen, der die Auferstehung Jesu und die Sendung des Heiligen Geistes als heilsgeschichtliche Ereignisse ernst nimmt. Insofern behält eine Anzahl der uneschatologischen Deutungen des eschatologischen Logions Mt 10,23 bis heute ihren Wert" (S. 182).

[12] Von den apologetischen Versuchen Schniewinds u.a., ἡ γενεὰ αὕτη mit ‚das jüdische Volk' zu übersetzen, kann hier abgesehen werden; vgl. dazu m.R. W. G. Kümmel, Verheißung und Erfüllung, AThANT 6, Zürich ³1956, S. 54.

[13] Gegen Kümmel, Verheißung, S. 19—22, geht Mk 9,1 nicht auf den historischen Jesus zurück; mit J. Wellhausen, Das Evangelium Marci, Berlin ²1909, S. 74; Bultmann, Geschichte, S. 128; G. Bornkamm, Die Verzögerung der Parusie, in: W. Schmauch (ed.), In Memoriam Ernst Lohmeyer, Stuttgart 1951, S. 116—126 = in: G. Bornkamm, Geschichte und Glaube I, Ges. Aufsätze III,

ὑμῖν ὅτι εἰσίν τινες ὧδε τῶν ἑστηκότων οἵτινες οὐ μὴ γεύσωνται
θανάτου ἕως ἂν ἴδωσιν τὴν βασιλείαν τοῦ θεοῦ ἐληλυθυῖαν ἐν δυ-
νάμει.

Die Überzeugung des Überlebens bis zur Parusie in den Anfängen
des Urchristentums findet schließlich in einem Text (Joh 21,23) einen Reflex, der die Meinung zurückweist, der Lieblingsjünger werde
den Tod nicht erleiden: Joh 21 ist bekanntlich Anhang zum Johan-
nesevangelium[14], wobei durch Joh 21,23 angesichts des Todes des
Lieblingsjüngers die im johanneischen Kreis beheimatete Tradition
von seinem Überleben korrigiert wird[15].

Damit haben wir die Texte in den Evangelien abgeschritten, die die
Naherwartung mit einer Aussage über das Eintreten des Endes z.Zt.
der ersten Generation chronologisch spezifizieren. Berücksichtigt
man, daß die genannten Texte Bestandteile von in viel späterer Zeit
abgefaßten Evangelien sind, die eine derartige terminierte Naherwartung nicht mehr teilen können und eigentlich kein Interesse an der
Überlieferung von derart massiven eschatologischen Aussagen hatten,
so gewinnt ihr Inhalt an Bedeutung und läßt die oben aufgestellte
These plausibel erscheinen, daß die unmittelbaren Anfänge des
Christentums von der Überzeugung geprägt waren, die erste Generation werde vor dem Eintritt der Parusie nicht mehr sterben.

Damit haben wir einen chronologisch auswertbaren Maßstab für die
zeitliche Ansetzung von Texten/Traditionen aus der Frühzeit des

---

BEvTh 48, München 1968, S. 46—55, S. 46—49; Gräßer, Problem, S. 131ff; ders.,
Naherwartung, S. 102ff, zum Jesusbild Kümmels, das die Zurückführung von
Mk 9,1 auf den historischen Jesus erst ermöglicht. — Auf die Frage nach dem
traditionsgeschichtlichen Verhältnis von Mk 9,1 zu Mk 13,30 braucht hier nicht
eingegangen zu werden; vgl. hierzu die bei Bultmann, Geschichte, Ergänzungsheft (bearb. v. G. Theißen — P. Vielhauer), Göttingen [4]1971, S. 47.50, referier-
te Literatur. Zur Auslegungsgeschichte von Mk 9,1 vgl. M. Künzi, Das Naherwartungslogion Markus 9,1 par, BGBE 21, Tübingen 1977 (zu Mk 13,30 par s. S.
213—224).

[14] Trotz G. Reim, Johannes 21 — Ein Anhang?, in: J. K. Elliott (ed.), Studies
in New Testament Language and Text (FS G. D. Kilpatrick), NT.S 44, Leiden
1976, S. 330—337.

[15] Vgl. Gräßer, Problem, S. 135. Es mag schon sein, daß, wie R. Bultmann (Das
Evangelium des Johannes, MeyerK 2. Abt. 19. Auflage, Göttingen [10]1968) z.St.
meint, in Joh 21,23 die Tatsache zugrundeliegt, „daß ein Herrenjünger ein überraschend hohes Alter erreichte, sodaß die Meinung aufkam, er werde bis zur Parusie am Leben bleiben". Diese Meinung ist aber ihrerseits nur auf dem Hintergrund der Überzeugung urchristlicher Kreise denkbar, daß die erste Generation
die Parusie erleben werde.

Christentums gefunden. Er lautet, daß ein Text, der von einem Nicht-Sterben-Müssen der Christen vor dem Eintritt des Eschatons aus-geht[16], in unmittelbarer Nähe von Tod und Auferstehung Jesu ent-standen sein dürfte, d.h. nicht lange nach 27/30 n.Chr., ein Text, der dagegen das Überleben auf wenige beschränkt bzw. den Tod aller voraussetzt, zeitlich am Ende der ersten Generaüs (47—57) zu denken ist bzw. einer späteren Generation angehört. Chronolo-gisch exakte Bestimmungen sind bei diesem Maßstab zwar nicht, wohl aber ungefähre zu erwarten.

Machen wir an den obigen Texten die Probe, so ergibt sich einmal ei-ne Bestätigung für das auch auf literarkritischem Wege erreichte Re-sultat, daß Joh 21 (hier wird die Meinung vom Überleben des Lieb-lingsjüngers als Irrtum hingestellt) chronologisch später liegt als et-wa Mk 9,1, ein Text, der das Überleben einiger voraussetzt. Sodann verdient die Beobachtung Erwähnung, daß Mk 9,1 auch aufgrund des obigen Maßstabes näher zu Tod und Auferstehung Jesu liegt als das Markusevangelium. Das ist an sich eine triviale Erkenntnis, da Mk 9,1 eine von Markus aufgenommene Tradition und daher so-wieso älter als das Markusevangelium ist. Diese Selbstverständlich-keit kann aber die Leistungsfähigkeit des obigen Maßstabes unter Beweis stellen.

So hat sich das aufgeführte Kriterium als nützliches Arbeitsinstru-ment für die ungefähre Rekonstruktion der zeitlichen Reihenfolge von Texten und ihres Abstandes bzw. ihrer Nähe zu Tod und Auf-erstehung Jesu (27/30 n.Chr.) erwiesen.

Kann es für die Arbeit an den Paulusbriefen gleichfalls fruchtbar ge-macht werden?

Die Beantwortung dieser Frage ist davon abhängig, ob sich in den paulinischen Selbstzeugnissen Texte finden lassen, die nicht nur apo-kalyptische Elemente enthalten, sondern die durch sie ausgedrückte Naherwartung auch chronologisch terminieren. Das kann — überra-schend genug — nur von 2 Texten, 1Thess 4,13ff und 1Kor 15,51f, ausgesagt werden, in denen von gegenwärtigen Personengruppen die Rede ist, die die Parusie erleben werden.

---

[16] „vor dem Eintritt des Eschatons", das hier im apokalyptischen Sinne (= Par-usie) verstanden wird, ist ein notwendiger Zusatz, da ja auch im Gefolge einer präsentischen Eschatologie die Meinung, nicht mehr sterben zu müssen, sich ausbilden konnte (vgl. Menander bei Justin, I Apol 26, und Irenäus, haer I 23,5).

Alle anderen — reichlich vorhandenen — Stellen in den Paulusbriefen terminieren das Ende nicht[17] und sind deshalb für die chronologische Frage unbrauchbar[18].

Unsere Aufgabe wird es daher sein, im Rahmen einer Exegese der betr. Texte zu klären, ob und in welcher Weise Paulus auf den Tod von Christen vor der Parusie zu sprechen kommt. Indem wir klären, ob der Tod entweder überhaupt nicht oder als Ausnahme oder als Regel vorausgesetzt wird, wird die Möglichkeit geschaffen, den ungefähren Zeitpunkt der jeweiligen Aussage zu fixieren und an Hand der obigen Chronologie zu verifizieren. Der Auslegung von 1Thess 4,13ff wird im folgenden natürlich das Schwergewicht zukommen, da vor allem sie die Spitzenthese der obigen Chronologie zu stützen hat.

5.2 Auslegung von 1Thess 4,13—18

Historisches Verstehen geschieht immer in einem Zirkel. Die Erhebung des Sinnes einer Brief-Aussage setzt Erwägungen über die Lage der Adressaten voraus, wie umgekehrt dieselbe von der Auffassung der im Brief gemachten Aussage abhängig ist. Wenn wir im folgenden zunächst einige mögliche Thesen zur Lage in Thessalonich kritisch besprechen, so geschieht das nicht, um aus jenem Zirkel auszubrechen (im Gegenteil: wir begeben uns von der einen Seite in ihn hinein!), sondern dient der Vereinfachung angesichts der Masse von Literatur, die über diese Passage ausgegossen worden ist, und ferner dazu, von vornherein gewisse Vorschläge auszuscheiden.

5.2.1 Die Situation der Gemeinde: der Anlaß der Trauer

Daß Paulus auf eine schriftlich oder mündlich überbrachte Frage eingeht, wird durch die Einleitung περί (4,13) angezeigt (vgl. vorher 4,9

---

[17] Siehe die Nachweise bei Klein, Naherwartung. Suhl, Paulus, S. 192, stellt zu Unrecht Phil 3,11.20f mit 1Thess 4,13ff und 1Kor 15,51f zusammen. An der Stelle in Phil ist eben *nicht* gesagt, daß Paulus die Parusie zu erleben erwartet.
[18] Dieser auffällige Befund ist bei der Frage nach dem Stellenwert von Zeitvorstellungen bei Paulus von nicht zu unterschätzender Bedeutung und zeigt an, daß es Paulus offenbar auf Vorstellungen nicht ankam. Gleichwohl sind diese für unsere chronologische Frage wichtig.

und danach 5,1). Der Fragebereich ergibt sich aus dem mit περί eingeleiteten Bezugswort: οἱ κοιμώμενοι. Der Tod von mindestens zwei thessalonischen Christen[19] seit dem Abschied Pauli von der Gemeinde hat die Thessalonicher veranlaßt, eine sie bezügliche Frage an Paulus zu richten. Welcher konkrete Anlaß und Hintergrund ist für eine solche Frage vorauszusetzen?

Wir unterscheiden vier Auslegungstypen, die im folgenden kritisch besprochen werden.

5.2.1.1 Die Gnosis in Thessalonich

Die von W. Schmithals im Anschluß an W. Lütgert entwickelte These[20], daß 1Thess 4,13ff durch gnostische Bestreitung der Auferstehung veranlaßt sei, ist jüngst (1973) in der Habilitationsschrift von W. Harnisch neu begründet worden[21]. Die genannten Autoren gehen davon aus, daß Paulus die Auferstehungslehre in Thessalonich gepredigt habe, diese jüdische Lehre der Gemeinde aber inzwischen zweifelhaft geworden sei. Ein Parallelfall liege in der korinthischen Bestreitung der Auferstehung der Toten vor. Daher sei „hinter der Auferstehungsleugnung in Thessalonich jene gnostische Agitation zu erkennen, die uns vor allem aus 1.Kor. 15 bekannt ist, sich aber mit einiger Wahrscheinlichkeit auch für Philippi und Galatien erschließen läßt"[22].

Die Frage, warum Paulus bei einer so ähnlichen Lage so derartig verschiedene Antworten gibt, erklärt Schmithals damit, daß sich Paulus in 1Kor 15 „gegen die gegenwärtige Argumentation der Irrlehrer wenden (sc. muß), hier (sc. in 1Thess 4,13ff) tröstet er betrübte Gemeindeglieder. Dort gilt Paulus die Auferstehungsleugnung irrtümlicherweise als Ausdruck totaler Hoffnungslosigkeit, hier (sc. in 1Thess 4,13ff) macht er wie in 2.Kor. 5,1ff. diese Voraussetzung — jedenfalls expressis verbis — nicht mehr. Also dürfte er z.Z. von 1.Thess. 4,13ff. etwas besser als z.Z. von 1.Kor. 15 informiert gewesen sein"[23].

---

[19] Es geht um bestimmte Tote (s. den Artikel τῶν κοιμωμένων), nicht um Tote an sich.
[20] W. Lütgert, Die Vollkommenen im Philipperbrief und Die Enthusiasten in Thessalonich, BFChTh XIII.6, Gütersloh 1909; W. Schmithals, Die historische Situation der Thessalonicherbriefe, in: ders., Paulus und die Gnostiker, ThF 35, Hamburg 1965, S. 89—157.
[21] W. Harnisch, Eschatologische Existenz, FRLANT 110, Göttingen 1973.
[22] Schmithals, Situation, S. 118f.
[23] Schmithals, Situation, S. 119 A 146.

Diesen mißlichen und von U. Luz[24] m.R. kritisierten Befund der verschiedenen Antworten in derselben Lage, die für die Überzeugungskraft einer These immer ungünstige Behauptung eines Mißverständnisses Pauli und schließlich die Zuflucht, daß Paulus einmal gegen die (dann immer noch mißverstandenen) Gegner (1Kor), dann zu den von den Gegnern in Trauer versetzten Gemeindeglieder (1Thess) sich gewendet habe, versucht W. Harnisch mit der These aufzubessern, daß Paulus in Thessalonich gar nicht die Gemeinde tröste, sondern ermahne. 1Thess 4,13b: ἵνα μὴ λυπῆσθε καθὼς καὶ οἱ λοιποὶ οἱ μὴ ἔχοντες ἐλπίδα „spiegelt kaum die bereits eingetretene Verfassung der Gemeinde wider, sondern er sucht den Konsequenzen zu begegnen, die ein bestimmtes, sich den Thessalonichern aufdrängendes Denken *nach paulinischer Überzeugung* notwendig zeitigen muß. Der Apostel *unterstellt* der Gemeinde, daß sie unweigerlich einer auf Hoffnungslosigkeit beruhenden ‚Trauer' anheimfällt, sofern sie jenem Denken nachgibt"[25]. Paulus sei überdies gar nicht durch eine Gemeindefrage zu den Ausführungen 1Thess 4,13ff veranlaßt worden. „Wahrscheinlicher ist, daß der Apostel durch bestimmte (von Timotheus überbrachte?) Nachrichten aus Thessalonich zu einer eigenständigen Stellungnahme provoziert wurde"[26].

Damit ist zweifellos *ein* schwacher Punkt der Ausführungen von Schmithals, die verschiedene Zielgruppe und damit andersartige Funktion der Passagen 1Kor 15 und 1Thess 4,13ff — unter der Voraussetzung der gleichen Gegnerschaft! —, beseitigt. Paulus setze sich vielmehr an beiden Stellen mit gnostischem Denken auseinander.

Vermag aber die Interpretation Harnischs von 1Thess 4,13ff im ganzen zu befriedigen? Gegen sein Verständnis des gnostischen Hintergrundes von 1Thess 4,13ff erheben sich folgende Bedenken[27]:

1. Harnisch setzt in 1Kor 15 und 1Thess 4 dieselbe gnostische Front voraus. Warum finden sich in den beiden Kapiteln so verschiedene Antworten in derselben Situation? 1Kor betont mit Vehemenz die künftige Auferstehung der Christen. Leugnet man sie, so ist Christus gar nicht auferstanden (15,16). 1Thess 4,13ff beharrt darauf, daß die toten Christen gegenüber den lebenden nicht im Nachteil sind,

---

[24] Das Geschichtsverständnis des Paulus, BEvTh 49, München 1968, S. 320f.
[25] Harnisch, Existenz, S. 24.
[26] Harnisch, Existenz, S. 25f A 36.
[27] Da Harnisch sich in den meisten Einzelfragen — auch bezüglich der anderen Paulusbriefe — auf Schmithals' Thesen stützt, kommen im folgenden auch Gegenargumente gegen diese zur Sprache.

denn auch sie werden entrückt werden[28], um der immerwährenden Christusgemeinschaft teilhaftig zu werden. D.h. doch, daß in 1Thess 4,13ff die Auferstehung der Christen im Gegensatz zu 1Kor 15 überhaupt nicht thematisiert wird! Daher ist die Annahme Harnischs, sie sei in Thessalonich bestritten worden, absurd[29].

2. Die These einer gnostischen Bedrohung in Thessalonich paßt nicht zum übrigen Inhalt des Briefes, der nicht einmal den Schatten einer Trübung des Verhältnissses von Gemeinde und Apostel aufweist. Wie hätte Paulus wohl schreiben können, er brauche sich zum Thema φιλαδελφία nicht zu äußern (4,9), wenn ähnliche Erscheinungen im Gemeindeleben in Thessalonich wie in Korinth eingerissen wären?

3. Die die These von der Gnosis in Thessalonich stützende Behauptung von gnostischen Gegnern in Galatien, Philippi und Korinth ist von der Forschung nicht bestätigt worden. Überhaupt vertritt Harnisch eine Gnosis-Auffassung, die die Gnosis-Forschung der letzten 20 Jahre souverän überspringt. Sie ist am Gnosis-Bild R. Bultmanns orientiert, das die bekannte valentinianische Aussage φύσει σώζεσθαι[30] als Charakteristikum gnostischer Soteriologie versteht[31], wie es am folgenden S .z Harnischs verdeutlicht werden mag:

„Der Gnostiker weiß sich dem Zugriff der Mächte der Finsternis ein für allemal enthoben. Er hat die aus dem geschichtlichen Dasein erwachsende Bedrohung seines Selbst hinter sich und ist an den Ort seiner Herkunft eingekehrt, von dem gilt: ‚Es ist Friede — es hat keine Gefahr‘ (1Thess 5,3)“[32].

Welchen Gnostiker Harnisch wohl im Blick hat? Jedenfalls lassen sich aus Texten der Gnosis viele Belege darbringen, die zeigen, daß

---

[28] Harnisch behauptet dagegen in Auseinandersetzung mit W. Marxsen (Auslegung von 1Thess 4,13—18, in: ZThK 66. 1969, S. 22—37): „Der Vorwurf des Eintragens sachfremder Gesichtspunkte fällt indessen auf Marxsen selbst zurück, wenn er behauptet, die in V. 14b ‚benutzten Vorstellungen‘ (ἄξει σὺν αὐτῷ) gehörten ‚zum Komplex Entrückung/Parusie‘ (...). Denn das Phänomen der Entrückung betrifft nicht Tote, sondern Lebende" (S. 35 A 33). Harnisch beachtet nicht, daß in 1Thess 4,13ff — pointiert gesagt — die Toten doch nur auferstehen, um entrückt zu werden (V. 17). Insofern betrifft das Phänomen der Entrückung in der Tat nur Lebende. Im übrigen ist das Pauschalurteil, daß es nur eine Entrückung Lebender gebe, zu korrigieren, vgl. G. Strecker, Art. Entrückung, in: RAC V, Sp. 461—476.

[29] Vgl. m.R. Marxsen, Auslegung, S. 31; Luz, Geschichtsverständnis, S. 321.

[30] Cl Al, Strom II 10,2; 115,1f; IV 89,4; V 3,3; Exc e Theod 56,3; Irenäus, haer I 6,2.

[31] Vgl. R. Bultmann, Theologie des Neuen Testaments (ed. O. Merk), UTB 630, Tübingen ⁷1977, S. 171.182.375.

[32] Harnisch, Existenz, S. 80f.

223

auch für die gnostische Existenz jene von Harnisch in Abrede gestellte geschichtliche Dialektik der Existenz gilt[33]. Harnischs Bild der Gnosis ist eine nur am hermeneutischen Ertrag interessierte interpretatio christiana, ohne sich als solche erkennen zu geben. Sie kann nur teilweise einen Anspruch auf historische Verifizierbarkeit erheben[34].

4. Der folgende Einwand, der merkwürdigerweise noch nicht gegen die These einer gnostischen Gegnerschaft in Thessalonich erhoben wurde, betrifft die chronologische Unmöglichkeit der Abfassung des 1Thess auf der „dritten Missionsreise"[35] bzw. *nach* dem 1Kor, eine These, mit der die Konstruktion W. Schmithals' steht und fällt und der auch Harnisch verpflichtet ist, ohne sie freilich zu thematisieren. Denn ist der 1Thess während des Gründungsbesuches in Korinth abgefaßt worden, bleibt keine Möglichkeit mehr für Schmithals' Ansicht, daß die gnostische Bewegung etwa zur gleichen Zeit von außen in die christlichen, von Paulus gegründeten Gemeinden eingedrungen ist, es sei denn, man setzt voraus, daß Paulus beim Gründungsbesuch in Korinth von außen eindringenden gnostischen Lehrern begegnet sei, was Schmithals aber nicht behauptet und überhaupt durch die korinthische Korrespondenz ausgeschlossen wird. Ausgeschlossen ist m.E. auch die Abfassung von 1Thess nach 1Kor[36], und zwar aufgrund der

---

[33] Vgl. L. Schottroff, Animae naturaliter salvandae, in: W. Eltester (ed.), Christentum und Gnosis, BZNW 37, Berlin 1969, S. 65—97. Den von Schottroff genannten Texten sind noch hinzufügen: Hippolyt, Ref VI 14,6 (Megale Apophasis); Irenäus, haer I 23,2 (simonianische Helena); vgl. Lüdemann, Untersuchungen, S. 77.

[34] Vgl. ferner zu $\varphi\acute{\upsilon}\sigma\epsilon\iota\ \sigma\acute{\omega}\zeta\epsilon\sigma\vartheta\alpha\iota$ in der Gnosis E. H. Pagels, The Johannine Gospel in Gnostic Exegesis, SBLMS 17, Nashville—New York 1973, S. 83.90f. 98ff.

[35] Harnisch schreibt zwar (gegen O. Merk, Handeln aus Glauben, MThSt 5, Marburg 1968, S. 54 A 76): „Wer gegen Schmithals die Annahme einer gnostischen Front in Thessalonich im Blick auf 1Thess 4,13ff. (...) bestreitet, hat dies ihm gegenüber hinsichtlich des ganzen Briefes *nachzuweisen*" (Existenz, S. 23 A 23), stellt sich aber überhaupt nicht die Frage, ob nicht auch derjenige, der Schmithals' These von der Gnosis in Thessalonich beipflichtet, die chronologische Möglichkeit der Abfassung des 1Thess nach 1Kor beweisen muß, was Schmithals immerhin versucht hat.

[36] Die Teilungshypothesen Schmithals' zum 1Thess können hier unberücksichtigt bleiben, da seiner Meinung nach sowohl 1Thess 2,13—4,2 (nach dem Zwischenbesuch in Korinth von Athen aus geschrieben) wie 1Thess 1,1—2,12; 4,3—5,28 (vor dem Zwischenbesuch von der gleichen Stelle aus geschrieben) nach dem 1Kor abgefaßt worden sind; vgl. W. Schmithals, Die Thessalonicherbriefe als Briefkompositionen, in: E. Dinkler (ed.), Zeit und Geschichte (FS R. Bultmann), Tübingen 1964, S. 295—315. Zur Kritik: C. Demke, Theologie und Literarkritik im 1. Thessalonicherbrief, in: G. Ebeling — E. Jüngel — G. Schunack (edd.), Wort und Existenz (FS E. Fuchs), Tübingen 1973, S. 103—124.

paulinischen Selbstzeugnisse im 1. Thessalonicherbrief: Wir gehen Schmithals' Gründe für die Behauptung der umgekehrten Reihenfolge der Reihe nach durch und liefern jeweils im Anschluß daran den positiven Gegenbeweis.

1. „Die aus 1.Thess. 3,1ff. zu erschließende äußere Situation während der Abfassung des 1.Thess. ist mit dem Bericht der Apostelgeschichte über die 2. Reise auf keinen Fall zu vereinen"[37]. Angesichts des sekundären Charakters der Apg hat dieses Argument auszuscheiden.

2. Aus dem mehrmaligen Vorsatz (1Thess 2,17ff) Pauli, die Gemeinde zu besuchen, und der schließlichen Sendung des Timotheus folge, daß 1Thess nicht während der Gründungsmission in Griechenland habe geschrieben werden können, da Paulus zu diesem Zeitpunkt eine Reise nicht unmöglich gewesen sei[38]. Dieses Argument verkennt den formgeschichtlichen Charakter des Besuchswunsches in den Paulusbriefen, den R. W. Funk analysiert und „travelogue" genannt hat[39]. Aus ihm darf jedenfalls nicht auf Schwierigkeiten Pauli mit seinen Gemeinden kurzgeschlossen werden, die ihn etwa an der Durchführung seines Besuches gehindert hätten.

3. „Nach 1.Thess. 1,8f. ist das Wort des Herrn von Thessalonich aus ,nicht allein in Mazedonien und Achaia erschollen, sondern überall ist euer Glaube an Gott bekanntgeworden'. Wie großzügig auch immer man diese Worte auslegt: Das eine wie das andere ist zu Anfang des ersten Aufenthaltes des Paulus in Korinth (...) wenig denkbar"[40]. Demgegenüber ist ein nicht gering zu veranschlagender rhetorischer Effekt an den genannten Stellen vorauszusetzen, ähnlich dem in 2Kor 9,1ff, wo Paulus den Korinthern schreibt, er habe sich vor den Mazedoniern des Eifers der Korinther in der Aufbringung der Kollekte gerühmt. In Wahrheit war es um diese Bereitwilligkeit ganz anders bestellt, wie die Sendung des Titus und die Ermahnungen beweisen, nun doch auch diese Sammlung zu Ende zu bringen.

4. Es sei unmöglich, daß etwa vier Monate nach der Gründung bereits einige Thessalonicher gestorben seien, selbst „wenn die Gemeinde (...) aus alten Leuten bestanden haben sollte"[41]. Nun, unmöglich

---

[37] Schmithals, Situation, S. 133.
[38] Schmithals, Situation, S. 133.
[39] Vgl. R. W. Funk, Language, Hermeneutic, and Word of God, New York—Evanston—London 1966, S. 263ff; ders. The Apostolic Parousia: Form and Significance, in: W. R. Farmer — C. F. D. Moule — R. R. Niebuhr (edd.), Christian History and Interpretation (FS J. Knox), Cambridge 1967, S. 249—268.
[40] Schmithals, Situation, S. 133f.
[41] Schmithals, Situation, S. 134.

ist das gewiß nicht, zumal es sich nur um zwei Tote handeln muß. Andererseits besteht kein Grund, den zeitlichen Abstand zwischen Besuch und Abfassung des Briefes auf nur vier Monate zu veranschlagen[42].

Damit hat sich gezeigt, daß kein einziger der von Schmithals aufgebotenen Gründe für die Abfassung des 1Thess nach dem 1Kor durchschlägt.

Für die Abfassung des 1Thess in Korinth und nach dem 1Kor scheinen vielmehr zu sprechen:

1. Die Absenderangabe des 1Thess: Paulus, Silvanus, Timotheus. Diese drei haben den Korinthern während des Gründungsaufenthaltes das Evangelium gepredigt (2Kor 1,19).

2. Der Anteil der bis zur Parusie lebenden Christen hat sich von 1Thess 4,13ff zu 1Kor 15,51f entscheidend verschoben: in 1Thess 4,13ff ist Überleben bis zur Parusie die Regel, in 1Kor 15,51f nicht mehr (s.u. S. 266ff). Daher muß 1Thess *vor* 1Kor geschrieben sein.

Summa: Die Annahme von gnostischen Gegnern in Thessalonich scheitert nicht nur aus inneren, sondern auch aus chronologischen Gründen.

5.2.1.2 *Der relative Vorzug der Lebenden vor den Toten*

Eine andere Gruppe von Auslegern geht bei der Rekonstruktion der Sorge der Thessalonicher von V. 15b aus: ἡμεῖς οἱ ζῶντες ... οὐ μὴ φϑάσωμεν τοὺς κοιμηϑέντας. Zwar habe Paulus bei seiner Gründungspredigt die Auferstehung der Christen gelehrt, doch seien die Thessalonicher möglicherweise durch jüdische Kreise (Apg 17,1ff) gleichfalls über das apokalyptische Schema informiert worden, daß die Auferstehung erst nach der Parusie erfolgen soll. Da nun „Paulus bei seiner Verkündigung von Auferstehung und Parusie keinen eschatologischen Zeitplan"[43] aufgestellt haben wird, hätten die Thessalonicher — durch das obige apokalyptische Schema veranlaßt — die Befürchtung geäußert, daß die Toten gegenüber den Lebenden einen Nachteil haben.

Gelegentlich erscheint dieser Typ von Auslegung in der Spielart, daß die Bekanntschaft der Thessalonicher mit der apokalyptischen Lehre

---

[42] Vgl. noch die Gründe die Baur für den zeitlichen Abstand zwischen Besuch und Abfassung des Briefes anführt (Paulus II, S. 98f); vgl. auch Ramsey, Place, S. 187f.

[43] H.-A. Wilcke, Das Problem eines messianischen Zwischenreichs bei Paulus, AThANT 51, Zürich—Stuttgart 1967, S. 122.

eines messianischen Zwischenreiches vorausgesetzt wird und die Befürchtung der Gemeinde darin bestand, daß die Toten der Seligkeit des messianischen Zwischenreiches verlustig gingen. In diesem Fall würde aus dem relativen nur aus der zeitlichen Reihenfolge von Parusie und Auferstehung folgenden Nachteil für die Toten ein ungleich gewichtigerer[44]. Doch ist die Konzeption eines messianischen Zwischenreiches erst nach 70 n.Chr. sicher nachweisbar[45] und darf hier nicht ohne weiteres eingetragen werden.

Hat diese *Spielart* des hier verhandelten Auslegungstyps daher auszuscheiden[46], so sind ihm gegenüber gleichfalls erhebliche Bedenken anzumelden: Gewiß erinnert 1Thess 4,15b mit der Betonung der Gleichstellung von Lebenden und Toten beim Eintreten des Endes stark an Texte der jüdischen Apokalyptik, die die Frage nach dem Verhältnis von Lebenden und Toten beim Endheil stellen, vgl. etwa 4Esra 5,41f:

„Ach Herr, dein Segen gilt nur denen, die das Ziel erleben; was sollen aber unsere Vorfahren, wir selbst und unsere Nachkommen tun? Er sprach zu mir: Einem Reigen soll mein Gericht gleichwerden, darin sind die Letzten nicht zurück und die Ersten nicht voran"[47].

Doch würde abgesehen von der völlig verschiedenen Situation Pseudo-Esras und der thessalonischen Gemeinde[48] eine Ansicht der Thessalonicher, die wohl die Auferstehung der Toten erwartete, aber nur ihren zeitlichen Ort (nach der Parusie) zu spät ansetzte, schwerlich bei ihnen zur Hoffnungslosigkeit geführt haben bzw. von Paulus als solche charakterisiert worden sein[49].

So hat auch dieser Auslegungstyp auszuscheiden.

---

[44] So A. Schweitzer, Die Mystik des Apostels Paulus, Tübingen 1930, S. 92ff, und die bei Wilcke, Problem, S. 120f, genannten Autoren.

[45] Ausführlicher Nachweis durch Wilcke, Problem.

[46] Zuletzt vertreten durch G. Friedrich, Der erste Brief an die Thessalonicher, in: NTD 8[14], Göttingen 1976, S. 203–251, z.St.

[47] Vgl. ferner folgende Texte, in denen die Teilnahme der Abgeschiedenen am Endheil als Problem empfunden wird: PsSal 18,7; 4Esra 7,26ff. 11–13; syrBar 29. 40. 73; ApkAbr; aethHen 103.

[48] Pseudo-Esra macht sich Sorgen wegen seiner Vorfahren und seiner Nachkommen und setzt damit für seine Generation das Erleben des Endes nicht voraus. Den Thessalonichern geht es nicht um ihre Vorfahren, sondern nur um die verstorbenen Christen, auch nicht um ihre Nachkommen, denn sie meinten (im Gegensatz zu Pseudo-Esra), das Ende zu erleben.

[49] So oder ähnlich argumentieren gegen diesen Auslegungstyp auch Luz, Geschichtsverständnis, S. 318f; Harnisch, Existenz, S. 20f; E. Gräßer, Bibelarbeit über 1Thess. 4,13–18, in: Bibelarbeiten, gehalten auf der rheinischen Landessynode 1967 in Bad Godesberg, o.O. o.J. (Düsseldorf 1967), S. 10–20, S. 15f; B. Spörlein, Die Leugnung der Auferstehung, BU 7, Regensburg 1971, S. 124.

5.2.1.3 Das Unvermögen der Thessalonicher als Grund der Trauer

Für den hier zu skizzierenden Auslegungstyp ist charakteristisch, daß er ein wie auch immer geartetes Unvermögen der Thessalonicher bei der Bewältigung des Todes annimmt, obgleich vorher durch Paulus hierfür das Mittel, sprich: die Lehre von der Auferstehung der Christen, bereitgestellt worden sei.

So ist nach R. Bultmann die von Paulus während seiner Gründungspredigt behandelte Lehre von der Auferstehung „in der thessalonischen Gemeinde (...) wirkungslos verklungen, so daß er die Gemeinde der Auferstehung aufs neue versichern muß (1.Th 4,13—18)"[50]. Oder B. Spörlein meint, daß „dieser Punkt der apostolischen Verkündigung (sc. die Auferstehung der Toten) unter dem Übergewicht der ungläubigen Umwelt und des jeder Auferstehungshoffnung widersprechenden Augenscheins (...) keinen Platz im lebendigen Glauben (...) behaupten konnte"[51].

Schließlich wird vorgeschlagen, daß die Thessalonicher in irgendeiner Weise Paulus mißverstanden haben und Paulus in 1Thess 4,13ff zur Korrektur ansetze[52].

Einen anspruchsvolleren Vorschlag machen U. Luz und P. Siber: Beides, Parusieerwartung und Auferstehung (der Christen), habe Paulus in Thessalonich gelehrt. Das Problem der Thessalonicher angesichts des Todes einiger Gemeindeglieder sei nicht theoretischer Unkenntnis entsprungen, sondern beruhe auf der Unfähigkeit, im praktischen Leben die Glaubensinhalte aufeinander zu beziehen. „Hätten die Thessalonicher die aus dem Kerygma sich ergebende (sic) Gewißheit einer künftigen Auferstehung der Gläubigen systematisch mit der Parusieerwartung in Zusammenhang gebracht (...), so hätten sie über den Tod ihrer Gemeindeglieder nicht zu verzweifeln brauchen."[53]

---

[50] Bultmann, Theologie, S. 80.
[51] Spörlein, Leugnung, S. 125.
[52] Furnish, Development, S. 294, bezeichnet ein Mißverständnis seitens der Thessalonicher als „possible", zieht dann aber folgende Interpretation vor: „that the point (sc. daß und ob jedermann die Parusie erlebt) had not been covered by the apostle at all and thus was simply assumed by everyone concerned" (ebd.). Wenn Furnish sich als Begründung für seine These auf „Paul's reference to their ‚ignorance' (4,13)" (ebd.) bezieht, so ist übersehen, daß ‚ignorance' Bestandteil einer Einleitungsformel ist, mit der Paulus eine *neue* Aussage einzuführen pflegt, und zwar darüber, daß auch die Toten der Gemeinschaft mit dem Kyrios teilhaftig werden. Die angeblich falsche Auffassung der Thessalonicher über ihr Überleben bekräftigt er im folgenden sogar (s.u. S. 257f).
[53] Luz, Geschichtsverständnis, S. 321f; ähnlich Siber, Christus, S. 22.

Zur Kritik: Bultmanns und Spörleins Ausführungen übersehen den Tatbestand, daß es im Abschnitt 1Thess 4,13ff gar nicht primär um das Thema: Auferstehung der Toten geht[54], sondern um die spezielle Frage: Haben die vor der Parusie entschlafenen Christen einen Nachteil gegenüber den lebenden?

An die Adresse Luz' und Sibers ist die Frage zu richten, ob unter ihrer Voraussetzung der Abfassung des 1Thess 20 Jahre nach Jesu Tod und Auferstehung, also zu einem Zeitpunkt, wo „sowohl das Rechnen mit dem eigenen Tod als auch die Hoffnung auf eine Auferstehung von den Toten verbreitet war in den Gemeinden"[55], Paulus die Gemeinde in Thessalonich hätte zurücklassen können, ohne Parusie- und Auferstehungsaussage zu verknüpfen.

War Paulus in anderen Gemeinden nicht bereits auf ähnliche Probleme gestoßen, und hat er trotzdem auf die Verknüpfung beider Komplexe verzichtet? Ja, hat etwa „die Hoffnungslosigkeit der Thessalonicher in der Struktur der paulinischen Predigt und Theologie (sc. die zukünftige Auferstehung und Parusie nicht systematisch—apokalyptisch verbindet) ihre sachliche Voraussetzung"[56]?

So kann nur fragen, wer aufgrund der herkömmlichen Chronologie sich das Abfassungsdatum des 1Thess vorgeben läßt und deshalb die nun zu referierende These negieren *muß*, daß Paulus bei der Gründungspredigt nichts über die künftige Auferstehung der Christen gesagt hat[57].

5.2.1.4 Die fehlende Belehrung über die künftige Auferstehung der Christen beim Gründungsbesuch als Grund der Trauer

Die Vertreter dieser These[58] behaupten, daß aufgrund der Parusienaherwartung Paulus bei der Gründungspredigt das Thema der Auf-

---

[54] Diese Ansicht ist übrigens weit verbreitet: vgl. noch K. Wegenast, Das Verständnis der Tradition bei Paulus und in den Deuteropaulinen, WMANT 8, Neukirchen 1962, S. 108f.

[55] Luz, Geschichtsverständnis, S. 320.

[56] Luz, Geschichtsverständnis, S. 322.

[57] Was heißt eigentlich „die aus dem Kerygma sich ergebende Gewißheit einer künftigen Auferstehung der Gläubigen" (Luz, Geschichtsverständnis, S. 321f)? Jedenfalls ergab sich für manche korinthischen Christen aus dem Kerygma eine ausschließlich präsentische Eschatologie, eine Position, die sich möglicherweise auf den frühen Paulus berufen konnte (vgl. J. Héring, Saint Paul a-t-il enseigné deux résurrections?, in: RHPhR 12. 1932, S. 300—320; Hurd, Origin, S. 284—287; zu diesen Fragen vgl. ausführlich Band III).

[58] E. Teichmann, Die paulinischen Vorstellungen von Auferstehung und Gericht und ihre Beziehungen zur jüdischen Apokalyptik, Freiburg—Leipzig 1896; F.

erstehung der Toten nicht behandelt habe. So ergebe es sich auch aus den sich durch den gesamten Brief durchziehenden Ausblicken auf das nahe Ende (1,9f; 3,13; 5,23), dem Einleitungssatz: οὐ θέλομεν ... ὑμᾶς ἀγνοεῖν, der bei Paulus durchweg etwas Neues einleite und – da er mit dem Stichwort κοιμώμενοι verknüpft sei – anzeige, daß Paulus das Schicksal der Verstorbenen vorher noch nicht behandelt habe. Ferner zeige das Festhalten Pauli an der alten Heilserwartung, wie es an der Zuordnung des Auferstehungsgedankens zum Parusiegeschehen zum Ausdruck kommt – die Toten werden auferstehen, um entrückt zu werden [59] –, daß Paulus dasselbe vorher ohne Auferstehungsgedanken bezüglich der Christen gepredigt haben wird.

Ich halte diesen Vorschlag im großen und ganzen für zutreffend. Es wird sich zeigen, ob er in der nachfolgenden Analyse des Textes weiter begründet und präzisiert werden kann. Sollte das der Fall sein, so ergäbe sich nach dem oben erarbeiteten äußeren Kriterium (s.o. S. 218f) ein sehr frühes Datum für den Gründungsaufenthalt in Thessalonich [60].

Guntermann, Die Eschatologie des hl. Paulus, NTA XIII. 4.5, Münster 1932, S. 35ff; Dibelius, Thess, z.St.; Hurd, Origin, S. 284; Marxsen, Auslegung; Klein, Naherwartung; J. Becker, Auferstehung der Toten im Urchristentum, SBS 82, Stuttgart 1976.

[59] „Die Vorstellung von der Auferstehung der Toten ist aber zwischeneingekommen" (Marxsen, Auslegung, S. 29). Vgl. zu diesem Satz aber S. 263f A 147!

[60] Seltsamerweise hat noch kein Vertreter des hier zustimmend referierten Auslegungstyps (Ausnahme: Hurd, Origin) die These erwogen, den 1Thess viel früher anzusetzen, als die herkömmliche Chronologie es zuläßt. Wenn Luz und Siber (ähnlich Gräßer, Bibelarbeit, S. 16) den von der herkömmlichen Chronologie vorausgesetzten 20-jährigen Abstand zwischen Tod Jesu und Pauli Aufenthalt in Griechenland als Argument gegen die These verwenden, daß Paulus in Thessalonich nicht von der Auferstehung der Christen gesprochen habe, so steckt darin unausgesprochen die in dieser Arbeit gemachte Voraussetzung, daß, falls Paulus in seiner Gründungspredigt die Auferstehung der Christen nicht behandelt hat, er zu einem sehr frühen Zeitpunkt in Mazedonien war.
Daß das Argument aus dem langen Zeitraum zwischen Tod Jesu und Gründungspredigt in Thessalonich ein schwerwiegender Einwand gegen den hier referierten Auslegungstyp ist, zeigen auch die gewundenen Ausführungen Beckers: „Wer nun immer noch darauf insistiert, daß in rund 15 (?, anders S. 32 G. L.) Jahren urchristlicher Frühgeschichte wahrscheinlich doch wohl einige Todesfälle in den Gemeinden beklagt wurden, der soll nicht auf den Tatbestand verwiesen werden, daß eine solche Zeit ohne christliche Todesfälle in jungen (sic!) Missionsgemeinden durchaus denkbar ist, vielmehr sofort zur Antwort erhalten, daß jedenfalls für den Historiker der literarisch älteste Beleg, in dem die Frage nach dem Schicksal toter Gemeindeglieder aktuell als brisantes Problem auftaucht, das wegen seiner Neuheit zur Ratlosigkeit führt, eben 1Thess 4,13ff ist" (Auferstehung, S. 45).

5.2.2 Analyse von 1Thess 4,13ff[61]

5.2.2.1 Kontext

1Thess 4,13ff hebt sich als eigene Sinneinheit aus dem Ganzen des 1Thess heraus. V. 13 leitet mit einer auch sonst bei Paulus einen neuen Abschnitt einleitenden Formel (οὐ θέλομεν δὲ ὑμᾶς ἀγνοεῖν) eine neue Einheit ein, wobei das mit περί eingeführte Stichwort κοιμωμένων[62] unter Aufnahme einer (wohl) mündlichen Anfrage der Thessalonicher das Thema der folgenden Verse angibt.

Das am Anfang unserer Einheit stehende περί ist das zweite in einer Reihe von drei περί (4,9.13; 5,1). Sein Verhältnis zu dem περί in 4,9 und 5,1 stellt sich derart dar, daß, indem eine Belehrung in jenen beiden Fällen ausdrücklich für unnötig erklärt wird, die Bedeutung der Belehrung über die verstorbenen Christen um so mehr hervorgehoben wird.

Kam damit bereits die Verknüpfung nach hinten zur Sprache, so ist in dieser Hinsicht weiter auf den Parallelismus des die Einheit 4,13ff abschließenden Satzes 4,18: ὥστε παρακαλεῖτε ἀλλήλους ἐν τοῖς λόγοις τούτοις mit dem Satz 5,11: διὸ παρακαλεῖτε ἀλλήλους καὶ οἰκοδομεῖτε εἷς τὸν ἕνα hinzuweisen, der den mit περί eingeleiteten, auf 4,13ff folgenden Abschnitt 5,1ff abschließt.

Der Ertrag der Erörterungen 4,13ff und 5,1ff hat als Zielpunkt die Gemeinde, auf die hin sie zugespitzt sind. – Ein weiterer Parallelismus zwischen beiden Einheiten besteht darin, daß beide auf die zukünftige Christusgemeinschaft als das Heilsgut der lebenden und gestorbenen Christen hinweisen; vgl. 5,10, wo mit den Worten γρηγορεῖν und καθεύδειν unter Überspringen des wörtlich gemeinten καθεύδωμεν und γρηγορῶμεν im Sinne von ‚schlafen' und ‚wachen' in 5,6.7 ein Bezug auf das in 4,13ff angesprochene Problem der bis zur Parusie Lebenden und vor ihrem Eintreffen Gestorbenen hergestellt wird.

---

[61] Ich setze die Einheitlichkeit des 1Thess voraus. Übrigens sind immer noch bemerkenswert die Gründe, die Baur gegen die Echtheit des 1Thess vorgetragen hat (bes. zur Sprache), vgl. Paulus II, S. 94–107.341–369.
[62] D. G. Bradley, The Topos as a Form in the Pauline Paraenesis, in: JBL 72. 1953, S. 238–246, will vom aktuellen Bezug von ‚peri' in 1Thess absehen, da 4,9–12.13–18 und 5,1–11 (vielleicht auch 4,3–8) der hell. Briefgattung des ‚topos' entsprächen. Dagegen H. Boers, The Form Critical Study of Paul's Letters. I Thessalonians as a Case Study, in: NTS 22.1976, S. 140–158, S. 157.

5.2.2.2 Gliederung

I. *Einleitung:* Themen- und Zielangabe der paulinischen Ausführungen: Angesichts des Todes von einigen Christen will Paulus eine heidnische Hoffnungslosigkeit von den Thessalonichern abwenden (V. 13).

II. *Erste Antwort* auf das mit dem Thema gestellte Problem: Rekurs auf den ‚Glauben‘ und seine Applizierung auf die Toten (V. 14).

III. *Zweite Antwort* auf das mit dem Thema gestellte Problem als Spezifizierung der ersten Antwort: ein Herrenwort (V. 15–17).

III.1 Zusammenfassung des Herrenwortes (V. 15).

III.2 Zitat des Herrenwortes (V. 16f).

IV. *Der Ertrag* von II. und III. als Paraklese: Erfüllung der Zielangabe von I. (V. 18).

5.2.2.3 Einzelexegese

5.2.2.3.1 V. 13f

V. 13: οὐ ϑέλομεν δὲ ὑμᾶς ἀγνοεῖν. Mit dieser Einleitungsformel führt Paulus in der Regel etwas Neues ein bzw. trägt seinen Gemeinden eine bisher unbekannte Aussage vor[63]. Die These Harnischs, daß diese Formel bei Paulus lediglich anzeige, „daß Paulus der folgenden Mitteilung ein besonderes Gewicht zumißt"[64], hat die Texte gegen sich:

1. Harnisch gesteht selbst zu, daß in Röm 1,13 und 2Kor 1,8, wo beidemal die Formel erscheint, der Gemeinde bisher Unbekanntes mitgeteilt wird[65].

2. In Röm 11,25 kommt man mit der Auskunft, daß Paulus an dem Folgenden viel liege, aber den Lesern nichts Neues mitteile, wohl nicht durch[66]. Die bisherige Predigt des Heidenapostels hatte — soweit bekannt — gerade keinen Anlaß zur Folgerung oder zur Annahme gegeben, daß ‚ganz Israel gerettet wird‘ (vgl. dagegen Gal und 1Thess 2,14ff!). Daher wird auch hier die Formel etwas Neues einleiten[67].

---

[63] Mit Klein, Naherwartung, S. 245 A 22.
[64] Harnisch, Existenz, S. 22.
[65] Harnisch, Existenz, S. 22 A 16.
[66] Gegen Luz, Geschichtsverständnis, S. 286 und A 84.
[67] Gegen Siber, Christus, S. 15 A 8, nach dem der Inhalt von Röm 11, 25 den Lesern schon bekannt sein könnte. Spricht nicht auch die Bezeichnung ‚mysterion‘ für den Inhalt von Röm 11,25 (vgl. 1Kor 15,51) gegen eine solche These?

3. In 1Kor 10,1 führt Paulus mit der Formel ebenfalls etwas den Lesern Neues ein: natürlich nicht den biblischen Stoff, der als bekannt vorausgesetzt wird. „Als das Neue, das er zu bieten hat, führt Paulus mit οὐ θέλω ὑμᾶς ἀγνοεῖν die *Deutung* ein"[68].

4. 1Kor 12,1 wird gleichfalls nur verständlich, wenn die hier benutzte Formel etwas *Neues* einführt, wobei das Moment der Wichtigkeit mitschwingt. Paulus antwortet auf eine Frage der Korinther über die Geistesgaben, und die nachfolgenden Ausführungen zeigen an, daß der Apostel seine Gemeinde an mehreren Punkten korrigiert. Daher ist auch für den letzten Beleg die These erwiesen, daß die Formel in den paulinischen Selbstzeugnissen durchweg eine neue Aussage einleitet!

Inhalt der Belehrung in 1Thess 4,13ff sind die seit der Abreise Pauli von Thessalonich verstorbenen Christen in dieser Stadt, deren Tod λύπη verursacht, die nur mit der Hoffnungslosigkeit der Heiden verglichen werden kann. Also steht mit dem Tod einiger Christen die ἐλπίς auch der lebenden Christen auf dem Spiel[69]. Ist sie in Gefahr, muß Paulus sie vom Grund der Hoffnung her unter besonderer Berücksichtigung der eingetretenen Todesfälle neu entwerfen:

V. 14: εἰ γὰρ πιστεύομεν ὅτι Ἰησοῦς ἀπέθανεν καὶ ἀνέστη, οὕτως καὶ ὁ θεὸς τοὺς κοιμηθέντας διὰ τοῦ Ἰησοῦ ἄξει σὺν αὐτῷ. Wie wird die ‚Elpis' bestimmt? Aufschluß darüber, daß sie nicht primär als Auferstehungshoffnung entworfen wird, mag ein Vergleich mit 1Kor 6,14 erweisen: Heißt es dort: ὁ δὲ θεὸς καὶ τὸν κύριον ἤγειρεν καὶ ἡμᾶς ἐξεγερεῖ διὰ τῆς δυνάμεως αὐτοῦ, so wäre entsprechend als Nachsatz in 1Thess 4,14 zu erwarten gewesen: οὕτως καὶ ὁ θεὸς τοὺς κοιμηθέντας ἐγερεῖ[70]. Expliziert 1Kor 6,14 die Auferstehung der Christen nach dem Muster ‚wie Christus — so die Christen', so hat das genannte Muster für 1Thess 4,14 überhaupt keine, die Auferstehungsaussage nur indirekte Bedeutung, da sie, wie auch im folgenden erläutert wird, zwar Voraussetzung für die Zusammenführung mit Christus ist, auf ihr aber jedenfalls nicht das Schwergewicht liegt.

Mögen diese vorläufigen Bemerkungen zur *Problemeinstimmung* genügen, so ist nun die Einzelexegese von V. 14 aufzunehmen unter den folgenden Fragestellungen:

---

[68] Conzelmann, 1Kor, S. 194.
[69] Vgl. noch die übrigen Stellen des 1Thess, an denen ἐλπίς erscheint: 1,3; 2,19; 5,8. Sämtliche Belege stehen im Zusammenhang der Parusieerwartung.
[70] Den Unterschied zwischen 1Thess 4,14 einerseits und 1Kor 6,14; Röm 6,8; 2Kor 4,14 andererseits arbeitet vorzüglich heraus Siber, Christus, S. 26 (gegen Siber, ebd., enthält 1Thess 5,10 aber keine Auferweckungsaussage!).

a) die Glaubensformel in V. 14,

b) die Frage nach Sinn und Bezug von τοὺς κοιμηθέντας διὰ τοῦ Ἰησοῦ,

c) das Problem des ἄξει σὺν αὐτῷ.

a) Es ist seit längerem erkannt, daß Paulus und andere neutestamentliche Schriftsteller in ihren Briefen kerygmatische Formulierungen gebrauchen, die in den letzten Jahren vornehmlich im deutschen Raum Gegenstand verstärkter Forschungsarbeit geworden sind[71]. Bei allen Divergenzen über theologische Bedeutung, Abgrenzung und Zuordnung jener Formeln zueinander ist die neutestamentliche Exegese durch die Erkenntnis dieses einheitlichen Textphänomens in fast allen Briefen des Neuen Testaments, und vor allem denen des Paulus, einen großen Schritt vorangekommen.

Die letzte größere Arbeit, die den in 1Thess 4,14 vorhandenen Formeltyp analysiert, stammt von K. Wengst. Dieser behandelt in § 1 seines Buches den von ihm als „Auferweckungsformel" klassifizierten Formeltyp. Er habe die Aussage zum Inhalt, daß Gott Jesus von den Toten auferweckt hat (Stichwort: ἐγείρειν). Von dieser Auferweckungsformel unterscheidet Wengst die Auferstehungsformel, wie sie in 1Thess 4,14 und Röm 14,9 erscheint. Anlaß zu dieser Differenzierung gibt ihm der Tatbestand, daß an den beiden zuletzt genannten Stellen Jesus nicht Objekt der Auferstehung ist, sondern Subjekt: es heißt von ihm ἀνέστη bzw. ἔζησεν (Röm 14,9).

Läßt sich diese Differenzierung von Auferweckungsformel und Auferstehungsformel halten, zumal auch 1Thess 4,14 und Röm 14,9 nicht denselben Wortlaut haben?

Zu Röm 14,9: Da im Kontext die Thematik Sterben-Leben entfaltet wird und das Leben und Sterben der Christen als für den Kyrios geschehend gezeichnet wird, ist es wahrscheinlich, daß Paulus ἔζησεν aus dem Kontext in die Formel hat einfließen lassen und eine explizite Auferstehungsaussage damit ersetzt hat[72].

---

[71] Genannt seien nur H. Conzelmann, Was glaubte die frühe Christenheit? (1955), in: ders., Theologie als Schriftauslegung, BEvTh 65, München 1974, S. 106–119; W. Kramer, Christos Kyrios Gottessohn, AThANT 44, Zürich–Stuttgart 1963; K. Wengst, Christologische Formeln und Lieder des Urchristentums, StNT 7, Gütersloh ²1974; zur Kritik (und Überblick): M. Rese, Formeln und Lieder im Neuen Testament. Einige notwendige Anmerkungen, in: VF 15,2. 1970, S. 75–95; ferner: H. v. Campenhausen, Das Bekenntnis im Urchristentum, in: ZNW 63. 1972, S. 210–253; U. Luz, Zum Aufbau von Röm. 1–8, in: ThZ 25. 1969, S. 161–181 (bestreitet Conzelmanns wichtige These, daß der Römerbrief als ein Kommentar zu Glaubensformeln aufgefaßt werden könne).

[72] So die meisten: Wengst, Formeln, S. 45f; Luz, Geschichtsverständnis, S. 325f A 30.

Ist mit der Erkenntnis des sekundären Charakters von ἔζησεν in Röm 14,9 aber erwiesen, daß ἀνέστη in der Formel in 1Thess 4,14 als Tradition von Paulus übernommen wurde und gewissermaßen den Archetyp des zweiten Teils der Auferstehungsformel darstellt? Man wird das trotz des singulären Charakters von ἀνέστη bei Paulus nicht so ohne weiteres mit Wengst u.a. bejahen dürfen, da kein anderer „Credo-Text" in den Briefen die Abfolge ἀπέθανεν – ἀνέστη hat[73]. Daher ist die Zurückführung des redaktionellen ἔζησεν auf ἀνέστη unbeweisbar. Vielmehr ist aufgrund der zu Röm 14,9 gemachten Einsicht, daß der Kontext auf die Formulierung des Credo einwirken kann, zu schließen, daß es in 1Thess 4,14 zu ἀνέστη aufgrund der Rückwirkung des Kontextes, d.h. durch V. 16: (οἱ νεκροί ...) ἀναστήσονται, gekommen ist[74]. Die weitere Beobachtung, daß absolutes Ἰησοῦς sonst in der vollen Pistis-Formel nicht erscheint[75] und der Heilssinn des Sterbens Jesu im Gegensatz zu seiner Explikation in sonstigen Sterbensformeln fehlt, führt zum Ergebnis, daß V. 14 zwar die Struktur eines Credo enthält, er aber wegen der erwähnten eigentümlichen Formulierungen nicht einem bestimmten traditionellen Formeltyp zugewiesen werden kann, sondern als selbständige paulinische Formulierung aufzufassen ist[76].

Eine weitere traditionsgeschichtliche Rückfrage nach den Einzelelementen der in 1Thess 4,14 vorliegenden, Tod und Auferstehung Jesu kombinierenden Formel braucht hier nicht vorgenommen zu werden, da es für unsere chronologi-

---

[73] Vgl. die Aufstellung bei Siber, Christus, S. 24f. Allerdings erscheint die Abfolge ἀπέθανεν – ἀνέστη in dem vormarkinischen Passionssummarium Mk 8,31 (vgl. 9,31; 10,32ff); hierzu: G. Strecker, Die Leidens- und Auferstehungsvoraussagen im Markusevangelium, in: ZThK 64. 1967, S. 16–39. Ob dieses vormark. Passionssummarium traditionsgeschichtlich mit 1Thess 4,14 verknüpft werden kann, müßte einmal näher untersucht werden. Immerhin stehen beide Stellen mit dem Menschensohn in Zusammenhang (zu 1Thess 4,14 vgl. u. S. 239ff). Zu Mk 8,31 vgl. noch P. Hoffmann, Mk 8,31. Zur Herkunft und markinischen Rezeption einer alten Überlieferung, in: P. Hoffmann – N. Brox – W. Pesch (edd.), Orientierung an Jesus (FS J. Schmid), Freiburg–Basel–Wien 1973, S. 170–204 (Lit.). Hoffmann kommt zum Ergebnis, daß in Mk 8,31 auf der Stufe der Tradition „die *Auferstehungsaussage* noch mit der Erhöhung Jesu zum Menschensohn und der Erwartung seiner Wiederkunft als Menschensohn-Richter im engen Zusammenhang steht" (S. 200), und betrachtet als nächste Parr. 1Thess 1,10 und Röm 1,3f.
[74] Vgl. H. Köster, Grundtypen und Kriterien frühchristlicher Glaubensbekenntnisse, in: ders. – J. M. Robinson, Entwicklungslinien durch die Welt des frühen Christentums, Tübingen 1971, S. 191–215, S. 212 A 49.
[75] Vgl. Siber, Christus, S. 24.
[76] Vgl. ähnlich Luz, Geschichtsverständnis, S. 308 A 38; Harnisch, Existenz, S. 32f.

sche Fragestellung nichts austrägt. Es sei daher auf die Sekundärliteratur verwiesen[77].

b) Zur Frage nach dem Sinn und Bezug von τοὺς κοιμηθέντας διὰ τοῦ Ἰησοῦ: Da unlängst P. Hoffmann[78] den Begriff κοιμᾶσθαι im paulinischen Schrifttum und seiner Umwelt einer gründlichen Untersuchung unterzogen hat, können wir darauf verweisen und zusammenfassend ihr Ergebnis wiedergeben:

„Als Kennzeichen des Gebrauches von κοιμᾶσθαι bei Paulus läßt sich feststellen, daß er das Verbum weitgehend in einer unreflektierten selbstverständlichen Bedeutung gebraucht. Er zeigt an dem Wort kein besonderes Interesse. Eine Belegstelle, die eine spezifisch christliche Bedeutung verlangte, findet sich nicht, dafür einige Stellen, die gegen eine solche Interpretation sprechen. Die später nachweisbare christliche Neuinterpretation des Ausdruckes, die den Tod als einen ‚Schlaf zur Auferstehung' versteht, hat seinen Sprachgebrauch weder geprägt noch beeinflußt" (Hoffmann, Toten, S. 206).

Diese Auffassung ist allerdings gegen die These J. Baumgartens zu verteidigen, nach der κοιμᾶσθαι „im paulinischen Stadium der Tradition die Erwartung der Auferstehung (...) inhärent"[79] sei. Nun verwendet Paulus das Verb neunmal (1Kor 7,39; 11,30; 15,6.18.20. 51; 1Thess 4,13.14.15). Baumgarten kommt zu seiner Behauptung, weil lediglich „1Kor 7,39 und 11,30 (...) keine direkte Verbindung zur Auferstehungshoffnung"[80] besteht. Das ist zutreffend. Nur fragt es sich, ob methodisch nicht gerade von diesen beiden Stellen her, die sich gegen eine spezifisch christliche Interpretation von κοιμᾶσθαι = ‚Schlaf zur Auferstehung' sperren, sämtliche andere Belege zu interpretieren sind, um so mehr, als kein einziger dieser Belege eine christliche Bedeutung verlangt!

Daher besteht kein Grund, die obigen Ausführungen Hoffmanns zu κοιμᾶσθαι zu revidieren. Dem Verb ist im paulinischen Gebrauch keinesfalls die Auferstehungshoffnung inhärent, sondern es wird neutral gebraucht als Euphemismus für ‚sterben'[81].

(τοὺς κοιμηθέντας) διὰ τοῦ Ἰησοῦ: Strittig ist die Frage des Bezuges von διὰ τοῦ Ἰησοῦ, ferner, ob ‚dia' kausal oder modal zu übersetzen ist.

Unter der Voraussetzung des Bezugs von ‚dia' auf τοὺς κοιμηθέντας ergeben sich zwei Möglichkeiten:

---

[77] Kramer, Kyrios, S. 27–29 (§ 6a–b); Vielhauer, Geschichte, S. 9ff.
[78] Die Toten in Christus, NTA NF 2, Münster 1966.
[79] Baumgarten, Paulus, S. 115.
[80] Ebd.
[81] Vgl. auch Conzelmann, 1Kor, S. 315 A 30 (Lit.).

236

a) Man hat vorgeschlagen, in V. 14 würden die ersten christlichen Märtyrer erwähnt; ‚dia' hätte in diesem Fall eine kausale [82] Bedeutung. Diese These scheidet aus, da der Kontext von 4,13ff und der Brief insgesamt nichts über Märtyrer verlauten lassen. An denjenigen Stellen, wo Paulus von θλῖψις redet (1,6; 3,3.7), spricht er gerade nicht vom Tod durch Verfolgung [83].

b) Eine andere These lautet, ‚dia' sei modal zu verstehen und synonym mit ἐν, so daß zu übersetzen sei: die in Jesus Entschlafenen, bzw. die Entschlafenen, „wobei ein Verhältnis zu Jesus dabei war" (v. Dobschütz, 1Thess, z.St.). Dabei wird gelegentlich eine Parallele zwischen Ἰησοῦς ἀπέθανεν und τοὺς κοιμηθέντας δι᾽ τοῦ Ἰησοῦ gesehen [84].

Nun liest die zuletzt genannte Parallelisierung ein Denkmodell Pauli (‚wie Christus — so die Christen') in unseren Text hinein, das in ihm (noch) nicht enthalten ist (s.S. 233). Ferner weiß Paulus durchaus zwischen διά und ἐν zu unterscheiden (V. 16 spricht von den νεκροὶ ἐν Χριστῷ) [85], und ‚entschlafen/sterben durch Jesus' [86] ergibt einfach, falls die ‚Märtyrerthese' nicht zutrifft, keinen Sinn.

Ist ‚dia' überhaupt auf τοὺς κοιμηθέντας zu beziehen? Das letzte Argument für den Bezug von ‚dia' auf τοὺς κοιμηθέντας, daß nämlich ‚dia...' der näher bestimmten Sache in der Regel nachgestellt werde, läßt sich mit einem stilistischen Argument entkräften: Paulus hat διὰ τοῦ Ἰησοῦ vor sein eigentliches Bezugswort ἄξει plaziert, da sonst die Präpositionalwendungen διὰ τοῦ Ἰησοῦ und σὺν αὐτῷ störend nebeneinander gestanden hätten [87].

---

[82] Vgl. für diese Möglichkeit Bauer, WB[5], Sp. 359.

[83] Zu J. Jeremias, Unbekannte Jesusworte, Gütersloh [4]1965, S. 79; P. Nepper-Christensen, Das verborgene Herrnwort, in: StTh 19. 1965, S. 136—154, S. 138 A 10.

[84] Vgl. J. Dupont, ΣΥΝ ΧΡΙΣΤΩΙ. L'union avec le Christ suivant Saint Paul I, Bruges—Louvain—Paris 1952, S. 42 A 2.

[85] Rigaux' Satz: „l'équivalence de διά avec ἐν n'est pas grammaticale mais conceptuelle" (Saint Paul. Les Épîtres aux Thessaloniciens, EtB, Paris—Gembloux 1956, S. 536, im Anschluß an Frame), ist eine Verlegenheitsauskunft.

[86] E. Schweizer meint freilich: „Paulus spricht vom Entschlafen ‚durch Christus', aber vom eschatologischen Kommen ‚mit ihm'" (Die „Mystik" des Sterbens und Auferstehens mit Christus bei Paulus, in: EvTh 26. 1966, S. 239—257 = in: ders., Beiträge zur Theologie des Neuen Testaments, Zürich 1970, S. 183—203, S. 184). Ähnlich noch A. Feuillet, Mort du Christ et mort du chrétien d'après les épîtres pauliniennes, in: RB 66. 1959, S. 481—513, S. 511, und J. Plevnik, The Parousia as Implication of Christ's Resurrection, in: ders. (ed.), Word and Spirit (FS D. M. Stanley), Willowdale 1975, S. 199—277, S. 210ff.

[87] Luz, Geschichtsverständnis, S. 326 A 32.

Mit diesem Satz ist die im Rahmen einer Exegese von V. 14 weiter zu begründende These des Bezugs von διὰ τοῦ Ἰησοῦ vorweggenommen und zur nächsten Einzelfrage übergeleitet, der Bedeutung von

c) ἄξει σὺν αὐτῷ: Mit dieser Wendung nimmt Paulus auf ein zukünftiges Geschehen Bezug, die Zusammenführung der (toten) Gläubigen mit Jesus.

ἄγειν ist „kein Terminus technicus der Eschatologie"[88], und Versuche, ἄγειν mit Passa- oder Exodustraditionen[89] in Verbindung zu bringen, scheitern.

Mit den futurischen syn-Wendungen (vgl. Röm 6,8; 8,32; 1Thess 4,17; 5,10) drückt Paulus nicht einen Einzelakt des Endgeschehens aus, sondern konzentriert die in Texten der Apokalyptik bunt ausgemalte Schlußgeschichte auf ihren christologisch begründeten Heilssinn, den Endzustand der Gemeinschaft mit Jesus[90].

Kann in anderen Paulustexten wie Phil 1,23 die syn-Wendung die unmittelbar nach dem Tode eintretende Christusgemeinschaft bezeichnen, so setzt jedenfalls, wie aus dem unmittelbaren (V. 16ff) und weiteren Kontext (1,9f; 3,13) unserer Stelle hervorgeht, die syn-Wendung in 4,14 die Parusievorstellung voraus.

Nach Klärung der *Einzelbegriffe* können wir uns nun unter Wiederaufnahme der Frage nach dem Sinn von διὰ τοῦ Ἰησοῦ und unter Anknüpfung an das eingangs zur Problemeinstimmung Gesagte (S. 233) dem Gedankengang von V. 14 und der darin sichtbar werdenden theologischen Logik Pauli zuwenden. Da, wie bereits aus der Gliederung deutlich wurde, V. 14 eine erste Antwort auf das in Thessalonich aufgetretene Problem darstellt, dürfen wir danach als Zwischenüberlegung bereits die Frage nach der Verifizierung unserer oben aufgestellten These zum Anlaß der Trauer in Thessalonich einschieben.

---

[88] Siber, Christus, S. 30 A 54.

[89] A. Strobel, In dieser Nacht (Luk 17,34), in: ZThK 58. 1961, S. 16—29, S. 23: „So wie Mose einst das Volk Israel der Offenbarung Gottes am Sinai entgegenführte, so wird auch Christus bei seiner Parusie die Gemeinde der Frommen Gott entgegenführen". Strobel wiederholt diese These in der Weiterführung des genannten Aufsatzes in: Der Berg der Offenbarung (Mt 28,16; Apg 1,12), in: O. Böcher — K. Haacker (edd.), Verborum Veritas (FS G. Stählin), Wuppertal 1970, S. 133—146, S. 142 A 37 (zur Kritik an der These Strobels von der Parusieerwartung in der Passanacht vgl. Huber, Passa, S. 215ff). Dagegen: In 1Thess 4,13ff führt Gott die Toten Jesus zu. Ähnlich wie Strobel verstehen 1Thess 4,13ff noch Dupont, Union, S. 64ff; Plevnik, Parousia, S. 212ff.

[90] Siber, Christus, S. 29f.

Der Gedankengang in V. 14: Paulus folgert aus dem in Thessalonich anerkannten Kerygma von Tod und Auferstehung Jesu die zukünftige Jesusgemeinschaft der verstorbenen Thessalonicher: „Wenn wir glauben (wie es der Fall ist), daß Jesus starb und auferstand, so wird auch Gott die Verstorbenen durch Jesus mit ihm führen."

Der oben offengebliebene Sinn von διὰ τοῦ ’Ιησοῦ ist nun so zu bestimmen, daß diese Wendung Vorder- und Nachsatz miteinander verknüpft und Paulus mit ihr unter Aufnahme des im Vordersatz Gesagten (’Ιησοῦς ἀπέθανεν καὶ ἀνέστη) den *Heils*grund für die durch Gott erfolgende Zusammenführung der Verstorbenen mit Jesus angibt. Das bedeutet für die Interpretation von διά, daß, obgleich διά c. gen. meist, wenn auch nicht immer[91], instrumental zu verstehen ist, an unserer Stelle eine *kausale* Nuance[92] mitschwingt, um so mehr, als bereits εἰ (im Vordersatz) einen kausalen Sinn haben kann[93].

War der Subjektwechsel in V. 14 (V. 14a: *Jesus* starb und erstand auf; V. 14b: *Gott* führt die Toten) schon eine im Vergleich zu sonstigen Credoformulierungen bei Paulus singuläre und stilistisch harte Konstruktion und hatte diese zu mancherlei Umdeutungen des Sinnes von V. 14 geführt, so erhöht die Wendung διὰ τοῦ ’Ιησοῦ mit ihrem Bezug auf ἄξει σὺν αὐτῷ zweifellos noch die stilistische Härte (die Konstruktion ist ein Monstrum: Gott führt die Toten durch Jesus mit Jesus). Diese ungelenke Ausdrucksweise will aber ausgewertet sein![94] Sie findet m.E. nur darin eine einleuchtende Erklärung, daß Paulus erstmalig das Kerygma von Tod und Auferstehung Jesu mit dem Tod einiger Christen verknüpfte — unter Festhalten an dem alten, in Thessalonich gepredigten soteriologischen Konzept, das in Jesu (Tod und) Auferstehung den Grund für seine unmittelbar bevorstehende Ankunft vom Himmel sah, wie es sich aus dem Summarium der Missionspredigt 1Thess 1,9f[95] (vgl. 3,13)[96] ergibt. Offensichtlich

---

91 Vgl. S. 237 A 82.
92 Vgl. auch Wilcke, Problem, S. 128.
93 Zu kausalem εἰ vgl. Bauer, WB⁵, Sp. 434f.
94 Und zwar auf genau die umgekehrte Weise, wie R. C. Tannehill es versteht: „This construction can only be explained by the fact that Paul began the sentence with the thought that what is true of Jesus, that he died and arose, also holds for the believers on the basis of Jesus' death and resurrection" (Dying and Rising with Christ, BZNW 32, Berlin 1967, S. 132); ähnlich — im Anschluß an Tannehill — Drane, Diversity, S. 21.
95 Daß Paulus in 1Thess 1,9f Tradition zitiert, braucht hier nicht noch einmal bewiesen zu werden (vgl. G. Friedrich, Ein Tauflied hellenistischer Judenchristen. 1.Thess. 1,9f, in: ThZ 21. 1965, S. 502—516). Die in 1,9f enthaltene Tradition ist auch deswegen interessant, weil sie für die älteste Zeit nicht nur ein Zusammenfallen von Auferstehung und Erhöhung Jesu belegt (dazu: G. Lohfink, Die

wurde dabei der Tod von Christen wie selbstverständlich übergangen, weil die Parusie unmittelbar bevorstand. In der ersten theologischen Aufarbeitung des Todes einiger Christen bleibt die Gemeinschaft mit dem Herrn bei der Parusie das Wichtigste, was daran sichtbar wird, daß Paulus nicht sagt: ἐγερεῖ τοὺς κοιμηθέντας (σὺν αὐτῷ), sondern gleich auf die Parusieaussage zusteuert: ἄξει σὺν αὐτῷ [97]. Folgt also einmal aus dieser mit stilistischen Härten erkauften Beibehaltung des alten soteriologischen Konzeptes, daß Paulus bei seiner Erstpredigt in Thessalonich die Auferstehung der Toten (auf die Christen bezogen) nicht gepredigt hat, so ist als weiteres Argument für diesen Schluß auf V. 13 mit der Wendung: οὐ θέλομεν δὲ ὑμᾶς ἀγνοεῖν zu verweisen, die bei Paulus durchweg etwas Neues einleitet.

Die nur in heidnische Hoffnungslosigkeit führende Trauer der Thessalonicher und damit die Gefahr für die ἐλπίς versucht Paulus durch Rückgriff auf das (z.T. in paulinischer Sprache formulierte) Credo

---

Himmelfahrt Jesu, StANT 26, München 1971, S. 81—95), sondern auch eine enge Verbindung von Auferstehung (Erhöhung) und Parusie, so daß m.R. formuliert werden konnte: „Das Kommen des Herrn hebt mit der Auferstehung Jesu an. Oder von der Parusie her gesehen: Die Parusie bringt die Auferstehung zur Vollendung" (H.-J. Venetz, Der Glaube weiß um die Zeit, BiBe 11, Fribourg 1975, S. 42).

F. Hahn will „zwischen V. 9b.10a und 10b.c formgeschichtlich (...) unterscheiden (...), da in diese ‚Zusammenfassung' am Ende eine zweizeilige christologische Formel aufgenommen ist, die sich nach formalen Kriterien nicht von Röm 1,3b.4a, Röm 4,25 oder 1Kor 15,3—5 unterscheidet" (Methodenprobleme einer Christologie des Neuen Testaments, in: VF 15,2. 1970, S. 3—41, S. 28 A 58). Diese Differenzierung ist wohl überscharf. Sie geschieht in der Absicht, Hahns nach wie vor beachtliche These von der Ausbildung der Erhöhungsvorstellung als Folge der Parusieverzögerung gegen den Hinweis auf 1Thess 1,9f zu verteidigen, wo Erhöhungs- und Parusieaussage nebeneinanderstehen. Zum Gespräch mit Hahn vgl. W. Thüsing, Erhöhungsvorstellung und Parusieerwartung in der ältesten nachösterlichen Christologie, SBS 42, Stuttgart 1970.

Die Lit. zu 1Thess 1,9f ist bis 1973 gesammelt von O. Merk, in: E. v. Dobschütz, Die Thessalonicher-Briefe, MeyerK 10. Abt. 7. Aufl., Göttingen 1909, Nachdruck ed. F. Hahn, ebd. 1974, S. 328; vgl. noch Becker, Auferstehung, S. 32ff.

[96] μετὰ τῶν ἁγίων bezeichnet natürlich nicht das Kommen Jesu mit den verstorbenen Christen (so Teichmann, Vorstellungen, S. 21f; Rigaux, Thess, z.St.), sondern mit Engeln (vgl. M. Dibelius, Die Geisterwelt im Glauben des Paulus, Göttingen 1909, S. 30f). Zur Bezeichnung der Engel als ἅγιοι vgl. Sach 14,5 (LXX); Hiob 15,15; Ps 88 (89), 6.8; aethHen 1,9 (cit. Jud 14); vgl. auch H.-W. Kuhn, Enderwartung und gegenwärtiges Heil, StUNT 4, Göttingen 1966, S. 90ff (Exkurs IV: Der Ausdruck ‚die Heiligen' in den Qumrantexten und im sonstigen Spätjudentum). Falls unser Text traditionsgeschichtlich mit Mt 24,31 zusammenhängt, ist das ein weiterer Beleg für Menschensohntraditionen im 1Thess.

[97] So auch Hoffmann, Toten, S. 217f.

V. 14 abzuwenden, indem er — darin etwas Neues verkündigend — hieraus auch die zukünftige Christusgemeinschaft der *Verstorbenen* folgert.

Daher wird seine Erstverkündigung in Thessalonich diesen Inhalt noch nicht gehabt haben. *Weil* Jesus starb und auferstand — so die theologische Folgerung Pauli —, haben auch die Toten am Parusiegeschehen Anteil. Die in der Parusievorstellung entworfene ‚Elpis‘ der Thessalonicher braucht wegen einiger Todesfälle nicht zu Schanden zu werden.

Die Darlegungen des Apostels in V. 14 sind somit zweifellos das Ergebnis einer erheblichen Denkbemühung. Sie enthalten über die kausale Inbezugsetzung von Kerygma und Parusieaussage hinsichtlich der toten Christen[98] hinaus einen weiteren Ansatz, das Geschick der Gläubigen christologisch zu untermauern, und lassen das später entwickelte Modell ‚wie Christus — so die Christen‘[99] bereits ahnen[99a].

Nun stellt sich in der Tat Paulus, wie aus dem Folgenden hervorgeht, das Geführtwerden der toten Christen so vor, daß sie zuerst auferstehen und dann mit den bis zur Parusie noch Lebenden entrückt werden. D.h. obgleich das Schwergewicht der Aussage Pauli in V. 14 und V. 15ff (s.u.) auf dem Geführtwerden bzw. der Entrückung der (toten) Christen liegt, führt Paulus doch — bezogen auf die toten Christen und als Erfüllung der Vorbedingung der Entrückung — den Auferstehungsgedanken für die Christen ein. Wenn unsere These zu Recht besteht, daß ἀναστήσονται in V. 16 die Formulierung ἀνέστη im Kerygma bewirkt hat, hat Paulus den Auferstehungsgedanken in der Aussage ἄξει σὺν αὐτῷ nicht nur mitgedacht, sondern einen klei-

---

[98] Angezeigt durch διὰ τοῦ Ἰησοῦ, das den im Vordersatz ausgesagten Tod und die Auferstehung Jesu als Heils*grund* für die Jesusgemeinschaft der toten Christen bei der Parusie interpretiert.

[99] Ob das Modell „wie Christus — so die Christen" Paulus bereits durch Tauftraditionen vorgegeben war, die das Geschick der Christen mit dem Christi parallelisierten, hängt von der Entscheidung darüber ab, ob vor Paulus die Taufe (in der hellenistischen Gemeinde) bereits als Herstellung einer Schicksalsgemeinschaft zwischen Täufling und Christus gedeutet wurde und welche Bedeutung die Taufe in der Theologie Pauli überhaupt hatte. Im Gegensatz zu Röm 6,4 scheint im 1Thess die Vorstellung von der Schicksalsgemeinschaft der Gläubigen mit Christus noch nicht enthalten zu sein. Aus methodischen Gründen ist die hier angeschnittene Frage aus dem jetzigen Arbeitsgang auszuklammern. Ferner ist die Möglichkeit offenzuhalten, daß auch das Taufverständnis Pauli einer Entwicklung unterliegt (vgl. Becker, Auferstehung, S. 49 A 5).

[99a] Vgl. auch das in der Credo-Formulierung erscheinende Verb ἀνέστη, das nach der obigen Analyse von Paulus in Anlehnung an den Kontext gebildet wurde, der von einer Auferstehung der gestorbenen Christen spricht (V. 16).

nen Schritt in die Richtung des theologischen Modells ‚wie Christus — so die Christen' getan [100].

Fazit zur Auslegung von V. 13—14: Neben der Einsicht in das vom Kerygma von Tod und Auferstehung ausgehende theologische Denken des Paulus hat die Exegese von V. 13f eine Bestätigung der obigen für unsere Fragestellung wichtigen Annahme geliefert, daß Paulus von der Auferstehung der Christen bei seiner Erstpredigt in Thessalonich nichts gesagt hat. Wir kommen damit zur Analyse von V. 15—17.

5.2.2.3.2 Analyse von V. 15—17: der λόγος κυρίου und seine Interpretation durch Paulus

(15) Τοῦτο γὰρ ὑμῖν λέγομεν ἐν λόγῳ κυρίου, ὅτι ἡμεῖς οἱ ζῶντες οἱ περιλειπόμενοι εἰς τὴν παρουσίαν τοῦ κυρίου οὐ μὴ φθάσωμεν τοὺς κοιμηθέντας· (16) ὅτι αὐτὸς ὁ κύριος ἐν κελεύσματι, ἐν φωνῇ ἀρχαγγέλου καὶ ἐν σάλπιγγι θεοῦ, καταβήσεται ἀπ' οὐρανοῦ, καὶ οἱ νεκροὶ ἐν Χριστῷ ἀναστήσονται πρῶτον, (17) ἔπειτα ἡμεῖς οἱ ζῶντες οἱ περιλειπόμενοι ἅμα σὺν αὐτοῖς ἁρπαγησόμεθα ἐν νεφέλαις εἰς ἀπάντησιν τοῦ κυρίου εἰς ἀέρα· καὶ οὕτως πάντοτε σὺν κυρίῳ ἐσόμεθα.

Die Partikel γάρ zeigt an, daß Paulus das Folgende als weitere Begründung des zuvor in V. 14 Gesagten auffaßt. τοῦτο verweist auf V. 15b und markiert einen neuen Einschnitt im Argumentationsgang.

Fragen stellen sich einmal hinsichtlich der Bedeutung von ἐν λόγῳ κυρίου, wobei in der Forschung folgende Möglichkeiten erwogen wurden:

a) zugrunde liegt ein Wort des irdischen Jesus,

b) ein Wort des Erhöhten, das entweder auf einen Prophetenspruch zurückgeht oder Paulus unmittelbar vom Herrn empfangen hat.

Ferner ist die Abgrenzung des Herrenwortes unklar: Während die meisten Interpreten es in V. 16f wiederfinden und V. 15 als paulinische Zusammenfassung desselben und Applikation auf die thessa-

---

[100] Es ist noch zu bemerken, daß in Röm 6, wo das Modell „wie Christus — so die Christen" rein erscheint, es primär vom Kerygma her gewonnen wird; denn die sich in Röm 6,4 findende Vorstellung vom Mitbegrabenwerden in der Taufe ist wohl nur als Interpretation auf Grund der kerygmatischen Tradition ‚gestorben—begraben—auferweckt' (1Kor 15,3f) denkbar; vgl. N. Gäumann, Taufe und Ethik, BEvTh 47, München 1967, S. 61ff.

lonische Situation betrachten, sehen manche Exegeten V. 15b als Herrenwort und V. 16f als apokalyptische Spezifizierung an.

Angesichts dieser konträren Beurteilung des Textbefundes empfiehlt sich zunächst eine Scheidung von Redaktion und Tradition in V. 15—17, und zwar a) aufgrund von Beobachtungen der inneren Spannungen im Text, b) aufgrund der Wortstatistik.

5.2.2.3.2.1 Scheidung von Redaktion und Tradition

5.2.2.3.2.1.1 Innere Spannungen im Text

Folgende Beobachtungen machen die Disparatheit von V. 15 und V. 16f deutlich:

a) V. 15 ist im Briefstil geschrieben, wie es an der 1. Pers. pl. erkennbar ist, V. 16f zum großen Teil in der 3. Pers., die lediglich — durch Applikationstendenzen bedingt — in V. 17 in die 1. Pers. pl. geändert ist.

b) V. 15 wirkt mehr wie ein auf eine bestimmte Situation abgezielter (Trost-)Satz, V. 16f bieten eine in allgemeinerer Art gehaltene Beschreibung der Endereignisse.

c) V. 15 befindet sich mit der Ansage, daß die Lebenden den Toten nicht zuvorkommen werden, zeitlich bereits auf einer Stufe, die das in V. 16 geschilderte Geschehen überspringt und sich auf die erst in V. 17 berichtete Entrückung bezieht. In dieser Entrückungsaussage von V. 17 sieht der (Trost-)Satz von V. 15 offenbar den Sinn von V. 16f konzentriert wiedergegeben. Es kann daher kein Zufall sein, daß die betr. Passage von V. 17 in V. 15 übernommen wird: οἱ ζῶντες οἱ περιλειπόμενοι. So läßt sich aus der Beobachtung von Spannungen in V. 15—17 eine erste Vermutung wagen, daß V. 15 und V. 16f nicht derselben Traditionsschicht angehören, sondern V. 15 V. 16f auslegt.

5.2.2.3.2.1.2 Wortstatistik

V. 15: λέγειν ist gut paulinisch (vgl. Röm 15,8; Gal 5,2 u.ö.).

ἐν λόγῳ κυρίου: λόγος κυρίου erscheint nur noch 1Thess 1,8, bezeichnet aber dort allgemein ,das Evangelium', während es hier auf eine apokalyptische Einzelmitteilung geht. κύριος als Bezeichnung des Erhöhten ist paulinisch.

ἡμεῖς οἱ ζῶντες: ζάω ist im paulinischen Schrifttum oft belegt (s. Konk.), die Form 1. Pers. pl. geht sicher auf paulinische Formulierung zurück.

περιλειπόμενοι erscheint neben V. 16 nur hier bei Paulus.

παρουσία (τοῦ κυρίου) im apokalyptischen Sinne erscheint nur noch 1Thess 2,19; 3,13; 5,23 und 1Kor 15,23 (παρουσία τοῦ Χριστοῦ).

οὐ μή: diese Negation findet sich noch 1Thess 5,3; Röm 4,8 (Zitat); 1Kor 8,13; Gal 4,30 (Zitat); 5,16.

φθάσωμεν: φθάνειν erscheint im Sinne von ‚zuvorkommen‘ bei Paulus nur hier. Sonst kommt das Verb bei Paulus vor im Sinne von ‚kommen‘, ‚gelangen‘: 1Thess 2,16; 2Kor 10,14; Röm 9,31.

τοὺς κοιμηθέντας: κοιμᾶσθαι ist gut paulinisch, vgl. 1Kor 7,39; 11,30; 15,6.18.20.51; 1Thess 4,13.14.

V. 16: αὐτὸς ὁ (κύριος). Die Wendung αὐτὸς ὁ findet sich im paulinischen Schrifttum in Verbindung mit Gott: 1Thess 3,11; 5,23 – Christus: 1Kor 15,28; 2Kor 8,19 – Pneuma: Röm 8,16.26 – Satan: 2Kor 11,14 – den Berufenen: 1Kor 1,24 (vgl. noch αὐτὸς ἐγώ in Röm 7,25b; allerdings kann nicht ausgeschlossen werden, daß dieser Vers eine Glosse darstellt)[101].

ὁ κύριος als Bezeichnung des Kommenden (Mare-Kyrios) reflektiert den Sprachgebrauch sowohl der vorpaulinischen hellenistischen Gemeinde[102] als auch des Paulus selbst. Er erscheint allein im 1Thess außerhalb unserer Stelle noch fünfmal, so daß hier paulinischer Sprachgebrauch möglich ist (vgl. 2,19; 3,13; 4,17; ohne Artikel: 4,18; 5,2: freilich sind alle Stellen formelhaft)[103].

ἐν κελεύσματι: κέλευσμα ist hap. leg. im Neuen Testament.

ἐν φωνῇ ἀρχαγγέλου: ἀρχάγγελος kommt außerhalb unserer Stelle nur noch einmal im NT vor: Jud 9 (von Michael). Die obige Wendung ist singulär im NT. φωνή erscheint bei Paulus in unapokalyptischem Gebrauch noch: 1Kor 14,7.8.10.11; Gal 4,20.

ἐν σάλπιγγι θεοῦ: σάλπιγξ in apokalyptischem Kontext erscheint bei Paulus nur noch 1Kor 15,52: diese Stelle steht wohl in einem genetischen Zusammenhang mit 1Thess 4,16 (s.u.; vgl. sonst Apk 1,10; 4,1; 8,2.6.13; 9,14 u.ö.).

---

101 Vgl. R. Bultmann, Glossen im Römerbrief, in: ThLZ 72. 1947, Sp. 197– 202 = in: ders., Exegetica (ed. E. Dinkler), Tübingen 1967, S. 278–284; anders J. Kürzinger, Der Schlüssel zum Verständnis von Röm 7, in: BZ NF 7. 1963, S. 270–274.
102 Vgl. Kramer, Kyrios, S. 95–103 (§ 23a–g).
103 Vgl. Kramer, Kyrios, S. 172 (§ 48a): „Abgesehen von drei Ausnahmen ist der Topos der Parusie im corpus Paulinum mit dem Kyriostitel verbunden“.

καταβήσεται ἀπ' οὐρανοῦ: das Verb ist in apokalyptischem Gebrauch hap. leg. bei Paulus; vgl. sonst Röm 10,7 (im Zitat, aber auch zusammen mit οὐρανός). Im übrigen NT erscheint das Verb bezüglich des neuen Jerusalem: Apk 3,12; 21,2.10, des Diabolos: Apk 12,12, der Engel: Apk 10,1; 18,1; 20,1; Mt 28,2 und des Menschensohnes: Joh 3,13 (im Anschluß daran: 6,33.38.41 u.ö.)[104].

οἱ νεκροί ist gut paulinisch (s. Konk.). Paulus bevorzugt im 1 Thess jedoch κοιμώμενοι / κοιμηθέντες. Sonst erscheint νεκροί im 1Thess nur noch in der Tradition 1,9f.

ἐν Χριστῷ ist eindeutig paulinisch und, falls οἱ νεκροί trotz seines oftmaligen Gebrauchs in den Paulusbriefen Bestandteil einer Tradition sein sollte, sicherlich redaktioneller Zusatz, um so mehr, als die Wendung ἐν Χριστῷ wahrscheinlich überhaupt eine paulinische Sprachschöpfung darstellt[105].

ἀναστήσονται ist eine für Paulus ungewöhnliche Wendung, die, abgesehen vom unmittelbaren Kontext (V. 15), im paulinischen Schrifttum nicht mehr vorkommt. Paulus bevorzugt den Wortstamm ἐγειρ-.

πρῶτον ist gut paulinisch; vgl. Röm 1,8.16 u.ö.

V. 17: ἔπειτα wird auf Paulus zurückgehen (vgl. 1Kor 12,28; 15.5. 6.7; Gal 1,18.21; 2,1), auch deswegen, weil die Wendung πρῶτον — ἔπειτα auch außerhalb unseres Textes in einem apokalyptischen Zusammenhang bei Paulus erscheint, der sicher redaktionell geprägt ist: 1Kor 15,46 (vgl. 15,23).

ἡμεῖς οἱ ζῶντες οἱ περιλειπόμενοι muß wegen der Identität des Ausdrucks in einem genetischen Zusammenhang mit V. 15 stehen (zur Wortstatistik s. dort).

[104] ἀπ' οὐρανοῦ dürfte wohl paulinische Formulierung für ἀπὸ τῶν οὐρανῶν sein. Vgl. ἀπ' οὐρανοῦ: Röm 1,18; ἐξ οὐρανοῦ: 1Kor 15,47; 2Kor 5,2; Gal 1,8. Paulus bevorzugt offensichtlich den Singular ohne Artikel; vgl. weiter 2Kor 12,2: ἕως τρίτου οὐρανοῦ; 1Kor 8,5: ἐν οὐρανῷ. — Demgegenüber stehen folgende Stellen mit Pluralformen: 2Kor 5,1; 1Thess 1,10; Phil 3,20. Alle drei Stellen dürften der Tradition entstammen: zu 1Thess 1,10 s.o. S. 239f A 95; zu Phil 3,20 vgl. G. Strecker, Redaktion und Tradition im Christushymnus Phil 2, 6—11, in: ZNW 55. 1964, S. 63—78, S. 75ff; zu 2Kor 5,1 vgl. P. v. d. Osten-Sacken, Römer 8 als Beispiel paulinischer Soteriologie, FRLANT 112, Göttingen 1975, S. 104ff.
Freilich trägt der Nachweis des redaktionellen ἀπ' οὐρανοῦ für ἀπὸ τῶν οὐρανῶν für die Interpretation direkt nichts aus und kann im folgenden unberücksichtigt bleiben.
[105] Zu ‚in Christus‘ bei Paulus vgl. G. Strecker, Befreiung und Rechtfertigung, in: J. Friedrich — W. Pöhlmann — P. Stuhlmacher (edd.), Rechtfertigung (FS E. Käsemann), Göttingen—Tübingen 1976, S. 479—508, S. 490f (Lit.).

ἅμα σύν findet sich noch 1Thess 5,10, ἅμα allein Phlm 22 und im Zitat Röm 3,12. σύν gebraucht Paulus von dem Verhältnis der Menschen zueinander sowohl als auch von der (zukünftigen) Gemeinschaft mit Christus.

Darf die Frage, ob ἅμα σύν an dieser Stelle auf Paulus zurückgeht, trotz seines Vorkommens in der *paulinischen* Formulierung 1Thess 5,10 nicht positiv entschieden werden, da einzukalkulieren sei, daß ein traditionelles ἅμα σύν in 1Thess 4,17 auf die Formulierung in 1Thess 5,10 eingewirkt hat?[106] Diese These berücksichtigt folgende beide Punkte nicht genügend:

1. ἅμα bezeichnet an beiden Stellen etwas anderes, in 4,17 die gemeinsame Entrückung von Lebenden und ehemals Toten, in 5,10 die Gemeinschaft mit Christus. Bei Einwirkung des Kontextes wäre eine größere Parallelität des Gebrauchs (wie bei ἀνέστη/ἀναστήσονται) zu erwarten gewesen.

2. ἅμα σύν in 4,17 entspricht dem Skopus von V. 15, daß die Überlebenden den Toten gegenüber keinen Vorteil haben. Daher ist es eher als paulinische Verdeutlichung aufzufassen als zur Tradition zugehörig, die sonst auffällig gut zur paulinischen Intention passen würde. Auch an anderen Stellen, wo Paulus Traditionen aufnimmt, interpretiert er sie im Sinne seiner Intention.

Fazit zu ἅμα σύν: es entspringt der paulinischen Redaktionstätigkeit.

ἁρπαγησόμεθα: dieses Verb gebraucht Paulus außerhalb unserer Stelle noch 2Kor 12,2.4 für die ekstatische Entrückung in den dritten Himmel bzw. das Paradies. Im Zusammenhang des Parusiegeschehens ist somit der Gebrauch des Verbes singulär bei Paulus und darf als Zeichen der Benutzung von Tradition gewertet werden.

ἐν νεφέλαις: νεφέλη wird von Paulus sonst nur noch 1Kor 10,1.2 im Midrasch über die Wüstengeneration benutzt.

ἀπάντησις kommt sonst im paulinischen Schrifttum und im Neuen Testament nicht vor.

ἀήρ verwendet Paulus nur noch 1Kor 9,26 und 14,9 – jeweils aber im übertragenen Gebrauch.

καὶ οὕτως πάντοτε σὺν κυρίῳ ἐσόμεθα: dieser Satz ist sprachlich durchweg von Paulus geprägt: καὶ οὕτως: vgl. Röm 5,12; 1Kor 7,17. 36; 11,28; Gal 6,2 – πάντοτε: 39mal im NT, 19mal bei Paulus –

---

106 So die These von Luz, Geschichtsverständnis, S. 328 A 48; Zustimmung bei Harnisch, Existenz, S. 43 A 20.

σὺν κυρίῳ εἶναι: 1Thess 5,10; 2Kor 4,4 (σὺν Ἰησοῦ), vgl. Röm 6,8: συζήσομεν αὐτῷ (sc. Χριστῷ).

Damit hat die Wortstatistik gezeigt, daß vorwiegend in V. 16f unpaulinische Wendungen enthalten sind.

Als Fazit des Abschnittes ‚Scheidung von Redaktion und Tradition' ergibt sich, daß V. 15 wegen des Briefstils, des Inhalts und der paulinischen Wendungen als Applizierung der Verse 16—17 auf die Lage in Thessalonich aufzufassen ist.

Man mag aus dem paulinischen Schrifttum für diese Art der Voranstellung des Ertrages eines Zitats vor dasselbe als Parallele auf Röm 14,10c (paulinische Zuspitzung von V. 11f) und 1Kor 15,51 (paulinische Zusammenfassung von V. 52f) verweisen.

Folgende Arbeitsschritte sind nun durchzuführen: a) die form- und traditionsgeschichtliche Analyse von V. 16f, die die obige Scheidung von Redaktion und Tradition verifizieren mag, b) die Eruierung des Sinnes von V. 16f auf der Stufe der Tradition und c) der Redaktion, wobei die Probe zu machen ist, ob V. 16f mit dem Sinn des als paulinische Applikation bestimmten V. 15 übereinstimmen.

5.2.2.3.2.2 Form- und traditionsgeschichtliche Analyse von V. 16f

Scheiden wir die als paulinische Zusätze aufgrund der Wortstatistik erkannten Wendungen aus und machen die durch die Briefsituation bedingte 1. Pers. pl. rückgängig, so entsteht folgender Text:

Da die Frage, ob ὁ κύριος Bestandteil der Vorlage ist, nicht schon anhand der Wortstatistik, sondern erst aufgrund der formgeschichtlichen und traditionsgeschichtlichen Analyse zu entscheiden möglich ist, sei sie hier zunächst zurückgestellt und vorläufig ὁ κύριος als Bestandteil der Tradition angesehen:

ὁ κύριος ἐν κελεύσματι, ἐν φωνῇ ἀρχαγγέλου καὶ ἐν σάλπιγγι θεοῦ, καταβήσεται ἀπὸ τῶν οὐρανῶν, καὶ οἱ νεκροὶ ἀναστήσονται, οἱ περιλειπόμενοι ἁρπαγήσονται ἐν νεφέλαις εἰς ἀπάντησιν τοῦ κυρίου εἰς ἀέρα.

Bezeichnet man mit dem Begriff ‚Apokalyptik' „erstens die Literaturgattung der Apokalypsen, d.h. Offenbarungsschriften, die jenseitige und vor allem endzeitliche Geheimisse enthüllen, und zweitens die Vorstellungswelt, aus der jene Literatur stammt"[107], so ist unsere

---

[107] P. Vielhauer, Apokalypsen und Verwandtes: Einleitung. Apokalyptik des Urchristentums, in: Hennecke[3,4] II, S. 407—454, S. 408.

Tradition als apokalyptisches Dokument bzw. formgeschichtlich als „Miniaturapokalypse" (Vielhauer) einzustufen.

Denn sie enthält a) durchgängig aus der apokalyptischen Vorstellungswelt stammende Motive und stellt b) den Grundriß einer ein endzeitliches Geheimnis enthüllenden Offenbarungsschrift dar.

Zu a): καταβαίνειν steht im Zusammenhang von Menschensohntraditionen (vgl. Mt 24,30; Mk 14,62 par; Joh 3,13 [s.u. S. 249]) und überhaupt im Kontext des Kommens eschatologischer Ereignisse[108]. Die Aufzählung der Zeichen der Endzeit gehört zum apokalyptischen Stil (Mt 24,30f; Did 16,6), und die Stimme des Erzengels und die Posaune sind Ornamente des Eintritts des Endes. Dabei kann die Posaune sowohl die Auferstehung der Toten als auch das Gericht wie die Sammlung der Heilsgemeinde einleiten[109]. Die Auferstehung der Toten ist apokalyptisches Gedankengut, ebenso die Vorstellung vom Rest bzw. von den Übriggebliebenen im Zusammenhang der Enderignisse und die Entrückung (vgl. syrBar 13,3; 76,2 u.ö.; äthHen 70f; Apk 11,12). Derselben Gedankenwelt gehört das ‚Wolken-Motiv' an (vgl. Dan 7,13 und wiederum Apk 11,12)[110].

Zu b): V. 16f entfaltet das Geheimnis der Endgeschichte in gedrängter Form mit dem Abschluß des Zusammenkommens des Kyrios mit den Seinen in der Luft. Wir sind daher berechtigt, V. 16f als Apokalypse oder besser: „Miniaturapokalypse" (Vielhauer) zu bezeichnen, die anschaulich das Herabkommen des Kyrios vom Himmel, die Auferstehung der Toten und die Einholung des Kyrios durch die Seinen in der Luft schildert.

Da Paulus wegen seines Desinteresses an ‚Vorstellungen' die Tradition hier abbricht und stattdessen ihren Ertrag mit den Worten καὶ οὕτως πάντοτε σὺν κυρίῳ ἐσόμεθα zusammenfaßt, wissen wir nicht sicher, welchen Fortgang die Vorlage nahm. Man darf aber als wahrscheinlich voraussetzen, daß die Miniaturapokalypse anschließend eine Herabkunft des Kyrios mit den Seinen auf die Erde schilderte, und zwar aus folgenden Gründen: a) καταβαίνειν zeigt an, daß der Kyrios „tatsächlich auf die Erde herabkommt, um hier sein Reich aufzubauen." b) „Die ἀπάντησις ... findet statt, um den herabkommenden Herrn einzuholen und mit ihm auf die Erde zurückzukehren"[111].

---

[108] Vgl. J. Schneider, Art. βαίνω κτλ, in: ThWNT I, S. 516—521.
[109] Vgl. G. Friedrich, Art. σάλπιγξ κτλ, in: ThWNT VII, S. 71—88; Bill. I, S. 459f.
[110] Vgl. A. Oepke, Art. νεφέλη, in: ThWNT IV, S. 904—912.
[111] K. Deißner, Auferstehungshoffnung und Pneumagedanke bei Paulus, Leipzig 1912, S. 15f; ebenso Teichmann, Vorstellungen, S. 35f; Nepper-Christensen, Herrnwort, S. 148f.

Nun steht dem Verständnis von V. 16f als einheitlicher, formgeschichtlich klassifizierbarer Tradition (Miniaturapokalypse) ein auf den ersten Blick schwerwiegender Einwand entgegen, der freilich das Gesagte nur noch bekräftigen wird: Liest man die von uns rekonstruierte Tradition in der oben angegebenen zeitlichen Reihenfolge, so bereitet die Aussage, daß die Toten auferstehen und die Lebenden dem Kyrios entgegen in die Luft entrückt werden, einem Verständnis von V. 16f Schwierigkeiten, das die Verse als *einheitliche* Tradition wertet. Denn die Entrückungs- und Auferstehungsaussagen stünden in unauflösbarem Widerspruch zueinander, da vorausgesetzt wäre, daß die Auferstandenen *nicht* entrückt werden zum Herrn (*anders* Paulus!).

Sieht man aber genauer hin, so ist festzustellen, daß nach Abzug der paulinischen Redaktion die Auferstehungs- und Entrückungsaussage gar nicht zeitlich im Sinne eines Nacheinander geschieden werden, sondern unverbunden mit der Ankunft des Kyrios verknüpft sind. Es erscheint daher nicht unerlaubt, in der Vorlage probeweise die Auferstehung der Toten der Entrückung der Lebenden zeitlich einmal nachzuordnen, um so mehr, als die nachdrückliche zeitliche Vorordnung der Auferstehung auf das Konto des Paulus geht (prōton — epeita) und das in V. 16f enthaltene Parusiemodell in der Vorordnung der Auferstehung der Toten vor der erfolgten Ankunft des Kyrios (auf der Erde) nicht dem jüdischen Schema entspricht. Ist hiermit noch nicht bewiesen, daß V. 16f auf eine mehr oder weniger einheitliche Apokalypse mit dem Abschluß der Auferstehung der Toten zurückgeht, so ist gleichwohl die Frage berechtigt, ob nicht analoge apokalyptische Modelle aus der Umwelt des NTs für die in V. 16f vorauszusetzende Miniaturapokalypse als Parallelen beizubringen sind:

Besonders der Bericht vom Erscheinen des Menschensohnes in 4Esra 13 erinnert an unsere Stelle (kursiv gedruckt sind auffällige Berührungen im Ausdruck mit 1Thess 4,16f): 13,3: „Ich schaute, siehe da führte jener Sturm aus dem Herzen des Meeres etwas wie einen Menschen hervor; ich schaute, siehe dieser Mensch flog mit den *Wolken* des Himmels (...). 4: und wohin die *Stimme* seines Mundes ging, da zerschmolzen alle, die seine *Stimme* vernahmen (...). 12: danach schaute ich, wie jener Mensch vom Berg *herabstieg* (...). Da nahten sich ihm Gestalten von vielen Menschen (...) (diese sind nach der Deutung von) 48: auch diejenigen, die *übriggeblieben* sind aus diesem heiligen Volke".

Nun verknüpft 4Esra bekanntlich das Messiasreich nicht mit der Auferstehung der Toten. Nach Ps-Esra sind die „Überbleibenden bei weitem seliger als die Gestorbenen" (13,24). Deren Auferstehung wird erst nach dem Ende des messianischen Reiches stattfinden, wenn es geschieht, daß die Erde wiedergibt, „die darinnen ruhen, der Staub läßt los, die darinnen schlafen, die Kammern erstatten die Seelen zurück, die ihnen anvertraut sind. Der Höchste erscheint auf dem Richterthron" (4Esra 7,32f).

Doch war oben gesagt worden, daß die Auseinanderlegung von messianischem Zwischenreich und dem die Totenauferstehung bewirkenden künftigen Äon eine zuerst nach 70 n.Chr. nachweisbare Konstruktion ist. Vielmehr tritt im Judentum vor 70 n.Chr. der Auferstehungsglaube in enger Verbindung mit der, mit dem Messiasreich identischen, kommenden Heilszeit auf. „So will schon die — neben Js 26,19 einzige — alttestamentliche Belegstelle Dan 12,2 auf die Frage antworten, ob beim Anbruch der glücklichen Zeit die Frommen, die diese Weltenwende nicht mehr erleben, keinen Anteil am Heil erhalten. Die Antwort gibt eben der Auferstehungsglaube"[112].

Ist damit klar, daß unsere Miniaturapokalypse mit ihrer Verknüpfung des Kommens des Kyrios mit der Auferstehung der Toten auf jüdischem Boden steht, so bleibt die Frage nach dem Verhältnis der Übriggebliebenen, die entrückt werden, zu den Auferstandenen zu klären übrig. Wird das Verhältnis dieser beiden Gruppen in Texten der jüdischen Apokalyptik behandelt, oder müssen wir zu einer These vom fragmentarischen Charakter der in V. 16f enthaltenen Apokalypse Zuflucht nehmen, die ihre traditionsgeschichtliche Herleitung unmöglich macht?

Nun zieht sich durch fast alle Apokalypsen die Überzeugung hindurch, daß das Ende nah ist, und gleich „der erste Apokalyptiker ist überzeugt, daß er das Ende der Zeiten erlebt; und das geht so fort durch die Zeiten"[113]. Da dieselben Apokalyptiker von der nahen Heilszeit die Auferstehung der Toten erwarteten, sollte man erwarten, in einem Text jenes Verhältnis von Überlebenden und Auferstandenen reflektiert zu finden.

Dafür scheint syrBar 29f ein Beispiel zu sein: Kap 29 berichtet von der Drangsal, die in den letzten Tagen die ganze Erde betreffen wird. Auf die Frage, „ob sich dies in einem Land oder in einem Erdteil ereignen wird oder ob es die ganze Erde wahrnehmen wird" (28,7), erhält der Apokalyptiker zur Antwort: 29,1: „(...) Die ganze Erde wird das treffen, was sich alsdann ereignet, darum werden es alle die wahrnehmen, die dann am Leben sind. 2: Zu jener Zeit aber beschirme ich nur die, die sich in jenen Tagen in diesem Lande befinden. 3: Und nachdem das, was sich in jenen Abschnitten ereignen wird, vollendet ist, alsdann wird der Messias anfangen, sich zu offenbaren (folgt Schilderung eines Paradieseszustandes wie z.B.:) 8: Und in jener Zeit werden wieder die Mannavorräte von oben herabfallen, und sie werden davon in jenen Jahren essen, weil sie das Ende der Zeiten erlebt haben. 30,1: Und danach, wenn die Zeit der Ankunft des Messias sich vollendet, wird er in Herrlichkeit in den Himmel zurückkehren. Alsdann werden alle die, die in der Hoffnung auf ihn entschlafen sind, auferstehen. 2: (...) auftun werden sich die Vorratskammern (...), und die ersten werden sich freuen und die letzten sich nicht betrüben. 3: Denn es weiß ein jeder, daß die Zeit herbeigekommen ist, von der es heißt, daß es das Ende der Zeiten ist."

---

112 Dibelius, Thess[2], S. 23 (= 3. Aufl. S. 27); zur engen Verknüpfung von Messiaszeit und Auferstehung der Toten vgl. Bill. III, S. 827f; IV, S. 799ff.
113 P. Volz, Die Eschatologie der jüdischen Gemeinde im neutestamentlichen Zeitalter, Tübingen 1934 (Nachdruck Hildesheim 1966), S. 136. Vgl. aber die Einschränkung oben S. 227 A 48 und Bill. IV, S. 988f; L. Hartman, The Functions of Some So-Called Apocalyptic Timetables, in: NTS 22. 1976, S. 1—14, bes. S. 1.11—13.

Kap. 49 scheint eine von apologetischem Bemühen getragene Variation[114] von Kap. 29f zu sein. Der Apokalyptiker fragt 49,2: „In welcher Gestalt werden wohl die weiterleben[115], die an deinem Tage am Leben sind?" Die Antwort lautet 50,2: „Denn sicherlich gibt die Erde alsdann die Toten zurück, die sie jetzt empfängt, um sie aufzubewahren, indem sie nichts ändert an ihrem Aussehen (eigentlich: „an ihrer Gestalt") (...). 3: Denn alsdann ist es nötig, denen, die leben, zu zeigen, daß die Toten wieder aufgelebt sind (...). 4: Und wenn sie einander erkannt haben, die sich jetzt kennen, alsdann wird das Gericht mächtig sein (...). 51,8: (Die Gerechten werden) sehen die Welt, die ihnen jetzt unsichtbar ist, und sie werden die Zeit sehen, die jetzt vor ihnen verborgen ist. 9: Und es wird sie auch nicht die Zeit altern lassen, 10: denn in den Himmelshöhen jener Welt werden sie wohnen und den Engeln gleichen und den Sternen vergleichbar sein. Und sie werden verwandelt werden zu allen möglichen Gestalten (...)."

Die bisherige Forschung faßte syrBar 29f oft so auf, daß es die Konzeption eines messianischen Zwischenreiches enthalte[116]. So sei Kap. 29,3ff von den paradiesischen Freuden der Herrschaft des Messias die Rede, an der nur die zu jener Zeit Lebenden teilnehmen, und berichte 30,1 von der Rückkehr des Messias in den Himmel. Erst hernach stünden die Gerechten auf. Werden hierdurch zwei Perioden unterschieden, die Messiaszeit und die durch die Auferstehung von den Toten eingeleitete immerwährende Heilszeit?

Dagegen spricht, daß 1. Kap. 30,1: „der Messias kehrt in den Himmel zurück, und die in der Hoffnung auf ihn entschlafenen Toten stehen auf", nicht frei von dem Verdacht eines christlichen Einschubs ist[117],

2. schon die messianische Ära wie in Kap. 73f (vgl. 74,2) als Ende der Zeiten angesehen wird (29,8; 30,3),

3. das sonst zwischen Messias- und ewigem Reich geschilderte Aufbäumen des Bösen ausbleibt,

4. Kap. 49f, die traditionsgeschichtlich mit Kap. 30 zusammengehören, das Verhältnis von Überlebenden und Toten behandeln. Beziehen sich dagegen beide

---

[114] Folgende Unterschiede sind festzustellen: 30,1—4 spricht von einer Auferstehung der Gerechten aus den Kammern, 49f dagegen von einer *allgemeinen* Auferstehung aus der Erde in der alten Leiblichkeit. Doch sind auch die Gottlosen (d.h. ihre Auferstehung zum Gericht) in 30,4 mitgedacht, und ihre in Kap. 51 berichtete Peinigung ist auch in Kap. 30 impliziert. „Der Autor von 2Bar dürfte sich jedenfalls kaum eines Widerspruchs zwischen 30,1—4 und den Kapiteln 49—51 bewußt gewesen" (G. Stemberger, Der Leib der Auferstehung, AnBibl 56, Rom 1972, S. 95); selbst traditionsgeschichtlich dürfte es kaum berechtigt sein, Kap. 30 und Kap. 49ff auf verschiedene Quellen zurückzuführen.
[115] Die Frage steht in erheblicher Spannung zur Antwort, die Auskunft über die Leiblichkeit der Verstorbenen gibt, während nach der Leiblichkeit der Überlebenden gefragt wurde. Damit ist gesagt, daß nach der Frage wohl eine neue Quelle einsetzt.
[116] So zuletzt P. Bogaert (ed.), Apocalypse de Baruch I, SC 144, Paris 1969, S. 416ff; H. C. Cavallin, Life after Death, CB. NT 7.1, Lund 1974, S. 86—94.
[117] Vgl. U. B. Müller, Messias und Menschensohn in jüdischen Apokalypsen und in der Offenbarung des Johannes, StUNT 6, Gütersloh 1972, S. 142ff; Wilcke, Problem, S. 43.

Stücke (30 und 49f), wie meist angenommen wird, auf die dem Zwischenreich folgende immerwährende Heilszeit, so ist es unerklärlich, wie das Verhältnis von Überlebenden und Auferstandenen behandelt werden kann (Kap. 50), wenn nach dem herkömmlichen Konzept des Zwischenreiches nach Ablauf desselben alle sterben (vgl. 4Esra 7,28ff[118]). Wie kann da in syrBar 50 vorausgesetzt werden, daß manche Menschen den Tag erleben werden, wenn nicht der syrBar nur eine *Zweiteilung* der Geschichte vertritt?[119]

Aus dem Gesagten ist zu folgern, daß syrBar das Konzept des messianischen Zwischenreiches *nicht* enthält! Vielmehr wird ein Zusammenhang bestehen zwischen den Übriggebliebenen in Kap. 49 und Kap. 29, die beidemal Menschengruppen bezeichnen, die beim Eintritt des Endes am Leben sind.

Es ergibt sich daher, daß der syrBar ein Beispiel dafür ist, wie in apokalyptischen Kreisen des Judentums das Verhältnis von Überlebenden und Toten zur Heilszeit gesehen wird. Lebende und tote Gerechte nehmen an der durch die Ankunft des Messias inaugurierten Heilszeit teil. Die Toten stehen nach der Ankunft des Messias auf: beide Gruppen, Überlebende und Auferstandene werden nach dem Gericht verwandelt (50,8).

Damit ist gezeigt worden, daß die Grundstruktur der Tradition 1Thess 4,16f in jüdischen Apokalypsen eine Analogie hat, die vom Erscheinen des Menschensohnes/Messias auf der Erde berichten, dem Zusammensein der überlebenden Auserwählten (des Restes) mit dem Menschensohn und der Auferstehung der Gerechten und Ungerechten.

Im Lichte dieser auf traditionsgeschichtlichem Wege rekonstruierten Beziehung von 1Thess 4,16f zu jüdisch-apokalyptischen Modellen empfiehlt es sich, auf der Stufe der Tradition ‚Kyrios‘ durch ‚Menschensohn‘ zu ersetzen, um so mehr, als die Vorlage keinerlei christliche Elemente aufweist.

Nun ist bisher eine Besonderheit der Vorlage 1Thess 4,16f noch nicht zur Sprache gekommen. Sie betrifft die ἀπάντησις der Lebenden mit dem Menschensohn in der Luft.

Kommen auch jüdische Aussagen vom Sammeln der Auserwählten durch die Engel des Menschensohnes (vgl. Mk 13,27; äthHen 61,1.5; in Verbindung mit einer Entrückungsaussage: Luk 17,34) unserer Tra-

---

[118] In Spannung dazu 4Esra 12,34 (?).
[119] Unklar Müller, Messias: „In syrBar 29f. finden wir also keine wirkliche Dreiteilung der Geschichte: dieser Äon — Zwischenreich — Neue Welt" (S. 144). Kurz zuvor heißt es: „Der ursprüngliche Text wird also in 30,1 etwa folgendermaßen gelautet haben: ‚Wenn darnach die Zeit der Anwesenheit des Messias beendet ist, dann werden alle, die entschlafen sind, auferstehen'" (S. 143f). Um der von Müller m.R. abgelehnten Dreiteilung der Geschichte zu entgehen, wird man sich entschließen müssen, 30,1 ganz zu streichen, da dieser Vers zwei auf dieselbe Heilszeit sich beziehende Traditionen künstlich trennt (vgl. nur 29,8: Ende der Zeiten, 30,3: Ende der Zeiten); vgl. noch Barrett, Umwelt, S. 261.

dition über die Entrückung der Lebenden zur Begegnung mit dem Menschensohn relativ nahe, so schwingt in ihnen doch nicht die mit ἀπάντησις eingebrachte Vorstellung mit, die E. Peterson überzeugend aufgewiesen hat. ἀπάντησις ist „als terminus technicus für einen staatsrechtlich geübten Brauch der Antike aufzufassen, wonach hochgestellte Personen von der Bürgerschaft der Stadt feierlich eingeholt werden"[120].

Mit der Aufnahme dieses Begriffes ist ein aus dem politischen Leben stammender Brauch in den apokalyptischen Bereich transponiert worden[121] und dient einem apokalyptisch-hellenistischen Judentum dazu, a) das Aufeinandertreffen von Menschensohn und Überlebenden anschaulich zu machen, b) die Hoheit des Menschensohnes hervorzuheben.

Von dieser Bedeutung von ἀπάντησις her ist die Entrückungsaussage in unserem Text zu interpretieren. Sie steht hier nicht in Konkurrenz zum Auferstehungsgedanken, sondern geht über den einfachen Sinn von plötzlicher Ortsveränderung nicht hinaus[122]. Die Überlebenden bis zum Ende der Zeiten werden zur Einholung des Menschensohnes entrückt, um den in der Art einer hochgestellten Persönlichkeit Aufgefaßten vor den Toren der Welt feierlich zu empfangen, und kehren mit ihm auf die Welt zurück, wo dann die Totenauferstehung stattfindet.

Damit hat sich — *zusammenfassend gesagt* — gezeigt, daß es möglich ist, in der Tradition 1Thess 4,16f den Grundriß einer im jüdisch-hellenistischen Raum beheimateten Apokalypse zu erkennen[123]. Versucht

---

[120] E. Peterson, Art. ἀπάντησις, in: ThWNT I, S. 380; ders., Die Einholung des Kyrios, in: ZSTh 7. 1930, S. 682—702.

[121] Ähnliches ist für den Begriff πολίτευμα festzustellen. Er bezeichnet sowohl eine politische als auch religiös-apokalyptische Größe (vgl. Phil 3,20); s. H. Strathmann, Art. πόλις κτλ in: ThWNT VI, S. 516—535. Überhaupt ist die Verlagerung der *politischen* Basileiahoffnung in eine transzendente *(religiös-apokalyptische)* Basileiahoffnung im Judentum um die Zeitenwende ein bekanntes Phänomen!

[122] Zu ‚Entrückung' vgl. Strecker, Entrückung (s.o. S. 223 A 28); Lohfink, Himmelfahrt, passim; G. Friedrich, Die Auferstehung Jesu, eine Tat Gottes oder ein Interpretament der Jünger?, in: KuD 17. 1971, S. 153—187, S. 170ff; ders., Luk 9,51 und die Entrückungschristologie des Lukas, in: P. Hoffmann — N. Brox — W. Pesch (edd.), Orientierung an Jesus (FS J. Schmid), Freiburg—Basel—Wien 1973, S. 48—77; A. Schmitt, Entrückung—Aufnahme—Himmelfahrt, fzb 10, Stuttgart—Würzburg ²1976 (AT und vorderer Orient; vgl. hierzu noch R. Borger, Die Beschwörungsserie bīt mēseri und die Himmelfahrt Henochs, in: JNES 33. 1974, S. 183—196).

[123] Vgl. bereits Dibelius, Thess², S. 22: „ob wir es nicht mit dem Stück einer Jesus in den Mund gelegten Apokalypse (wie Mc 13 par.) zu tun haben, aus

man, ihren Sinngehalt zu bestimmen, so stellt sie sich als ein Orakel über die Zukunft dar, das den bis zur Parusie Übriggebliebenen und den gerechten Toten Heil ansagt. Ob sich der Apokalyptiker selbst zu dem Rest zählt, ist aufgrund des Textes nicht sicher zu entscheiden. Das kann höchstens durch die allgemeine Überlegung erschlossen werden, daß jeder Apokalyptiker sich zur letzten Generation rechnete (s. aber die Einschränkung oben S. 227 A 48).

Dürfte eine weitere Erhellung des Sinnes auf der Stufe der Tradition auch wegen des fragmentarischen Charakters unserer Miniaturapokalypse nicht möglich sein, so ist die Erkenntnis der Form von 1Thess 4,16f nicht ganz unwichtig für die oben ausgesparte Frage nach dem λόγος κυρίου.

5.2.2.3.2.3 Folgerungen aus der formgeschichtlichen Analyse für die Bedeutung des λόγος κυρίου in 1Thess 4,15

Die bisherige Forschung befaßte sich primär mit der Frage, ob ein Wort des Irdischen oder Erhöhten vorliegt. Da aus den Evangelien eine echte Parallele zu 1Thess 4,15ff nicht beizubringen [124] und der Verweis auf ein Agraphon [125] immer mißlich ist — zumal dann auch das Verhältnis von Kyrios im Herrenwort zu Kyrios als Sprecher desselben zu klären wäre —, scheint sich ein Konsens dafür gefunden zu haben, λόγος κυρίου als Wort des Erhöhten aufzufassen, das von einem Propheten im Namen des Kyrios gesprochen wurde [126].

Im Lichte der obigen formgeschichtlichen Analyse ist diese Sicht dahingehend zu modifizieren, daß nach Pauli Verständnis gewiß ein Wort des Erhöhten vorliegt, der Grundbestand von V. 16f jedoch auf eine *jüdische* Apokalypse zurückgeht, die von Paulus als Wort [127] des Herrn aufgefaßt wurde.

---

der Paulus die für seine Fragestellung entscheidenden Ausdrücke oder Sätze zitiert". In der 3. Aufl. ist Dibelius noch bestimmter: „So bleibt als beste Auskunft die Annahme übrig, daß 16f. ein (wörtliches oder variiertes) Zitat aus einer Apokalypse ist, die Paulus als λόγος κυρίου anführt (vielleicht weil sie wie Mc 13 dem Herrn in den Mund gelegt war?)" (S. 25).

[124] Luz, Geschichtsverständnis, S. 327, führt folgende Stellen aus dem NT an, die bisher als Parallelen herangezogen wurden: Mt 10,39; 16,25.28; 20,1ff; 24,31.34; 25,6; 26,64; Luk 13,30; Joh 5,25; 6,39f.

[125] Jeremias, Jesusworte, S. 79.

[126] Luz, Geschichtsverständnis, S. 327f; Siber, Christus, S. 39ff; Baumgarten, Paulus, S. 94, um nur einige zu nennen.

[127] ‚logos kyriou' bezeichnet nicht notwendig ein *Einzel*wort (vgl. G. Kittel, Art. λέγω κτλ, in: ThWNT IV, S. 69—140, S. 105). L. Hartman hebt m.R. hervor, daß ‚logos' „like its Hebrew equivalent (...) may be used both of a com-

Eine Analogie für einen derartigen Vorgang, daß dem Erhöhten eine Art Apokalypse in den Mund gelegt wird, finden wir aus der Anfangszeit des Christentums in Mk 13, wo eine jüdische Apokalypse als Grundbestand (13,7f.12.14−22.24−27) der apokalyptischen Rede Jesu deutlich durchscheint. „Bedeutsam ist (...) die Tatsache der Übernahme einer jüdischen Apokalypse und ihrer Verwendung als Jesusworte, wobei der Messias (V. 21f) bzw. Menschensohn (V. 26f.) einfach auf Jesus bezogen werden"[128].

Wegen des jüdischen Ursprungs des Grundbestandes von 1Thess 4,16f ist es m.E. nicht möglich, den von Paulus so genannten λόγος κυρίου traditionsgeschichtlich für eine vorpaulinische Gemeinde zu verwerten, deren Situation „von derjenigen in Thessalonich nicht allzusehr verschieden ist"[129].

Abgesehen davon, daß eine rein jüdische Vorlage in V. 16f − wie gesagt − eine solche These ausschließen würden, dürften überdies die beiden diese These erst ermöglichenden Behauptungen unzutreffend sein:

a) ἅμα σύν gehöre der Vorlage an. Das wurde bereits oben (S. 246) als unwahrscheinlich erwiesen.

b) In der Vorlage sei statt οἱ νεκροὶ ἐν Χριστῷ die Wendung οἱ νεκροὶ ἐν κυρίῳ enthalten gewesen.

---

plex of doctrine and of parts of such a complex" (Prophecy Interpreted, CB. NT 1, Lund 1966, S. 182).

[128] Bultmann, Geschichte, S. 129. Dasselbe Phänomen liegt in 1Thess 4,15f vor: die Apokalypse wird mit der Bezeichnung ‚logos kyriou' auf Jesus zurückgeführt, und die Heilsgestalt in der Apokalypse ist Jesus selbst. Zur These einer Mk 13 zugrundeliegenden jüd. Apokalypse vgl. noch R. Pesch, Naherwartungen, KBANT, Düsseldorf 1968, S. 215ff. Anders F. Hahn, Die Rede von der Parusie des Menschensohnes Markus 13, in: R. Pesch − R. Schnackenburg − O. Kaiser (edd.), Jesus und der Menschensohn (FS A. Vögtle), Freiburg−Basel−Wien 1975, S. 240−266, bes. S. 257ff. Kommt Hahn in Anbetracht der Abfassung des Markusevangeliums bald nach 70 nicht in Zeitnot, wenn er die vormarkinische christlich komponierte Rede „erst in einer Epoche (sc. entstanden denkt), in der die Reapokalyptisierung in bestimmten Traditionssträngen der Urchristenheit auch sonst deutlich bemerkbar und nachweisbar" ist (S. 259)? Hahn verweist auf 2Thess und Apk, die „ebenfalls in die Zeit nach 70 n.Chr." gehören (S. 258 A 70).

[129] Luz, Geschichtsverständnis, S. 329; ähnlich bereits H. Köster, Die außerkanonischen Herrenworte als Produkte der christlichen Gemeinde, in: ZNW 48. 1957, S. 220−237. Wenn Köster sagt, der von Paulus zitierte ‚logos kyriou' gehöre in die Situation der Gemeinde beim Übergang von der ersten zur zweiten Generation (S. 233f), muß man fragen, wie Paulus in dieser Lage noch von einem mehrheitlichen Überleben ausgehen konnte.

Zu b): U. Luz verweist als Analogie für die von ihm rekonstruierte Wendung οἱ νεκροὶ ἐν κυρίῳ auf Apk 14,13: οἱ νεκροὶ οἱ ἐν κυρίῳ ἀποθνῄσκοντες, das nach der Vermutung von T. Holtz[130] auf formelhaftes Traditionsgut zurückgehe. Doch ist damit nicht die Verbindung οἱ νεκροὶ ἐν κυρίῳ belegt, sondern nur das von *Märtyrern* ausgesagte ἀποθνῄσκειν ἐν κυρίῳ[131]. Es erscheint daher sehr gewagt, in 1Thess 4,16 ein οἱ νεκροὶ ἐν κυρίῳ zu substituieren, zumal auch U. Luz nicht die These teilt, daß die Toten in Thessalonich Märtyrer gewesen seien.

Diese Absicherung unserer These in zwei Einzelpunkten dürfte damit den rein jüdischen Charakter von 1Thess 4,16f erhärtet haben.

Wir kommen damit zu der Frage nach dem Sinn von V. 16f auf der Stufe der paulinischen Redaktion.

5.2.2.3.2.4 Der Sinn von 1Thess 4,16f auf der Stufe der paulinischen Redaktion

Im folgenden geht es darum, die paulinischen Zusätze zur jüdischen Vorlage auf ihren Sinngehalt zu befragen. In enger Verbindung mit dieser Aufgabe muß aber auch der paulinische Sinn erhoben werden, der sich aus der bloßen Übernahme der jüdischen Vorlage mit ihren Einzelaussagen für die thessalonische Gemeindesituation ergibt.

Die Scheidung von Redaktion und Tradition ergab folgende paulinische Zusätze: (νεκροί) ἐν Χριστῷ, πρῶτον/ἔπειτα, ἡμεῖς οἱ ζῶντες, ἅμα σὺν αὐτοῖς, καὶ οὕτως πάντοτε σὺν κυρίῳ ἐσόμεθα. Paulus hat ferner die in der 3. Pers. abgefaßte Schilderung der Vorlage, soweit die Toten und Überlebenden betroffen waren, in die 1. Pers. geändert. Schließlich scheint von Paulus die traditionelle Reihenfolge Parusie-Auferstehung dahingehend modifiziert worden zu sein, daß die Auferstehung zwischen Beginn und Vollendung der Parusie eingeschoben worden ist[132].

---

[130] Die Christologie der Apokalypse des Johannes, TU 85, Berlin ²1971, S. 11. Übrigens rechnet Holtz in Apk 14,13 mit paulinischem Einfluß.
[131] Zu ‚en kyriō' als ekklesiologisch formelhafter Aussage vgl. 1Thess 3,8; 5,12. Möglicherweise hätte Paulus ‚en kyriō' auf der Stufe der Tradition stehen lassen.
[132] Damit enthält die Entrückungsaussage einen ganz anderen Inhalt als in der Tradition und bezeichnet den Übergang zum endgültigen Heilsstand. Der Sinn der Apokalypse wird völlig umgebogen, zumal auch die Herabkunft des Menschensohnes mit den Seinen auf die Erde weggebrochen wird. Das Beispiel zeigt, wie Paulus apokalyptische Traditionen radikal auf ihren ihm durch das Christusgeschehen eröffneten Sinn hin interpretiert. Als Parallele ist auf seinen Gebrauch des AT hinzuweisen (vgl. 1Kor 9,9). Vgl. P. Vielhauer, Paulus und das Alte Testa-

Die paulinische Redaktion der Vorlage und das sich durch ihre bloße Übernahme bekundende Interesse hat zwei Stoßrichtungen:

a) eine zielt auf das durch einige Todesfälle aufgeworfene Problem nach dem Schicksal der verstorbenen Christen,

b) die andere enthält eine Pointierung der Parusieerwartung.

Zu b): Paulus kann die jüdische Vorlage deswegen in Gebrauch nehmen, weil sie von den bevorstehenden Endereignissen spricht. Die Aussage, daß ein Rest dem Herrn entgegengehoben wird in die Luft, radikalisiert und aktualisiert er, indem er ihr die ihm z.Zt. des 1Thess eigentümliche Naherwartung aufprägt: „wir Lebenden, die wir übrigbleiben". Die Aussage klingt jetzt so, als ob weitere Todesfälle nicht „eingeplant" sind!

Zu a): Paulus kann die jüdische Vorlage deswegen partiell übernehmen, weil sie dieselbe Personengruppe, deren Schicksal in Thessalonich Trostlosigkeit verursacht, und auch die ihm als Juden geläufige Antwort auf das Todesproblem enthält, nämlich die Auferstehungsaussage.

Aus den νεκροί in der Tradition werden auf der Stufe der paulinischen Redaktion nun νεκροὶ ἐν Χριστῷ: Man schöpft den Sinngehalt des Textes nicht genug aus, wenn man den Zusatz ἐν Χριστῷ lediglich damit erklärt, er zeige an, daß es sich um tote Christen handelt [133]. Zwar ist zuzugestehen, daß in späteren Briefen Pauli ἐν Χριστῷ oft die Bedeutung ‚christlich' annimmt [134]. Doch muß in Rechnung gestellt werden, daß z.Zt. des 1Thess, wie die Einleitungsformel οὐ θέλομεν ... ὑμᾶς ἀγνοεῖν, ἀδελφοί, περὶ τῶν κοιμωμένων (V. 13) offenbart, das Problem von toten Christen noch gar nicht theologisch bewältigt worden war. Wird daher zu fragen sein, ob der Zusatz ἐν Χριστῷ hinter οἱ νεκροί mehr als nur technische Bedeutung hat, so weisen zwei weitere redaktionelle Eingriffe Pauli in die Vorlage darauf hin, daß Paulus in der Tat angesichts der Erfahrung des Todes zu neuen theologischen Modellen greifen muß. Dazu müssen wir etwas weiter ausholen. Das Ziel der Argumentation liegt in V. 17: der zukünftigen, dauernden Christusgemeinschaft (wörtlich ‚Kyriosgemeinschaft') der toten und (bis zur Parusie) lebenden Christen. Um auch die Gemeinschaft der toten Christen mit

---

ment, in: Studien zur Geschichte und Theologie der Reformation (FS E. Bizer), Neukirchen 1969, S. 33—62.

[133] Vgl. etwa Siber, Christus, S. 57 A 162.

[134] Vgl. H. Conzelmann, Grundriß der Theologie des Neuen Testaments, EETh 2, München ³1976, S. 233.

dem Kyrios zu gewährleisten, bringt Paulus die in der jüdischen Vorlage zeitlich hintereinander stehenden Akte der Entrückung der Lebenden und Auferstehung der Toten bewußt in die umgekehrte Reihenfolge, indem er die Auferstehung als ‚prōton‘ von der Entrückung als ‚epeita‘ geschehend abhebt (vgl. 1Kor 15,46 für eine ähnliche Umstellung der Reihenfolge im Interesse einer bestimmten Aussage). Überdies läßt er die Auferstehung nur zu dem Zwecke geschehen, damit die Auferstandenen gemeinsam mit den Übriggebliebenen, zu denen Paulus sich und alle lebenden thessalonischen Christen rechnet, entrückt werden können. So dient die paulinische Wendung ἅμα σύν [135] dazu, indem sie die Gleichzeitigkeit [136] der Entrückung hervorhebt, die zukünftige Christusgemeinschaft der verstorbenen (und überlebenden) Gemeindeglieder auszusagen. Voraussetzung für die gemeinsame Entrückung lebender wie toter Christen war aber nach paulinischer Logik die Auferstehung der toten Christen.

Wird aus dem Gesagten deutlich, daß die Auferstehungs- der Entrückungsaussage zugeordnet ist, und ergab sich aus b) (s.o. S. 257), daß Paulus die Naherwartung der jüdischen Vorlage radikalisiert und aktualisiert, mithin von weiteren Todesfällen *nicht* ausgeht, so folgt als das Wahrscheinlichste hieraus nicht nur, daß die Auferstehung von Christen Ausnahme bleibt, sondern, daß Paulus in 1Thess 4,13ff die Thessalonicher erstmalig mit der Auferstehungsaussage bekannt macht. Ihre Einführung durch Übernahme und Redaktion der jüdischen Vorlage in die Argumentation dient der Vergewisserung, daß auch die Toten der zukünftigen Christusgemeinschaft teilhaftig werden.

Auf das oben offengelassene Problem der näheren Bedeutung von ἐν Χριστῷ hinter οἱ νεκροί bezogen, bedeutet das: ἐν Χριστῷ hat nicht nur technischen Sinn, sondern mit der Qualifizierung der Toten als

---

[135] Deißner, Auferstehungshoffnung, S. 15: ἅμα σύν αὐτοῖς lege noch einmal den Nachdruck darauf, „daß die ζῶντες gegenüber den κοιμηθέντες in keiner Weise den Vorrang haben".
[136] W. Baird, Pauline Eschatology in Hermeneutical Perspective, in: NTS 17. 1970/71, S. 314—327, S. 322, verkennt, daß die Entrückung beiden Gruppen, Überlebenden wie Auferweckten, gilt. Er schreibt: „I Thessalonians lists the descent of the Lord (...) the resurrection of the dead, and the catching up of those who are alive for meeting the Lord in the air" (ebd.). Wie oben gezeigt wurde, sind Auferweckung und Entrückung keine parallelen Akte, sondern die Auferweckung ist ein Hilfsgedanke und der Entrückung zugeordnet; unzutreffend auch Luz, Geschichtsverständnis, S. 355: in 1Thess 4,13ff sei „von der Entrückung der die Parusie noch Erlebenden die Rede". Nein, auch die Auferweckten werden entrückt!

‚in Christus' sagt Paulus, daß der Tod die zukünftige [137] Christusgemeinschaft nicht zerstören kann, eine Befürchtung, die offenbar in Thessalonich nach den ersten Todesfällen aufgetreten war.

Führen wir das paulinische Denken an diesem Punkt systematisierend weiter, so wäre zu sagen: die durch den Tod nicht zerstörbare Christuszugehörigkeit begründet die künftige Christusgemeinschaft; das ἐν Χριστῷ hat das σὺν Χριστῷ zum Ziel und begründet es. Ein derartiges theologisches Denken Pauli, das freilich erst in den späteren Briefen in reiner Form erscheint, ist bereits im 1Thess angedeutet und damit die christliche Existenz ansatzweise christologisch unterfangen.

Eine ähnliche Beobachtung war ja bereits zu V. 14 zu machen, wo Paulus mit διὰ τοῦ Ἰησοῦ ausdrücklich das im Credo beschriebene Heilswerk von Tod und Auferstehung Jesu als *Grund* für die zukünftige Christusgemeinschaft auch der Verstorbenen angab.

Ferner ergab sich ein noch weitergehender Ansatz der christologischen Unterfangung der menschlichen Existenz darin, daß die Totenauferstehung parallel zur Auferstehung Jesu formuliert wurde (ἀναστήσονται / ἀνέστη). Hier schimmerte bereits das theologische Modell ‚wie Christus — so die Christen' durch.

Freilich nur andeutungsweise! Grundlegend bleibt für 1Thess 4,13ff das Modell ‚*weil* Christus gestorben und auferstanden ist, *deswegen* werden die Lebenden und die Toten der zukünftigen Gemeinschaft mit ihm teilhaftig'. Dieses Kausalverhältnis zwischen dem Heilswerk und der zukünftigen Christusgemeinschaft ließ sich am besten aus der Wendung διὰ τοῦ Ἰησοῦ und aus dem Zusatz ἐν Χριστῷ erheben: Sind wir durch Tod und Auferstehung Jesu in Christus, so werden wir, Tote und Lebende, weil wir in Christus sind, der künftigen Christusgemeinschaft teilhaftig. Dieses soeben erörterte theologische Modell des ‚weil — so' impliziert deswegen nicht das Modell des ‚wie (Christus) — so (die Christen)', weil z.Zt. des 1Thess Paulus den Tod von Christen vor der Parusie nur als Ausnahme ansieht und damit zusammenhängend der Auferstehungsgedanke in 1Thess 4,13ff nur eine Hilfsfunktion innehat. Pointiert gesagt: er ist dem ‚weil — so' — Modell eingeordnet und hat kein selbständiges Gewicht.

---

[137] Über den Zustand der Toten äußert sich Paulus nicht. Obgleich es eine sachgemäße Konsequenz gewesen wäre, nun auch die gegenwärtige Christusgemeinschaft der Toten auszusagen, ist Paulus zu dieser Form der Hoffnung z.Zt. des 1Thess noch nicht durchgedrungen — offensichtlich deshalb, weil das Überleben die Regel und seine Hoffnung noch ausschließlich in der Parusievorstellung verfaßt war. Anders dann Phil 1!

Nochmals: implizit war das Modell ‚wie Christus — so die Christen‘ in 1Thess 4,13ff wohl schon vorhanden und hat, wie auch 1Thess 5,10 zeigt, die fortschreitende Parusieverzögerung Paulus nie als solche empfinden lassen.

Exkurs: Verwandlung in 1Thess 4,16f?

Es empfiehlt sich, an dieser Stelle kurz zur oft nachgesprochenen These Stellung zu nehmen, daß an unserer Stelle die Vorstellung der Verwandlung zugrundeliege und daher Paulus an dieser Stelle nicht ohne weiteres etwas anderes als etwa 1Kor 15,51f sage.

Dagegen ergibt sich aufgrund des zur Hilfsfunktion des Auferstehungsgedankens in 1Thess 4,13ff Gesagten, daß die Verwandlungsvorstellung an jener Stelle Paulus fremd ist. Die Auferstehung der Toten dient doch dazu, die verstorbenen Gemeindeglieder den lebenden gleichzustellen, damit sie gemeinsam entrückt, d.h. der Christusgemeinschaft teilhaftig werden. Vorausgesetzt wird dabei wohl, daß der als Nachteil empfundene Tod dadurch wettgemacht wird, daß die Toten wieder denselben Körper erhalten, den sie vor ihrem Abscheiden besaßen.

Als religionsgeschichtliche Analogie für eine solche realistische Auferstehungsvorstellung [138] kann auf die bereits oben zitierte Stelle aus dem syrBar verwiesen werden, Kap 50,2, wo die Toten dadurch mit den Lebenden gleichgestellt werden, daß sie wieder denselben Leib erhalten, den sie vor ihrem Tod hatten, und so von den Lebenden erkannt werden können. Auch Paulus scheint „vorauszusetzen, daß die Auferstandenen individuell erkennbar sind — sonst wäre das ἅμα σὺν αὐτοῖς 4,17 nicht gut vorzustellen"[139]. Daher darf die Verwandlungsvorstellung in 1Thess 4,13ff nicht eingetragen werden[140], um so weniger, als auch in syrBar 51 die Verwandlung der Gläubigen erst später geschildert und nicht mit der Auferstehung verknüpft ist[141].

---

[138] Vgl. 2Makk 7,11; 14,46; Ps-Phok 100—104 (?); Sib IV 181f; GnR 14,5; LvR 14,9 (zu den beiden zuletzt genannten Stellen vgl. Cavallin, Life, S. 171ff).
[139] Dibelius, Thess², S. 21 (= 3. Aufl., S. 24).
[140] Gegen Furnish, Development, S. 297; W. Wiefel, Die Hauptrichtung des Wandels im eschatologischen Denken des Paulus, in: ThZ 30. 1974. S. 65—81, S. 70. Vgl. dagegen J. Jeremias, ‚Flesh and Blood cannot inherit the Kingdom of God‘(1 Cor. XV.50), in: NTS 2. 1955/56, S. 151—159 = in: ders., Abba, Göttingen 1966, S. 298—307.
[141] Gewiß steht es jedem frei anzunehmen, „daß Paulus bereits zur Abfassungszeit des 1. Thessalonicherbriefes eine Verwandlung angenommen hat" (Deißner, Auferstehungshoffnung, S. 49). Die entscheidende Frage ist aber die, ob die in 4,16 gemachte Auferstehungsaussage eine Verwandlungsvorstellung impliziert und erfordert. Sie ist zu verneinen. Eine völlig andere Frage ist es dagegen, ob Paulus für die zukünftige Christusgemeinschaft eine pneumatische Existenzweise und also eine Verwandlung voraussetzt (zu Deißner, a.a.O., S. 53). Man kann das durchaus bejahen, ohne die Verwandlung bereits in 4,16 vorauszusetzen (vgl. die Abfolge von realistischer Auferstehung und Verwandlung in syrBar 49ff).

5.2.2.3.2.5 Der paulinische Sinn von V. 15

Pauli Aussage in V. 15 verläuft ähnlich wie in V. 16f in zwei Stoßrichtungen. a) Sie nimmt zum Schicksal der Toten Stellung, b) sie enthält eine Stellungnahme zur Naherwartung.

Zu b): ἡμεῖς οἱ ζῶντες οἱ περιλειπόμενοι findet sich ebenso in V. 16f und ist aus jener Stelle entnommen, wobei ἡμεῖς οἱ ζῶντες der paulinischen Applikation der Tradition auf die gegenwärtige Situation entspringt. Zu beachten ist die Radikalisierung der Naherwartung, wie sie sich darin zeigt, daß Paulus den ‚Rest' in der Tradition mit der Mehrheit der Überlebenden in der Redaktion zusammenschließt. Bleibt unklar, ob auf der Stufe der Tradition der Apokalyptiker sich zum Rest rechnete, der am Ende der Zeiten am Leben sein würde, so ist dies für Paulus nicht nur zu bejahen, sondern auch darauf hinzuweisen, daß Paulus den Restgedanken im Grunde dadurch gesprengt hat, daß er in V. 15 für *alle* noch nicht gestorbenen Christen das Überleben bis zur Parusie annimmt.

Die Vorstellung vom Herabsteigen des Kyrios vom Himmel und die Entrückung der Christen in die Wolken ist in V. 15 durch παρουσία τοῦ κυρίου[142] ersetzt. Insofern zeigt sich trotz Radikalisierung und

---

Jene Forscher, die, um ein einheitliches System für Paulus sicherzustellen, immer eine verschiedene Situation für unterschiedliche Antworten Pauli verantwortlich machen, sind zu fragen, ob nicht Paulus eben aufgrund der *verschiedenen* Situation, nämlich der sich dehnenden, immer mehr Todesfälle voraussetzenden *Zeit*, sein Konzept bzw. seine Sprache verändern *mußte*, wenn er beim ursprünglichen Sinn bleiben wollte. Ich kann diesen Problemkreis hier nur kurz berühren und möchte auf Band III verweisen. Wichtig sind in diesem Zusammenhang die programmatischen Ausführungen von J. M. Robinson, World in Modern Theology and in New Testament Theology, in: J. McDowell Richards (ed.), Soli Deo Gloria (FS W. C. Robinson), Richmond 1968, S. 88—110, bes. S. 100ff.

[142] „παρουσία im technischen Sinn als Bezeichnung der *Ankunft Christi in messianischer Herrlichkeit* dringt in das Urchristentum nachweislich seit Paulus ein" (A. Oepke, Art. παρουσία in: ThWNT V, S. 856—869, S. 863). Es bezeichnet im profanen Bereich sonst die Ankunft von hochgestellten Personen wie Kaisern und Königen (vgl. K. Deißner, Art. Parusie, in: RGG² IV, Sp. 978—981). Es erscheint daher möglich, daß Paulus diesen von ihm später wieder aufgegebenen Begriff aus einer 1Thess 4,16f ähnlichen Tradition geschöpft hat (vgl. Mt 24,3.27.37.39), wo das Kommen des Menschensohnes in der Art des Kommens eines irdischen Königs vorgestellt wird, dem die Bürgerschaft der Erde (= die Auserwählten/der Rest) entgegeneilt (εἰς ἀπάντησιν). — Schier unausrottbar ist die Wiedergabe von παρουσία mit ‚Wiederkunft'!

Aktualisierung der Naherwartung[143] ähnlich wie in V. 14fin. ($\overset{\text{᾿}}{α}ξει$ σὺν αὐτῷ) eine Reduktion[144] der Apokalyptik durch Paulus.

Zu a): Die andere Stoßrichtung der Aussage von V. 15 betrifft die Verstorbenen: Die Lebenden werden ihnen keinesfalls zuvorkommen. Dieser Satz, dessen Wortlaut an die in jüdischen Apokalypsen geäußerten Sorgen über das Schicksal der Verstorbenen erinnert (s.o. S. 226f), kann in der thessalonischen Situation nur recht verstanden werden, wenn das Ziel christlicher Hoffnung, die Gemeinschaft mit dem Kyrios am Ende der Zeiten bei seiner Parusie, recht berücksichtigt wird. Sie klingt nach V. 14fin. (ἄξει σὺν αὐτῷ) und V. 17fin. (σὺν κυρίῳ ἐσόμεθα) auch in V. 15 in εἰς τὴν παρουσίαν τοῦ κυρίου an, so daß V. 15 zu paraphrasieren ist: die Lebenden kommen den Toten in dem Erreichen der Christusgemeinschaft[145] nicht zuvor. Die Toten erhalten vielmehr hieran in gleicher Weise Anteil.

Ist in diesen beiden Stoßrichtungen der paulinischen Aussage in V. 15 und V. 16f formal und inhaltlich eine Identität festzustellen, so ist über diesen Aufweis hinaus auch zu V. 15 anzumerken, daß sich eine solche betonte Versicherung, daß die Lebenden den Toten nicht zuvorkommen werden, nur dann verstehen läßt, wenn es um die Frage ging, „whether the dead are to be included at all"[146].

Dieses Problem kann aber nur dann aufgekommen sein, wenn Paulus in seiner Erstpredigt das Schicksal verstorbener Christen und also die Auferstehung der Christen noch nicht behandelt hat.

Nach dieser Analyse des paulinischen Sinnes von V. 15 und 16f und der durch unsere Fragestellung bedingten besonderen Klärung des Inhalts der Erstpredigt Pauli und des 1Thess bezüglich der Auferste-

---

[143] Jedenfalls sollte nicht bestritten werden, daß ἡμεῖς οἱ ζῶντες οἱ περιλειπό-μενοι εἰς τὴν παρουσίαν τοῦ κυρίου voraussetzt, daß Paulus kaum mit weiteren Todesfällen rechnete (mit Klein, Naherwartung, S. 247 A 25; vgl. auch M. J. Harris, 2 Corinthians 5:1—10: Watershed in Paul's Eschatology?, in: TynB 22. 1971, S. 32—57, S. 36f).

[144] Zutreffend Gräßer, Bibelarbeit, S. 19: „Es besteht also ein krasses Mißverhältnis zwischen der inhaltlichen Aussage der Hoffnung selber und ihren Durchführungsbestimmungen: die Tradition ist hier phantasievoll: Paulus selber ist sehr zurückhaltend".

[145] Aus diesem Satz ergibt sich ein Argument dafür, daß Paulus *nicht* der Meinung war, daß die Toten bereits der Christusgemeinschaft teilhaftig geworden sind (vgl. o. A 137, anders dann Phil 1,23!).

[146] L. E. Keck, The First Letter of Paul to the Thessalonians, in: C. M. Laymon (ed.), The Interpreter's One Volume Commentary on the Bible, Nashville—New York 1971, S. 865—874, S. 871.

hung und des Todes der Christen können wir daran gehen, das Ziel der Aussage des Gesamtabschnittes 1Thess 4,13ff zu formulieren.

5.2.3 Zusammenfassung der Ergebnisse der Auslegung von 1Thess 4,13ff

Das Sterben von Gemeindegliedern in Thessalonich hatte zu einer nur mit der Hoffnungslosigkeit der Heiden vergleichbaren Trauer in der Gemeinde geführt. Die in der Parusievorstellung verfaßte ‚Elpis‘ der Gemeinde auf die zukünftige Christusgemeinschaft war durch den Tod einiger Mitchristen bedroht. Es entstand die Frage: Werden diese Toten der zukünftigen Christusgemeinschaft verlustig gehen? Durch den Rückgriff auf das überlieferte Credo von Tod und Auferstehung Christi, auf den ‚Glauben‘, stellt Paulus die zukünftige Christusgemeinschaft auch der toten Christen sicher (V. 14).

Im zweiten Teil des Abschnitts wird diese für die Thessalonicher *neue* These mittels Rückgriffs auf ein durch redaktionelle Ergänzungen der Situation angepaßtes „Herrenwort", das auf eine jüdische Apokalypse zurückgeht, weiter begründet und seine Voraussetzung, die Auferstehung der toten Christen, entfaltet. Die Toten haben gegenüber den Lebenden bei der Parusie überhaupt keinen Nachteil, da sie beim Anbruch des Eschatons durch ihre Auferstehung in denselben Status wie die Lebenden versetzt werden. Hernach werden sie zusammen mit den Lebenden durch Entrückung der Christusgemeinschaft teilhaftig.

5.2.4 Ertrag für die chronologische Fragestellung

Aus dem Gesagten ergibt sich eine Bestätigung der eingangs (5.2.1.4) zustimmend referierten These E. Teichmanns u.a., daß Paulus bei seiner Gründungspredigt in Thessalonich die Auferstehung der Christen nicht behandelt hat[147].

---

[147] Und zwar nicht deswegen, weil er von einer allgemeinen Auferstehung nicht überzeugt war (er war doch Pharisäer und ging von der Auferstehung Jesu aus!), sondern deshalb, weil er glaubte, daß das Ende der Zeiten in unmittelbarer Nähe ist! Mit den obigen Darlegungen soll gar nicht bestritten werden, daß die Lehre einer allgemeinen Auferstehung ein Bestandteil der paulinischen Erstverkündigung in Thessalonich gewesen sein mag. Nur ist hiervon doch die Frage zu unterscheiden, wie Paulus seine und der Gemeinde Hoffnung explizierte. Nicht ist in 1Thess 4,13ff die „allgemeine Totenauferstehung (...) zwischeneingekommen" (Gräßer, Bibelarbeit, S. 16 — unter Anspielung auf Marxsen,

Ferner ergab die obige Exegese, daß Paulus selbst in 1Thess 4,13ff im Horizont der alten, in der Parusievorstellung verfaßten Hoffnung der Christusgemeinschaft zum Problem der verstorbenen Christen Stellung nimmt, und jedenfalls das Sterben der Christen vor der Parusie eine große Ausnahme darstellt.

Die Folgerungen für die Chronologie liegen bei Anwendung des obigen äußeren Kriteriums (S. 218f auf der Hand: Die Gründungspredigt in Thessalonich dürfte spätestens Ende der dreißiger Jahre erfolgt sein, die Abfassung von 1Thess nicht lange danach, obgleich ein erstes Anzeichen für die Berücksichtigung des Faktischen — wie gezeigt — in der Aussage der Auferstehung der Verstorbenen (freilich als Ausnahme) sichtbar wird.

Vergleichen wir das obige Ergebnis mit unserer allein aufgrund der Briefe gewonnenen Chronologie, so ergibt sich darin eine Übereinstimmung, daß Paulus nach ihr Ende der dreißiger Jahre in Mazedonien missioniert hat. Gleichfalls paßt die oben erschlossene Abfassung des 1Thess um 41 glänzend zu der soeben veranschlagten Abfassungszeit des Briefes ,nicht lange nach dem Ende der dreißiger Jahre'. Spätestens 10—12 Jahre nach Jesu Tod und Auferstehung werden Paulus auch anderweitig geschehene Todesfälle unter Christen gezwungen haben, einen ersten Ansatz zur *expliziten* theologischen Bewältigung des Todes von Christen zu unternehmen.

Hat somit die Spitzenthese der allein aus den Briefen gewonnenen Chronologie, die frühe missionarische Wirksamkeit Pauli in Mazedonien, eine Bestätigung durch die Untersuchung von 1Thess 4,13ff erfahren, so erscheint es nun sinnvoll, auch den zweiten Paulustext zu untersuchen, der eine explizite chronologische Angabe zur Naherwartung macht, 1Kor 15,51f.

5.3 Auslegung von 1Kor 15,51f

5.3.1 Zum Vorgehen

Wegen unserer oben skizzierten Fragestellung, die primär an der Chronologie orientiert ist und die vorhandenen Paulustexte an ihrer Stel-

---

Auslegung, S. 29, s.o. S. 230 A 59), sondern Paulus führt als Folge der beginnenden *Parusieverzögerung* die Auferstehung der gestorbenen Christen (οἱ νεκροὶ ἐν Χριστῷ) als Hilfsgedanken ein, um am alten Entrückungskonzept festhalten zu können. Die allgemeine Totenauferstehung und das Gericht sind davon unberührt. Der obige Vorgang wäre 20 Jahre nach dem Tode Jesu nur schwer verständlich, nicht aber bei der Hälfte der Zeit!

lung zum Erleben der Parusie mißt, können wir hier von einer ausführlichen Analyse Abstand nehmen, die überdies das ganze 15. Kap. des 1Kor einschließen müßte. Der Verzicht auf eine ausführliche Auslegung ergibt sich aber auch daraus, daß aus 1Kor 15,51f nicht mehr die Gründungspredigt Pauli in Korinth über ‚die letzten Dinge' eruiert werden muß. Vielmehr sind die Einzelelemente derselben aus 1Thess 4,13ff zu erheben, da der 1Thess in Korinth abgefaßt und die Grundstruktur der Theologie des 1Thess Inhalt der Erstpredigt in Korinth gewesen sein dürfte.

Schließlich kann für unsere Fragestellung eine ausführliche Kontextanalyse samt eingehender Untersuchung der Situation in Korinth entfallen, da 1Kor 15,51f deutlich in Anlehnung an 1Thess 4,13ff formuliert ist[148] (s.u.) und wir daher das Recht haben, 1Kor 15,51f in engem Zusammenhang und Vergleich mit 1Thess 4,13ff zu interpretieren.

Gefragt sei daher 1. nach dem Größenverhältnis von Lebenden und Toten in 1Kor 15,51f im Vergleich zu 1Thess 4,13ff, 2. nach der Auferstehungsvorstellung in 1Kor 15,51f im Vergleich zu 1Thess 4,13ff. Vor der 4. anzustellenden Auswertung von 1Kor 15,51f für die paulinische Chronologie ist 3. wenigstens andeutungsweise nach der theologischen Begründung der Auferstehungskonzeption in 1Kor 15,51f im Vergleich zu ihrer Begründung in 1Thess 4,13ff zu fragen.

5.3.2 Das Größenverhältnis der Lebenden und Toten in 1Kor 15,51f im Vergleich zu 1Thess 4,13ff

5.3.2.1 1Kor 15,51f als Fortführung von 1Thess 4,13ff

Unser Text gibt sich durch folgende Anklänge an 1Thess 4,13ff als dessen Fortführung zu erkennen:

V. 51 entspricht 1Thess 4,15. Spricht Paulus dort von einem ‚logos kyriou', so hier von einem ‚mysterion'. Sachlich dürfte kein Unterschied vorliegen, um so weniger, als sich der ‚logos kyriou' in 1Thess 4,15 als jüdische Apokalypse herausgestellt hatte und ‚mystērion' terminus technicus für den Inhalt einer solchen ist[149].

---

[148] Becker, Auferstehung, behandelt 1Kor 15,50ff nicht ohne Recht unter der Überschrift: 1Kor „15,50—58 als Reinterpretation von 1Thess 4" (S. 96).
[149] Zu ‚mysterion' in der Apokalyptik vgl. G. Bornkamm, Art. μυστήριον, in: ThWNT IV, S. 809—834, S. 821—823.

Beide Passagen ähneln sich ferner darin, daß in ihnen z.T. dasselbe Inventar an Motiven erscheint: κοιμᾶσθαι (1Thess 4,13.14.15/1Kor 15,51), νεκροί (1Thess 4,16/1Kor 15,52), σάλπιγξ (1Thess 4,16/ 1Kor 15,52)[150].

Außerdem fällt eine Ähnlichkeit im Aufbau auf. Der apokalyptischen Schilderung (1Thess 4,16f/1Kor 15,52) wird jeweils nach dem Hinweis auf den ‚logos kyriou‘ bzw. das ‚mystērion‘ eine sentenzartige Anwendung des Folgenden in der 1. Pers. pl. vorangestellt:

1Thess 4,15b: ἡμεῖς οἱ ζῶντες ... οὐ μὴ φθάσωμεν τοὺς κοιμηθέντας;

1Kor 15,51b: πάντες οὐ κοιμηθησόμεθα, πάντες δὲ ἀλλαγησόμεθα.

Ferner entspricht die Reihenfolge bei der Parusie in 1Kor 15,52d.e genau der in 1Thess 4,15f: erst die Toten — dann die Lebenden.

Nach diesem Aufweis der Ähnlichkeiten, die die Folgerung eines genetischen Zusammenhanges zwischen beiden Passagen als sicher erscheinen lassen und uns das Recht geben, sie in engem Zusammenhang miteinander zu interpretieren, ist nun freilich einschränkend darauf hinzuweisen, daß in 1Kor 15,51f keine klar zu umreißende Vorlage rekonstruierbar ist (wie in 1Thess 4,16f), sondern nur noch Rudimente einer solchen erscheinen (ἐν ἀτόμῳ, ἐν ῥιπῇ ὀφθαλμοῦ, ἐν τῇ ἐσχάτῃ σάλπιγγι). Gleichwohl sollte das Faktum der Benutzung einer Vorlage nicht abgestritten werden, falls nicht überhaupt dieselbe wie in 1Thess 4,16f zugrundeliegt[151].

5.3.2.2 Das Überleben als Ausnahme

In 1Thess 4,13ff konnte das Verhältnis der Überlebenden und Toten so bestimmt werden, daß Todesfälle Ausnahmeerscheinungen sind, der Regelfall aber das Überleben bis zur Parusie.

In 1Kor 15,51f scheint der Sachverhalt genau umgekehrt[152] zu sein, wie es aus der Formulierung Pauli hervorgeht (V. 51b): πάντες οὐ κοιμηθησόμεθα, πάντες δὲ ἀλλαγησόμεθα[153] („Wir werden nicht

---

[150] Beide Abschnitte haben eine bemerkenswerte Parallele in Did 16,6f.
[151] Vgl. E. Best, A Commentary on the First and Second Epistles to the Thessalonians, BNTC, London 1972 = HNTC, New York 1972, S. 193.
[152] In 1Kor 15,51 „a change in emphasis appears (...) in comparison with I Thess. 4.15; it is now the survivors who are treated as exceptional" (C. K. Barrett, New Testament Eschatology, in: SJTh 6. 1953, S. 136—155, S. 143).
[153] Im textkritisch schwierigen Text folge ich Nestle und Conzelmann, 1Kor, z.St., gegen H. Saake, Die kodikologisch problematische Nachstellung der Negation, in: ZNW 63. 1972, S. 277—279.

alle entschlafen, alle aber verwandelt werden"). In diesem Satz liegt das Schwergewicht der Aussage zweifellos darauf, daß *alle*[154] verwandelt werden, Tote wie Lebende. Er setzt eine inzwischen eingetretene quantitative Verschiebung der Gruppe der (noch) Lebenden und der (inzwischen) Gestorbenen im Umkreis des Paulus und also auch in Korinth voraus, die für diese Umgewichtung der Aussage verantwortlich ist, so daß „die gegenwärtige Christengeneration lediglich noch die Gewißheit haben kann, nicht insgesamt der Gruppe der νεκροί zuzufallen"[155]. Folgt somit aus dem Wortlaut von 1Kor 15,51b das Sterben der meisten vor der Parusie, dann kann in diesem Zusammenhang auch auf weitere Stellen im 1Kor hingewiesen werden, die die Normalität von Todesfällen in der korinthischen Gemeinde zeigen:

a) 1Kor 11,30 spricht davon, daß viele (ἱκανοί) entschlafen sind.

b) Die Formel 1Kor 6,14: ὁ (...) θεὸς καὶ τὸν κύριον ἤγειρεν καὶ ἡμᾶς ἐξεγερεῖ, zu der 1Kor 15 den Kommentar gibt (vgl. Conzelmann, 1Kor, z.St.), setzt voraus, daß der Tod zum Normalfall geworden ist[156].

c) Die Formulierung, daß τινες der 500 Brüder, denen der Herr erschienen ist (1Kor 15,6), bereits gestorben sind, setzt gleichfalls eine fortgeschrittene Situation voraus. Soll der „Relativsatz (...) eine Kontrolle ermöglichen durch Nachfragen bei einem der Überlebenden"[157], so ist es um so bezeichnender, daß Paulus den Tod von τινες der Zeugen *einräumt*.

---

[154] Deswegen wird „durch die Wortstellung πάντες οὐ (...) der Parallelismus hergestellt, (sc. was) verständlich aber nur im Sinn von οὐ πάντες" ist (Bl-Debr[14], § 433[3], S. 361); vgl. Burton, Syntax, S. 31; J. H. Moulton, A Grammar of New Testament Greek, Vol. III: Syntax by N. Turner, Edinburgh 1963, S. 287; C. F. D. Moule, An Idiom Book of New Testament Greek, Cambridge [2]1971, S. 168. Die Übersetzung „wir alle werden nicht entschlafen, alle vielmehr verwandelt werden" (H. J. Holtzmann, Lehrbuch der neutestamentlichen Theologie II [edd. A. Jülicher – W. Bauer], Tübingen [2]1911, S. 216) ist daher unzutreffend; vgl. jedoch ebenso Winer, Treatise, S. 695f (Lit.); A. T. Robertson, A Grammar of the Greek New Testament in the Light of Historical Research, New York [3]1919, S. 753. Vgl. noch die Übersicht bei Hurd, Origin, S. 230f A 1.
[155] Klein, Naherwartung, S. 251; vgl. Becker, Auferstehung, S. 98; Baird, Eschatology, S. 315; Hurd, Origin, S. 232f (Lit.).
[156] Anders Weiß, Urchristentum, S. 412 A 2: Auferstehung sei ein solch dogmatischer Ausdruck bei Paulus, „daß er ihn gelegentlich auch auf die Christen anwendet, von denen er sonst annimmt, daß sie die Parusie noch erleben werden". Das scheint gerade z.Zt. des 1Kor nicht mehr der Fall gewesen zu sein!
[157] Weiß, 1Kor, z.St. Vgl. auch Becker, Auferstehung, S. 45.64; wenn der Ton im Relativsatz nicht darauf liegt, „daß die meisten noch leben, sondern daß einige bereits gestorben sind" (Conzelmann, 1Kor, S. 304), warum sagt dann Pau-

d) Paulus spricht wie selbstverständlich von den οἱ κοιμηθέντες ἐν Χριστῷ (1Kor 15,18)[158].

Ob Paulus noch hoffte, selbst die Parusie zu erleben, ist im nächsten Abschnitt zu erörtern, der nach dem Verhältnis der Auferstehungsvorstellung in 1Kor 15,51f zu der in 1Thess 4,13ff fragt.

5.3.3 Die Auferstehungsvorstellung in 1Kor 15,51f im Vergleich zu 1Thess 4,13ff

5.3.3.1 Die Verwandlungsanschauung in 1Kor 15,51f

Wurde in 1Kor 15,51b als Überschrift über dem Folgenden die Verwandlung aller, toter wie lebender Christen (bei der Parusie) ausgesagt, so wird das in V. 52d.e näher expliziert: (nach der Parusie) οἱ νεκροὶ ἐγερθήσονται ἄφθαρτοι, καὶ ἡμεῖς ἀλλαγησόμεθα.

In der Forschung besteht Einigkeit darüber, daß nach 1Kor 15 allen Christen nach der Parusie ein Auferstehungsleib verliehen wird und die Verwandlung zum Resultat das ‚sōma pneumatikon‘ hat, dem der irdische Leib als ‚sōma psychikon‘ gegenübergestellt wird[159].

Streit besteht über die Interpretation des doppelten ‚Wir‘ in 1Kor 15,51f. Ist das ἡμεῖς von V. 52fin. identisch mit dem ‚Wir‘ in V. 51b ἀλλαγησόμεθα? Im Falle einer positiven Antwort bedeutete das für die Interpretation von V. 52: die Toten werden unvergänglich auferweckt, und die auferweckten Toten *und* lebenden Christen werden zusammen verwandelt werden[160]. Doch ist dieser Vorschlag aus folgenden Gründen unwahrscheinlich: πάντες ἀλλαγησόμεθα steht als Überschrift über dem Folgenden, und nichts spricht dagegen, daß die damit gemachte Aussage über die Verwandlung von Toten und Lebenden bei der Parusie einmal für die Toten durch den

---

lus, daß die *meisten* noch leben? Zweifellos soll damit doch auch die gute Bezeugung der Erscheinung betont werden (Lietzmann, 1Kor, z.St.). Vgl. auch v. d. Osten-Sacken, Apologie, S. 259.

[158] Anmerkungsweise sei hervorgehoben, daß der dunkle Brauch der Vikariatstaufe (1Kor 15,24) wohl nur dann denkbar ist, wenn die Todesfälle in Korinth das Anfangsstadium hinter sich gelassen haben.

[159] Dabei sollte man mit Deißner nicht bestreiten, daß das ‚sōma pneumatikon‘ stofflichen Charakter hat, selbst wenn „auf die in ihrer Qualität verschiedenen Lebensprinzipien der σώματα" aller Nachdruck gelegt wird (Auferstehungshoffnung, S. 34). Vgl. H. Gunkel, Die Wirkungen des heiligen Geistes nach der populären Anschauung der apostolischen Zeit und der Lehre des Apostels Paulus, Göttingen ²1899, S. 46f.99.

[160] So Klein, Naherwartung, S. 253.

Satz ἐγερθήσονται ἄφθαρτοι spezifiziert und für die Lebenden durch dieselbe Vokabel in der Überschrift ἡμεῖς ἀλλαγησόμεθα ausgesagt wird. Daß ἄφθαρτοι identisch mit Verwandelt-Sein ist[161], zeigt der Kontext, vgl. V. 42: σπείρεται ἐν φθορᾷ, ἐγείρεται ἐν ἀφθαρσίᾳ; V. 53: δεῖ (...) τὸ φθαρτὸν τοῦτο ἐνδύσασθαι ἀφθαρσίαν.

Ist daher wahrscheinlich die Aussage ἡμεῖς ἀλλαγησόμεθα auf die Gruppe der bei der Parusie noch Lebenden zu beziehen[162], so ergibt sich hieraus, daß Paulus z.Zt. der Abfassung des 1Kor damit rechnete, die Parusie zu erleben.

5.3.3.2 Vergleich der Auferstehungsvorstellungen in 1Kor 15,51f und 1Thess 4,13ff

Wir hatten oben gesehen, daß die Auferstehungsvorstellung in 1Thess 4,13ff als realistisch bezeichnet werden kann und von ihr das Konzept einer Verwandlung ferngehalten werden muß. Sie erschien im Kontext der Aussage, daß die Toten gegenüber den Lebenden keinen Vorrang haben, und diente dazu, den Nachteil der Toten gegenüber den Lebenden wieder auszugleichen, damit sie gemeinsam mit diesen entrückt werden können. Als Analogie konnte auf syrBar verwiesen werden, wo die Lebenden die auferweckten Toten wiedererkennen. Im 1Kor erscheint dagegen die Auferstehungsvorstellung in einen *dualistischen* Rahmen eingezeichnet, indem von dem gegenwärtigen ‚sōma psychikon‘ als Resultat der Verwandlung das ‚sōma pneumatikon‘ abgehoben wird.

Beide Auferstehungskonzepte, das realistische und das zuletzt genannte übernatürliche, den Gedanken der Verwandlung implizierende, waren Paulus aus dem Judentum geläufig, ja sie stehen im syrBar sogar nebeneinander (50f). Paulus hat aber mit Sicherheit die mit der Verwandlung verbundene Auferstehungsvorstellung z.Zt. der Abfassung des 1Thess *nicht* zur Explikation des Christusgeschehens benutzt, weil für ihn zu jener Zeit die Auferstehung der Christen noch kein eigenständiges Thema seiner Theologie sein konnte.

Damit kommen wir zur Frage nach dem Anlaß und der Begründung der paulinischen Auferstehungsanschauungen in 1Kor 15,51f.

---

[161] Luz, Geschichtsverständnis, S. 355 A 136.
[162] Freilich ist *Sicherheit* in der Entscheidung dieser Frage nicht zu erreichen, was im übrigen für unsere Fragestellung unerheblich ist. Hat unser Vorschlag mit dem doppelten ‚Wir‘ zu kämpfen, weil es nicht denselben Personenkreis bezeichnet, so Kleins These mit dem Verhältnis von ἄφθαρτοι zu ἀλλαγησόμεθα in V. 52, da die Aussage, die Toten stehen auf unvergänglich, bereits eine Verwandlung impliziert!

5.3.4 Zum Anlaß und zur Begründung
der paulinischen Auferstehungsaussagen in 1Kor 15,51f

Die Auferstehungsaussage (für die Christen) war ein untergeordneter Bestandteil der Gründungspredigt in Korinth. Mit ihr überlieferte Paulus den Korinthern auch das Kerygma von Tod und Auferstehung Jesu, das, wie aus 1Kor 15,12 hervorgeht, auch von den Auferstehungsleugnern anerkannt wurde. Nun scheint Paulus aus Korinth auch die Frage vorgelegt bekommen zu haben, in welchem Leibe die Toten auferstehen (15,35). Die Antwort darauf läuft auf eine dualistische Scheidung von psychischem und pneumatischem Leib hinaus (V. 36ff), die christologisch begründet ist:

V. 45: ἐγένετο ὁ πρῶτος ἄνθρωπος Ἀδὰμ εἰς ψυχὴν ζῶσαν· ὁ ἔσχατος Ἀδὰμ εἰς πνεῦμα ζωοποιοῦν. V. 47: ὁ πρῶτος ἄνθρωπος ἐκ γῆς χοϊκός, ὁ δεύτερος ἄνθρωπος ἐξ οὐρανοῦ. V. 48: Die ihnen angehören, sind so wie sie. V. 49: Die Christen, die das Ebenbild des Irdischen getragen haben, werden das des himmlischen Menschen, Christi, tragen. Man wird im Lichte von V. 48 ergänzen dürfen: sie werden als ἐπουράνιοι wie der ἐπουράνιος werden.

Von dieser Argumentation des Paulus in 1Kor 15,45ff her kann die Frage nach der theologischen Begründung der Auferstehungsaussage 1Kor 15,51f beantwortet werden. Zur besseren Verständlichkeit holen wir dazu ein wenig aus und zeichnen die Entwicklung der Begründung der Auferstehung (für die Christen) seit 1Thess 4,13ff nach:

Paulus begründet die durch die ersten Todesfälle bedrohte zukünftige Christusgemeinschaft durch Rückgriff auf das Kerygma unter Einführung des Auferstehungsgedankens. *Weil* Jesus starb und auferstand, werden auch die Toten der zukünftigen Christusgemeinschaft gewiß, und zwar stehen sie auf, um mit den Überlebenden entrückt zu werden. Als der Tod wie z.Zt. der Abfassung des 1Kor zum Regelfall geworden war, gewann die im 1Thess als Hilfsgedanke eingeführte Auferstehungsvorstellung immer mehr Gewicht, weil die Auferstehung der Christen zum Normalfall geworden war. Das provozierte in Korinth die Frage nach der Art und Weise der Auferstehung und dem Auferstehungsleib, so daß Paulus diese Frage spätestens jetzt *thematisieren* mußte.

Paulus führt bei der Beantwortung dieser Frage die in 1Thess 4,13ff angedeutete christologische Unterfangung der Auferstehung der Christen konsequent weiter. Der Grundsatz lautet nun: ‚wie Christus — so die Christen‘. Die Christen werden sein, *wie* der Himmlische ist (15,48), und — ob als Verstorbene oder Überlebende — ein pneumatisches Soma erhalten, d.h. verwandelt werden. Mit anderen Worten: Paulus gewinnt auch auf die Frage nach der Auferstehungsleiblichkeit eine Antwort mittels Rückgriffs auf das Kerygma.

Auf das weitere Problem, ob Paulus im 2Kor oder Phil die Konzeption des Auferstehungsleibes des 1Kor durchgehalten hat, mag hier nur noch hingewiesen werden. Eine Exegese der betreffenden Stellen (2Kor 5,1ff, Phil 1,23) würde aber vermutlich ergeben, daß es Paulus auf die Vorstellungen gar nicht ankam — also auch nicht auf die Vorstellung der Auferstehung der Christen oder des Auferstehungsleibes — sondern vielmehr auf das σὺν Χριστῷ, das ja bereits in 1Thess 4,17 ausgesprochen ist.

Diese in das Herz der paulinischen Theologie führende Erkenntnis darf aber nicht zur Vernachlässigung der Aufgabe führen, nachzuprüfen und zu untersuchen, wann und warum sich Paulus bestimmter Vorstellungen bedient. Ein solcher Arbeitsschritt kann nicht nur über die Gesprächspartner Pauli, sondern auch, wie es in dieser Arbeit darzutun versucht worden ist, Aufschluß über die Chronologie des Paulus und seiner Briefe geben, die wiederum die Interpretation der Briefe bereichern möchte!

5.3.5 Der Ertrag für die Chronologie

Die Situation z.Zt. des 1Kor, in der der Anteil der toten Christen den der lebenden überwiegt, aber Paulus noch mit seinem Überleben bis zur Parusie rechnet, ist gegen Ausgang der ersten Generation am ehesten denkbar, d.h. um das Jahr 50. Da dieses Datum in etwa auch durch die obige allein aufgrund der Briefe gewonnene Chronologie als Abfassungszeit für den 1Kor nahegelegt wird, liefert jedenfalls auch die Untersuchung von 1Kor 15,51f eine weitere Stütze für unsere Chronologie, um so mehr, als auch die Differenz[163] der Auferstehungsaussagen (über die Christen) und die Verschiebung des Anteiles der Überlebenden und der Toten zwischen 1Kor 15,51f und 1Thess 4,13ff durch die obige Chronologie eine befriedigende Erklärung findet, wenn sie einen zeitlichen Abstand von 8—11 Jahren zwischen beiden Briefen ansetzt.

---

[163] Baird, Eschatology, wendet gegen die These eines etwa zehnjährigen Abstandes zwischen 1Thess und 1Kor ein: „But if this is the case, how are we to explain the minimal change in Paul's eschatology in the ten-year interval between I Thessalonians and I Corinthians (...)?" (S. 316). Ich hoffe gezeigt zu haben, daß „a maximal change" vorliegt, und vermute, Bairds Urteil beruht auf einer ungenauen Exegese von 1Thess 4,13ff (s.o. S. 258 A 136).

6. CHRONOLOGISCHE ÜBERSICHT

Abschließend sei als Zusammenfassung eine chronologische Übersicht des in diesem Buch Erarbeiteten dargeboten. Dabei ist zu betonen, daß die Jahreszahlen Bestandteil einer Hilfskonstruktion zwecks Überprüfung der lukanischen Angaben sind und andere Unsicherheiten in Kauf zu nehmen waren. Zusätzlich ist aus den genannten Gründen von zwei verschiedenen möglichen Todesjahren Jesu auszugehen.

27 (30) n.Chr.	Kreuzigung Jesu
30 (33)	Bekehrung des Paulus bei/in Damaskus
	Aufenthalt in Arabia. Rückkehr nach Damaskus
33 (36)	1. Jerusalembesuch des Paulus
34 (37)	Reise nach Syrien und Cilicien
	ebd. und in Südgalatien zusammen mit Barnabas Mission im Rahmen des antiochenischen Missionswerkes
etwa ab 36 (39)	eigenständige paulinische Mission in Europa: Philippi, Thessalonich
41	*Judenedikt des Claudius*
um 41	Paulus in Korinth: 1Thess
vor oder nach der Mission in Griechenland	Gründung der galatischen Gemeinden aufgrund von Krankheitsumständen
	Zwischenfall in Antiochien, vielleicht der unmittelbare Anlaß für den
47 (50)	2. Jerusalembesuch: Apostelkonvent; anschließend Kollektenreise in die paulinischen Gemeinden
Sommer 48 (51)	Paulus in Galatien
Herbst 48 (51) – Frühjahr 50 (53)	Paulus in Ephesus
Herbst 48 (51)	Sendung des Timotheus nach Mazedonien und Korinth; der vorige Brief nach

	Korinth mit Kollektenanweisung (oder letztere durch Boten)
Winter 48/49 (51/52)	Timotheus in Mazedonien
Frühjahr 49 (52)	Brief der Korinther mit Frage zur Kollekte (oder diese durch mündliche Anfrage)
um Ostern 49 (52)	1Kor
Sommer 49 (52)	nach schlechten Nachrichten aus Korinth durch Timotheus Zwischenbesuch des Paulus in Korinth, überstürzte Rückkehr nach Ephesus; Tränenbrief und Sendung des Titus nach Korinth
Winter 49/50 (52/53)	Todesgefahr für Paulus (Gefangenschaft in Ephesus?)
Frühjahr 50 (53)	Reise des Paulus mit Timotheus von Ephesus nach Troas, Weiterreise nach Mazedonien
Sommer 50 (53)	Ankunft des Titus aus Korinth in Mazedonien; schlechte Nachrichten aus Galatien; Abfassung von 2Kor 1—9, 2Kor 10—13/Gal; Sendung des Titus mit 2Kor nach Korinth zwecks Organisation des Abschlusses der Kollekte
Winter 50/51 (53/54)	Paulus in Mazedonien; Abschluß der dortigen Kollekte
51/52	*Gallio Prokonsul von Achaja*
Frühjahr/Sommer 51 (54)	Reise des Paulus mit mazedonischen Begleitern nach Korinth; Abschluß der dortigen Kollekte
Winter 51/52 (54/55)	Paulus in Korinth: Röm
Frühjahr 52 (55)	Reise nach Jerusalem zwecks Überbringung der Kollekte

7. LITERATURVERZEICHNIS

Vorbemerkung: Beim ersten Vorkommen einer Arbeit wird diese vollständig nachgewiesen. Hernach gelten Verfassername und das erste Substantiv im Titel als Abkürzung. Nicht ins Verzeichnis aufgenommen wurden RAC-, RGG- und ThWNT-Artikel, deren Benutzung sich von selbst versteht. Z.St. gegebene Literatur*hinweise* werden in der Regel hier nicht noch einmal wiederholt.

7.1 Quellen

Apokryphen: Die Apokryphen und Pseudepigraphen des Alten Testaments I.II. übers. u. hrg. v. E. Kautzsch, Tübingen—Freiburg—Leipzig 1900 = [2]1921; Nachdrucke Darmstadt 1962 und 1975; Hildesheim 1962.

—: Apocalypse de Baruch I.II. (frz.) ed. P. Bogaert, SC 144.145, Paris 1969.

Aristoteles: Ethica Nicomachea ed. I. Bywater, SCBO, Oxford 1894; zahlr. Nachdrucke.

Cicero: De inventione ed. E. Strobel, Scripta quae manserunt omnia 2, BSGRT, Leipzig 1915; Nachdruck Stuttgart zuletzt 1977.

—: De oratore I.II. (lat.-engl.) edd. E. W. Suton — H. Rackham, LCL 348.349, London—Cambridge, Mass. 1942; mehrere Nachdrucke.

(Pseudo-)Cicero: Rhetorica ad Herennium (lat.-engl.) ed. H. Caplan, LCL 403, London—Cambridge, Mass. 1954; mehrere Nachdrucke.

Clemens Alexandrinus: Stromata I.II. edd. O. Stählin — H. Früchtel, GCS 15.17, Berlin [3]1960. [2]1970 (zum Druck besorgt v. W. Treu).

Dio Cassius: Roman History VII. (gr.-engl.) ed. E. Cary, LCL 175, London—Cambridge, Mass. 1924; mehrere Nachdrucke.

Diodorus Siculus: Bibliotheca historica V. (gr.-engl.) ed. C. H. Oldfather, LCL 377, London—Cambridge, Mass. 1950; mehrere Nachdrucke.

Dionysius von Halicarnassos: Opuscula I. edd. H. Usener — L. Radermacher, BSGRT, Leipzig 1899; Nachdruck Stuttgart 1965.

Euripides: Medeia (gr.-dt.) ed. D. Ebener, SQAW 30.1, Berlin 1972.

Fortunatianus: Ars rhetorica, in: Rhetores Latini minores ed. C. Halm, Leipzig 1863, S. 79—134.

Hippolyt: Refutatio omnium haeresium ed. P. Wendland, GCS 26, Leipzig 1916.

Irenäus: Adversus haereses I.II. ed. W. W. Harvey, Cambridge 1857.

Isokrates: Orationes II. edd. G. E. Benseler — F. Blaß, BSGRT, Leipzig [2]1889; zahlr. Nachdrucke.

Jamblichus: De vita pythagorica ed. L. Deubner, BSGRT, Leipzig 1937.

Josephus, Flavius: Antiquitates VI. (Books 18—20) (gr.-engl.) ed. L. H. Feldman, LCL 433 = Josephus 9, London—Cambridge, Mass. 1965; mehrere Nachdrucke.

—: De bello Judaico I.—III. (gr.-dt.) edd. O. Michel — O. Bauernfeind, Darmstadt 1959—1969 = München 1962—1969.

Justin: Apologia, Appendix, Dialogus, in: Die ältesten Apologeten ed. E. J. Goodspeed, Göttingen 1914, S. 24—265.

Origenes: Contra Celsum I.II. ed. P. Koetschau, GCS 2.3, Leipzig 1899.

Orosius, Paulus: Historiae adversum paganos ed. C. Zangemeister, CSEL 5, Wien 1882; Nachdruck Hildesheim 1967.

Ovid: Ars amatoria (lat.-dt.) ed. F. W. Lenz, SQAW 25, Berlin 1969.

Philo: Opera I.–VII. edd. L. Cohn – P. Wendland, Berlin 1896–1930.

Pindar: The Odes (gr.-engl.) ed. J. Sandys, LCL 56, London–Cambridge, Mass. 1937 (rev. ed.); mehrere Nachdrucke.

Plato: Opera I.–V. ed. I. Burnet, SCBO, Oxford 1900–1907; zahlreiche Nachdrucke.

Plutarch: Moralia I. (1A–86) (gr.-engl.) ed. F. C. Babbitt, LCL 197, London–Cambridge, Mass. 1927; mehrere Nachdrucke.

Quintilian: Institutio oratoriae I.II. (lat.-dt.) ed. H. Rahn, TzF 2.3, Darmstadt 1972.1975.

Septuaginta I.II. ed. A. Rahlfs, Stuttgart ⁸1965.

Sueton: Caesares I.II. (lat.-engl.) ed. J. C. Rolfe, LCL 31.38, London–Cambridge, Mass. 1951 (rev. ed.). 1914; mehrere Nachdrucke.

Tacitus: Annales ed. C. D. Fisher, SCBO, Oxford 1906; mehrere Nachdrucke.

Testament, Neues; Novum Testamentum graece cur. Eb. Nestle, nov. cur. elabor. Erw. Nestle – K. Aland, Stuttgart ²⁵1963.

Theophrast: Charaktere I.II. (gr.-dt.) ed. P. Steinmetz, Das Wort der Antike 7, München 1960.1962.

7.2 Sekundärliteratur

Altaner, Berthold–Stuiber, Alfred: Patrologie. Leben, Schriften und Lehre der Kirchenväter, Freiburg–Basel–Wien ⁸1978.

Andresen, Carl: Geschichte des Christentums I: Von den Anfängen bis zur Hochscholastik, ThW 6, Stuttgart–Berlin–Köln–Mainz 1975.

Bacon, Benjamin W.: The Reading οἷς οὐδέ in Gal. 2,5, in: JBL 42. 1923, S. 69–80.

Baird, William: Pauline Eschatology in Hermeneutical Perspective, in: NTS 17. 1970/71, S. 314–327.

Balsdon, John Percy Vyvian Dacre: The Emperor Gaius (Caligula), Oxford 1934.

Bammel, Ernst: Judenverfolgung und Naherwartung. Zur Eschatologie des Ersten Thessalonicherbriefs, in: ZThK 56. 1959, S. 294–315.

Barrett, Charles Kingsley: New Testament Eschatology, in: SJTh 6. 1953, S. 136–155.

–: A Commentary on the Epistle to the Romans, BNTC, London 1957 = HNTC, New York 1958.

–: Die Umwelt des Neuen Testaments, hrg. v. C. Colpe, WUNT 4, Tübingen 1959.

–: Titus, in: E. E. Ellis – M. Wilcox (edd.), Neotestamentica et Semitica (FS M. Black), Edinburgh 1969, S. 1–14.

–: A Commentary on the First Epistle to the Corinthians, BNTC, London ²1971 = HNTC, New York 1968.

–: A Commentary on the Second Epistle to the Corinthians, BNTC, London 1973 = HNTC, New York 1974.

Bauer, Walter: Griechisch-deutsches Wörterbuch zu den Schriften des Neuen

Testaments und der übrigen urchristlichen Literatur, Berlin–New York ⁵1958; mehrere Nachdrucke.

—: Rechtgläubigkeit und Ketzerei im ältesten Christentum, mit einem Nachtrag hrg. v. G. Strecker, BHTh 10, Tübingen ²1964.

Baumgarten, Jörg: Paulus und die Apokalyptik, WMANT 44, Neukirchen–Vluyn 1975.

Baur, Ferdinand Christian: Paulus, der Apostel Jesu Christi I.II, ed. E. Zeller, Leipzig ²1866.1867.

Becker, Jürgen: Auferstehung der Toten im Urchristentum, SBS 82, Stuttgart 1976.

Bell, Harold Idris: Jews and Christians in Egypt, London 1924.

Benko, Stephen: The Edict of Claudius of A.D. 49 and the Instigator Chrestus, in: ThZ 25. 1969, S. 406–418.

Berger, Klaus: Zu den sogenannten Sätzen heiligen Rechts, in: NTS 17. 1970/71, S. 10–40.

—: Apostelbrief und apostolische Rede/Zum Formular frühchristlicher Briefe, in: ZNW 65. 1974, S. 190–231.

—: Almosen für Israel, in: NTS 23. 1977, S. 180–204.

Best, Ernest: A Commentary on the First and Second Epistles to the Thessalonians, BNTC, London 1972 = HNTC, New York 1972.

Betz, Hans Dieter: Der Apostel Paulus und die sokratische Tradition, BHTh 45, Tübingen 1972.

—: Geist, Freiheit und Gesetz: Die Botschaft des Paulus an die Gemeinden in Galatien, in: ZThK 71. 1974, S. 78–93.

—: The Literary Composition and Function of Paul's Letter to the Galatians, in: NTS 21. 1975, S. 353–379.

—: In Defense of the Spirit: Paul's Letter to the Galatians as a Document of Early Christian Apologetics, in: E. Schüssler Fiorenza (ed.), Aspects of Religious Propaganda in Judaism and Early Christianity, University of Notre Dame Center for the Study of Judaism and Christianity in Antiquity 1, Notre Dame–London 1976, S. 99–114.

—: Galatians: A Commentary on Paul's Letter to the Churches in Galatia, Hermeneia, Philadelphia 1979.

Billerbeck, Paul: Kommentar zum Neuen Testament aus Talmud und Midrasch I–VI, München 1922–1961; mehrere Nachdrucke.

Blaß, Friedrich – Debrunner, Albert: Grammatik des neutestamentlichen Griechisch, Göttingen ¹³1970, mit einem Ergänzungsheft von D. Tabachowitz; ¹⁴1976, bearb. von F. Rehkopf.

Boers, Hendrikus: The Form Critical Study of Paul's Letters. I Thessalonians as a Case Study, in: NTS 22. 1976, S. 140–158.

Bonnard, Pierre: L'épître de Saint Paul aux Galates, in: CNT 9, Paris ²1972, S. 5–132.

Borg, Marcus: A New Context for Romans XIII, in: NTS 19. 1972/73, S. 205–218.

Bornkamm, Günther: Die Verzögerung der Parusie, in: W. Schmauch (ed.), In Memoriam Ernst Lohmeyer, Stuttgart 1951, S. 116–126 = in: G. Bornkamm, Geschichte und Glaube I, Ges. Aufsätze 3, BEvTh 48, München 1968, S. 46–55.

—: Der Römerbrief als Testament des Paulus, in: ders., Geschichte und Glaube II, Ges. Aufsätze 4, BEvTh 53, München 1971, S. 120–139.

276

—: Paulus, UB 119, Stuttgart—Berlin—Köln—Mainz [3]1977.

Borse, Udo: Die geschichtliche und theologische Einordnung des Römerbriefes, in: BZ NF 16. 1972, S. 70—83.

—: Der Standort des Galaterbriefes, BBB 41, Köln—Bonn 1972.

Bousset, Wilhelm: Der Brief an die Galater, in: SNT 2.1, Göttingen 1907, S. 25—63.

Bouttier, Michel: Complexio Oppositorum, in: NTS 23. 1977, S. 1—19.

Bradley, David G.: The Topos as a Forr.. in the Pauline Paraenesis, in: JBL 72. 1953, S. 238—246.

Brandenburger, Egon: Die Auferstehung der Glaubenden als historisches und theologisches Problem, in: WuD NF 9. 1967, S. 16—33.

—: Frieden im Neuen Testament, Gütersloh 1973.

Braunert, Horst: Der römische Provinzialzensus und der Schätzungsbericht des Lukas-Evangeliums, in: Hist 6. 1957, S. 192—214.

Brown, Schuyler: Apostasy and Perseverance in the Theology of Luke, AnBibl 36, Rom 1969.

Bruce, Frederick Fyvie: Galatian Problems. 2. North or South Galatians?, in: BJRL 52. 1969/70, S. 243—266.

—: The Acts of the Apostles, London [2]1952 = Grand Rapids [7]1973.

Buck, Charles H.: The Collection for the Saints, in: HThR 43. 1950, S. 1—29.

— — Taylor, Freer: Saint Paul. A Study of the Development of his Thought, New York 1969.

Bultmann, Rudolf: Das Evangelium des Johannes, MeyerK 2. Abt. 19. Aufl., Göttingen [10]1968.

—: Die Geschichte der synoptischen Tradition, FRLANT 29, Göttingen [8]1970, mit einem Ergänzungsheft v. G. Theißen — P. Vielhauer [4]1971.

—: Theologie des Neuen Testaments, hrg. v. O. Merk, UTB 630, Tübingen [7]1977.

Burchard, Christoph: Der dreizehnte Zeuge, FRLANT 103, Göttingen 1970.

—: Paulus in der Apostelgeschichte, in: ThLZ 100. 1975, Sp. 881—895.

Burkert, Walter: ΓΟΗΣ. Zum griechischen „Schamanismus", in: RheinMus NF 105. 1962. S. 36—55.

Burton, Ernest de Witt: Syntax of the Moods and Tenses in New Testament Greek, Chicago [3]1898; zahlreiche Nachdrucke.

—: A Critical and Exegetical Commentary on the Epistle to the Galatians, ICC, Edinburgh 1921; mehrere Nachdrucke.

Cadbury, Henry J.: The Making of Luke-Acts, New York 1927; Nachdruck London zuletzt 1968.

Campbell, Thomas H.: Paul's „Missionary Journeys" as Reflected in His Letters, in: JBL 74. 1955, S. 80—87.

Catchpole, David R.: Paul, James, and the Apostolic Decree, in: NTS 23. 1977, S. 428—444.

Cavallin, Hans Clemens Caesarius: Life after Death, CB. NT 7.1, Lund 1974.

Clemen, Carl: Paulus. Sein Leben und Wirken I.II, Gießen 1904.

Conzelmann, Hans: „Was von Anfang war", in: BZNW 21 (FS R. Bultmann), Berlin 1954, S. 194—201 = in: ders., Theologie als Schriftauslegung, BEvTh 65, München 1974, S. 207—214.

—: Die Mitte der Zeit, BHTh 17, Tübingen [5]1964 (= [6]1977).

—: Die Rechtfertigungslehre des Paulus: Theologie oder Anthropologie?, in: EvTh 28. 1968, S. 389—404 = in: ders., Theologie als Schriftauslegung, a.a.O., S. 191—206.

—: Der erste Brief an die Korinther, MeyerK 5. Abt. 11. Aufl., Göttingen 1969.

—: Die Apostelgeschichte, HNT 7, Tübingen ²1972.

—: Geschichte des Urchristentums, GNT 5, Göttingen ³1976.

—: Grundriß der Theologie des Neuen Testaments, EETh 2, München ³1976.

— — Lindemann, Andreas: Arbeitsbuch zum Neuen Testament, UTB 52, Tübingen ³1977 (⁴1979).

Cousin, Jean: Etudes sur Quintilien I. Contribution à la recherche des sources de l'institution oratoire, Paris 1935; Nachdruck Amsterdam 1967.

Cullmann, Oscar: Petrus. Jünger-Apostel-Märtyrer, Zürich—Stuttgart ²1960 = Siebenstern TB 90.91, München—Hamburg 1967.

Dahl, Nils Alstrup: The Purpose of Luke-Acts, in: ders., Jesus in the Memory of the Early Church, Minneapolis 1976, S. 87—98.

—: Paul and Possessions, in: ders., Studies in Paul, Minneapolis 1977, S. 22—39.

Davies, John Gordon: The Genesis of Belief in an Imminent Parousia, in: JThS NS 14. 1963, S. 104—107.

Davies, William David: Christian Origins and Judaism, Philadelphia 1962.

—: The Setting of the Sermon on the Mount, Cambridge ²1966.

—: Paul and Rabbinic Judaism, London ³1971.

—: The Gospel and the Land, Berkeley—Los Angeles—London 1974.

Deißmann, Adolf: Bibelstudien, Marburg 1895.

—: Licht vom Osten, Tübingen ⁴1923.

—: Paulus, Tübingen ²1925.

Deißner, Kurt: Auferstehungshoffnung und Pneumagedanke bei Paulus, Leipzig 1912.

Demke, Christoph: Theologie und Literarkritik im 1. Thessalonicherbrief, in: G. Ebeling — E. Jüngel — G. Schunack (edd.), Wort und Existenz (FS E. Fuchs), Tübingen 1973, S. 103—124.

Dexinger, Ferdinand: Ein „Messianisches Szenarium" als Gemeingut des Judentums in nachherodianischer Zeit?, in: Kairos 17. 1975, S. 249—278.

Dibelius, Martin: Stilkritisches zur Apostelgeschichte, in: H. Schmidt (ed.), ΕΥΧΑΡΙΣΤΗΡΙΟΝ II (FS H. Gunkel), FRLANT 36.2, Göttingen 1923, S. 27—49 = in: M. Dibelius, Aufsätze zur Apostelgeschichte, hrg. v. H. Greeven, FRLANT 60, Göttingen 1951, S. 9—28.

—: An die Thessalonicher I.II. An die Philipper, HNT 11, Tübingen ²1925; ³1937.

—: Zur Formgeschichte des Neuen Testaments (außerhalb der Evangelien), in: ThR NF 3. 1931, S. 207—242.

—: Die Apostelgeschichte als Geschichtsquelle (1947), in: ders., Aufsätze zur Apg., a.a.O., S. 91—95.

—: Der erste christliche Historiker (1948), in: ders., Aufsätze zur Apg., a.a.O., S. 108—119.

—: Die Reden der Apostelgeschichte und die antike Geschichtsschreibung (1949), in: ders., Aufsätze zur Apg., a.a.O., S. 120—162.

—: Die Apostelgeschichte im Rahmen der urchristlichen Literaturgeschichte, in: ders., Aufsätze zur Apg., a.a.O., S. 163—174.

—: Der Brief des Jakobus, hrg. und erg. v. H. Greeven, MeyerK 15. Abt. 11. Aufl., Göttingen ⁵1964.

—: Die Formgeschichte des Evangeliums, hrg. v. G. Bornkamm, Tübingen ⁶1971.

— — Kümmel, Werner Georg: Paulus, SG 1160, Berlin ⁴1970.

Dinkler, Erich: Der Brief an die Galater. Zum Kommentar von Heinrich Schlier,

278

in: VF [7.] 1953/55, S. 175—183 = in: ders., Signum Crucis, Tübingen 1967, S. 270—282.

Dix, Gregory: Jew and Greek, London ²1955.

Dobschütz, Ernst von: Die Thessalonicher-Briefe, MeyerK 10. Abt. 7. Aufl., Göttingen 1909; Nachdruck mit einem Lit.verzeichnis v. O. Merk hrg. v. F. Hahn ebd. 1974.

Dockx, Stanislas J.: Chronologie paulinienne de l'année de la grande collecte, in: RB 81. 1974, S. 183—195 = in: ders., Chronologies néotestamentaires et Vie de l'Eglise primitive, Paris—Gembloux 1976, S. 107—118.

Doty, William G.: Letters in Primitive Christianity, Philadelphia 1973.

Drane, John W.: Theological Diversity in the Letters of St. Paul, in: TynB 27. 1976, S. 3—26.

Dupont, Jacques: ΣΥΝ ΧΡΙΣΤΩΙ. L'union avec le Christ suivant Saint Paul I, Bruges—Louvain—Paris 1952.

—: Pierre et Paul à Antioche et à Jérusalem, in: RechSR 45. 1957, S. 42—60. 225—239 = in: ders., Etudes sur les actes des Apôtres, LeDiv 45, Paris 1967, S. 185-215.

—: Les problèmes du livre des actes entre 1940 et 1950, in: ders., Etudes sur les actes des Apôtres, a.a.O., S. 11—124.

Eichholz, Georg: Die Theologie des Paulus im Umriß, Neukirchen—Vluyn 1972.

Ellis, E. Earle: Paul and His Recent Interpreters, Grand Rapids ²1967.

Eltester, Walter: Israel im lukanischen Werk und die Nazarethperikope, in: E. Gräßer — A. Strobel — R. C. Tannehill — W. Eltester, Jesus in Nazareth, BZNW 40, Berlin 1972, S. 76—147.

Emmet, Cyril William: The Case for the Tradition. The Paul of Acts and the Paul of the Epistles, in: F. J. F. Jackson — K. Lake (edd.), The Beginnings of Christianity I.2, London 1922, S. 265—297.

Enslin, Morton S.: Once Again, Luke and Paul, in ZNW 61. 1970, S. 253—257.

—: Luke, the Literary Physician, in: D. E. Aune (ed.), Studies in New Testament and Early Christian Literature (FS A. P. Wikgren), NT. S 33, Leiden 1972, S. 135—143.

Faw, Chalmer E.: Death and Resurrection in Paul's Letters, in: JBR 27. 1959, S. 291—298.

—: The Anomaly of Galatians, in: BR 4. 1960, S. 25—38.

Feuillet, André: Mort du Christ et mort du chrétien d'après les épîtres pauliniennes, in: RB 66. 1959, S. 481—513.

Filson, Floyd Vivian: The Journey Motif in Luke-Acts, in: W. W. Gasque — R. P. Martin (edd.), Apostolic History and the Gospel (FS F. F. Bruce), Exeter = Grand Rapids 1970, S. 68—77.

Finegan, Jack: Handbook of Biblical Chronology, Princeton 1964.

Friedländer, Paul. Darstellungen aus der Sittengeschichte Roms I, Leipzig ¹⁰1922.

Friedrich, Gerhard: Ein Tauflied hellenistischer Judenchristen. 1. Thess. 1,9f, in: ThZ 21. 1965, S. 502—516.

—: Die Auferstehung Jesu, eine Tat Gottes oder ein Interpretament der Jünger?, in: KuD 17. 1971, S. 153—187.

—: Luk 9,51 und die Entrückungschristologie des Lukas, in: P. Hoffmann — N. Brox — W. Pesch (edd.), Orientierung an Jesus (FS J. Schmid), Freiburg—Basel—Wien 1973, S. 48—77.

—: Der Brief an die Philipper, in: NTD 8¹⁴, Göttingen 1976, S. 125—175.

—: Der erste Brief an die Thessalonicher, in: NTD 8[14], Göttingen 1976, S. 203—251.

Funk, Robert W.: The Enigma of the Famine Visit, in: JBL 75. 1965, S. 130—136.

—: Language, Hermeneutic, and Word of God, New York—Evanston—London 1966.

—: The Apostolic Parousia: Form and Significance, in: W. R. Farmer — C. F. D. Moule — R. R. Niebuhr (edd.), Christian History and Interpretation (FS J. Knox), Cambridge 1967, S. 249—268.

Furnish, Victor Paul: Theology and Ethics in Paul, Nashville—New York 1968.

—: Development in Paul's Thought, in: JAAR 38. 1970, S. 289—303.

Gager, John G.: Kingdom and Community, Prentice-Hall Studies in Religion Series, Englewood Cliffs 1975.

Gamble, Harry Y.: The Textual History of the Letter to the Romans, StD 42, Grand Rapids 1977.

Garzetti, Albino: From Tiberius to the Antonines, London 1974.

Gauger, Jörg-Dieter: Beiträge zur jüdischen Apologetik. Untersuchungen zur Authentizität von Urkunden bei Flavius Josephus und im 1. Makkabäerbuch, BBB 49, Köln—Bonn 1977.

Gayer, Roland: Die Stellung des Sklaven in den paulinischen Gemeinden und bei Paulus, EHS.T 78, Bern—Frankfurt 1976.

Georgi, Dieter: Die Geschichte der Kollekte des Paulus für Jerusalem, ThF 38, Hamburg 1965.

Gnilka, Joachim: Der Philipperbrief, HThK 10.3, Freiburg—Basel—Wien [2]1976.

Goguel, Maurice: La vision de Paul à Corinthe et sa comparution devant Gallion, in: RHPhR [12.] 1932, S. 321—333.

—: L'apôtre Pierre a-t-il joué un rôle personnel dans les crises de Grèce et de Galatie?, in: RHPhR [14.] 1934, S. 461—500.

Grabner-Haider, Anton: Paraklese und Eschatologie bei Paulus, NTA NF 4, Münster 1968.

Grant, Michael: Ancient History Atlas 1700 BC to AD 565, London [2]1974.

Gräßer, Erich: Die Apostelgeschichte in der Forschung der Gegenwart, in: ThR NF 26. 1960, S. 93—167.

—: Bibelarbeit über 1Thess. 4,13—18, in: Bibelarbeiten, gehalten auf der rheinischen Landessynode 1967 in Bad Godesberg, o.O. o.J. (Düsseldorf 1967), S. 10—20.

—: Die Naherwartung Jesu, SBS 61, Stuttgart 1973.

—: Acta-Forschung seit 1960, in: ThR NF 41. 1976, S. 141—194.259—290; 42. 1977, S. 1—68.

—: Das Problem der Parusieverzögerung in den synoptischen Evangelien und in der Apostelgeschichte, BZNW 22, Berlin [3]1978.

Greeven, Heinrich: Kirche und Parusie Christi, in: KuD 10. 1964, S. 113—135.

Groos, Helmut: Albert Schweizer. Größe und Grenzen, München—Basel 1974.

Gülzow, Henneke: Christentum und Sklaverei in den ersten drei Jahrhunderten, Bonn 1969.

Gunkel, Hermann: Die Wirkungen des heiligen Geistes nach der populären Anschauung der apostolischen Zeit und der Lehre des Apostels Paulus, Göttingen [2]1899.

Guntermann, Friedrich: Die Eschatologie des hl. Paulus, NTA XIII.4.5, Münster 1932.

Gunther, John J.: Paul: Messenger and Exile, Valley Forge 1972.

Guterman, Simeon L.: Religious Toleration and Persecution in Ancient Rome, London 1951.

Güttgemanns, Erhardt: Der leidende Apostel und sein Herr. Studien zur paulinischen Christologie, FRLANT 90, Göttingen 1966.

Haacker, Klaus: Die Gallio-Episode und die paulinische Chronologie, in: BZ NF 16. 1972, S. 252—255.

Haenchen, Ernst: Petrus-Probleme, in: NTS 7. 1960/61, S. 187—197 = in: ders., Gott und Mensch, Ges. Aufsätze [1], Tübingen 1965, S. 55—67.

—: Die Apostelgeschichte, MeyerK 3. Abt. 16. Aufl., Göttingen [7]1977.

Hahn, Ferdinand: Das Verständnis der Mission im Neuen Testament, WMANT 13, Neukirchen—Vluyn 1963.

—: Methodenprobleme einer Christologie des Neuen Testaments, in: VF 15,2. 1970, S. 3—41.

—: Der Apostolat im Urchristentum, in: KuD 20. 1974, S. 54—77.

—: Christologische Hoheitstitel, FRLANT 83, Göttingen [4]1974.

—: Die Rede von der Parusie des Menschensohnes Markus 13, in: R. Pesch — R. Schnackenburg — O. Kaiser (edd.), Jesus und der Menschensohn (FS A. Vögtle), Freiburg—Basel—Wien 1975, S. 240—266.

—: Das Gesetzesverständnis im Römer- und Galaterbrief, in: ZNW 67. 1976, S. 29—63.

Hainz, Josef: Ekklesia, BU 9, Regensburg 1972.

Hare, Douglas R. A.: The Theme of Jewish Persecution of Christians in the Gospel According to St Matthew, MSSNTS 6, Cambridge 1967.

Harnack, Adolf von: Lukas der Arzt, Beiträge zur Einleitung in das NT 1, Leipzig 1906.

—: Die Zeitangaben in der Apostelgeschichte des Lukas, in: SAB phil.-hist. Klasse 1907, S. 376—399.

—: Neue Untersuchungen zur Apostelgeschichte und zur Abfassungszeit der synoptischen Evangelien, Beiträge zur Einleitung in das NT 4, Leipzig 1911.

—: Chronologische Berechnung des „Tags von Damaskus", in: SAB phil.-hist. Klasse 1912, S. 673—682.

—: Die Mission und Ausbreitung des Christentums in den ersten drei Jahrhunderten I, Leipzig [4]1924.

Harnisch, Wolfgang: Eschatologische Existenz, FRLANT 110, Göttingen 1973.

Harris, M. J.: 2 Corinthians 5:1—10: Watershed in Paul's Eschatology?, in: TynB 22. 1971, S. 32—57.

Hartman, Lars: Prophecy Interpreted, CB.NT 1, Lund 1966.

—: The Functions of Some So-Called Apocalyptic Timetables, in: NTS 22. 1976, S. 1—14.

Hartmann, Paul: Das Verhältnis des Galaterbriefs zum zweiten Korintherbrief, in: ZWTh 42. 1899, S. 187—194.

Heinrici, Georg: Kritisch exegetisches Handbuch über den zweiten Brief an die Korinther, MeyerK 6. Abt. 8. Aufl., Göttingen [3]1900.

Hengel, Martin: Die Ursprünge der christlichen Mission, in: NTS 18. 1971/72, S. 15—38.

—: Christologie und neutestamentliche Chronologie, in: H. Baltensweiler — B. Reicke (edd.), Neues Testament und Geschichte (FS O. Cullmann), Zürich—Tübingen 1972, S. 43—67.

—: Zwischen Jesus und Paulus, in: ZThK 72. 1975, S. 151—206.

—: Zur urchristlichen Geschichtsschreibung, Stuttgart 1979.
Héring, Jean: Saint Paul a-t-il enseigné deux résurrections?, in: RHPhR [12.] 1932, S. 300—320.
Hirsch, Emanuel: Petrus und Paulus. Ein Gespräch mit Hans Lietzmann, in: ZNW 29. 1930, S. 63—76.
Hoehner, Harold W.: Why did Pilate hand Jesus over to Antipas?, in: E. Bammel (ed.), The Trial of Jesus (FS C. F. D. Moule), SBT 2. Ser. 13, London ²1971, S. 84—90.
Hoerber, Robert O.: The Decree of Claudius in Acts 18:2, in: CTM 31. 1960, S. 690—694.
Hoffmann, Paul: Die Toten in Christus, NTA NF 2, Münster 1966 (³1978).
Hofmann, Johann Christian Konrad von: Der Brief Pauli an die Philipper, Die hl. Schrift neuen Testaments 4.3, Nördlingen 1871.
Hölscher, Gustav: Die Hohenpriesterliste bei Josephus und die evangelische Chronologie, in: SAH phil.-hist. Klasse 1939/40, 3. Abh., Heidelberg 1940.
Holtz, Traugott: Die Christologie der Apokalypse des Johannes, TU 85, Berlin ²1971.
—: Die Bedeutung des Apostelkonzils für Paulus, in: NovTest 16. 1974, S. 110—148.
Holtzmann, Heinrich Julius: Lehrbuch der neutestamentlichen Theologie (edd. A. Jülicher — W. Bauer) II, Tübingen ²1911.
Huber, Wolfgang: Passa und Ostern. Untersuchungen zur Osterfeier der alten Kirche, BZNW 35, Berlin 1969.
Hübner, Hans: Das Gesetz bei Paulus. Ein Beitrag zum Werden der paulinischen Theologie, FRLANT 119, Göttingen 1978.
Hunzinger, Claus-Hunno: Die Hoffnung angesichts des Todes im Wandel der paulinischen Aussagen, in: Leben angesichts des Todes (FS H. Thielicke), Tübingen 1968, S. 69—88.
Hurd, John Coolidge: The Origin of 1 Corinthians, London = New York 1965.
—: Pauline Chronology and Pauline Theology, in: W. R. Farmer — C. F. D. Moule — R. R. Niebuhr (edd.), Christian History and Interpretation (FS J. Knox), Cambridge 1967, S. 225—248.
—: The Sequence of Paul's Letters, in: CJT 14. 1968, S. 189—200.
Hyldahl, Niels: Die Frage nach der literarischen Einheit des Zweiten Korintherbriefes, in: ZNW 64. 1973, S. 289—306.
Jeremias, Joachim: Sabbathjahr und neutestamentliche Chronologie, in: ZNW 27. 1928, S. 98—103 = in: ders., Abba. Studien zur neutestamentlichen Theologie und Zeitgeschichte, Göttingen 1966, S. 233—238.
—: Untersuchungen zum Quellenproblem der Apostelgeschichte, in: ZNW 36. 1937, S. 205—221 = in: ders., Abba, a.a.O., S. 238—255.
—: ,Flesh and Blood cannot inherit the Kingdom of God' (I Cor. XV.50), in: NTS 2. 1955/56, S. 151—159 = in: ders., Abba, a.a.O., S. 298—307.
—: Chiasmus in den Paulusbriefen, in: ZNW 49. 1958, S. 145—156 = in: ders., Abba, a.a.O., S. 276—290.
—: Jerusalem zur Zeit Jesu, Göttingen ³1963.
—: Unbekannte Jesusworte, Gütersloh ⁴1965.
—: Die Abendmahlsworte Jesu, Göttingen ⁴1967.
—: Der Schlüssel zur Theologie des Apostels Paulus, CwH 115, Stuttgart 1971.
Jervell, Jacob: The Law in Luke-Acts, in: HThR 64. 1971, S. 21—36 = in: ders., Luke and the people of God, Minneapolis 1972, S. 133—151.

Jewett, Robert: Paul's Anthropological Terms, AGJU 10, Leiden 1971.
—: A Chronology of Paul's Life, Philadelphia 1979.
Kabisch, Richard: Die Eschatologie des Paulus in ihren Zusammenhängen mit dem Gesamtbegriff des Paulinismus, Göttingen 1893.
Käsemann, Ernst: Die Johannesjünger in Ephesus, in: ZThK 49. 1952, S. 144—154 = in: ders., Exegetische Versuche und Besinnungen I, Göttingen [6]1970, S. 158—168.
—: Sätze heiligen Rechtes im Neuen Testament, in: NTS 1. 1954/55, S. 248—260 = in: ders., Exegetische Versuche und Besinnungen II, Göttingen [3]1968, S. 69—82.
Kasting, Heinrich: Die Anfänge der urchristlichen Mission, BEvTh 55, München 1969.
Keck, Leander E.: The Poor among the Saints in the New Testament, in: ZNW 56. 1965, S. 100—129.
—: The First Letter of Paul to the Thessalonians, in: C. M. Laymon (ed.), The Interpreter's One Volume Commentary on the Bible, Nashville 1971, S. 865—874.
Kennedy, George: The Art of Rhetoric in the Roman World 300 B.C. — A.D. 300, A History of Rhetoric II, Princeton 1972.
Kertelge, Karl: Das Apostelamt des Paulus, sein Ursprung und seine Bedeutung, in: BZ NF 14. 1970, S. 161—181.
—: Apokalypsis Jesou Christou (Gal 1,12), in: J. Gnilka (ed.), Neues Testament und Kirche (FS R. Schnackenburg), Freiburg—Basel—Wien 1974, S. 266—281.
Klausner, Joseph: Jesus von Nazareth, seine Zeit, sein Leben und seine Lehre, Jerusalem [3]1952.
Klein, Günter: Galater 2,6—9 und die Geschichte der Jerusalemer Urgemeinde, in: ZThK 57. 1960, S. 275—295 = in: ders., Rekonstruktion und Interpretation, BEvTh 50, München 1969, S. 99—118 (mit Nachtrag S. 118—128).
—: Die Verleugnung des Petrus, in: ZThK 58. 1961, S. 285—328 = in: ders., Rekonstruktion und Interpretation, a.a.O., S. 49—90 (mit Nachtrag S. 90—98).
—: Apokalyptische Naherwartung bei Paulus, in: H. D. Betz — L. Schottroff (edd.), Neues Testament und christliche Existenz (FS H. Braun), Tübingen 1973, S. 241—262.
Klein, Hans: Die lukanisch-johanneische Passionstradition, in: ZNW 67. 1976, S. 155—186.
Klostermann, Erich: Das Lukasevangelium, HNT 5, Tübingen [3]1975.
Knox, John: „Fourteen Years Later": A Note on the Pauline Chronology, in: JR 16. 1936, S. 341—349.
—: The Pauline Chronology, in: JBL 58. 1939, S. 15—29.
—: Marcion and the New Testament, Chicago 1942.
—: Chapters in a Life of Paul, New York 1950 = Apex Books, Nashville 1950 = London 1954.
Köster, Helmut: Die außerkanonischen Herrenworte als Produkte der christlichen Gemeinde, in: ZNW 48. 1957, S. 220—237.
Kraeling, Carl H.: The Jewish Community at Antioch, in: JBL 51. 1932, S. 130—160.
Kramer, Werner: Christos Kyrios Gottessohn, AThANT 44, Zürich—Stuttgart 1963.
Kümmel, Werner Georg: Verheißung und Erfüllung, AThANT 6, Zürich [3]1956.

—: Albert Schweitzer als Paulusforscher, in: J. Friedrich — W. Pöhlmann — P. Stuhlmacher (edd.), Rechtfertigung (FS E. Käsemann), Göttingen—Tübingen 1976, S. 269—289.

—: Einleitung in das Neue Testament, Heidelberg [18]1976.

Künzi, Martin: Das Naherwartungslogion Matthäus 10,23, BGBE 9, Tübingen 1970.

—: Das Naherwartungslogion Markus 9,1 par, BGBE 21, Tübingen 1977.

Kuss, Otto: Paulus. Die Rolle des Apostels in der theologischen Entwicklung der Urkirche, Regensburg 1971.

Labriolle, Pierre Champagne de: La réaction païenne, Paris [3]1934; zahlr. Nachdrucke.

Lacroix, Benoit: Orose et ses Idées, Montréal—Paris 1965.

Lake, Kirsopp: The Date of Q, in: Exp VII.7. 1909, S. 494—507.

—: The Chronology of Acts, in: F. J. F. Jackson — K. Lake (edd.), The Beginnings of Christianity 1.5, London 1933, S. 445—474.

Laub, Franz: Eschatologische Verkündigung und Lebensgestaltung nach Paulus, BU 10, Regensburg 1973.

Lausberg, Heinrich: Handbuch der literarischen Rhetorik I.II, München [2]1973.

Leon, Harry J.: The Jews of Ancient Rome, Philadelphia 1960.

Liebenam, Wilhelm: Zur Geschichte und Organisation des römischen Vereinswesens, Leipzig 1890; Nachdruck Aalen 1964.

Lietzmann, Hans: An die Korinther I.II, erg. v. W. G. Kümmel, HNT 9, Tübingen [5]1969.

—: An die Galater, HNT 10, Tübingen [4]1971.

Lightfoot, Joseph Barber: Saint Paul's Epistle to the Galatians, The Epistles of St Paul II.3, London—New York [10]1890.

Lindemann, Andreas: Paulus im ältesten Christentum. Das Bild des Apostels und die Rezeption der paulinischen Theologie bis Marcion, BHTh 58, Tübingen 1979.

Linnemann, Eta: Studien zur Passionsgeschichte, FRLANT 102, Göttingen 1970.

—: Gleichnisse Jesu, Göttingen [6]1975.

—: Zeitansage und Zeitvorstellung in der Verkündigung Jesu, in: G. Strecher (ed.), Jesus Christus in Historie und Theologie (FS H. Conzelmann), Tübingen 1975, S. 237—263.

Lipsius, Richard Adelbert: Briefe an die Galater, Römer, Philipper, HC II.2, Freiburg 1891.

Lohfink, Gerhard: Paulus vor Damaskus, SBS 4, Stuttgart [3]1967.

—: Die Himmelfahrt Jesu, StANT 26, München 1971.

Lohmeyer, Ernst: Die Briefe an die Philipper, an die Kolosser und an Philemon, MeyerK 9. Abt. 13. Aufl., Göttingen [6]1964.

Lohse, Bernhard: Das Passafest der Quartadezimaner, BFChTh II. 54, Gütersloh 1953.

Lohse, Eduard: Lukas als Theologe der Heilsgeschichte, in: EvTh 14. 1954, S. 256—275 = in: ders., Die Einheit des Neuen Testaments, Göttingen 1973, S. 145—164 = in: G. Braumann (ed.), Das Lukas-Evangelium, WdF 280, Darmstadt 1974, S. 64—90.

Loisy, Alfred: Les Actes des Apôtres, Paris 1920; Nachdruck o.O. 1973.

Löning, Karl: Die Saulustradition in der Apostelgeschichte, NTA NF 9, Münster 1973.

Löwe, Hartmut: Christus und die Christen, theol. Diss. Heidelberg 1965.

Lüdemann, Gerd: Untersuchungen zur simonianischen Gnosis, GTA 1, Göttingen 1975.

Lührmann, Dieter: Wo man nicht mehr Sklave oder Freier ist, in: WuD NF 13. 1975, S. 53—83.

Luz, Ulrich: Das Geschichtsverständnis des Paulus, BEvTh 49, München 1968.

—: Zum Aufbau von Röm. 1—8, in: ThZ 25. 1969, S. 161—181.

Magie, David: Roman Rule in Asia Minor to the End of the Third Century After Christ II, Princeton 1950.

Maier, Johann — Schubert, Kurt: Die Qumran-Essener, UTB 224, München—Basel 1973.

Malherbe, Abraham J.: Social Aspects of Early Christianity, Baton Rouge-London 1977.

Martin, Josef: Antike Rhetorik. Technik und Methode, HAW II.3, München 1974.

Marxsen, Willi: Auslegung von 1 Thess 4,13—18, in: ZThK 66. 1969, S. 22—37.

Masson, Charles: Les deux épîtres de saint Paul aux Thessaloniciens, CNT 11a, Neuchâtel—Paris 1957.

McGiffert, Arthur Cushman: A History of Christianity in the Apostolic Age, New York [2]1914.

Meeks, Wayne A.: Jews and Christians in Antioch in the First Four Centuries, in: G. MacRae (ed.), Society of Biblical Literature 1976 Seminar Papers, Missoula 1976, S. 33—65.

Merk, Otto: Handeln aus Glauben, MThSt 5, Marburg 1968.

—: Der Beginn der Paränese im Galaterbrief, in: ZNW 60. 1969, S. 83—104.

Merrill, Elmer Truesdell: The Expulsion of Jews from Rome under Tiberius, CP 14. 1919, S. 365—372.

Meyer, Eduard: Ursprung und Anfänge des Christentums I, Stuttgart—Berlin [4/5]1924.

Michei, Otto: Der Brief an die Römer, MeyerK 4. Abt. 13. Aufl., Göttingen [4]1966.

Millar, Fergus: A Study of Cassius Dio, Oxford 1964.

Minear, Paul S.: The Jerusalem Fund and Pauline Chronology, in: AThR 25. 1943, S. 389—396.

Moehring, Horst R.: The Census in Luke as an Apologetic Device, in: D. E. Aune (ed.), Studies in New Testament and Early Christian Literature (FS A. P. Wikgren), NT.S 33, Leiden 1972, S. 144—160.

—: The Acta pro Joudaeis in the Antiquities of Flavius Josephus, in: J. Neusner (ed.), Christianity, Judaism, and Other Greco-Roman Cults III (FS M. Smith), SJLA 12.3, Leiden 1975, S. 124—158.

Momigliano, Arnaldo: Claudius. The Emperor and his Achievement, Cambridge [2]1961 = New York 1962.

Moule, Charles Francis Digby: An Idiom Book of New Testament Greek, Cambridge [2]1971.

Moulton, James Hope: A Grammar of New Testament Greek III: Syntax by N. Turner, Edinburgh 1963.

Moulton, William F. — Geden, Alfred S.: A Concordance to the Greek Testament, rev. H. K. Moulton, Edinburgh [4]1963; mehrere Nachdrucke.

Müller, Ulrich B.: Messias und Menschensohn in jüdischen Apokalypsen und in der Offenbarung des Johannes, StNT 6, Gütersloh 1972.

—: Prophetie und Predigt im Neuen Testament, StNT 10, Gütersloh 1975.

Munck, Johannes: Paulus und die Heilsgeschichte, Kopenhagen 1954.

Mußner, Franz: Der Galaterbrief, HThK 9, Freiburg—Basel—Wien 1974.

—: Καθεξῆς im Lukasprolog, in: E. E. Ellis — E. Gräßer (edd.), Jesus und Paulus (FS W. G. Kümmel), Göttingen 1975, S. 253—255.

Nembach, Ulrich: Predigt des Evangeliums, Neukirchen—Vluyn 1972.

Nepper-Christensen, Poul: Das verborgene Herrnwort, in: StTh 19. 1965, S. 136—154.

Neugebauer, Fritz: In Christus, Göttingen 1961.

Norden, Eduard: Die antike Kunstprosa vom VI. Jahrhundert v.Chr. bis in die Zeit der Renaissance II, Darmstadt = Stuttgart ⁷1974.

Oepke, Albrecht: Der Brief des Paulus an die Galater, hrg. v. E. Fascher, bearb. v. J. Rohde, ThHK 9, Berlin ³1973.

Ogg, George: A New Chronology of Saint Paul's Life, in: ET 64. 1953, S. 120—123.

—: The Chronology of the Life of Paul, London 1968 = The Odyssey of Paul, Old Tappan 1968.

Oliver, James H.: The Epistle of Claudius which Mentions the Proconsul Junius Gallio, in: Hesp. 40. 1971, S. 239f.

Orr, William F. — Walther, James Arthur: I Corinthians, AncB 32, New York 1976.

Osten-Sacken, Peter von der: Die Apologie des paulinischen Apostolats in 1Kor 15,1—11, in: ZNW 64. 1973, S. 245—262.

Otto, August: Die Sprichwörter und sprichwörtlichen Redensarten bei den Römern, Leipzig 1890; Nachdruck Hildesheim 1962.

Overbeck, Franz: Über die Anfänge der patristischen Literatur, in: HZ 48. 1882, S. 417—472 = Libelli 15, Darmstadt 1954 und 1965.

Pagels, Elaine H.: The Johannine Gospel in Gnostic Exegesis, SBLMS 17, Nashville—New York 1973.

Parker, Pierson: Three Variant Readings in Luke-Acts, in: JBL 83. 1964, S. 165—170.

Perrin, Norman: The New Testament. An Introduction, New York—Chicago—San Francisco—Atlanta 1974.

Pesch, Rudolf: Naherwartungen. Tradition und Redaktion in Mk 13, KBANT, Düsseldorf 1968.

Peterson, Erik: Die Einholung des Kyrios, in: ZSTh 7. 1930, S. 682—702.

Pincherle, Alberto: Paul à Ephèse, in: Congrès d'Histoire du Christianisme, Jubilé A. Loisy II, Paris—Amsterdam 1928, S. 51—69.

Plassart, André: L'inscription de Delphes mentionnant le proconsul Gallion, in: REG 80. 1967, S. 372—378.

Plevnik, Joseph: The Parousia as Implication of Christ's Resurrection, in: ders. (ed.), Word and Spirit (FS D. M. Stanley), Willowdale, Ont. 1975, S. 199—277.

Plooij, Daniel: De Chronologie van het Leven van Paulus, Leiden 1918.

Plümacher, Eckhard: Lukas als hellenistischer Schriftsteller, StUNT 9, Göttingen 1972.

Radin, Max: The Jews among the Greeks and Romans, Philadelphia 1915.

Ramsay, William M.: Pauline and Other Studies, London 1906.

Ramsey, Howard Lyn: The Place of Galatians in the Career of Paul, Ann Arbor 1961.

Rehkopf, Friedrich: Die lukanische Sonderquelle, WUNT 5, Tübingen 1959.

Riddle, Donald Wayne: Paul. Man of Conflict, Nashville 1940.

Rigaux, Béda: Saint Paul. Les épîtres aux Thessaloniciens, EtB, Paris—Gembloux 1956.

Robbins, Vernon K.: The We-Passages in Acts and Ancient Sea-Voyages, in: BR 20. 1975, S. 5—18.

Robertson, Archibald Thomas: A Grammar of the Greek New Testament in the Light of Historical Research, New York [3]1919.

Robinson, James M.: World in Modern Theology and in New Testament Theology, in: J. McDowell Richards (ed.), Soli Deo Gloria (FS W. C. Robinson), Richmond 1968, S. 88—110.

Robinson, William C.: Der Weg des Herrn, ThF 36, Hamburg 1964.

—: Der theologische Interpretationszusammenhang des lukanischen Reiseberichts, in: G. Braumann (ed.), Das Lukas-Evangelium, WdF 280, Darmstadt 1974, S. 115—134.

Roller, Otto: Das Formular der Paulinischen Briefe, BWANT 58 [IV.6], Stuttgart 1933.

Russell, David Syme: The Method and Message of Jewish Apocalyptic, London 1964 = Philadelphia [6]1974.

Safrai, Samuel — Stern, Menahem (edd.), The Jewish People in the First Century I.II, CRI 1, Assen = Philadelphia 1974.1976.

Sanders, Ed Parish: Paul and Palestinian Judaism, London = Philadelphia 1977.

Sanders, Jack T.: Paul's „Autobiographical" Statements in Galatians 1—2, in: JBL 85. 1966, S. 335—343.

Schenke, Hans-Martin: Das Weiterwirken des Paulus und die Pflege seines Erbes durch die Paulus-Schule, in: NTS 21. 1975, S. 505—518.

— — Fischer, Karl Martin: Einleitung in die Schriften des Neuen Testaments I: Die Briefe des Paulus und Schriften des Paulinismus, Berlin = Gütersloh 1978.

Schille, Gottfried: Die Fragwürdigkeit eines Itinerars der Paulusreisen, in: ThLZ 84. 1959, Sp. 165—174.

—: Anfänge der Kirche, BEvTh 43, München 1966.

Schlier, Heinrich: Der Brief an die Galater, MeyerK 7. Abt. 11. Aufl., Göttingen [2]1951; 13. Aufl., ebd. [4]1965.

—: Der Apostel und seine Gemeinde, Freiburg—Basel—Wien [2]1973.

Schmithals, Walter: Die Häretiker in Galatien, in: ZNW 47. 1956, S. 25—67 = in: ders., Paulus und die Gnostiker, ThF 35, Hamburg 1965, S. 9—46.

—: Paulus und Jakobus, FRLANT 85, Göttingen 1963.

—: Die Thessalonicherbriefe als Briefkompositionen, in: E. Dinkler (ed.), Zeit und Geschichte (FS R. Bultmann), Tübingen 1964, S. 295—315.

—: Die historische Situation der Thessalonicherbriefe, in: ders., Paulus und die Gnostiker, a.a.O., S. 89—157.

—: Rez. zu D. Georgi, Die Geschichte der Kollekte, in: ThLZ 92. 1967, Sp. 668—672.

Schnackenburg, Rudolf: Das Heilsgeschehen bei der Taufe nach dem Apostel Paulus, MThS I.1, München 1950.

Schottroff, Luise: Animae naturaliter salvandae, in: W. Eltester (ed.), Christentum und Gnosis, BZNW 37, Berlin 1969, S. 65—97.

Schrage, Wolfgang: Zur Frontstellung der paulinischen Ehebewertung in 1Kor 7,1—7, in: ZNW 67. 1976, S. 214—234.

Schubert, Paul: Form and Function of the Pauline Letters, in: JR 19. 1939, S. 365—377.

—: Form and Function of the Pauline Thanksgivings, BZNW 20, Berlin 1939.

Schürer, Emil: Geschichte des jüdischen Volkes im Zeitalter Jesu Christi III, Leipzig [4]1909; Nachdruck Hildesheim 1964 und 1970.

—: The History of the Jewish People in the Age of Jesus Christ I, revv. and edd. G. Vermes — F. Millar, Edinburgh 1973.

Schürmann, Heinz: Das Lukasevangelium I, HThK 3.1, Freiburg—Basel—Wien 1969.

Schwank, Benedikt: Der sogenannte Brief an Gallio und die Datierung des 1 Thess, in: BZ NF 15. 1971, S. 265f.

Schwartz, Eduard: Charakterköpfe aus der antiken Literatur, Zweite Reihe, Leipzig—Berlin [3]1919.

—: Griechische Geschichtsschreiber, Leipzig 1957.

Schweitzer, Albert: Geschichte der Paulinischen Forschung, Tübingen 1911.

—: Die Mystik des Apostels Paulus, Tübingen 1930.

—: Reich Gottes und Christentum, hrg. v. U. Neuenschwander, Tübingen 1967.

—: Geschichte der Leben-Jesu-Forschung, Tübingen [6]1951 = GTB Siebenstern TB 77.78, Gütersloh [3]1977.

Schweizer, Eduard: Die „Mystik" des Sterbens und Auferstehens mit Christus bei Paulus, in: EvTh 26. 1966, S. 239—257 = in: ders., Beiträge zur Theologie des Neuen Testaments, Zürich 1970, S. 183—203.

Schwyzer, Eduard: Griechische Grammatik II. Syntax und syntaktische Stilistik, hrg. v. A. Debrunner, HAW II.1.2, München [2]1959.

Scramuzza, Vincent Mary: The Emperor Claudius, HHS 44, Cambridge, Mass. = London 1940.

Seeberg, Alfred: Der Katechismus der Urchristenheit, Leipzig 1903 = ThB 26, München 1966, mit einer Einführung v. F. Hahn.

Selby, Donald Joseph: Toward the Understanding of St. Paul, Englewood Cliffs 1962.

Sellin, Gerhard: Komposition, Quellen und Funktion des lukanischen Reiseberichtes (Lk. IX 51—XIX 28), in: NovTest 20. 1978, S. 100—135.

Siber, Peter: Mit Christus leben, AThANT 61, Zürich 1971.

Sieffert, Friedrich: Der Brief an die Galater, MeyerK 7. Abt. 9. Aufl., Göttingen [4]1899.

Siegert, Folker: Gottesfürchtige und Sympathisanten, in: JSJ 4. 1973, S. 109—164.

Spörlein, Bernhard: Die Leugnung der Auferstehung, BU 7, Regensburg 1971.

Stauffer, Ethelbert: Die Theologie des Neuen Testaments, Stuttgart [3]1947.

Stemberger, Günter: Der Leib der Auferstehung, AnBibl 56, Rom 1972.

Stern, Menahem (ed.), Greek and Latin Authors on Jews and Judaism I, Jerusalem 1974.

Strecker, Georg: Die sogenannte zweite Jerusalemreise des Paulus (Act 11,27—30), in: ZNW 53. 1962, S. 67—77.

—: Die Leidens- und Auferstehungsvoraussagen im Markusevangelium, in: ZThK 64. 1967, S. 16—39.

—: Der Weg der Gerechtigkeit, FRLANT 82, Göttingen [3]1971.

—: Handlungsorientierter Glaube, Stuttgart—Berlin 1972.

—: Das Evangelium Jesu Christi, in: ders. (ed.), Jesus Christus in Historie und Theologie (FS H. Conzelmann), Tübingen 1975, S. 503—548.

—: Befreiung und Rechtfertigung, in: J. Friedrich — W. Pöhlmann — P. Stuhl-

288

macher (edd.), Rechtfertigung (FS E. Käsemann), Göttingen–Tübingen 1976, S. 479–508.

Strobel, August: In dieser Nacht (Luk 17,34), in: ZThK 58. 1961, S. 16–29.

—: Der Berg der Offenbarung (Mt 28,16; Apg 1,12), in: O. Böcher – K. Haacker (edd.), Verborum Veritas (FS G. Stählin), Wuppertal 1970, S. 133–146.

—: Das Aposteldekret in Galatien: Zur Situation von Gal I und II, in: NTS 20. 1974, S. 177–190.

—: Ursprung und Geschichte des frühchristlichen Osterkalenders, TU 121, Berlin 1977.

Stuhlmacher, Peter: Gerechtigkeit Gottes bei Paulus, FRLANT 87, Göttingen ²1966.

—: Das paulinische Evangelium I: Vorgeschichte, FRLANT 95, Göttingen 1968.

Suggs, M. Jack: Concerning the Date of Paul's Macedonian Ministry, NovTest 4. 1960, S. 60–68.

Suhl, Alfred: Paulus und seine Briefe, StNT 11, Gütersloh 1975.

Surkau, Hans-Werner: Martyrien in jüdischer und frühchristlicher Zeit, FRLANT 54, Göttingen 1938.

Synofzik, Ernst: Die Gerichts- und Vergeltungsaussagen bei Paulus, GTA 8, Göttingen 1977.

Tachau, Peter: „Einst" und „Jetzt" im Neuen Testament, FRLANT 105, Göttingen 1972.

Talbert, Charles H.: Again: Paul's Visits to Jerusalem, NovTest 9. 1967, S. 26–40.

Taylor, Vincent: The Passion Narrative of St Luke, ed. O. E. Evans, MSSNTS 19, Cambridge 1972.

Tcherikover, Victor: Hellenistic Civilization and the Jews, Philadelphia–Jerusalem 1959.

Teichmann, Ernst: Die paulinischen Vorstellungen von Auferstehung und Gericht und ihre Beziehungen zur jüdischen Apokalyptik, Freiburg–Leipzig 1896.

Trocmé, Etienne: Le „Livre des Actes" et l'histoire, EHPhR 45, Paris 1957.

Venetz, Hermann-Josef: Der Glaube weiß um die Zeit, BiBe 11, Fribourg 1975.

Vielhauer, Philipp: Zum „Paulinismus" der Apostelgeschichte, in: EvTh 10. 1950/51 = in: ders., Aufsätze zum Neuen Testament, ThB 31, München 1965, S. 9–27.

—: Apokalypsen und Verwandtes: Einleitung. Apokalyptik des Urchristentums, in: Hennecke[3,4] II, S. 407–454.

—: Rez. zu H. Conzelmann, Die Apostelgeschichte, in: GGA 221. 1969, S. 1–19.

—: Geschichte der urchristlichen Literatur, Berlin New York 1975.

—: Paulus und die Kephaspartei in Korinth, in: NTS 21. 1975, S. 341–352.

—: Gesetzesdienst und Stoicheiadienst im Galaterbrief, in: J. Friedrich – W. Pöhlmann – P. Stuhlmacher (edd.), Rechtfertigung (FS E. Käsemann), Göttingen–Tübingen 1976, S. 543–555.

Vögtle, Anton: Die Tugend- und Lasterkataloge im Neuen Testament, NTA XVI.4.5, Münster 1936.

Weiß, Johannes: Der erste Korintherbrief, MeyerK 5. Abt. 9. Aufl., Göttingen 1910; Nachdrucke ebd. 1925 und 1970.

—: Das Urchristentum, hrg. v. R. Knopf, Göttingen 1917.

Weizsäcker, Carl: Das apostolische Zeitalter der christlichen Kirche, Tübingen—
Leipzig ³1902.

Wellhausen, Julius: Noten zur Apostelgeschichte, in: NGG phil.-hist. Klasse
1907, S. 1—21.

—: Das Evangelium Marci, Berlin ²1909.

—: Einleitung in die drei ersten Evangelien, Berlin ²1911.

—: Kritische Analyse der Apostelgeschichte, AGG phil.-hist. Klasse NF 15.2,
Berlin 1914.

Wendland, Paul: Die hellenistisch-römische Kultur in ihren Beziehungen zu Judentum und Christentum. Die urchristlichen Literaturformen, HNT I.2—3,
Tübingen ²,³1912.

Wengst, Klaus: Christologische Formeln und Lieder des Urchristentums, StNT
7, Gütersloh ²1974.

Wettstein, Joannes Jacobus: Η ΚΑΙΝΗ ΔΙΑΘΗΚΗ. Novum Testamentum Graecum I.II, Amsterdam 1751.1752; Nachdruck Graz 1962.

Wiefel, Wolfgang: Die jüdische Gemeinschaft im antiken Rom und die Anfänge
des römischen Christentums, in: Jud. 26. 1970, S. 65—88.

—: Die Hauptrichtung des Wandels im eschatologischen Denken des Paulus, in:
ThZ 30. 1974, S. 65—81.

Wilcke, Hans-Alwin: Das Problem eines messianischen Zwischenreichs bei Paulus, AThANT 51, Zürich—Stuttgart 1967.

Wilckens, Ulrich: Der Ursprung der Überlieferung der Erscheinungen des Auferstandenen, in: W. Joest — W. Pannenberg (edd.), Dogma und Denkstrukturen (FS E. Schlink), Göttingen 1963, S. 56—95.

—: Was heißt bei Paulus: „Aus Werken des Gesetzes wird kein Mensch gerecht"?,
in: EKK.V 1, Zürich—Neukirchen 1969, S. 51—77 = in: ders., Rechtfertigung
als Freiheit, Neukirchen—Vluyn 1974, S. 77—109.

—: Über Abfassungszweck und Aufbau des Römerbriefs, in: ders., Rechtfertigung als Freiheit, a.a.O., S. 110—170.

—: Lukas und Paulus unter dem Aspekt dialektisch-theologisch beeinflußter
Exegese, in: ders., Rechtfertigung als Freiheit, a.a.O., S. 171—202.

Wilson, Robert McLachlan: Gnostics — in Galatia?, in: StEv 4 = TU 102, Berlin 1968, S. 358—367.

Wilson, Stephen G.: The Gentiles and the Gentile Mission in Luke-Acts, MSSNTS
23, Cambridge 1973.

Windisch, Hans: Der zweite Korintherbrief, MeyerK 6. Abt. 9. Aufl., Göttingen
1924; Nachdruck ebd. 1970, hrg. v. G. Strecker.

Winer, Georg Benedikt: A Treatise on the Grammar of New Testament Greek
(transl. from the German with large additions and full indices by W. F.
Moulton), Edinburgh ⁹1882.

Winter, Paul: On the Trial of Jesus, edd. T. A. Burkill — G. Vermes, SJ 1, Berlin ²1974.

Wrede, William: Über Aufgabe und Methode der sogenannten Neutestamentlichen Theologie, Göttingen 1897 = in: G. Strecker (ed.), Das Problem der
Theologie des Neuen Testaments, WdF 367, Darmstadt 1975, S. 81—154.

—: Paulus, RV I.5—6, Halle 1904 = in: K.-H. Rengstorf (ed.), Das Paulusbild
in der neueren deutschen Forschung, WdF 24, Darmstadt ²1969, S. 1—97.

—: Das literarische Rätsel des Hebräerbriefs, FRLANT 8, Göttingen 1906.

8. AUTORENVERZEICHNIS

Altaner, B.: 18
Andresen, C.: 83, 161
Applebaum, S.: 178

Bacon, B. W.: 95
Baird, W.: 258, 267, 271
Balsdon, J. P. V. D.: 192
Bammel, E.: 193
Barnikol, E.: 92, 165
Barrett, C. K.: 95, 111f, 122, 130, 157,
    190f, 252, 266
Barth, M.: 59
Baumgarten, J.: 21, 215, 236, 254
Baur, F. C.: 41, 140, 226, 231
Becker, J.: 21, 230, 240f, 265, 267
Bell, H. I.: 190
Benko, S.: 185, 193
Berger, K.: 61, 67, 108f
Best, E.: 266
Betz, H. D.: 47, 59, 63ff, 67, 70, 72, 78,
    82, 85f, 89, 96f, 99, 103f
Blaß, F.: 193
Blinzler, J.: 29
Boer, W. den: 183
Boers, H.: 231
Bogaert, P.: 251
Bonnard, P.: 85, 94
Borg, M.: 193
Borger, R.: 253
Bornkamm, G.: 72, 116, 217f, 265
Borse, U.: 48, 116f, 124f
Bousset, W.: 94
Bouttier, M.: 90
Bradley, D. G.: 231
Brandenburger, E.: 41
Braunert, H.: 27
Brown, S.: 33
Bruce, F. F.: 30, 149, 161, 177, 183
Buck, C. H.: 16f, 21, 40, 48, 127
Bultmann, R.: 33, 59, 69, 217f, 223, 228f
    244, 255
Burchard, C.: 20, 38, 42, 51f, 80, 91, 153,
    180

Burkert, W.: 70
Burton, E. W.: 95, 106f, 267

Cadbury, H. J.: 45
Campbell, T. H.: 25
Campenhausen, H. von: 234
Casson, L.: 143
Catchpole, D. R.: 82, 98, 100
Cavallin, H. C. C.: 251, 260
Clemen, C.: 21f, 72, 149
Colpe, C.: 191
Conzelmann, H.: 17, 28, 30f, 33, 36, 38f,
    41, 46, 50f, 55ff, 96ff, 109ff, 113,
    122f, 137f, 146, 148f, 159ff, 169ff,
    174, 180, 198, 233f, 236, 257, 266f
Cousin, J.: 63, 78
Cullmann, O.: 46, 92, 96
Cumont, F.: 191

Dahl, N. A.: 34, 38, 105, 118, 121
Davies, W. D.: 21, 36, 59, 93f, 105, 115,
    123
Deißmann, A.: 61, 181f
Deißner, K.: 248, 258, 260f, 268
Delling, G.: 146, 204
Demke, C.: 224
Dexinger, F.: 30
Dibelius, M.: 30, 32f, 36, 47, 50, 53–56,
    82, 91, 97, 108f, 143f, 152, 162, 174,
    230, 240, 250, 253f, 260
Dinkler, E.: 87
Dix, G.: 100f
Dobschütz, E. von: 62, 240
Dockx, S.: 128
Dodd, C. H.: 21, 94
Doty, W. G.: 61
Drane, J. W.: 21, 239
Dupont, J.: 104f, 155, 237f

Easton, B. S.: 45
Eckert, J.: 99

Eichholz, G.: 44
Eisler, R.: 193
Ellis, E. E.: 16, 101
Eltester, W.: 38
Emmelius, J.-C.: 45
Emmet, C. W.: 197
Enslin, M. S.: 105, 152
Ernst, J.: 142

Faw, C. E.: 48, 112
Feldman, L. H.: 189
Féret, H.-M.: 104
Festinger, L.: 214
Feuillet, A.: 237
Filson, F. V.: 37
Finegan, J.: 27
Fischer, K. M.: 61, 92, 118, 126, 155,
    170, 182, 198
Frame, J. E.: 237
Friedländer, P.: 142f.
Friedrich, G.: 142, 144, 227, 239, 248,
    253
Fuchs, H.: 193
Funk, R. W.: 39f, 61, 225
Furnish, V. P.: 21, 228, 260

Gager, J. G.: 214f
Gamble, H. Y.: 200
Garzetti, A.: 183, 192
Gasque, W. W.: 55
Gauger, J.-D.: 189
Gäumann, N.: 242
Gayer, R.: 90
Georgi, D.: 48, 95, 107f, 110, 114f, 118,
    120, 198
Glombitza, O.: 147
Gnilka, J.: 28, 144f
Goguel, M.: 157, 177
Grant, M.: 142, 173
Gräßer, E.: 52, 55, 214–218, 227, 230,
    262ff
Green, E. M. B.: 81
Groos, H.: 214
Gülzow, H.: 191
Gunkel, H.: 268
Guntermann, F.: 229f
Gunther, J. J.: 36, 95, 149
Gutermann, S. L.: 186
Güttgemanns, E.: 61, 126

Haacker, K.: 25f, 182
Haenchen, E.: 16, 27, 38f, 94, 98, 156,
    161f, 165, 167, 180, 183, 198
Hahn, F.: 98, 102, 116, 196, 216, 240,
    255
Hainz, J.: 104
Hanson, R. P. C.: 37
Hare, D. R. A.: 16, 101
Harnack, A. (von): 23ff, 52f, 102, 161,
    193f, 196, 204
Harnisch, W.: 221–224, 227, 232, 246
Harris, M. J.: 262
Hartman, L.: 250, 254f
Hartmann, P.: 17
Hauck, F.: 37
Hawkins, J. G.: 59
Heinrici, G.: 62, 147, 200
Hengel, M.: 15, 23, 35, 51f, 167f, 196,
    204
Héring, J.: 229
Herzig, H. E.: 143
Hilgenfeld, A.: 27
Hirsch, E.: 98
Hoehner, H. W.: 32
Hoerber, R. O.: 31, 188f
Hoffmann, P.: 235f, 240
Hofmann, J. C. K. von: 145
Holl, K.: 22
Hölscher, G.: 196
Holtz, T.: 256
Holtzmann, H. J.: 27, 267
Huber, W.: 122, 238
Hübner, H.: 21f, 116, 118
Hurd, J. C.: 15f, 25, 40, 111ff, 122, 138,
    148, 155, 165, 176, 229f, 267
Hurtado, L. W.: 118
Hyldahl, N.: 128

Jeremias, J.: 29, 42, 103, 106, 122, 196,
    237, 254, 260
Jervell, J.: 38, 91
Jewett, R.: 20f, 32, 84, 143f, 152f, 165,
    178, 187, 197f
Jones, A. H. M.: 81

Kabisch, R.: 213f
Käsemann, E.: 46, 67, 132, 215
Kasting, H.: 82, 92, 96
Keck, L. E.: 262

Kennedy, G.: 63
Kertelge, K.: 65f
Keßler, L.: 214
Kittel, G.: 254
Klein, G.: 60, 87, 92, 215, 220, 230, 232,
    262, 267ff
Klostermann, E.: 27
Knox, J.: 15f, 34, 41, 45, 47f, 82, 119
Köster, H.: 235, 255
Kramer, W.: 234, 236, 244
Kuhn, H.-W.: 240
Kuhn, K.-G.: 96
Kümmel, W. G.: 15, 17, 22, 25, 49, 82,
    124f, 142, 155, 200, 214, 217
Künzi, M.: 217f
Kürzinger, J.: 244
Kuss, O.: 49, 163

Labriolle, P. C. de: 191
Lacroix, B.: 184
Lake, K.: 25, 193f.
Lausberg, H.: 63, 66, 69, 74f
Leon, H. J.: 186, 190, 192, 194
Leibenam, W.: 186, 188
Lietzmann, H.: 84, 94, 103, 108, 119,
    122, 128ff, 268
Lightfoot, J. B.: 63, 80f, 85
Lindemann, A.: 96f, 105, 137, 148f
Linnemann, E.: 33, 214
Lipsius, R. A.: 103
Lohfink, G.: 153, 239f
Lohmeyer, E.: 143ff
Lohse, B.: 122
Lohse, E.: 40, 122
Loisy, A.: 163, 192
Löning, K.: 80, 153
Löwe, H.: 108
Lowe, J.: 21
Lüdemann, G.: 51, 224
Lührmann, D.: 90, 137
Lütgert, W.: 221
Luther, M.: 22
Luz, U.: 38, 222f, 227−230, 232, 234f,
    237, 246, 254ff, 258, 269

Magie, D.: 35
Malherbe, A. J.: 148, 180
Manson, T. W.: 157
Martin, J.: 63

Marxsen, W.: 223, 230, 263f
McGiffert, A. C.: 100
Meeks, W. A.: 99, 153
Metzger, B. M.: 192
Meyer, E.: 27
Michaelis, W.: 124
Michel, O.: 89
Millar, F.: 185, 188
Minear, P. S.: 48, 106f
Moehring, H. R.: 42, 189
Momigliano, A.: 183, 186, 189−194
Moule, C. F. D.: 267
Müller, U. B.: 251f
Munck, J.: 59, 82, 104
Mußner, F.: 40, 60, 69, 92, 101, 103,
    125

Nembach, U.: 63
Nepper-Christensen, P.: 237, 248
Nickle, K. F.: 105
Norden, E.: 61

Obermeier, K.: 153
Oepke, A.: 69f, 104, 106, 125, 248, 261
Ogg, G.: 47, 168
Oliver, J. H.: 182
Orr, W. F.: 16, 85
Osten-Sacken, P. von der: 66, 245, 268
Otto, A.: 70
Overbeck, F.: 61

Pagels, E. H.: 224
Parker, P.: 165
Penndorf, J.: 184
Perrin, N.: 72
Pesch, R.: 255
Peterson, E.: 253
Pincherle, A.: 117
Plassart, A.: 17, 182f
Plevnik, J.: 237f
Plümacher, E.: 31, 42

Radin, M.: 187
Radke, G.: 143
Ramsay, W. M.: 35, 81, 143
Ramsey, H. L.: 16, 44, 82, 85, 94, 117,
    119, 126, 146, 165, 197, 226
Rehkopf, F.: 33

293

Reim, G.: 218
Reinach, S.: 191
Rese, M.: 234
Riddle, D. W.: 15f, 24
Riecken, H. W.: 214
Rigaux, B.: 16, 237, 240
Robbins, V. K.: 36
Robinson, J. M.: 261
Robinson, W. C.: 37
Rollmann, H.: 214

Saake, H.: 266
Safrai, S.: 178, 183
Sanders, E. P.: 214
Sanders, J. T.: 44
Schacter, S.: 214
Schaller, B.: 24
Schenke, H.-M.: 61, 92, 118, 126, 155,
    170, 182, 198
Schille, G.: 41, 52, 153, 177, 198
Schlier, H.: 85, 100
Schmithals, W.: 48, 59, 92, 96, 101, 108,
    200, 221f, 224ff
Schmitt, A.: 253
Schneider, G.: 40
Schneider, J.: 248
Schniewind, J.: 217
Schottroff, L.: 224
Schrage, W.: 111
Schreckenberg, H.: 184
Schubert, K.: 214
Schubert, P.: 61
Schulz, S.: 37
Schürer, E.: 27–30, 185
Schürmann, H.: 27ff
Schwank, B.: 182
Schwartz, E.: 28, 43, 61f, 103, 187
Schwegler, A.: 29
Schweitzer, A.: 213f, 216, 227
Schweizer, E.: 237
Schwyzer, E.: 92
Scramuzza, V. M.: 183, 191f
Seeberg, A.: 61
Selby, D. J.: 112
Sellin, G.: 34
Seston, W.: 191
Siber, P.: 216, 228, 230, 232f, 235, 238,
    254, 257
Sieffert, F.: 21, 81, 106
Siegert, F.: 96

Smallwood, E. M.: 187
Smith, M.: 59
Spörlein, B.: 227ff
Stauffer, E.: 61
Stegemann, H.: 96
Steinmetz, P.: 71
Stemberger, G.: 251
Stern, M.: 27, 189f
Stolle, V.: 153
Strathmann, H.: 253
Strecker, G.: 31, 33, 35, 80, 89, 108, 142,
    163, 165f, 168, 214, 217, 223, 235,
    245, 253
Streeter, B. H.: 33
Strobel, A.: 27, 95f, 196, 238
Stuhlmacher, P.: 87f, 90, 96, 108, 215
Stuiber, A.: 18
Suggs, M. J.: 146
Suhl, A.: 16, 21, 25, 30, 34, 39, 60, 70f,
    81, 83f, 100f, 107, 109, 111, 118,
    121, 123–126, 129f, 134, 140f, 142ff,
    147f, 152, 156ff, 162ff, 180, 188,
    198, 220
Surkau, H.-W.: 33
Synofzik, E.: 146

Tachau, P.: 80
Talbert, C. H.: 55, 163
Tannehill, R. C.: 239
Taylor, G.: 17, 21, 40
Taylor, V.: 33
Teichmann, E.: 229, 240, 248, 263
Theißen, G.: 218
Thüsing, W.: 240
Trocmé, E.: 156

Unnik, W. C. van: 42

Venetz, H.-J.: 240
Vielhauer, P.: 22, 45f, 51, 53,55ff, 59, 117,
    141, 155, 157, 174, 198, 216, 218,
    236, 247, 256f
Vögtle, A.: 117
Volz, P.: 250

Wacholder, B. Z.: 109
Walther, J. A.: 16, 85

Wegenast, K.: 229
Weimer, Herm.: 63
Weimer, Heinz: 63
Weiß, J.: 62, 82, 85f, 111, 138, 267
Weiß, K.: 61
Weizsäcker, C.: 36, 99f, 237
Wellhausen, J.: 159ff, 163f, 217
Wendland, P.: 61, 65f, 194
Wengst, K.: 234f
Wettstein, J. J.: 71
Wiefel, W.: 23, 177, 185, 214, 260

Wilcke, H.-A.: 226f, 239, 251
Wilckens, U.: 46, 87, 90, 116, 119, 200, 215
Wilken, R. L.: 99
Wilson, R. M.: 59
Wilson, S. G.: 38
Windisch, H.: 107, 120f, 130
Winter, P.: 29
Wrede, W.: 19, 43f, 99, 213f

Zahn, T.: 27, 104

9. STELLENREGISTER (in Auswahl)

a) Altes Testament

Ps	2,1f	32
Dan	7,13	248
	12,2	250

b) Neues Testament

Mk	6,16	28
	6,17f	28
	8,31	235 A 73
	9,1	217—219
	10,38f	198 A 102
	13	253f A 123. 255
	13,27	252
	13,30	217. 217f A 13
	14,62	248
Mt	10,23	216f
	24,30f	248
	28,12—15	192f A 87
Luk	2,1ff	27. 30. 42f
	2,1	38
	3,1ff	43
	3,1	27
	3,2	28f
	3,14	42
	3,19f	28f. 32f
	6,20	108 A 113
	9,51—19,27	34
	13,1	29
	13,31ff	32f. 41
	17,34	252
	23,6ff	32f
	23,12	32 A 39
	24,47	38
Joh	3,13	248
	21,23	218f
Apg	1,8	38. 51
	2,44f	42
	4,6	29
	4,19	42
	4,27	32
	4,32	42

	5,29	42
	5,36ff	29f
	5,37	29. 30 A 32
	7,58	51f A 86
	8,5ff	51
	8,26ff	51
	9,1—19	153
	9,5—26	25
	9,23	25f
	9,26ff	22. 162
	9,28f	46 A 75
	9,30	35
	9,43	25f
	11,20f	39
	11,26—15,1ff	25
	11,26	35
	11,27ff	35. 37. 46 A 75. 50. 106. 162—166. 211
	11,28	31f. 43. 52
	12,25	165 A 26
	13f	20. 34. 152f A 2. 168. 174
	13,4—14,28	54
	13,9	39
	13,14	54
	13,15—42	54
	13,24	37
	13,25	37
	13,43	54
	14,6ff	171
	14,6f	54f
	14,8—20	40
	14,8—18	54
	14,21	40
	15—17	19
	15	19. 99
	15,1ff	105 A 104. 162—167. 211
	15,19f	38 A 54
	15,24—29	95. 97. 98 A 92
	15,30—39	170
	15,35—21,16	54
	15,36—39	19
	15,40—18,22	19. 34f

296

15,40f	170	20,2	40. 172
16,1–3	40	20,3–6	40. 163f
16,1–5	170	20,3	159. 163. 172. 176. 204
16,6–8	170f	20,4	117 A 142
16,6	172	20,5–15	52
16,10–17	52	20,6	172
16,11ff	40. 153	20,13f	54
17f	35. 54	20,18ff	37
17,1ff	40. 153. 226	20,31	205
17,2	203	21	19
17,14f	35f	21,1–18	52
18,1–17	40. 154. 174–203. 211f	21,1	163
18,1	174	21,3	159
18,2f	174	21,8	164
18,2	18. 31. 193. 195. 212	21,15	162f
18,4	174f. 180	21,16	54
18,5–8	175	21,17	164
18,5	36. 202	21,18ff	36 A 48
18,6	180	21,21	105 A 104
18,7	179f	21,23f	159 A 12. 160
18,8	177. 201	22,3–21	153
18,9f	175	22,3	42
18,11	26. 175. 177	24,10ff	49
18,12–17	175f. 179	24,27	19. 197f A 101
18,12	17	25,23ff	43
18,16	179	26,9–18	153
18,17	177. 179	26,26	43
18,18–23	137 A 175. 155–174	27f	19
18,18	25f. 159. 161 A 15. 163	27,1–28,16	35. 52
18,19–21	40. 160f	27	36
18,19f	18. 169 A 42	27,7	26
18,19	159. 160 A 14	Röm 1,13	232
18,21	160 A 14. 161. 163	1,21	116
18,22f	161	1,22	116
18,22	35. 155f. 161f. 163–173. 211	2,25ff	88
18,23–21,16	35	3,30	88f
18,23	155. 171f	4	116
18,24ff	161	4,9ff	88f
18,26	159. 161 A 15	6,4	241 A 99. 242 A 100
18,27	161 A 16	6,8	238
19f	18. 40	8,2–16	116
19	40	8,32	238
19,1ff	153. 161 A 15	11,13	23 A 14
19,1	160. 162. 172	11,25	232
19,8	205	12,3ff	116
19,10	205	14,1–15,6	116
19,21	173	14,9	234f
20,2f	18f. 40	14,10–12	247
		15,19	141 A 179

	15,20	146
	15,24	142f A 180
	15,25	18. 48. 135
	15,26	108. 110. 117—119.
		121. 131f. 134
	15,28	142f A 180
	15,31f	131
	16	200
	16,3	199f
	16,4	200
	16,5	199
1Kor	1,6	146 A 187
	1,12	158
	1,14	201
	1,20	116
	3,6	138. 147
	3,10	138. 147
	3,20	116
	4,12	145. 199
	4,17	127. 132. 138
	4,18	113
	4,19	123. 138
	5,7	122
	5,9	112
	6,14	233. 267
	7,1	111f
	7,19	88f
	7,39	236
	8—10	116
	8,6	89
	9,6	140
	9,15	145
	10,1	233
	11,30	138. 236. 267
	11,34	111 A 122
	12—14	116
	12,1	111. 233
	12,13	88
	14,33ff	89
	15	222f
	15,1—11	66 A 25
	15,1	68
	15,6	267
	15,12	270
	15,18	268
	15,24	268 A 158
	15,32	118. 123. 129f A
		168. 171. 200
	15,35ff	270
	15,42	269
	15,45—49	270

	15,46	258
	15,50—58	265 A 148
	15,51f	212. 213—220. 226.
		247. 264—271
	15,52f	247
	15,53	269
	16	127. 133
	16,1ff	16f A 5. 48. 110—
		123. 127—129. 136—
		139. 148
	16,1	111. 113 A 129.
		114f. 118f. 123. 133
	16,2f	127
	16,5	127. 173
	16,6	127. 134
	16,7	134 A 173
	16,8	18f. 122f. 127. 138
	16,9	123. 169 A 42
	16,10	132
	16,11	135
	16,12	111. 138
	16,15	113. 200 A 104
	16,19	80f A 47. 160. 199f
2Kor	1f	129
	1,8f	200
	1,8	80f A 47. 118. 123.
		129. 171. 232
	1,15f	127f
	1,16	135
	1,18	199 A 103
	1,19	125. 138. 201. 226
	2,1	128
	2,12	129
	5,1ff	221. 271
	5,11	70 A 32
	5,17	88
	6,14—7,1	59 A 4
	7,5ff	131
	7,6f	130
	8f	117—121. 127—135
	8,3f	132
	8,6	119f. 130
	8,10f	119. 121 A 151
	8,10	121. 133—135
	8,18	130 A 169
	9	121 A 151. 134 A
		173
	9,1ff	225
	9,2—4	119
	9,2	121 A 151
	9,4	131f. 134 A 173

298

	10–13	116. 134
	11,4f	116
	11,8f	140
	11,11–12,4	116
	11,14	116
	11,20	116
	11,23ff	141
	11,26	116
	11,32f	20f A 10
	12	16f A 5
	12,7	116
	12,14	18. 129. 140
	12,17f	130
	12,20	116f
	12,21	117
	13,1	18. 128 A 165. 129. 140
Gal	1f	19f. 45. 47f. 60 A 6. 62f. 208
	1,1	59
	1,6–2,14	58–110. 208. 210
	1,6–11	63
	1,6–9	65–68. 73f. 116
	1,6	125 A 162
	1,7	58
	1,8	116
	1,10	68–73
	1,11ff	66
	1,11f	73f
	1,11	68
	1,12–2,14	63
	1,12	59
	1,13–2,14	73–79. 81. 208
	1,13f	72 A 40
	1,13	93. 114f
	1,15ff	44
	1,15	104
	1,17–2,2	116
	1,17	60
	1,18	20. 44. 76f. 79. 83–86. 196. 209
	1,19f	60
	1,21	20. 35. 44. 79–83. 86
	1,22	80
	1,23	44. 72 A 40. 80 A 44
	1,24	81
	2,1	16f A 5. 20. 23. 44. 76f. 79. 83–86. 106. 146. 165 A 27. 196. 199 A 103. 209
	2,2	23. 106
	2,3	199 A 103
	2,4f	95
	2,4	99f A 94. 116
	2,5	94f. 110. 209
	2,6	60. 95. 209
	2,7ff	209
	2,7f	86–94. 110. 209
	2,8	103. 114. 157
	2,9	92. 94–101. 102f A 99. 103–105. 110. 198 A 102. 209f
	2,10	48. 105–110. 114. 118. 210
	2,11–14	44. 77–79. 98 A 92. 101–105. 170
	2,11	104
	2,12	100 A 95
	2,13	19. 99 A 93. 101 A 97
	2,15–21	63
	3,1–4,31	63
	3	116
	3,1	150. 172. 209
	3,26ff	88f
	4,1–6	116
	4,10	58
	4,13	94. 124–126
	4,14	116
	5,1–6,10	64
	5,6	88f
	5,7	125 A 161
	5,8	72 A 40
	5,11	72 A 40
	5,15	116
	5,20	116f
	6,6–10	118 A 147
	6,11–18	64f
	6,12	59. 72 A 40. 101 A 97
	6,15	88f
Phil	1,5	146 A 187
	1,15	129f A 168
	1,18	129f A 168
	1,23	238. 271
	2,24	142f A 180
	3,2ff	116
	4,10ff	139f. 142f A 180
	4,15	140. 145. 147
	4,15	125. 140–146. 147 A 188. 211

	4,16	140. 143. 147. 204
	4,18	140
Kol	4,14	53
1Thess	1,1	201
	1,2ff	19
	1,5	146 A 187
	1,8f	225
	1,9f	147. 230. 239. 239f A 95
	2,1	147
	2,2	19. 141
	2,3−12	48f A 80
	2,4	70 A 36
	2,7	140
	2,9	140. 145
	2,14ff	232
	2,17ff	225
	2,18	141 A 179
	3	19. 36. 203
	3,1ff	225
	3,1f	202
	3,1	19
	3,2	36
	3,6	202
	3,13	230. 238f
	4	222
	4,9	220. 223. 231
	4,13−18	212. 219−271
	4,13f	232−242
	4,13	220. 222. 231f. 240. 257. 266
	4,14	232−241. 259. 262f. 266
	4,15−17	232. 241. 242−263
	4,15	226f. 232. 242−244. 246f. 254−256. 261−263. 265f
	4,16f	232. 242f. 247−249. 252−262. 266
	4,16	235. 237. 241. 244f. 260f A 141. 266
	4,17	238. 245f. 257. 262
	4,18	231f
	5,1ff	231
	5,1	221. 231
	5,3	223
	5,6f	231
	5,10	231. 238. 246. 260
	5,11	231
	5,23	230
Phlm	24	53

Apk	2,5	124
	11,12	248
	14,13	256

c) Judentum

syrBar	13,3	248
	28,7	250
	29f	251f
	29,1ff	250
	29,3ff	251
	29,8	251. 252 A 119
	30	251f
	30,1−4	251 A 114
	30,1−3	250
	30,1	251. 252 A 119
	30,3	251. 252 A 119
	49−51	251 A 114. 260f A 141
	49f	251f
	49,2−4	251
	50f	269
	50	252
	50,8	252
	51,8−10	251
	73f	251
	74,2	251
	76,2	248
4Esr	5,41f	227
	7,28ff	252
	7,32f	249
	13,3ff	249
	13,24	249
äthHen	61,1	252
	61,5	252
	70f	248
Josephus,		
Ant	XVII 355	27
	XVIII 1ff	27
	XVIII 3ff	30
	XVIII 81ff	187 A 70
	XVIII 85ff	29
	XVIII 118	28
	XVIII 137	28
	XVIII 166f	189
	XVIII 187f	189
	XVIII 188ff	189
	XVIII 237	189
	XIX 236ff	189
	XIX 274f	190

	XIX 280ff	189
	XIX 286ff	189
	XIX 288	190
	XX 97ff	29
	XX 101	109
	XX 102	30 A 32
Bell	II 215f	190

d) Kirchenväter

1Clem	5,4–7	19
	5,5f	36
Did	16,6	248
IgnRöm	3,3	70 A 33
	10,2	201 A 108
Origenes,		
Cels	I 57	30 A 32
Orosius,		
adv. paganos	VII 6,15	18. 183f
	VII 6,17	109

e) griech. und lat. Schriftsteller

Aristoteles,		
EthNic	2,7,13	71
	4,6,1	71
	9,10,6	71
Cicero,		
de inventione	1,15,20	66
	1,16,22	66
	1,20,28	75
Dio Cassius		
	LVII 18	187 A 70
	LX 3,1f	185 A 66
	LX 6,6	24. 185
	LX 8,2f	190
Diodorus Siculus		
	13,53,3	71
	17,115	71

Fortunatianus		
	2,20	75
Jamblichus,		
Vit Pyth	30,168	42
Philo,		
LegGaj	24	187 A 70
Plato,		
Ap	29D	42
Ep	4,321B	71
Euthyd	289D–290A	70
Gorg	452E	69
	453A	69
	454E	69
	458E	69
	462C	69. 71
	462D	71
Prot	352E	69
Resp	364C	70
Soph	222C	70
Theaet	201A	69
Plutarch,		
Lib Educ	4D	71
	6B	71
Quintilian		
	4,1,21	67
	4,1,79	74
	4,2,22	75
	4,2,31	75
	4,2,36	75
	4,2,83	77f
	4,2,84	74. 77
	4,2,87	78
Sueton,		
Caes. Claudius 25		18. 184
Caes. Tiberius 36		187 A 70
Tacitus,		
Ann	II 85	187 A 70
	XII 43	109
	XV 44,2	193
Theophrast,		
Char	5	71

Forschungen zur Religion und Literatur des Alten und Neuen Testaments

Herausgegeben von Ernst Käsemann und Ernst Würthwein

4 **Wilhelm Bousset · Kyrios Christos**
Geschichte des Christusglaubens bis Irenäus. 1967. 417 Seiten und 1 Bild, Leinen

10 **Wilhelm Bousset · Hauptprobleme der Gnosis**
(Reprint der Aufl. von 1907) 1973. VI, 398 Seiten, Leinen

12 **Rudolf Bultmann · Geschichte der synoptischen Tradition**
8. Aufl. 1970. 416 Seiten, Leinen
Ergänzungsheft von Philipp Vielhauer und Gerd Theißen. 4. Aufl. 1971. 56 S., kart.

23 **Erwin Wißmann · Das Verhältnis von Pistis und Christusfrömmigkeit bei Paulus**
1926. 128 Seiten, broschiert

27 **Hans Jonas · Augustin und das paulinische Freiheitsproblem**
2., neu bearb. u. erw. Aufl. 1965. 114 Seiten, broschiert

33 **Hans Jonas · Gnosis und spätantiker Geist**
Tl. 1: Die mythologische Gnosis. 3. Aufl. 1964. XVI, 456 Seiten, Leinen. Ergänzungen zur 1. und 2. Aufl. 1964. 80 Seiten, kartoniert

42 **Martin Dibelius · Aufsätze zur Apostelgeschichte**
5. Aufl. 1968. 193 Seiten, kartoniert

43 **Ernst Lohmeyer · Gottesknecht und Davidssohn**
Herausgegeben von Rudolf Bultmann. 2. Aufl. 1953. 159 Seiten, broschiert

44 **Rolf Rendtorff · Die Gesetze in der Priesterschrift**
2., durchges. Aufl. 1963. 80 Seiten, broschiert

46 **Eduard Lohse · Märtyrer und Gottesknecht**
2., durchges. u. erw. Aufl. 1963. 230 Seiten, kartoniert

48 **Walter Schmithals · Die Gnosis in Korinth**
3., bearb. u. erg. Aufl. 1969. 387 Seiten, Leinen

51 **Enno Janssen · Juda in der Exilzeit**
1956. 124 Seiten, broschiert

61 **Walter Schmithals · Das kirchliche Apostelamt**
Eine historische Untersuchung. 1961. 273 Seiten, broschiert

82 **Georg Strecker · Der Weg der Gerechtigkeit**
Untersuchung zur Theologie des Matthäus. 3., erw. Aufl. 1971. 310 Seiten, Leinen

83 **Ferdinand Hahn · Christologische Hoheitstitel**
Ihre Geschichte im frühen Christentum. 4. Aufl. 1974. 442 Seiten, Leinen

84 **Rudolf Smend · Jahwekrieg und Stämmebund**
2., durchges. und erg. Aufl. 1966. 101 Seiten, broschiert

85 **Walter Schmithals · Paulus und Jakobus**
1963. 103 Seiten, broschiert

87 **Peter Stuhlmacher · Gerechtigkeit bei Paulus**
2. Aufl. 1966. 276 Seiten, Leinen

88 **Kurt Rudolph · Theogonie, Kosmogonie und Anthropogonie in den mandäischen Schriften**
1965. 393 Seiten, kartoniert

91 **Rolf Walker · Die Heilsgeschichte im ersten Evangelium**
1967. 161 Seiten, broschiert und Leinen

92 **Manfred Weippert · Die Landnahme der israelitischen Stämme in der neueren wissenschaftlichen Diskussion**
1967. 163 Seiten, kartoniert und Leinen

93 **Jörg Debus · Die Sünde Jerobeams**
1967. VII, 122 Seiten, broschiert und Leinen

95 **Peter Stuhlmacher · Das paulinische Evangelium**
Vorgeschichte. 1968. 315 Seiten, kartoniert und Leinen

96 Hartwig Thyen · Studien zu Sündenvergebung im Neuen Testament und seinen alttesta-
mentlichen und jüdischen Voraussetzungen
1970. 291 Seiten, kartoniert und Leinen
97 Wolfgang Harnisch · Verhängnis und Verheißung der Geschichte
1969. 362 Seiten, broschiert und Leinen
98 Christoph Burger · Jesus als Davidsohn
1970. 185 Seiten, kartoniert und Leinen
99 Walter Beyerlin · Die Rettung der Bedrängten in den Feindpsalmen der Einzelnen auf
institutionelle Zusammenhänge untersucht
1970. 174 Seiten, kartoniert und Leinen
100 Werner Klatt · Hermann Gunkel
1969. 280 Seiten, kartoniert und Leinen
101 Wolfgang Richter · Die sogenannten vorprophetischen Berufungsberichte
1970. 203 Seiten, kartoniert und Leinen
102 Eta Linnemann · Studien zur Passionsgeschichte
1970. 187 Seiten, kartoniert und Leinen
103 Christoph Burchardt · Der dreizehnte Zeuge
1970. 196 Seiten, broschiert und Leinen
104 Karl F. Pohlmann · Studien zum dritten Esra
1971. 164 Seiten, kartoniert und Leinen
105 Peter Tachau · „Einst" und „Jetzt" im Neuen Testament
1972. 166 Seiten, kartoniert und Leinen
106 Thomas Willi · Die Chronik als Auslegung
1972. 167 Seiten, broschiert und Leinen
107 Klaus Seybold · Das davidische Königtum im Zeugnis der Propheten
1972. 183 Seiten, Leinen
108 Walter Dietrich · Prophetie und Geschichte
1972. 158 Seiten und 1 Falttafel, broschiert und Leinen
109 James E. Crouch · The Origin and Intention of the Colossian Haustafel
1973. 176 Seiten, broschiert und Leinen
110 Wolfgang Harnisch · Eschatologische Existenz
1973. 187 Seiten, broschiert und Leinen
111 Karl M. Fischer · Tendenz und Absicht des Epheserbriefes
1973. 220 Seiten, broschiert und Leinen
112 Peter von der Osten-Sacken · Römer 8 als Beispiel paulinischer Soteriologie
1975. 339 Seiten, Leinen
113 Kurt Niederwimmer · Askese und Mysterium
1975. 267 Seiten, Leinen
114 Jörn Halbe · Das Privilegrecht Jahwes Ex. 34,10—28
1975. 571 Seiten, Leinen
115 Odil H. Steck · Der Schöpfungsbericht der Priesterschrift
1975. 270 Seiten, Leinen
116 Claus Westermann · Die Verheißungen an die Väter
1976. 171 Seiten, kartoniert und Leinen
117 Christian Jeremias · Die Nachtgesichte des Sacharja
1977. 248 Seiten, kartoniert und Leinen
118 Karl F. Pohlmann · Studien zum Jeremiabuch
1978. 229 Seiten, Leinen
119 Hans Hübner · Das Gesetz bei Paulus
1978. 195 Seiten, Leinen
120 Hans Weder · Die Gleichnisse Jesu als Metaphern
1978. 312 Seiten, Leinen
121 Othmar Keel · Jahwes Entgegnung an Ijob
1978. 192 Seiten, 102 Abb., 7 Bildtfln., Leinen
122 Hermann von Lips · Glaube — Gemeinde — Amt
1979. 327 Seiten, Leinen

VANDENHOECK & RUPRECHT · GÖTTINGEN UND ZÜRICH